DAS FELDBERGER SEENGEBIET

Institut für Länderkunde Leipzig
Abteilung deutsche Landeskunde

WERTE DER DEUTSCHEN HEIMAT

Band 57

DAS FELDBERGER SEENGEBIET

Ergebnisse
der landeskundlichen Bestandsaufnahme
in den Gebieten
Feldberg, Fürstenwerder, Thomsdorf und Boitzenburg

Herausgegeben von
Werner Schmidt im Auftrag des Instituts für Länderkunde
Leipzig

Von einem Autorenteam
unter der Leitung von Heinz-Dieter Krausch
und Werner Schmidt

Mit 58 Abbildungen und 1 Übersichtskarte

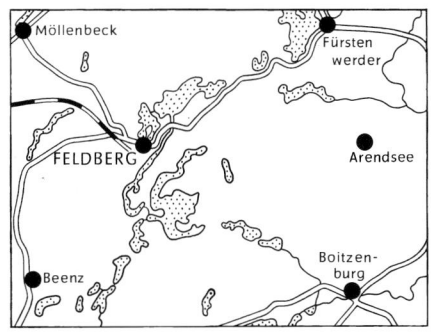

VERLAG HERMANN BÖHLAUS NACHFOLGER WEIMAR
1997

Prof. Dr. Alois Mayr, Leipzig, Direktor des Instituts für Länderkunde e.V. Leipzig

Kommission für Sächsisch-thüringische Landeskunde bei der Sächsischen
Akademie der Wissenschaften zu Leipzig
(zugleich wissenschaftlicher Beirat der Schriftenreihe)

Prof. Dr. habil. Günter Haase, Leipzig, Kommissionsvorsitzender

Leitung der wissenschaftlichen Bearbeitung und Redaktion:
Dr. habil. Heinz-Dieter Krausch, Charlottenstraße 32, 14467 Potsdam
Dr. Werner Schmidt, Institut für Länderkunde Leipzig,
Abteilung deutsche Landeskunde
Schongauerstraße 9
04329 Leipzig

Die Deutsche Bibliothek – CIP-Einheitsaufnahme

Das Feldberger Seengebiet: Ergebnisse der landeskundlichen
Bestandsaufnahme in den Gebieten Feldberg, Fürstenwerder,
Thomsdorf und Boitzenburg / hrsg. von Werner Schmidt im
Auftr. des Instituts für Länderkunde Leipzig. Erarb. unter Leitung von Heinz-Dieter Krausch und Werner Schmidt. – Weimar: Verlag Hermann Böhlaus Nachfolger Weimar, 1997
   (Werte der deutschen Heimat; Bd. 57)
   ISBN 3-7400-0936-5
NE: Schmidt, Werner [Hrsg.]; GT

ISBN 3-7400-0936-5
ISSN 0946-0527

Erschienen im Verlag Hermann Böhlaus Nachfolger Weimar GmbH & Co.
© 1997 by Verlag Hermann Böhlaus Nachfolger Weimar GmbH & Co.

Alle Rechte vorbehalten. Ohne schriftliche Genehmigung des Verlages ist es nicht gestattet, das Werk unter Verwendung mechanischer, elektronischer und anderer Systeme in irgendeiner Weise zu verarbeiten und zu verbreiten. Insbesondere vorbehalten sind die Rechte der Vervielfältigung – auch von Teilen des Werkes – auf photomechanischem oder ähnlichem Wege, der tontechnischen Wiedergabe, des Vortrags, der Funk- und Fernsehsendung, der Speicherung in Datenverarbeitungsanlagen, der Übersetzung und der literarischen oder anderweitigen Bearbeitung.

Dieses Buch ist aus säurefreiem Papier hergestellt und entspricht den Frankfurter Forderungen zur Verwendung alterungsbeständiger Papiere für die Buchherstellung.

Printed in Germany

Gesamtherstellung: M. Liehners Hofbuchdruckerei GmbH & Co. Verlagsanstalt, Sigmaringen

INHALTSVERZEICHNIS

Vorwort VII

Verzeichnis der Standorte IX

Überschau 1

Einzeldarstellung 35

Anhang 198
   A. Einwohnerzahlen im 19. und 20. Jahrhundert 198
   B. Forst Boitzenburg im Jahre 1828 200
   C. Bettenplätze, Bungalows und Campingplätze in Orten des damaligen
      Kreises Neustrelitz. Stand 1989 201
   D. Literaturverzeichnis 202
   E. Abbildungsverzeichnis 217
   F. Autorenverzeichnis 219
   G. Vorschläge für landeskundliche Exkursionen 220
   H. Namenverzeichnis 224
   J. Sachverzeichnis 230

VORWORT

Das am 1. Januar 1992 neu gegründete Institut für Länderkunde in Leipzig übernahm die landeskundliche Inventarisierung als eine Aufgabe der Forschungen zur deutschen Landeskunde und führt die Schriftenreihe „Werte der deutschen Heimat" fort. Seit 1994 erscheint die Reihe im Verlag Hermann Böhlaus Nachfolger Weimar, nachdem das Institut für Länderkunde die Verlagsrechte an diesen abgegeben hatte.

Der vorliegende Band geht auf eine Anregung von Herrn Dr. habil. Heinz-Dieter Krausch von der Abteilung Limnologie der ehemaligen Akademie der Wissenschaften zu Berlin Ende der achtziger Jahre zurück, der eine Reihe von Autoren dieser Einrichtung für die Mitarbeit gewinnen konnte. Um die wirtschafts- und sozialwissenschaftlichen Sachgebiete der Inventarisation abzusichern, stellten sich dankenswerterweise Fachleute anderer wissenschaftlicher und öffentlicher Einrichtungen in den Dienst der gemeinsamen Sache.

Bei der Bestandsaufnahme konnte auf veröffentlichte wie auch unveröffentlichte Forschungsergebnisse von Arbeitsgemeinschaften und Einzelpersonen zurückgegriffen werden, denen wir hiermit unseren Dank aussprechen. So kam der Luzin-Report der Arbeitsgemeinschaft Bonito – ehemals im Kulturbund, jetzt eingetragener Verein – dem Band zugute. Einzelinformationen verdanken wir weiterhin einer Reihe von ausgezeichneten Sach- und Ortskennern. So lieferten die Herren Dr. Knut Arendt, Gerswald, Dr. sc. Reinhard Doll, Greifswald, und Dr. Lebrecht Jeschke, Greifswald, Angaben zur Vegetation sowie Dr. Arno Waterstraat, Serrahn, Beiträge zur Fischfauna. Forsthistorisches Material stellten Forstmeister Klaus Borrmann, Lüttenhagen, und Revierförster Manfred Kurzweg, Boitzenburg, zur Verfügung. Schließlich seien noch die hydrographischen und landeskundlichen Informationen des 1987 verstorbenen Neustrelitzer Heimatforschers Rudolf Gronau erwähnt. Dank sagen wir auch Herrn Dr. Gerhard Narweleit für seinen Beitrag zum Anhang A.

Die grundlegenden politischen, wirtschaftlichen und administrativen Veränderungen nach 1989 erforderten eine Überarbeitung und Aktualisierung der meisten Sachverhalte. Dafür haben sich die im Verzeichnis genannten Autoren in den Jahren 1994/95 zur Verfügung gestellt, wofür ihnen vielmals gedankt sei.

Prof. Dr. habil. A. Mayr   *Prof. Dr. habil. G. Haase*   *Dr. L. Grundmann*

VERZEICHNIS DER STANDORTE

Die Nummern entsprechen denen am Rande des Textes sowie denen auf der Übersichtskarte.

A	1	Möllenbeck	35
	2	Cantnitz	37
	3	Dolgen	40
	4	Weitendorf	41
	5	Sprockfitz	43
	6	Schlicht	45
B	1	Feldberger Hütte	47
	2	Schloßberg	48
	3	Breiter Luzin	51
	4	Wendorf	57
	5	Lichtenberg	58
	6	Rothehaus und Schönhof	61
	7	Wrechen	62
	8	Warbende	65
	9	Tornowhof	66
C	1	Großer See	67
	2	Fürstenwerder	69
	3	Kraatz	75
	4	Wilhelmshayn	76
	5	Ferdinandshorst	76
	6	Kiecker	77
	7	Großer und Kleiner Parmensee	78
	8	Parmen	79
	9	Raakow	80
D	1	Dolgener See	81
	2	Koldenhof	82
	3	Lüttenhagen	83
	4	Forst Lüttenhagen . . .	84
	5	Heilige Hallen	87
	6	Feldberg	88
	7	Feldberger Haussee . .	99
	8	Rosenberge	104
	9	Neuhof	106
	10	Schmaler Luzin	107
	11	Gräpkenteich	111
	12	Laeven	111
	13	Rosenhof	112
	14	Carwitz	112
E	1	Scholverberg	116
	2	Wittenhagen	116
	3	Scharteisen	117
	4	Hauptmannsberg und Hullerbusch	118
	5	Zansen	120
	6	Carwitzer See	121
	7	Conow	123
	8	Wootzensee	125
	9	Fürstenhagen	125
	10	Fürstenau	127
	11	Großer und Kleiner Karpfensee	128
	12	Boisterfelde	129
	13	Buchenhain	130
F	1	Weggun	131
	2	Arendsee	133
	3	Großer und Kleiner Petznicksee	136
	4	Forst Boitzenburg . . .	138
G	1	Triepkendorf	140

G	2	Dreetzsee	142	H	8	Mellensee und Mellenau	167
	3	Krüselin	145		9	Krewitzsee	168
	4	Krüselinsee	146		10	Steinrode	169
	5	Krüseliner Mühle . . .	148		11	Rosenow	169
	6	Kernbruch	148		12	Hardenbeck	170
	7	Made und Rohrpöhle .	149		13	Boitzenburger Haussee	173
	8	Beenz	151				
	9	Clanssee	154	J	1	Buchenhain II	174
	10	Mechow	155		2	Zerwelin	175
	11	Mechower Seen	156		3	Berkholz	178
	12	Aalkasten	158		4	Mathildenhof	180
					5	Schumellensee und	
H	1	Conower Werder . . .	158			Krienkowsee	180
	2	Thomsdorf	159		6	Carolinenhain	181
	3	Ungeteilte Heide . . .	163		7	Boitzenburg	181
	4	Charlottenthal	163		8	Tiergarten	194
	5	Ziestsee	164		9	Rummelpforter Mühle	195
	6	Brüsenwalde	164		10	Strom	195
	7	Funkenhagen	165		11	Lindensee	197

Werter Bücherfreund!

Wenn dieses Buch Ihr Interesse gefunden hat, werden Sie gewiß den Wunsch haben, auch weitere Werke unseres Verlages kennenzulernen. Wir würden Sie gerne über unsere Verlagsarbeit durch Übersendung von Prospekten und Ankündigungen auf dem laufenden halten und bitten Sie daher, diese Karte ausgefüllt zurückzusenden.

Sie erhalten alle Bücher aus dem VERLAG HERMANN BÖHLAUS NACHFOLGER WEIMAR bei Ihrem Buchhändler. Sollte dieser den gewünschten Titel nicht vorrätig haben, dann wenden Sie sich bitte an den Verlag direkt.

- [ ] Geschichte
- [ ] Geistesgeschichte
- [ ] Kunstgeschichte
- [ ] Kulturgeschichte
- [ ] Rechtsgeschichte
- [ ] Kirchengeschichte
- [ ] Vor- und Frühgeschichte
- [ ] Archäologie
- [ ] Geschichte des Mittelalters
- [ ] Geschichte der Neuzeit
- [ ] Zeitgeschichte
- [ ] Klassiker-Editionen/Kritische Ausgaben
- [ ] Literaturwissenschaft
- [ ] Goethe-Jahrbuch
- [ ] Shakespeare-Jahrbuch
- [ ] Landeskunde/Landesgeschichte
- [ ] Brandenburg
- [ ] Sachsen
- [ ] Sachsen-Anhalt
- [ ] Thüringen
- [ ] Bildmonographien

Bitte vergessen Sie nicht Ihre Adresse auf der Vorderseite!

Absender:

Vor- und Zuname bzw. Firma

Straße oder Postfach

Postleitzahl   Ort

Verlag Hermann Böhlaus
Nachfolger Weimar
Postfach 260

D-99403 Weimar

Bitte
frankieren

ÜBERSCHAU

Die Gegend um Feldberg ist seit langem als reizvolle Landschaft bekannt. So schreibt der Herausgeber des Archivs des Vereins der Freunde der Naturgeschichte in Mecklenburg C. ARNDT 1882: „Feldberg .... liegt .... in einer Gegend, die sich durch große Naturschönheit auszeichnet und unter den schönsten in Mecklenburg mit gezählt werden darf." Er hebt die zahlreichen Seen als landschaftsprägende Elemente hervor und schildert die Bewegtheit des Reliefs mit folgenden Worten: „Diese Seen .... sind mit Hügeln umgeben, die zum Theil schroff abfallen, so am Schmalen Luzin, wo die Abhänge meistens so steil sind, daß sie nicht beackert werden können. Ja selbst ein Steig, der an der Überfahrtsstelle zum Hullerbusch vom westlichen Ufer des Sees hinab, am östlichen hinauf führt, ist so steil, daß trotz angebrachter Barrieren das Ersteigen recht beschwerlich, das Hinabsteigen noch schwieriger ist. Eben so steil sind die westlichen Ufer des Zanzen."

Tatsächlich liegt der besondere Reiz dieses typischen Jungglazialgebietes in der engen Verbindung von Gewässern und aufragenden Hügeln. In keinem anderen Gebiet des norddeutschen Tieflandes – von Ostrügen abgesehen – sind Seen in solcher Vielgestaltigkeit und in so malerischem Kontrast zu steilhängigen, mit Geschiebeblöcken übersäten Hügeln, zu dunklen Buchenwäldern und sonnenbeschienenen Weiderasen ausgebildet wie im Feldberger Seengebiet, das als Hochgebiet des Woldegk-Feldberger Hügellandes aus dem Rückland der Mecklenburgischen Seenplatte herausragt. Mehrere markante Aussichtspunkte, so der Reiherberg bei Feldberg und der Hauptmannsberg (s. E 4) bei Carwitz, gewähren einen Überblick über die Landschaft. Von hier übersicht der Betrachter große Teile des Feldberger Seengebietes, gelegen an der Grenze zwischen der zu Brandenburg gehörenden Uckermark und dem mecklenburgischen Land Stargard, dem heutigen Kreis Mecklenburg-Strelitz.

Natur

Das Gebiet zwischen Feldberg, Fürstenwerder und Boitzenburg läßt sich verschiedenen Naturraumtypen zuordnen (RICHTER 1978), die im wesentlichen während des Jungpleistozäns geprägt wurden. Es handelt sich – von SW nach NO betrachtet – um ein Sandergebiet ohne Grundwassereinfluß, um kuppige, teilweise hohlformenreiche Grundmoränengebiete und um Hügelgebiete – vorwiegend Endmoränen – mit starkem Sediment- und Bodenwechsel.

Das Kernstück wird von dem hochgelegenen Woldegk-Feldberger Hügelland eingenommen, dem die Kleinlandschaften Feldberg-Fürstenhagen-Carwitzer Endmoränenlandschaft (Endmoränen des Pommerschen Stadiums und der Angermünder Staffel mit darin eingebetteten hochgelegenen Seen) und Fürstenwerder-Berkholzer Endmoränenlandschaft (Gerswalder Staffel) angehören. In beiden erhielten sich neben sehr gut ausgeprägten Endmoränenformen auch morphologische Anzeichen von erheblichen Schmelzwasserwirkungen. An das Feldberger Hügelland schließt sich nach O und SO das Uckermärkische Hügelland mit den Kleinlandschaften Ferdinandshorster flachwellige und Wrechen-Boitzenburger kuppige Grundmoränenlandschaft an. In diesem Gebiet treten ein starker Wechsel und eine große Mannigfaltigkeit glazialer und fluvioglazialer Formung hervor. Nordwestlich des Feldberger Hügellandes befindet sich die Kleinlandschaft Cantnitzer Grundmoränenlandschaft als Teil des Naturraumes Oberes Tollensegebiet. Diese stark wellige Platte erreicht Höhen bis 120 m ü. NN. Schließlich ragt von SW noch die Krüseliner Sanderlandschaft herein, Teil einer weiträumig ausgebildeten, um 90 m ü. NN hohen Fläche, die von langen schmalen, oft hintereinanderliegenden Seen durchzogen wird und zum Neustrelitzer Kleinseenland gehört (Atlas der Bezirke 1962, BENTHIEN 1961, BRAMER 1961, HURTIG 1957).

H. D. Knapp

Die Geländeformen des Feldberger Seengebietes sind in der letzten Kaltzeit, der Weichselkaltzeit, entstanden. Damals schob sich das Inlandeis – von NO kommend – über die Ablagerungen der vorangegangenen Saale- und Elsterkaltzeit hinweg, und die vom Eis mitgeführten Stein- und Bodenmaterialien bedeckten die geologisch älteren Formen, so daß diese heute im Feldberger Raum erst in 50–100 m Tiefe vorkommen.

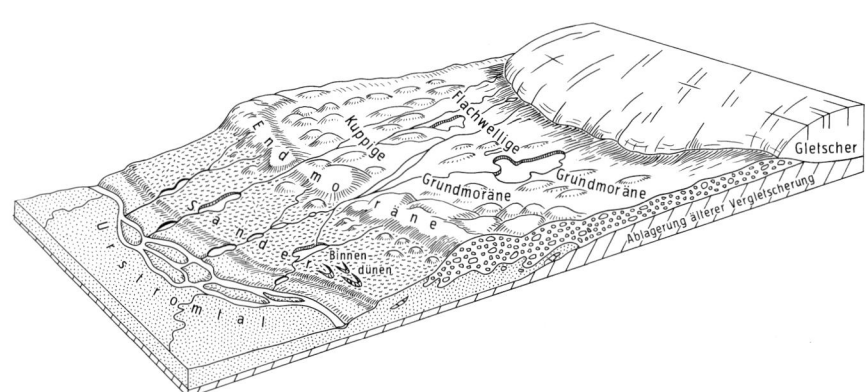

Abb. 1 Schematische Darstellung der glazialen Serie (nach Atlas der Bezirke Rostock, Schwerin und Neubrandenburg 1962)

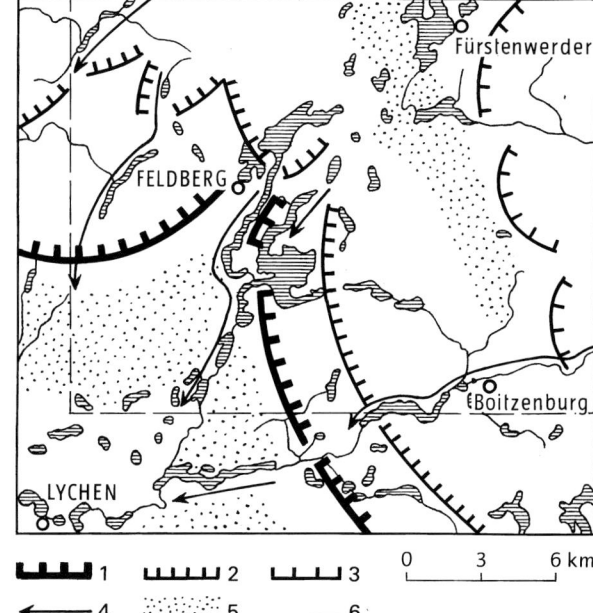

Abb. 2
Weichselkaltzeitliche
Oberflächenformen (nach
KLIEWE und JANKE 1972)

1 Pommersche Hauptend-
  moräne
2 Angermünder Staffel
3 Gerswalder Staffel
4 Schmelzwasserbahnen
5 Sander
6 Grenze des beschriebenen
  Gebietes

Die einzelnen Stadien der Weichselkaltzeit hinterließen mehr oder weniger geschlossene Endmoränenzüge. Zwischen diesen traten Oszillationen, also Schwankungen, des Eisrandes auf, so daß sich noch Zwischenstadien im Gelände erkennen lassen. Das für das Seengebiet um Feldberg und Boitzenburg entscheidende Stadium war die Pommersche Eisrandlage, die sich vor etwa 16 000 Jahren einstellte (MARCINEK und NITZ 1973).

Die Anordnung der Formen in der glazialen Serie Grundmoräne – Endmoräne – Sander – Urstromtal enthält die Abbildung 1. Die Endmoränenbögen der Pommerschen Eisrandlage (Abb. 2) zeigen im Feldberger Raum eine besonders ausgeprägte Moränengabel, die sich wohl im „Schatten" der Helpter Berge – etwa 20 km nordöstlich von Feldberg – herausgebildet hatte. 2 große Eiszungen, die von einer Eisscheide zweiter Ordnung (Atlas der Bezirke 1962) getrennt waren, drifteten auseinander, so daß girlandenförmig westlich der Strelitzer Moränenbogen (Breiter Luzin – Rosenberge – Lüttenhagen – Neustrelitz) und südöstlich der Uckermärkische Bogen (Breiter Luzin – Hullerbusch – Hauptmannsberg – Thomsdorf – Hardenbeck – Boitzenburg) entstanden sind. Unmittelbar hinter der Pommerschen Eisrandlage befinden sich ferner die Moränenbögen der Staffel der spätglazialen Hauptgletscher, zum Teil der Angermünder Staffel, und der Gerswalder Staffel.

Überwiegend in den Grundmoränen und in den Endmoränen breiten sich zahlreiche Seen mit unterschiedlichen Formen aus. Ihre Entstehung läßt sich auf verschiedene Ursachen zurückführen. Die häufigste dürfte jedoch sein, daß beim

Rückschmelzen des Eises der ursprünglich geschlossene Eiskörper in große Blöcke zerfiel, von denen manche durch Moränenmaterial verschüttet wurden und dadurch länger erhalten blieben. In der anschließenden wärmeren Postglazialzeit taute das Toteis, und es entstanden verschiedenartige Hohlformen, die sich teilweise mit Wasser füllten. Die meisten der Feldberger Seen verdanken ihre Entstehung solchem tieftauenden Toteis (s. D 10). Häufig spülte aber auch das Schmelzwasser an der Unterseite der Eisloben subglaziäre Rinnen aus, die sich später mit Wasser füllten und zur Bildung von Rinnenseen führten, so des Dolgener Sees (s. D 1). Die morphologischen Prozesse verursachten ein Nebeneinander von Seen mit großen Tiefen (maximal 58 m im Breiten Luzin) und Moränen mit beachtlichen Erhebungen (Rosenberge mit 146 m ü. NN und Reiherberg mit 145 m Höhe).

Die natürliche Fruchtbarkeit der Böden hängt weitgehend von deren Ausgangsmaterial ab: Die Grundmoränenflächen weisen meist lehmige Sandböden auf, die sich gut zur landwirtschaftlichen Nutzung eignen. Die sehr stein- und blockreichen Endmoränen blieben dagegen meist mit Wald bedeckt, stellenweise mit natürlichem Buchenwald (s. B 1, D 5, E 4, H 1, J 8). Die Sander eignen sich wegen ihrer wenig ertragreichen Sandböden heute kaum noch zur landwirtschaftlichen Produktion. Hier überwiegt die forstwirtschaftliche Nutzung mit ausgedehnten Kiefernforsten (s. F 4).

Klimatologisch nimmt der Feldberg–Boitzenburger Raum eine Sonderstellung ein, die vermutlich durch die Höhenlage der Grundmoränenplatte und der Endmoränen über 100 m ü. NN bedingt ist. Dadurch weist dieses Gebiet überdurchschnittliche Niederschlagsmengen zwischen 550 und 680 mm pro Jahr auf, im Mittel 612 mm, was für die Land-, Forst- und Wasserwirtschaft von großer Bedeutung ist. Der Jahresgang der mittleren monatlichen Niederschlagssummen zeigt einen sehr ausgeglichenen Verlauf, allerdings mit einem Maximum im Juli und August. Die Verdunstungswerte halten sich in Größenordnungen um 460 mm, so daß für den Abfluß nur eine Menge von 100 mm pro Jahr bereit steht.

Bei dem leicht kontinentalen Klima ist insbesondere mit kühlen Wintern zu rechnen. Dieser Effekt wird im Feldberger Raum durch die großen Wasserflächen stark gemildert, denn die Seen beeinflussen die Luftfeuchtigkeit, indem sie temperaturausgleichend wirken. Die mittlere Jahrestemperatur wird für Neustrelitz mit 8° C, für Prenzlau mit 8,2° C angegeben; wärmster Monat ist der Juli mit 17,7° C bzw. 17,9° C.

Durch das Feldberg–Boitzenburger Gebiet zieht sich eine Wasserscheide mit überregionaler Bedeutung: Der NW entwässert über Tollense und Peene ebenso zur Ostsee wie der NO und O über die Ucker, der S hingegen über Havel und Elbe zur Nordsee. Eine große Anzahl von Senken und Seen ohne oberirdischen Abfluß geht auf die erwähnten unregelmäßigen Toteishohlformen zurück. Die so entstandenen Binnenentwässerungsgebiete können im Feldberger Raum bis zu 30 % der gesamten Flächen ausmachen. Die Feldberger Seen bildeten ursprünglich ein Binnenentwässerungsgebiet von über 50 km^2 Größe. Dazu gehören die Oberen Feldberger Seen, Wasserspiegel 84,2 m ü. NN, mit Feldberger Haussee, Breitem Luzin (s. B 3) und Schmalem Luzin (s. D 10) sowie die Unteren Feldberger Seen, Wasserspiegel 84,0 m ü. NN, mit Carwitzer See (s. E 6), Zansen (s. E 5) mit Wootzensee und Dreetzsee (s. G 2). Sowohl die Oberen als auch die Unteren Feldberger

Seen liegen tief eingebettet in einer bewegten Moränenlandschaft. Ihre Ufer sind teilweise sehr steil, meist bis dicht an das Wasser mit Buchenwald bestanden. Auch wo landwirtschaftliche Nutzflächen an die Gewässer grenzen, befindet sich am Ufersaum fast stets ein Baum- oder Gebüschstreifen.

Ein weiteres zusammenhängendes Seensystem gibt es um den Ort Fürstenwerder, wo Großer See (s. C 1), Dammsee, Kleiner und Großer Parmensee (s. C 7) zwischen der Angermünder und Gerswalder Endmoränenstaffel liegen. Ihre Ufer sind stark gegliedert, und der Große See (Abb.22) weist mehrere Inseln auf. Der Wasserspiegel dieser zum Einzugsgebiet der Ucker gehörenden Gewässer befindet sich zwischen 91,1 m ü. NN und 89,5 m. Weitere Seen und einige künstliche Stauflächen enthält auch die Endmoränenlandschaft um Boitzenburg. Die kleinen Gewässer im äußersten SW bei Mechow nehmen eine glaziäre Abflußbahn im Sandergebiet ein (s. G 11).

Aus den Feldberger Seen gelangt Wasser durch den künstlichen Durchstich der Isernpurt (s. E 6) zunächst in den Mellensee, von dort in den Krewitzsee und dann über den Strom (s. J 10) zum Haussee bei Hardenbeck bzw. zum Schumellensee. Der ursprünglich natürliche Abfluß erfolgte ostwärts über den Strom zur Ucker, ist aber durch künstliche Durchstiche nahe dem Westende des Haussees (s. H 13) etwa um die Wende vom 16. zum 17. Jh. auch westwärts an die Havel angeschlossen worden (DRIESCHER 1986) und wird heute mit Schleusen geregelt.

Zwischen den Orten Fürstenhagen, Boitzenburg und Feldberg gibt es eine große Grundmoränenplatte ohne nennenswerte Seen, aber mit völlig verlandeten Senken, in denen Torf gestochen wurde. Diese überwiegend landwirtschaftlich genutzte Fläche weist ein leicht bewegtes Relief auf.

L. Krey

Viele Seen im Feldberg–Boitzenburger Raum genießen wegen ihrer landschaftlichen Reize, ihrer reichen Flora und Fauna sowie ihrer guten Wasserbeschaffenheit hohe Wertschätzung. Deshalb haben die Hydrologen und Limnologen, also die Wissenschaftler, die sich mit der Erforschung der Binnengewässer beschäftigen, ein besonders ergiebiges Tätigkeitsfeld gefunden. Die wissenschaftliche Bedeutung der Feldberger Seen wurde schon am Anfang des 20. Jh. von AUGUST THIENEMANN erkannt. Er schrieb 1933: „Die Feldberger Seen, Breiter Luzin, Schmaler Luzin, Carwitzer See und Zansen – und zwar am ausgeprägtesten der Breite Luzin – haben in physiographischer Beziehung sich mehr als fast alle anderen bekannten norddeutschen Seen einen ursprünglichen Charakter erhalten", und „sie nehmen in limnologischer, hydrobiologischer und tiergeographischer Beziehung eine ganz besondere Stellung unter den norddeutschen Seen ein".

Ähnlich wie viele andere Gewässer Deutschlands, so haben auch die Seen um Feldberg und Boitzenburg durch hohe Nährstoffeinträge eine mehr oder weniger deutliche Verschlechterung ihrer Wasserbeschaffenheit erfahren. Den Typ des sehr nährstoffarmen, kristallklaren oligotrophen Sees (Abb. 3), der ganzjährig bis zum Grunde gut mit Sauerstoff versorgt ist, gibt es nicht mehr. Selbst der Breite Luzin, ehemals ein Vertreter dieses Gewässertyps, zeigt inzwischen deutliche Eutrophierungsmerkmale. Andererseits existiert trotz aller negativer Umwelteinflüsse nach wie vor eine Reihe von Seen mit befriedigenden Sauerstoffvorräten im Tiefenwas-

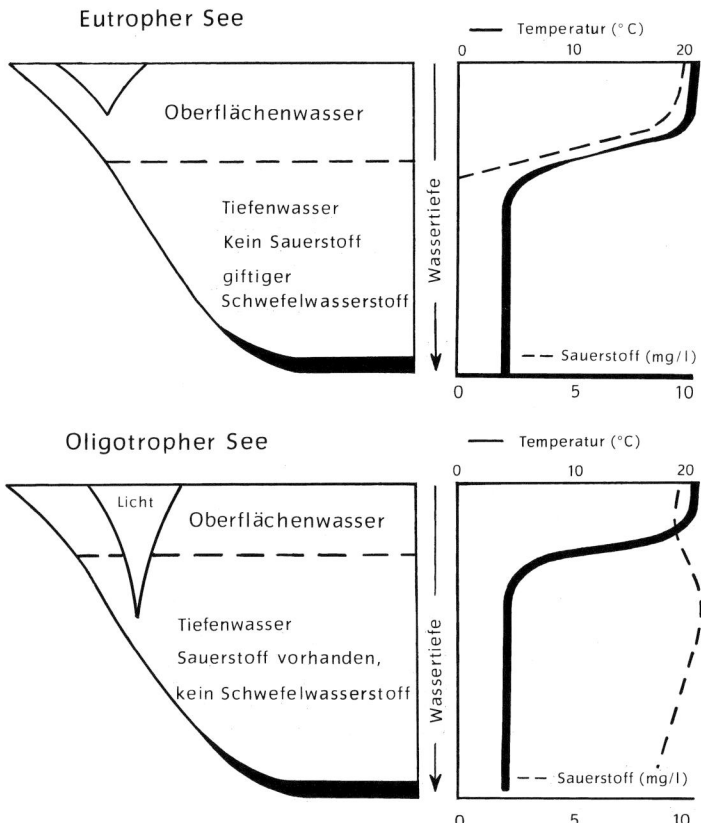

Abb. 3 Wesentliche Merkmale des eutrophen und oligotrophen Sees (Entwurf R. Koschel)
Der grüne Pflanzenfarbstoff Chlorophyll-a kann als ein Maß für die Menge der Planktonalgen benutzt werden, da er in allen Algen enthalten ist. Sein Anteil an ihrer Frischmasse beträgt etwa 0,2 %. Phosphor wirkt innerhalb bestimmter Grenzen fördernd auf das Wachstum des Phytoplanktonsan. Die Eintragung der Seen gibt das Wachstum des Phytoplanktons an. Die Eintragung der Seen gibt deren ungefähre, momentane Position im Verlauf des Eutrophierungsprozesses wieder.

ser, die höchsten Nutzungsansprüchen genügen können und deswegen eines besonderen Schutzes bedürfen.

Wer im Sommer die hiesige Landschaft besucht, dem fällt gewiß die unterschiedliche Beschaffenheit der einzelnen Gewässer ins Auge. So besitzen die mesotrophen Seen Dreetzsee (s. G 2), Krüselinsee (s. G 4), Clanssee (s. G. 9), Waschsee, Breiter und Schmaler Luzin (s. B 3, D 10), verglichen mit dem Feldberger Haussee (s. D 7) oder dem Großen See (s. C 1) bei Fürstenwerder, deutlich klare-

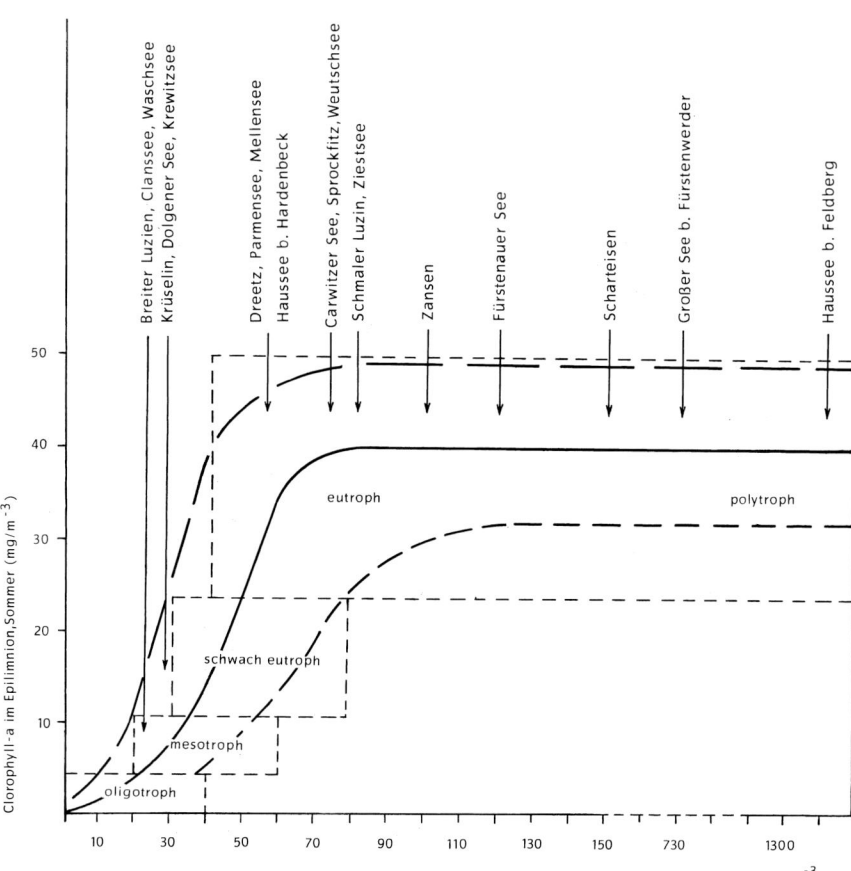

Abb. 4 Abhängigkeit der Konzentration der Planktonalgen während des Sommers von der maximalen Frühjahrskonzentration des Gesamtphosphats in Seen des Feldberger Gebietes (nach KOSCHEL 1985)

res Wasser, und untergetaucht lebende Wasserpflanzen (s. S. 11) sind in den erstgenannten im Unterschied zu den letzteren reichlich vorhanden. Diese sichtbaren Merkmale widerspiegeln unterschiedliche Nahrungs- und Trophieverhältnisse. Der klare, in der Tiefe durch Wasserpflanzengesellschaften gekennzeichnete See ist nährstoffarm und demzufolge nur schwach produktiv. Im Gegensatz zu diesen mesotrophen stehen die eutrophen trüben Gewässer; sie sind nährstoffreich und hochproduktiv (Abb. 4). Diesen Typus verkörpern beispielsweise der Große See (s. C 1), der Carwitzer See (s. E 6) und der Feldberger Haussee (s. D 7). Der Prozeß der beschleunigten Eutrophierung während der letzten Jahrzehnte ist im wesentlichen durch die Überbelastung der Gewässer insbesondere mit Phosphor-

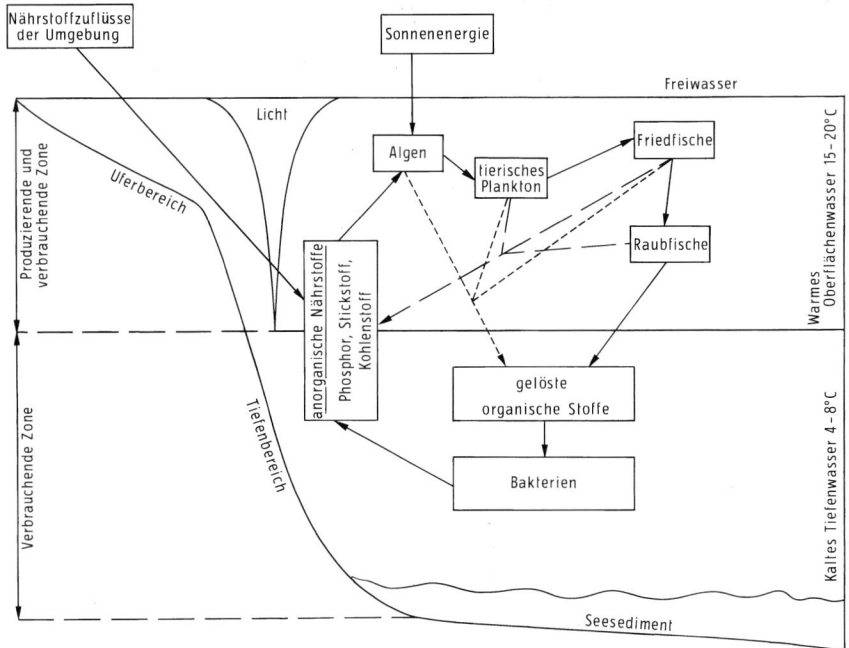

Abb. 5 Schema des Energie- und Stoffflusses in der Freiwasserregion eines Sees (stark vereinfacht; Entwurf R. KOSCHEL)

Die Nahrungskette Algen, tierisches Plankton, Friedfische, Raubfische ist ein vielfach verzweigtes und rückgekoppeltes Netz. Unabhängig vom Grad der Komplexität besitzen solche Nahrungsnetze jedoch zwei grundlegende Eigenschaften: Die ursprünglich von den Algen festgelegte Sonnenenergie wird von Stufe zu Stufe weitergegeben und dabei immer weniger, weil die Verluste anwachsen. Die Bausteine der gebildeten organischen Stoffe, z. B. Kohlenstoff, Wasserstoff, Stickstoff, Phosphor, werden im Kreislauf geführt und liegen am Ende, vor allem durch die Stoffwechselaktivität der Bakterien, wieder in ihrer ursprünglichen, mineralischen Form vor (H_2O, CO_2, NO_3^-, PO_4^{3-}).

und Stickstoffverbindungen von landwirtschaftlichen Flächen und aus kommunalen Abwässern ausgelöst worden. Die Nährstoffeinträge führen im Stoffkreislauf der Seen zu Störungen, die unter anderen wesentliche Wassergütekriterien, wie Sauerstoffgehalt, pH-Wert, Trübstoffgehalt, verschlechtern. Blaualgen entwickeln sich massenhaft, und empfindliche Arten der Tier- und Pflanzenwelt verschwinden (s. F 2).

Jeder See bietet Lebensmöglichkeiten für eine Vielzahl von Organismen. So bauen Algen und größere Wasserpflanzen aus den im Wasser vorhandenen Nährstoffen unter Ausnutzung der Sonnenenergie organische Substanzen auf. Dieses pflanzliche Material bildet direkt oder indirekt die Nahrungsgrundlage für alle tierischen Organismen des Wassers. Bakterien und Pilze sorgen dafür, daß totes organisches Material wieder mineralisiert wird.

Dieses Nebeneinander von Auf- und Abbau verläuft keinesfalls regellos. Jeder See ist ein durch Einflüsse von außen ständig „bewegtes", „gestörtes", in sich aber nach strengen ökologischen Gesetzen reguliertes und ausbalanciertes System von Wasser, Wasserinhaltsstoffen und lebenden Organismen. Wesentliche Einflußgrößen sind beispielsweise die Zufuhr von Energie (Abb. 5) durch die Sonneneinstrahlung, der Rhythmus der Temperatur, Tageslänge, klimatische Faktoren, der Eintrag von anorganischen und organischen Nährstoffen aus der Umgebung, das Freisetzen von Nährstoffen aus den Stoffkreisläufen im Gewässer oder die Ausnutzung der Seen durch den Menschen in Form von Fischfang, Baden, Brauchwasserentnahme und Abwassereinleitung. Diese Bedingungen regulieren Art und Menge sowie räumliche und zeitliche Verteilung der Organismen.

Umgekehrt haben die Lebensprozesse der Gewässerbakterien, der Pflanzen und Tiere entscheidenden Einfluß auf die physikalischen und chemischen Eigenschaften der Seen. Sie bestimmen unter anderen Farbe, Geruch, Geschmack, Trübung, Gehalt an Sauerstoff sowie an giftigem Schwefelwasserstoff und Sedimentbeschaffenheit. Besonders der vermehrte Eintrag von Nähr- und Schadstoffen durch den Menschen verschlechtert die Merkmale der Wasserbeschaffenheit. Die Seen werden zunehmend ihrer anspruchsvollen Nutzungsmöglichkeiten, wie Trinkwassergewinnung, Erholungsnutzung, natürliches Fischaufkommen und Brauchwassernutzung, beraubt.

P. Kasprzak und R. Koschel

Die postpleistozäne Wald- und Landschaftsgeschichte des Feldberger Gebietes läßt sich an Hand von Pollendiagrammen aus dem Raum Serrahn, dem Kernbruch bei Thomsdorf (s. G 6; FUKAREK 1972) und dem Schloßberg (LANGE 1969) ablesen. In der Vorwärmezeit, also 8000–6800 v. Chr., wuchsen lichte Wälder aus Kiefer und Birke. In der anschließenden Frühen Wärmezeit (6800–5500 v. Chr.) breitete sich die Hasel massenhaft aus, und es wanderten Eiche und Ulme, später auch Erle und Linde ein. In der Mittleren Wärmezeit (5500–2500 v. Chr.) herrschten auf den nährstoffreichen Böden Eichenmischwälder mit Ulme und Linde vor, auf den armen hingegen Kiefernmischwälder. In der Späten Wärmezeit (2500–800 v. Chr.) begannen auf den nährstoffreichen Standorten die allmähliche Einwanderung der Rotbuche und der Rückgang der Kiefer. Zur absoluten Vorherrschaft in den Wäldern der End- und Grundmoränen gelangte die Rotbuche aber erst am Ende der Älteren Nachwärmezeit um 800 v. Chr. Auf den nährstoffarmen Sanderstandorten im S des Gebietes blieb die Kiefer als Bestandteil von Eichenmischwäldern erhalten.

Zu Beginn der Slawenzeit war der größte Teil des Feldberger Raumes noch von geschlossenen Wäldern bedeckt. Die slawische Rodungsphase begann im Bereich zwischen dem Schloßberg und Schlicht zum Zeitpunkt des Burgbaues auf dem Schloßberg (s. B 2). Von hier aus erfolgte die weitere Besiedlung des Feldberger Seengebietes, begleitet von Rodungen vor allem in den Randzonen der Gewässer, da die Vorsprünge, Halbinseln und Inseln hier günstige Siedlungsmöglichkeiten boten.

Im 13. Jh. kam es dann im Zuge des hochmittelalterlichen Landesausbaus erneut zu umfangreichen Rodungen. Nunmehr wurden auch die Moränenplatten weitgehend dem Ackerbau erschlossen und zahlreiche planvoll angelegte Dörfer gegründet (s. S. 20). Verschont von den Rodungen blieben nur kleine Waldflächen vor allem im Bereich der sehr hügeligen und steinreichen Endmoränen (s. H 3). Seit dem 17. Jh. ermöglichte der Ausbau des Küstrinchenbaches zwischen dem Boitzenburger Haussee und Lychen umfangreiche Holzflößerei, vor allem aus den Boitzenburger Forsten (s. F 4).

Zu Beginn des 19. Jh. schädigten die Raupen des Kiefernspanners und häufige Waldbrände große Teile der Kiefernforsten. Durch die Aufforstung landwirtschaftlich ertragsschwacher Böden vergrößerten sich die vorhandenen Waldungen. Andererseits kam es aber auch zur Rodung großer Waldstücke und anschließender landwirtschaftlicher Nutzung sowie zur Errichtung neuer Vorwerke (s. E 13, H 8, H 10). Im Ergebnis dieser Prozesse nahm die Kiefer weiter an Fläche zu, während der Anteil der Laubhölzer zurückging. Der Waldzustand in Mecklenburg-Strelitz im Jahre 1912 kommt in folgenden Tabellen zum Ausdruck:

Betriebsform der Waldbestände (in ha und %)

	Staatsforsten	Gemeindeforsten	Privatforsten
Hochwald	42 137 (96,3)	4349 (90,2)	12 753 (79,8)
Niederwald	1 604 (3,7)	410 (9,8)	1 614 (20,2)
Mittelwald	–	60	1 620

Holzartenverteilung (in ha)

	Eiche	Buche	Laubweichhölzer	Kiefer	sonstige Nadelhölzer
Staatsforsten	1401	8596	2685	30 698	293
Gemeindeforsten	312	565	865	2975	10
Privatforsten	380	1974	4704	8469	529

H.-D. Krausch u. U. Voigtländer

Vegetationsgeographisch gehört das Feldberg–Boitzenburger Gebiet zu den Traubeneichen-Buchenwald-Landschaften der ostmecklenburgisch-nordbrandenburgischen Seenplatte und des Rücklandes der Seenplatte (KNAPP 1986). Die Rotbuche herrscht von Natur aus vor, doch sind ihr Traubeneiche und auf armen Sanden Kiefer beigemischt. Auf den nährstoffreichen Lehmböden überwiegen Perlgras-Buchen-Wälder (s. H 9), auf Standorten mit mittlerer Nährkraft Schattenblümchen-Traubeneichen-Buchen-Wälder. Mehrere Vorkommen der Zwiebeltragenden Zahnwurz (*Dentaria bulbifera*) weisen auf den Hochlagencharakter der Buchenwälder des Gebietes hin (SCAMONI 1965). In den Naturschutzgebieten Heilige Hallen (s. D 5) und Conower Werder (s. H 1) blieben alte Buchenwälder erhalten, ebenso im Naturschutzgebiet Feldberger Hütte (s. B 1).

Auf Endmoränenhügeln mit stark bewegtem Relief haben sich – bedingt durch jahrhundertelangen Weidegang – artenreiche Weiderasen (s. B 6) herausgebildet, die im Kontrast zu den schattig-kühlen Buchenwäldern stehen, jedoch wie diese den besonderen Charakter der Feldberger Landschaft bestimmen. Feldhecken und Weidenrasengebüsche treten als weitere landschaftsprägende Komponenten hinzu.

Die Vegetation der Gewässer hängt weitgehend von deren Nährstoffgehalt ab (s. S. 7). In den kalkreich-nährstoffarmen bis nährstoffschwachen Klarwasserseen finden wir am Boden ausgedehnte und dichte Bestände von Armleuchteralgen (s. B 3, G 2, G 4, G 11, H 13). Kennzeichnend für derartige Gewässer sind ferner Vorkommen des Mittleren Nixkrautes (*Najas marina* subsp. *intermedia*; s. G 7, G 11) und von Unterwasserformen des Strandlings (*Littorella uniflora*; s. G 2, G 9). Im Röhricht kommt die Schneide (*Cladium mariscus*) vor und bildet stellenweise eigene Bestände (s. G 7, G 11).

Die schwach bis mäßig eutrophen Seen weisen reichlich Laichkräuter und andere Unterwasserpflanzen auf (s. G 11, H 13, J 5). Mit zunehmendem Nährstoffgehalt treten diese Arten zurück, wobei sich Hornblatt (*Ceratophyllum demersum*) und Kammlaichkraut (*Potamogeton pectinatus*) auch noch in stärker eutrophen Seen behaupten können. In sehr stark mit Nährstoffen belasteten polytrophen Seen gibt es schließlich kaum noch Unterwasserpflanzen. In solchen Gewässern kommen höchstens noch die von der Wassertrübung unabhängigen Schwimmblattgewächse vor. Ihre von Gelber Teichrose (*Nuphar lutea*) und Weißer Seerose (*Nymphaea alba*) gebildeten Bestände wachsen in allen Seentypen des Gebietes, wobei sie in ruhigen und windgeschützten Seen mitunter Massenbestände bilden (s. H 5). In manchen nährstoffreichen Flachgewässern gibt es dichte Decken aus Wasserlinsen (*Lemna*; s. J 10). Die Röhrichte sind in den nährstoffarmen Seen oft nur schmal und schütter, in den nährstoffreichen hingegen breit und dicht. Bei sehr starker Belastung kann das Schilf absterben (s. E 8). An Seen mit stark schwankenden Wasserständen treten in Jahren mit niedrigem Wasserspiegel Arten der Zwergbinsenfluren auf (s. A 5, G 9). In den Fließgewässern des Gebietes gibt es auf den unbeschatteten Strecken oft dichte Bestände strömungsertragender Wasserpflanzensippen und an den Ufern mehr oder weniger gut ausgebildete Bachröhrichte (s. J 10).

Bei den in die Grundmoräne eingetieften, von landwirtschaftlichen Nutzflächen umgebenen Seen (s. C 1, E 6, E 8, E 10, E 11) folgt hinter dem Röhricht und auf den anschließenden Hängen meist ein Gehölzstreifen aus zahlreichen Baum- und Straucharten. Da dieser die Hänge vor Bodenerosion und den See vor abgeschwemmten Agrochemikalien schützt, erfüllt er eine wichtige landeskulturelle Funktion und sollte daher erhalten bzw. ergänzt werden.

Die Flora des Gebietes um Feldberg und Boitzenburg ist vielfältig und artenreich (ARNDT 1882). Sie setzt sich aus Buchenwald-, Wasser- und Moorpflanzen als Bestandteilen der natürlichen Pflanzendecke zusammen. Hinzu kommen Wiesen und Trockenrasenpflanzen sowie Ackerwildkräuter, Wegrand- und Schuttpflanzen als Komponenten der vom Menschen geformten Vegetation.

Innerhalb der Feldberger Seenlandschaft zeigt sich in Anlehnung an die Niederschlagsverteilung eine pflanzengeographische Differenzierung. Während die Hochlagen Stauwirkung verursachen, nehmen die Niederschläge nach O deutlich ab. Hier erreichen mehrere, im uckermärkischen Trockengebiet häufige Trockenrasenpflanzen (s. J 3) gestaffelte Westgrenzen ihrer Verbreitung. Einige dieser Arten kommen dann nochmals auf trockenen Hügeln der Feldberger Endmoränenlandschaft vor, doch ist diese auffallend arm an wärmeanspruchsvollen Xerothermpflanzen (VOIGTLÄNDER 1970; FUKAREK 1984, 1985).

Wie in ganz Mitteleuropa unterliegt auch die Pflanzenwelt des Feldberger Gebietes seit etwa 3 Jahrzehnten tiefgreifender Veränderungen, von denen vor allem

Wiesen, Weiderasen, Ackerwildkrautfluren, Wasserpflanzengemeinschaften und Moore betroffen sind (KNAPP, JESCHKE, SUCCOW 1986; ARENDT 1986). Verursacht wird dieser mit gebietsweisem Rückgang zahlreicher Arten und Pflanzengesellschaften verbundene Vegetationswandel durch Eingriffe in den Nährstoff- und Wasserhaushalt der Agrarlandschaft. Die Einführung industriemäßiger Methoden in der Landwirtschaft war mit der Ausräumung und Beseitigung zahlreicher Kleinformen (Sölle) sowie Hecken und Flurgehölze, mit der Entwässerung von Feuchtgebieten und insbesondere mit verstärktem Einsatz mineralischer Dünger und Pestizide verbunden. Die hohen Düngemittelmengen haben drastische Auswirkungen nicht nur auf die Pflanzendecke des festen Landes sondern vor allem auf die Qualität der Gewässer. Intensive Fischwirtschaft mit Käfighaltung (s. E 6) und Mastfütterung bildet einen weiteren Schadfaktor für die Gewässer.

H. D. Knapp und H.-D. Krausch

Trotz verschiedener menschlicher Einflüsse auf den Feldberg – Boitzenburger Raum ist die Fauna arten- und individuenreich. So kommen 5 Schalenwildarten vor, und Rehe kann man in kleinen Gruppen im März und April auf den Saaten äsend überall beobachten. Häufig tritt auch das Schwarzwild auf. In wenig besuchten Gebieten nördlich von Feldberg hält sich ein Bestand kapitaler Hirsche. Hier ist auch das Damwild in starken Rudeln zu Hause. Diese im Mittelalter eingebürgerte Art (s. D 4) erreichte in den Wäldern vor dem Zweiten Weltkrieg eine überdurchschnittliche Dichte. Seit einigen Jahren hat man das Muffelwild ausgesetzt (s. B 5). Zu den genannten Schalenwildarten kommt noch als Durchzügler der Elch hinzu.

Verbreitet, aber wenig beobachtbar, sind Fuchs und Dachs. Auf den Feldern leben Hasen, an trockenen Hängen Wildkaninchen. Beide Arten erreichen zur Zeit nur eine geringe Populationsstärke und werden wenig bejagt. Zu den im Gebiet vorkommenden jagdbaren Tieren gehören weiterhin Steinmarder, Großes Wiesel und Iltis. Um die Wende vom 19. zum 20. Jh. vermehrten sich deutlich zeitweise die Hamster und breiteten sich aus. Heute fehlen sie im gesamten Feldberger Gebiet.

Der Marderhund, dessen Heimat der Ferne Osten ist, wurde im europäischen Teil der ehemaligen Sowjetunion ausgesetzt, von wo er westwärts wanderte und weite Teile Europas besiedelte. Beim Waschbär erfolgte die Ausbreitung von S her. Im Jahre 1945 wurden bei Strausberg einige Tiere freigelassen, die sich infolge ihrer heimlichen Lebensweise halten und vermehren konnten. Sie breiteten sich über die Schorfheide aus und erreichten das Gebiet Ende der siebziger Jahre, wie der Fang des ersten Bären am 23. Februar 1977 im Revier Lüttenhagen beweist.

Beim Mink oder Amerikanischen Nerz ist eine Einwanderung ebenfalls von S zu erwarten. Nachdem im Jahre 1966 im oberen Havelgebiet über 500 Tiere aus einer Farm entweichen konnten, von denen etwa 60 in freier Wildbahn verblieben, erfolgte in den anschließenden Jahren eine Besiedlung der Wasserläufe bis in den Raum Templin. Zu erwarten ist die Einbürgerung deshalb über die Woblitz. Auf diesem Bach kam vermutlich auch die Bisamratte, die heute vielerorts auftritt.

Von den geschützten, vom Aussterben bedrohten Tierarten leben im Feldberger

Gebiet der Fischotter, desgleichen der Siebenschläfer und die Mausohr. Die Ergebnisse der Forschungen über die Verbreitung der kleinen Nagetiere belegen, daß in den Buchenwäldern die Rötelmaus mit 50,2 % an der Spitze liegt, gefolgt von der Gelbhalsmaus mit 46,4 % und der Erdmaus mit 2,4 %. In Nadelwäldern kommen Waldmaus und in Grenzgebieten Brandmaus häufig vor. Von den Insektenfressern ist der Igel ebenfalls häufig anzutreffen, zumeist an Ortsrändern.

Sehr artenreich vertreten ist auch die Vogelwelt. Viele Greifvogelarten, besonders die Adlerarten, waren im 19. Jh. und zu Beginn des 20. Jh. einer sehr starken Verfolgung ausgesetzt, die fast zu deren Aussterben führte. Erst strenge Schutzmaßnahmen schufen die Voraussetzungen zu den heutigen höchsten Bestandsdichten dieses Jahrhunderts. Von den geschützten, vom Aussterben bedrohten Arten leben Schreiadler, Seeadler, Fischadler und Kranich als Brutvögel im Gebiet, letzterer in hoher Anzahl. Zeitweilig kommt auch der Schwarzstorch als Brutvogel vor. Von den geschützten, bestandsbedrohten Tierarten sind Große Rohrdommel, Weißstorch, Sperber, Rotmilan, Baumfalke, Bekassine, Waldwasserläufer, Eisvogel und Sperbergrasmücke brütend anzutreffen. Unregelmäßig lassen sich Zwergdommel, Wachtelkönig, Flußuferläufer, Trauerseeschwalbe und Schlagschwirl nachweisen. Die Schutzbestimmungen und einige forstliche Maßnahmen trugen dazu bei, daß die Anzahl der Seeadler und der Kraniche ebenso wie die der Fischadler in den letzten Jahren im Kreis Mecklenburg-Strelitz zunahm. Beim Schreiadler blieb der Bestand gleich.

Im Frühjahr rufen in den Buchenwäldern zahlreiche Kleiber, im Sommer Waldlaubsänger. Die Vogelarten dieser Wälder brüten zu etwa 2 Dritteln in Höhlen. Hier leben vor allem Star und Kohlmeise, ferner Zwergschnäpper, Grünspecht und Mittelspecht. Hinzu kommen Buchfink und Baumpieper. Als Charaktervogelarten der Heckenlandschaft und Waldränder treten der Sprosser, seltener die Nachtigall auf. Auf offenen, gebüschreichen und ehemaligen Weideflächen kommen vor allem folgende Arten vor: Goldammer, Dorngrasmücke, Sperbergrasmücke, Neuntöter, Heckenbraunelle, Rohrammer. Dagegen nimmt die Zahl anderer Arten, wie die des Brachpiepers, ab. Als der Kolkrabe, eine Rabenvogelart, zu Beginn des 20. Jh. in Mecklenburg und anderen Gebieten infolge der Nachstellungen durch den Menschen verschwand, überdauerte eine kleine Population im Feldberger Gebiet. Am Anfang der sechziger Jahre erreichten Vögel aus dem schleswig-holsteinischen Raum die hiesige Seenlandschaft, und gegenwärtig ist der Kolkrabe in den Buchenwäldern kein seltener Brutvogel.

Einst brütete im Feldberger Raum auch der Kormoran, wovon die Bezeichnung Scholverberg (s. E 1) kündet. Bis Ende der siebziger Jahre kam er nur noch als seltener Durchzügler vor. Bedingt durch die Zunahme dieser Vogelart in den Brutkolonien in Nordmecklenburg und in Dänemark, vollzog sich erneut ein verstärktes Auftreten im Binnenland. Gegenwärtig taucht der Kormoran nicht nur als Durchzügler im Herbst auf, sondern auch als ständiger Nahrungsgast in den Sommermonaten. Ebenso ist auch die Saatkrähe kein Brutvogel, sondern nur Wintergast. Die anderen zu den Rabenvögeln gehörenden Arten Nebelkrähe, Eichelhäher, Elster und Dohle dagegen brüten im Gebiet, ebenso von den Eulen Waldkauz, Waldohreule und Schleiereule. Diese Eulenvögel, die Schädlinge vertilgen und daher besondere Bedeutung besitzen, sind zum Teil in ihrem Bestand stark gefährdet.

Die Tauben sind durch die häufige Ringeltaube, die spärlich in Feldberg und den umliegenden Dörfern vorkommende Türkentaube und die seltene Hohl- und Turteltaube vertreten. Auch das Rebhuhn läßt sich ab und zu nachweisen. Von den Wasservögeln kommen Stockente, Haubentaucher und Bleßralle als häufige, Tafel- und Krickente als spärliche und die Reiherente als seltene Brutvögel vor, desgleichen die Waldschnepfe und der Graureiher. Die mit ganzjähriger Schonzeit eingestuften Arten Habicht, Höckerschwan und Mäusebussard sind verbreitet anzutreffen.

Als ornithologische Seltenheit der Feldberger Landschaft kann die Schellente gelten, die hier eine hohe Siedlungsdichte aufweist. Sie brütet in Höhlen, insbesondere von Buchen. Die Jungen verlassen ihre Bruthöhle sogleich nach dem Schlupf und springen zur Erde hinunter. Ab Mitte Mai lassen sie sich auf Waldtümpeln beobachten. Als weitere in Baumhöhlen brütende Wasservogelart hält sich der Gänsesäger von November bis März auf den Seen auf; er ist aber zur Zeit kein einheimischer Brutvogel.

Von den geschützten, vom Aussterben bedrohten Kriechtierarten kommt die Europäische Sumpfschildkröte (s. B 7) um Feldberg vor; von den geschützten, bestandsgefährdeten Tieren gibt es Zauneidechse und Ringelnatter. Die Zauneidechse bevorzugt sonnige Lagen, die ebenfalls geschützte Waldeidechse feuchte Biotope. Am Wasser fühlt sich die Ringelnatter zu Hause. Zu den geschützten, bestandsbedrohten im Gebiet vorkommenden Amphibien gehören Kammolch, Rotbauchunke und Laubfrosch. Ist der Kammolch wahrscheinlich als sehr selten einzuordnen, so trifft das für die Rotbauchunke nicht zu. Vermutlich besteht zwischen dem Vorkommen der Rotbauchunke und dem des Schreiadlers ein enger Zusammenhang; denn Schreiadler ernähren sich vorrangig von Amphibien, die sie am Boden zu Fuß jagen.

Von den geschützten, bestandsgefährdeten Fischen gab es früher die Ostgroppe (s. B 3), heute noch leben vereinzelt in den Seen (s. G 9) Bitterling, Steinbeißer und Schmerle. Unter den wirtschaftlich genutzten Fischen herrschen Aal, Barsch, Blei, Hecht, Karpfen, Kleine Maräne und Plötze vor. Vom Blei sind Massenfänge bekannt, die 60–80 Zentner in einem Zug erbrachten. Nicht zur heimischen Fauna gehörende Arten, so Silber-, Gras- und Marmorkarpfen (s. A 5, B 3), wurden in den letzten Jahren in einige Seen eingesetzt. Als große Fischrarität Mitteleuropas gilt die Luzinmaräne, eine endemische Unterart der Kleinen Maräne (*Coregonus albula lucinensis*). Ursprünglich von 4 Seen bekannt, kommt sie heute nur noch im Breiten Luzin vor.

Weit verbreitet ist der Amerikanische Krebs (s. A 5), vermutlich durch die Krebspest Ende des 19. Jh. fast ausgestorben der Deutsche Edelkrebs. Bis in die sechziger Jahre des 20. Jh. gab es noch im Hechtsee Edelkrebse, die aber den Bisamratten zum Opfer fielen. Jetzt trifft man hier den Amerikanischen Krebs an, wenn auch in geringer Anzahl. Eine faunistische Rarität in den neuen Bundesländern stellt der bis zu 25 mm große garnelenähnliche Reliktkrebs dar (s. D 10). Von den Kleinkrebsen zählen *Daphnia cucullata* und *Daphnia hyalina* zu den typischen Bewohnern der Feldberger Seen.

Andere Gruppen der Wirbellosen sind nur teilweise bekannt. Von den Schmetterlingsarten tritt der Schwalbenschwanz als Seltenheit auf, von den Käferarten gibt es Moschusbock und Sandlaufkäfer. Es wurde ermittelt, daß im Feldberger

Raum die Laubheuschrecke *Metrioptera bicolor* ihren einzigen Fundort innerhalb der östlichen Bundesländer besitzt.

In einigen Gebieten ist die Schneckenfauna recht gut erforscht. Dabei stellte man auf trockenwarmen Standorten die bemerkenswerten Arten *Helicella obvia* und *Chondrula tridens* fest. Erwähnung verdient auch das Vorkommen von *Helicigona lapicida* (s. E 4).

Um die Fauna zu bewahren, sind seit langem verschiedene regionale Verbände aktiv, die bis zur Wiedervereinigung Deutschlands 1990 im Rahmen des Kulturbundes tätig waren, nunmehr aber eigenständig wirken bzw. in größere Naturschutzbünde eingefügt sind. Zu ihnen zählen die hydrobiologisch-biologische Arbeitsgemeinschaft Bonito und die Fachgruppe für Naturschutz Walter Gotsmann.

Der Feldberger Raum ist Kernstück des 300 km² großen Landschaftsschutzgebietes Feldberger Seenlandschaft. Dieses LSG erstreckt sich zwischen Neustrelitz und Woldegk und wurde 1994 durch Zusammenfassung mehrerer kleinerer Landschaftsschutzgebiete gebildet. Es ist vorgesehen, in diesem Gebiet einen Nationalpark einzurichten. Außerdem existieren mehrere Naturschutzgebiete (s. Tab.).

Naturschutzgebiete im Naturpark Feldberger Seenlandschaft (Kartenbeilage)

Bezeichnung	Größe (letzte Verordnung vom)	1. Verordnung vom	Bemerkungen
Sprockfitz	26,46 ha	11. 09. 67	
Feldberger Hütte	473 ha (16. 08. 94)	30. 03. 61	
Sandugkensee	67,3 ha	27. 09. 94	
Krüselinsee und Mechowsee	500 ha (16. 08. 94)	08. 01. 75	
Hinrichshagen	1124 ha	11. 09. 67	1995 Verfahren zur Erweiterung
Heilige Hallen	65,6 ha (16. 12. 93)	24. 02. 38	
Hauptmannsberg	42,17 ha	11. 09. 67	
Kulowseen	235 ha (27. 09. 94)	08. 01. 75	
Keetzseen	330 ha (27. 09. 94)		
Comthureyer Berg	10 ha	08. 01. 75	
Zahrensee	10 ha ?	08. 01. 75	
Schmaler Luzin	340 ha ?	11. 09. 67	
Conower Werder	45 ha	11. 09. 67	
Schlavenkensee	etwa 530 ha		einstw. gesichert (1995 Ausweisungsverfahren eröffnet)
Brückentinsee	etwa 250 ha		seit 1993 im Ausweisungsverfahren

Dabei handelt es sich um Waldgebiete (s. B 1, D 5, D 9, E 4, H 1), mesotrophe Seen (z. B. NSG Krüselinsee und Mechowseen, s. G 4 und G 11) und bemerkenswerte geomorphologische Formen (NSG Hauptmannsberg, s. G 6). Die Naturschutzgebiete Heilige Hallen (s. D 5), Schmaler Luzin (s. D 9) und Sprockfitz (s. A 5) haben weit über die Grenzen der Landschaft hinaus Aufmerksamkeit und Beachtung gefunden. Außer den Schutzgebieten gibt es eine Reihe von Flächennaturdenkmalen, von denen der Cantnitzer Wacholderberg (s. A 2) und Sölle bei Lichtenberg hervorzuheben sind. Als Naturdenkmale stehen zahlreiche Bäume, wie die Hohle Eiche (s. D 9), die Friedhofseiche in Lüttenhagen (s. D 3) und die Friedenseiche in Laeven, sowie Großgeschiebe unter Schutz. Zu den letzteren zählen der Luzinstein am Westufer des Schmalen Luzin, der Teufelsstein im Hullerbusch und der Findling an den Blanken Pöhlen am Weg zum NSG Heilige Hallen.

Ehrenamtliche Naturschutzgruppen und die Naturparkverwaltung richteten mehrere Bildungs- und Naturerlebnisstätten ein. Hierzu gehört der „Feldberger Wiesenpark", ein Museums-Naturschutz-Erholungspark zwischen Kastanienallee und Schlichter Damm am Westrand von Feldberg. Die Heimatstube in Feldberg (s. D 6) vermittelt auch Informationen über die Tierwelt. Durch den Hullerbusch führt ein naturkundlicher Lehrpfad zum Hauptmannsberg; Wanderwege erstrecken sich durch das NSG Heilige Hallen (s. D 5), das NSG Feldberger Hütte (s. B 1) und am Ufer des Schmalen Luzin entlang. An zahlreichen Punkten der Feldberger Landschaft befinden sich Tafeln mit Erläuterungen zum Naturschutz. Einen großen Anteil am Entstehen des Naturschutzgebietsnetzes hat der Feldberger Natur- und Heimatforscher REINHARD BARBY (1887–1974), an den eine Gedenkstätte auf dem Scholverberg (s. E 1) erinnert. Wegen seiner großen Verdienste um die Erforschung der Feldberger Landschaft ernannte ihn die Stadt Feldberg zum Ehrenbürger.

E. Hemke

Gesellschaft

Ur- und frühgeschichtliche Entwicklung (Abb. 6)

Das Gebiet zwischen Feldberg und Boitzenburg ist arm an mittelsteinzeitlichen Funden (s. C 1, C 4) aus der unmittelbaren Nacheiszeit. Unsere Kenntnis beschränkt sich auf wenige Kernbeile und einfache Flintgeräte. Bedeutend reicher sind hingegen Zeugnisse aus der Jungsteinzeit (3000–1800 v. Chr.) vertreten (s. A 1, C 4). Damals herrschten Ackerbau und Viehzucht als Produktionsformen vor. Damit verbanden sich das Seßhaftwerden, neue Arten des Hausbaus und technische Errungenschaften, wie die Kenntnis des Bohrens, Schleifens, Sägens, Spinnens und Webens. Als wichtigste Werkzeuge dienten Feuersteinbeile, Äxte, Beile und Hacken aus Felsgestein sowie Flintsicheln, Schaber, Messer und Pfeilspitzen. Hinzu kam die Töpferei, von der sehr verschiedene Gefäße und Verzierungsformen bekannt sind. Im Verlaufe der Jungsteinzeit kam es aber auch zur Ausbildung eines differenzierten Totenkultes, der in der Errichtung der Megalithgräber gipfelte, die jedoch im Raum Feldberg heute fehlen. Aufgrund von Wirtschaftsweise, charakteristischen Keramikformen und speziellen Werkzeugen werden mehrere Kulturgruppen unterschieden. Die meisten Funde lassen sich den Leuten der Trichterbecherkultur als Hauptträger der Jungsteinzeit zuweisen. Hinzu kommen Belege für die Kugelamphorenkultur und Einzelgrabkultur (s. A 6, C 5). Mit dem Aufkommen spezieller Waffen, vor allem der Feuersteindolche, künden sich Auflösungserscheinungen der urgesellschaftlichen Gentilordnung an. Es gab mehrere Typen von Steinäxten, von denen anzunehmen ist, daß diese als Waffe, nicht als Werkzeug verwendet wurden.

Der Übergang von der Jungsteinzeit zur Bronzezeit (1800–600 v. Chr.) vollzog sich sehr langsam. In der sozialökonomischen Struktur änderte sich zunächst nichts, lediglich die Übernahme fertiger Bronzegegenstände und die sich bald anschließende selbständige Bronzebearbeitung aus importierter Rohbronze prägten als Neuheiten das Kulturbild. Als Belege liegen die Hortfunde von Lichtenberg (s. B 5), Buchenhain (s. E 13) und Arendsee (s. F 2) vor. Hinzu kommt die große Zahl von Hügelgräbern, die sich vorwiegend in den Forsten, aber auch im Offenland erhalten haben (s. A 2, A 4, A 6, B 5, C 3, C 9, E 10, F 2, H 2; Abb. 6). Unter den Hügeln bestattete man in der älteren Bronzezeit die Toten in Baumsärgen oder Steinpackungen. In der jüngeren Bronzezeit setzte sich sehr schnell die Leichenverbrennung durch. Als neue Grabform ergab sich so die Urnenbestattung unter Hügeln, aber auch auf Grabfeldern, von denen allerdings heute oberirdisch keine mehr zu bemerken sind. Da in der Feldberger Landschaft bisher nur wenige Hinweise auf bronzezeitliche Siedlungen bekannt sind, muß mit einem Vorherrschen der Viehzucht gerechnet werden, mit der sich eine nomadisierende Lebensweise verband.

Aus der germanischen Zeit liegen verhältnismäßig wenige Funde vor (s. F 1). Raseneisenerze (s. A 1, C 5) als wichtigste Grundlage der germanischen Kultur fehlen von Natur aus fast völlig. Da die Bronzeimporte versiegt waren, mußten einheimische Rohstoffe abgebaut werden. Die Kenntnis der Produktionsverfahren wurde von südlichen Nachbarstämmen der Latènekultur übernommen. Trotz der wenigen Funde (s. A 3) läßt sich eine Besiedlung der Landschaft während der gesamten germanischen Periode (600 v. Chr.–600 n. Chr.) belegen. Verwiesen sei auf die Siedlungsfunde der vorrömischen Eisenzeit am Mellensee (s. H 8) und das völkerwanderungszeitliche Grab von Berkholz (s. J 3). Insgesamt läßt sich jedoch ein Rückgang der Besiedlung erkennen (Abb. 6).

Im Verlauf des 6. Jh. wanderten slawische Stämme aus dem O ein, die möglicherweise auf die letzten germanischen Gruppen stießen. Im 7.–9. Jh. erfolgte ein erster Landesausbau. Von besonderer Bedeutung für diese Zeit ist der Burgwall auf dem Schloßberg (s. B 2) bei Feldberg. In einer zweiten Phase wurden die großen altslawischen Siedlungen (s. D 6) aufgelassen, und es kam zu zahlreichen Neugründungen, auch in bisher unbewohnten Gebieten. In dieser Zeit erfolgte die Einbeziehung der Inseln (s. D 14, E 6) in das Siedlungsgeschehen, offenbar einem Schutzbedürfnis folgend. Die bevorzugte Lage der Siedlungen an den Gewässern ist charakteristisch. Treten die Orte heute in freier Landschaft auf, deuten Niederungen oder zugeschüttete Sölle in ihrer Nähe auf einstige Wasserflächen hin. Das Feldberger Gebiet gehörte zum Kernraum der lutizischen Stämme mit dem Stamm der Redarier.

U. Schoknecht

Geschichte des brandenburgischen Gebietes

Der Raum zwischen Feldberg und Boitzenburg gehört zu einem Grenzsaum, der bis in die frühe Neuzeit hinein politisch zwischen der Mark Brandenburg und Mecklenburg – ursprünglich Pommern – umstritten war. Zunächst traten die askanischen Markgrafen von Brandenburg als die erfolgreicheren Territorialpolitiker auf: Sie erwarben 1236 das pommersche Land Stargard, vormals Lebensraum der westslawischen Redarier, und vereinigten es mit der südwestlichen Uckermark, vormals Gebiet der Retschanen. Im Jahre 1250 erwarben sie das pommersche

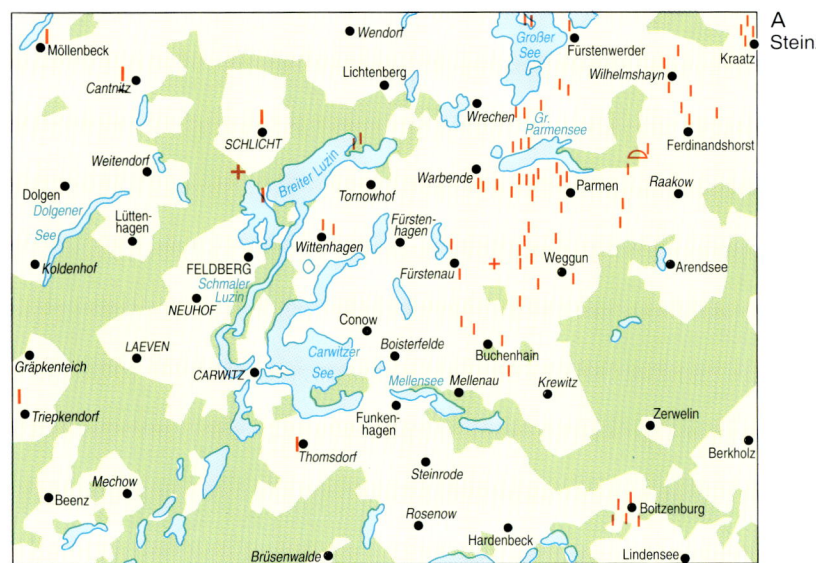

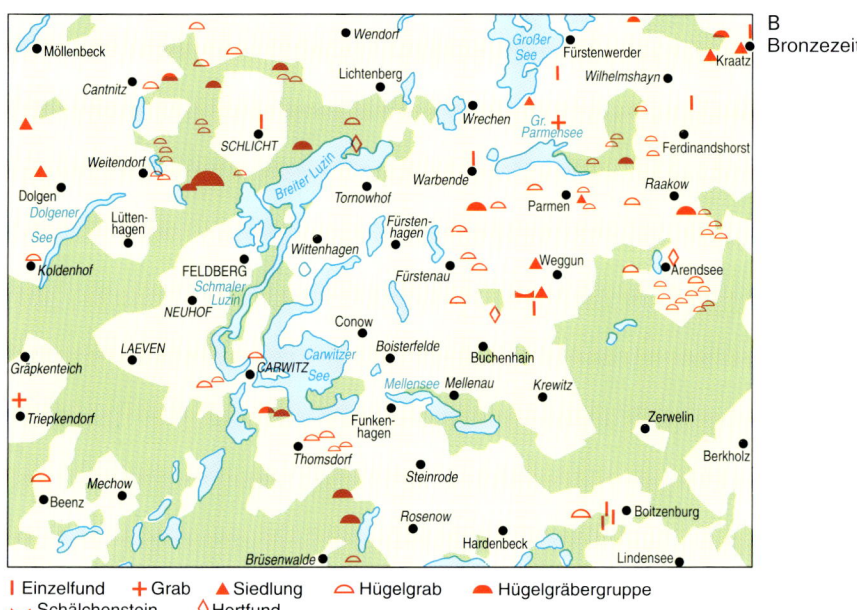

Abb. 6   Ur- und frühgeschichtliche Funde (Karten A–D, Entwurf U. SCHOKNECHT)

C
Germanenzeit

Einzelfund | Grab | Siedlung

D
Slawen- und frühdeutsche Zeit

Einzelfund | Grab | Siedlung | Hügelgrab | Burgwall | mittelalterliche Wüstung
Turmhügel/mittelalterliche Burg | Landwehr/Landhemme

Legende für alle Teilkarten

heutiger Wald | heutiger Ort

0 1 2 3 4 5 km

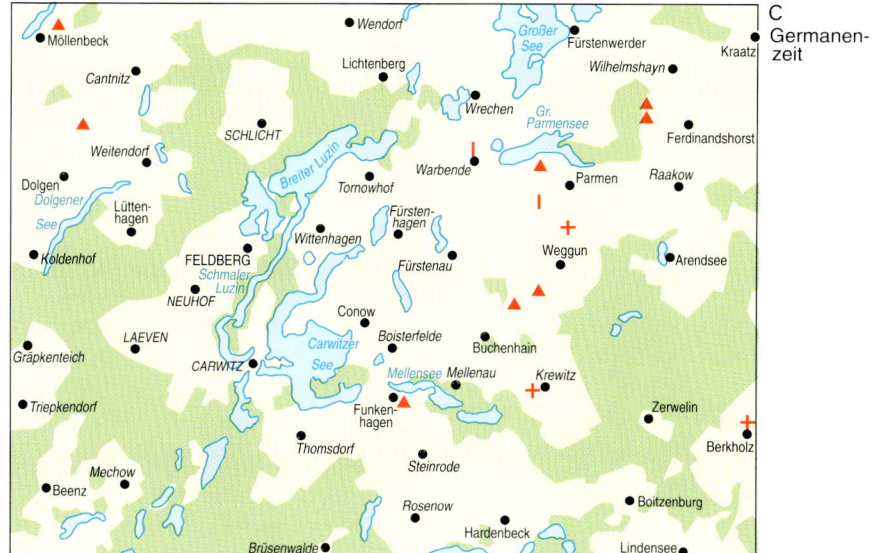

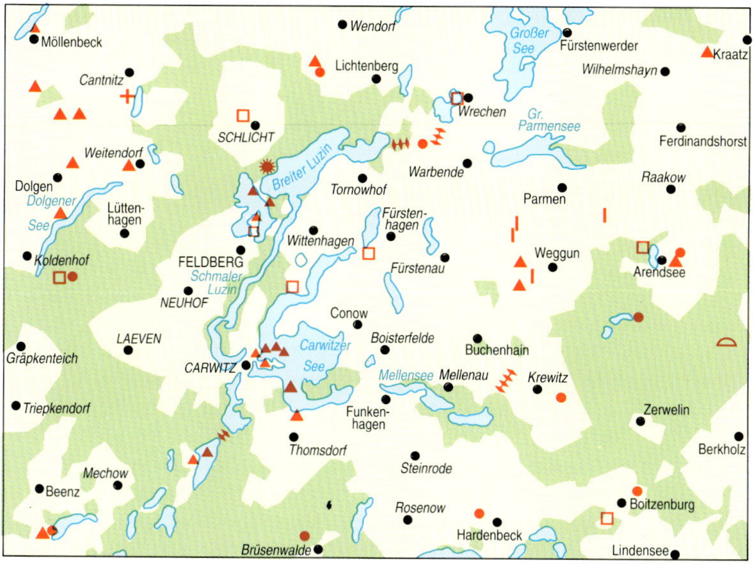

Uckerland mit seinen Hauptorten Prenzlau und Pasewalk. Schon im 13. Jh., verstärkt nach dem Aussterben der askanischen Markgrafen 1319/20, sannen die Mecklenburger und Pommern auf Rückeroberung bzw. Einverleibung der Uckermark. Jahrhundertelang währten Kriege, Fehden und Raubüberfälle und hinterließen vor allem im Grenzgebiet auf beiden Seiten noch heute sichtbare Spuren.

In der Zeit des von den Landes- und Grundherren gelenkten hochmittelalterlichen Landesausbaus, den auf der Grundlage günstiger Ansiedlungsbedingungen einwandernde deutsche Siedler zusammen mit der einheimischen slawischen Bevölkerung vollzogen, entstanden kleine und große Bauerndörfer. Zu ihnen gehörten in Hufen aufgeteilte Feldmarken, eine der Hufenzahl entsprechende Anzahl an Bauernstellen und zum Teil viele Kossäten-, das heißt Kleinbauernstellen. Die Kossäten hatten, auf Zuverdienst durch Arbeit auf den großen Höfen angewiesen, etwas eigenes Land zur Verfügung.

Die politischen Gemeinden mit dem (Lehn-)Schulzen waren in der Regel mit den kirchlichen Gemeinden identisch, die sich in jedem Ort ihre eigene Feldsteinkirche errichteten. In unserem Raum treffen die Gebiete dreier mittelalterlicher Diözesen aufeinander: im O die des pommerschen Bistums Cammin (das Gebiet um Boitzenburg und Fürstenwerder), im N die des Bistums Havelberg, wozu die Orte nördlich und westlich von Feldberg gehörten, und im S die Diözese Brandenburg, also das Gebiet von Beenz bis Rosenow, nach N hin bis einschließlich Feldberg. Es entstand somit keine Deckungsgleichheit mit den politischen Territorien.

Die Lokatoren der Siedlungszeit wurden als Schulzen in den Dörfern oder auf meist kleinen Ritterhöfen ansässig. Doch die ritterlichen Besitzverhältnisse waren noch nicht stabil. Viele zogen weiter in das Neuland jenseits der Oder; der Landesherr vergab die freiwerdenden Höfe anderweit nach Gutdünken, meist als Besoldung oder Entschädigung für ritterliche Dienstleistungen (s. F 2). Vor allem in den Grenzgebieten entstanden große landesherrliche Burgen, herausragend auf uckermärkischer Seite Boitzenburg (s. J 7), eine pommersche Gründung, die die Askanier 1250 übernahmen und bis ins 16. Jh., wenn auch oft verpfändet, als Herrschafts- und später Vogteisitz hielten. Benachbart der Burg lagen Dorf und Städtchen Boitzenburg und in ihrem Schutz, seit 1271 bekannt, ein Zisterzienserinnenkloster. Schloß und Kloster waren in unserem Raum auch die größten Grundherrschaften. Die Vereinigung beider Besitzkomplexe nach der Säkularisation 1539 in den Händen der Familie von Arnim festigte deren bereits im Spätmittelalter schrittweise ausgebaute Grundherrenposition in der Uckermark ganz wesentlich. Dagegen hatte sich der Kleinadel in seiner überwiegenden Mehrheit nicht behaupten können. Von seiner einstigen Bedeutung im 12./13. Jh. bewahrte nur noch die Familie von Blankenburg einige Macht, so daß sie im Verlauf des Spätmittelalters die einst landesherrliche Stadt Fürstenwerder (s. C 2) ihrer Feudalherrschaft einverleiben konnte, bis sie im 17. Jh. in Konkurs geriet und die Herrschaft veräußern mußte.

Kriege, Brände, Raubüberfälle und Plünderungen vervielfachten die Folgen der europäischen Agrarkrise im Spätmittelalter, so daß nur wenige Bauerndörfer überleben konnten, so Beenz (s. G 8) und Thomsdorf (s. H 2). Die meisten Dörfer verödeten im Verlauf des 14. und 15. Jh. völlig (Abb. 7). Als eine neue Agrarkonjunktur auch die Uckermark erreichte, waren fast alle wüsten Feldmarken mit dichtem Wald überwachsen. Nur wenige Feldmarken, wie die von Krewitz (s. J 1), wurden seit dem 16. Jh. agrarwirtschaftlich wieder genutzt. Kein einziges Bauerndorf erstand in alter Gestalt neu. Selbst das bereits um 1500 vom Gutsherrn wieder bewohnte Parmen (s. C 8) erhielt nur noch Kossätenstellen, festansässige Arbeitskräfte also für den Gutsbetrieb, und nur die 2 oder 3 für die verbliebenen 6 steuerbaren Hufen errichteten Bauernstellen wurden nach dem Dreißigjährigen Krieg vom Rittergut wiederaufgebaut.

Die Folgen des Krieges wurden in der Uckermark erst im Verlauf des 18. Jh. überwunden, da durch nachfolgende Auseinandersetzungen immer wieder Rückschläge eintraten. Die neue Agrarkonjunktur veranlaßte nun die Gutsbesitzer, die bisher nur waldwirtschaftlich oder extensiv als Viehweide genutzten wüsten Feldmarken intensiv in Betrieb zu nehmen. Es entstanden Vorwerke und auch Rittersitze, so in Kraatz (s. C 3), Arendsee (s. F 2) und Raakow (s. C 9). Gutsherrliche Vorwerke bestellten aber auch das Land der durch die Kriege verödeten Bauerndörfer, solange sich nicht Bauern zur Hofübernahme ein- und bereitfanden. Die Bevölkerungszahl wuchs nur langsam, und die Ansiedlungsbedingungen waren denkbar ungünstig. Mit Hilfe der Leibeigenschaft wollte die Gutsherrschaft zwangsweise „entlaufene" Untertanen zurückholen und in ihre Dienste pressen. Die Boitzenburger Herren nahmen die Mehrzahl ihrer Untertanen nur zeitpachtweise (s. H 2) an, was zum Beispiel in Rosenow (s. H 11) die Wiederbesiedlung sehr verzögerte, während sich in Hardenbeck (s. H 12) Bauern schneller auf das Angebot von Erbpachtverträgen einließen.

Der umfangreiche Holzbestand machte einen Teil des gutsherrlichen Wohlstandes aus, besonders den der großen Familien. So wurde der Waldkomplex (s. F 4) der Herrschaft Boitzenburg im Verlauf des 18. Jh. zunehmend planmäßiger forst- und jagdwirtschaftlich verwaltet und genutzt. Allenthalben entstanden Gebäude für Heideläufer (s. C 9) und Heckenhäuser (s. H 2, J 3) für die Aufsichtführenden über die Wildzäune. Die Regulierung der Fließe förderte die Flößerei (s. F 4), welche die von Arnim auf der Havel betreiben ließen. Wie in den staatlichen Forsten entstanden auch in den ritterschaftlichen, zum Teil nur kurzfristig, gewerbliche Anlagen, vor allem Teeröfen (s. F 4, H 6) und Glashütten (s. E 12). Das reiche Vorkommen an Ziegelerde, vornehmlich Lehm, und die zunehmende Bautätigkeit in Massivbauweise ließen im 18. und 19. Jh. allerorten Ziegeleien (s. H 11, J 1, J 3) und Kalköfen aus dem Boden schießen. Überall dort, wo die Landwirtschaft aufblühte und neben den Gutsbetrieben auch reiche Großbauern die Sozialstruktur im Dorf (s. J 3) bestimmten, ließen sich zahlreiche Handwerker nieder (s. F 1, H 2, H 11, H 12). Zu dem im 18. Jh. noch typischen Landhandwerk, das die Bewohner vor allem mit Nahrungsmitteln, Kleidung und Hausrat versorgte, kamen im 19. Jh. etliche Baugewerbe und in den kleinen Städten gelegentlich auch Gewerbe des gehobenen Bedarfs.

Die Agrarreform im 19. Jh. führte zur Gründung neuer gutsherrlicher Vorwerke, vor allem auf dem von den Bauern zwecks Ablösung abgetretenen Land, so Lindensee (s. J 11), oder mit Hilfe des von den Bauern hinterlegten Kapitals, wie in Ferdinandshorst (s. C 5). Daneben entstanden Großbauernhöfe auf separierter Ackerfläche, wie Charlottenthal (s. H 4).

Die harte Konkurrenz im 19. und 20. Jh., Krisen- und Kriegszeiten führten zu einer starken ökonomischen und sozialen Differenzierung im Dorf. Noch in der Zeit der Agrarreform mit gleichem Grundbesitz ausgestattete Höfe waren gegen Ende des 19. Jh. wesentlich gewachsen, geschrumpft oder völlig verschwunden; Großbauern mußten verkaufen, viele Vorwerksgründungen hielten sich nicht, wurden wegen Unrentabilität aufgegeben, wie Petznick (s. F 3) bei Boitzenburg, oder gingen an kapitalkräftige Bürger über.

L. Enders

Geschichte des mecklenburgischen Gebietes

Der Raum zwischen Möllenbeck, Feldberg und Conow war über Jahrhunderte Teil des Landes Stargard. Dieses gelangte 1236 aus pommerscher Herrschaft in den Besitz der Markgrafen von Brandenburg (s. Seite 17). Mit diesem Besitzwechsel setzte eine verstärkte Einwanderung deutscher Siedler aus Brandenburg, aber auch der Altmark und dem Harzgebiet ein. Sie ließen sich entweder in bereits bestehenden slawischen Dörfern nieder, wie in Carwitz (s. D 13), Cantnitz (s. A 2) und Conow (s. E 7), oder gründeten unter der Führung von Lokatoren, die in der Regel das Schulzenamt erhielten, neue Siedlungen, beispielsweise Wittenhagen (s. E 2), Fürstenhagen (s. E 9) und Lüttenhagen (s. D 3). Sie hatten meist den Grundriß von Straßen- oder Angerdörfern. Die dazugehörende Flur war anfangs zumeist Lehnsbesitz der Ritterschaft. Sowohl die Ritter als auch die Fürsten bewirtschafteten ihr Land aber nicht selbst, sondern verpachteten es an die freien Bauern. Durch die überwiegend märkische Kolonisation hat das Land Stargard zum Teil ein anderes Gepräge als das übrige Mecklenburg bekommen. Besonders gilt dies für das Stadtrecht. Das märkische Güterrecht blieb bis zum Erlaß des bürgerlichen Gesetzbuches 1862 erhalten.

Durch die 1292 erfolgte Heirat der brandenburgischen Prinzessin BEATRIX mit Herzog HEINRICH II. gelangte das Land Stargard als Mitgift an Mecklenburg. Im Vertrag zu Wittmannsdorf aus dem Jahre 1304 wurde dieser Eigentumswechsel zwar bestätigt, aber trotzdem kam es in der Folgezeit zwischen Brandenburg, Mecklenburg und Pommern zu zahlreichen kriegerischen Auseinandersetzungen um den Besitz dieses Gebietes.

Die Diözesangrenzen, also die kirchlichen Amtsgebietsgrenzen, stimmten im 12. Jh. noch weitgehend mit den weltlichen Herrschaftsgrenzen überein. Im 13. Jh. festigten sie sich unabhängig von den wechselnden Herrschaftsverhältnissen (s. S. 20). Die frühesten Gründungen der zumeist großen Kirchspiele erfolgten fast ausschließlich durch den Landesherrn. Er übte das Patronat aus und ließ die Kirchgebäude errichten. Zu jeder Pfarrstelle gehörte in der Regel ein Hof mit 2–4 Ackerhufen. Später wurden von den Klöstern oder der Ritterschaft nur noch kleine Kirchspiele gestiftet. Um 1355 war deren Einrichtung nahezu abgeschlossen. In den Kriegszeiten und ökonomischen Wirren des 14./15. Jh. sowie während und nach dem Dreißigjährigen Krieg blieben die Pfarren oftmals unbesetzt und mußten von Nachbarorten aus betreut werden. So waren in den Ländern Stargard und Strelitz am Ende des Dreißigjährigen Krieges von 71 Pfarren 52 unbesetzt, die Kirchgebäude zerstört oder zweckentfremdet genutzt.

Im Jahre 1519 errichteten die mecklenburgischen Fürsten zur Verwaltung ihres Besitzes das Amt Feldberg (s. D 6). Es umfaßte anfangs die Orte Feldberg, Carwitz, Hanow, Triepkendorf, Laeven, Lüttenhagen, Weitendorf und Mechow sowie einen Hof in Wittenhagen und Einnahmen aus Thomsdorf und Vossenhagen. 1795 wurde das Territorium des Amtes erheblich vergrößert, als die Besitzungen des eingegangenen Amtes Bergfeld und Dörfer aus dem Amt Stargard hinzukamen.

Durch den Hamburger Vergleich von 1701 wurde es Teil des Herzogtums Mecklenburg-Strelitz.

Der Amtmann fungierte zugleich als Verwalter, Richter und Pächter des Amtes und konnte auf eigenes Risiko dessen Pachthöfe weiterverpachten. Mit den von ADOLF FRIEDRICH IV. nach seinem Regierungsantritt 1752 durchgeführten Reformen wurden die Rechte des Amtmannes eingeschränkt. Er erhielt nur den Amtshof zur Pacht und durfte auch kleine Höfe nicht mehr selbst verpachten. Nach 1794 gab es nur noch Staatsbeamte ohne eigenen Grundbesitz. Im Jahre 1918 wurde das alte Amt Feldberg (Abb. 8) aufgelöst.

Die Ritterschaft unterstand dagegen der Landesregierung direkt und sprach auf ihren Gütern selbst Recht. Obwohl adlige Familien an fast allen Orten zeitweilig Besitzungen hatten, wohnten Adelsfamilien um 1550 nur in Feldberg, Wittenhagen, Dolgen und Wrechen.

Die Wirtschaft des mecklenburgischen Gebietes, die fast ausschließlich durch die landwirtschaftliche Produktion bestimmt wurde, erlitt wie in Brandenburg im 14. und 15. Jh. mehrfach schwere Rückschläge durch Kriege und die Folgen der Agrarkrise. Besonders große Zerstörungen richteten die Auseinandersetzungen nach dem Tode der BEATRIX um 1315 sowie während des Einfalls des Markgrafen FRIEDRICH VON BRANDENBURG im Bündnis mit den Pommernherzögen in das Land Stargard 1440/41 an. Die Folge war, daß viele Burgen, so die in Fürstenhagen (s. E 9), und Dörfer, so Lichtenberg (s. B 5), Rosenberg (s. D 8) und Conow (s. E 7), ganz oder teilweise wüst fielen. Deshalb gehört das Gebiet zu den Landschaften mit dem höchsten Wüstungsquotienten in Mitteleuropa. An damals aufgegebene Dörfer erinnern noch heute Ruinen von Feldsteinkirchen (s. E 7, F 2, J 1). Aufgrund der zahlreichen Wüstungen hieß das Gebiet nördlich des Breiten Luzin im späten Mittelalter „Die Wüstenei". Viele Feldmarken und Flurteile überzogen sich wieder mit Gehölzen, so daß viele heutige Wälder auf mittelalterlichem Kulturland wachsen. Bei der natürlichen Wiederbewaldung konnten Lichtholzarten wie Birke und Kiefer erheblich an Boden gewinnen. Dörfer, wie Rosenberg (s. D 8), Schaue (s. B 6, E 2), Lüdenhagen und Hanow (s. E 4), wurden nicht wieder aufgebaut, andere, wie Conow, Krüselin (s. G 3), Warbende (s. B 8) und Fürstenau (s. E 10), oft erst nach Jahrhunderten neu gegründet. Ihre bewaldeten Ackerfluren mußten im 16. Jh. erneut gerodet werden.

Nach einer Phase der Festigung im 16. Jh. brachte der Dreißigjährige Krieg erneut schwere Rückschläge. Im Jahre 1639 war das Amt Feldberg „leer und öde". Die Ackerflächen waren in „Rusch und Busch" gelegt, das heißt auf den Feldern wuchsen Gestrüpp und Bäume empor. Diese Gehölze konnten erst im 18. Jh. endgültig beseitigt werden (Abb. 7). Ganze Dörfer wie Laeven (s. D 12), Cantnitz (s. A 2), Möllenbeck und Weitendorf (s. A 4) lagen wüst. Von den vor dem Krieg im Amt Feldberg wohnenden 400 – 420 Einwohnern lebten 1639 noch 47 Personen (5 Bauern, 8 Kossäten, 13 Witwen, 9 Kinder, 10 Knechte, 2 Mägde), 1640 waren es nur 23. Bis 1657 stieg die Anzahl wieder auf 140 Personen, davon 51 % Kinder unter 14 Jahren. 1679 zählte man etwa 130 und 1713 schon 312 Bewohner.

In der zweiten Hälfte des 17. Jh. dehnten die Feudalherren die Eigenbewirtschaftung ihrer Güter stark aus. Dabei versuchten sie, die freien Bauern in die Leibeigenschaft zu zwingen. Die Zerstörung der bäuerlichen Höfe im Dreißigjährigen Krieg förderte diesen Prozeß. Trotz der Ausdehnung der Gutswirtschaf-

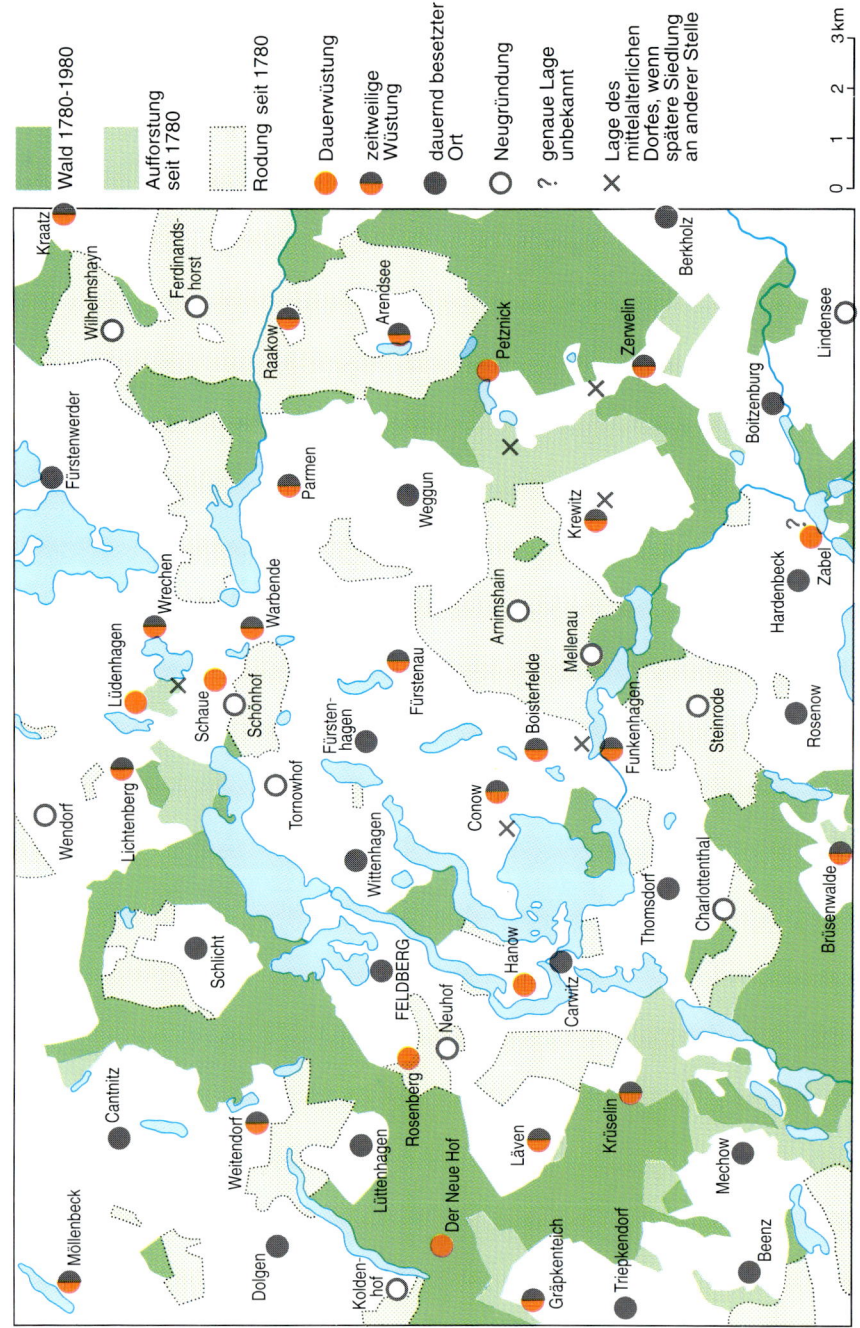

Abb. 8 Besitz und Verwaltung um 1800 (Entwurf L. ENDERS u. H.-D. KRAUSCH, nach ENDERS 1986, Historischem Handatlas von Brandenburg und Berlin 1964, Historischem Atlas von Mecklenburg 1960)

1 Landesgrenze zwischen Mecklenburg (M) und Brandenburg (B)
2 Amt Feldberg
3 Amt Strelitz
4 Amt Badingen
5 Ritterschaft
6 Ritterschaftliche Besitzgrenze

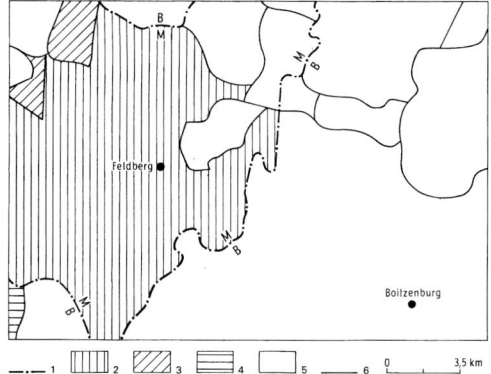

ten löste sich die Gemengelage des Guts- und Bauernlandes erst im Verlauf des 18. Jh. allmählich auf. Mit der Stärkung der Gutswirtschaften änderte sich auch das Aussehen der Dörfer. Es entstanden typische Gutsdörfer, die durch den Gegensatz zwischen dem Gutsbereich mit Herrenhaus und den Katen der Tagelöhner geprägt waren.

Im Domanium, also im staatlichen Grundbesitz, blieb das bäuerliche Eigentum bis in das 18. Jh. hinein unangetastet. Um hier die Wiederansiedlung der Bauern zu fördern, brauchten diese bei der Neubesetzung eines Hofes 6 Jahre lang keine Abgaben zu zahlen. Daß sich der freie Bauernstand trotzdem nicht festigte, lag daran, daß die herzogliche Kammer immer wieder versuchte, Höfe in die Hand von Leibeigenen zu geben. Neben der Ansetzung von Bauern erfolgte bereits frühzeitig die Niederlassung von sogenannten Häuschenleuten, also kleinen Eigentümern, die nur Haus und Garten besaßen. Nach 1720 wurden keine Bauern im Domanium mehr angesiedelt, und es begann auch hier das Bauernlegen. In der Regel wurden schlecht bewirtschaftete Höfe rücksichtslos eingezogen und das Land dem Gut zugeschlagen. Die Abnahme der freien Bauernstellen im Land Stargard wird durch folgende Zahlen verdeutlicht:

Jahr	Anzahl der Bauernstellen
1719	337
1796	203
1820	136
nach 1820	83

Der Domanalbesitz dehnte sich durch den Erwerb von Rittergütern erheblich aus, da die ehemals mächtigen Adelsgeschlechter ihre umfangreichen Besitzungen nicht behaupten konnten. Um 1790 (Abb. 8) umfaßten das Domanium in Mecklen-

◁
Abb. 7 Mittelalterliche Wüstungen und Waldflächenveränderungen zwischen 1780 und 1980 (Entwurf H.-D. KRAUSCH u. U. VOIGTLÄNDER)

burg-Strelitz 33,5 Quadratmeilen, die ritterschaftlichen Güter 11 und das städtische Eigentum 5 Quadratmeilen. Nach 1820 übernahmen in steigendem Maße auch Bürgerliche Güter, so in Lichtenberg (s. B 5). Auf den seit dem Dreißigjährigen Krieg wüsten und zumeist von Besitzern von Glashütten (s. B 1) gerodeten Feldmarken wurden Pachthöfe oder Meiereien gegründet, so in Laeven (s. D 12), Krüselin (s. G 3), Conow (s. E 7), Schlicht (s. A 6) und Schönhof (s. B 6). Die von Herzog KARL LUDWIG FRIEDRICH (1794–1816) eingeleiteten und von seinem Nachfolger GEORG (1816–1860) fortgesetzten Reformen veränderten das Agrarwesen und das gesamte gesellschaftliche Leben in den Dörfern. Auf den Gütern setzte sich seit 1795 die Holsteinische Koppelwirtschaft später als in Mecklenburg-Schwerin durch. Dieser Wirtschaftsform lag ein Wechsel zwischen Getreide- und Grasanbau zugrunde, wodurch die Waldweide allmählich ganz eingestellt werden konnte. Das Vieh erhielt eigene Weiden auf urbar gemachten Mooren und Brüchen. Die Aufhebung der Gemengelage der Äcker wurde etwa 1840 abgeschlossen, wobei die letzten Bauern nicht gelegt, sondern in andere Bauerndörfer umgesetzt wurden. Die Leibeigenschaft beseitigte man 1820, und anstelle der Dienste zahlten die Bauern festgelegtes Pacht- und Dienstgeld, und sie kauften das Hofinventar. Die Häuschenleute bekamen kleine Ackerflächen und wurden damit zu landwirtschaftlichen Produzenten. Auf überschüssigem Land entstanden Büdnereien, also kleine Bauernwirtschaften. Mit der Aufhebung der Bauerndienste mußten überall Häuser für Tagelöhner gebaut und Stallraum für das zusätzliche Vieh auf den Pachthöfen geschaffen werden. So errichtete man in dieser Zeit eine große Anzahl von Neubauten nach preußischem Muster, die das mittelalterliche Dorfbild stark veränderten.

Trotz der 1712 erlassenen Forst- und Jagdordnung für Mecklenburg-Strelitz, die unter anderen eine Nachzucht von Hartlaubholz vorschrieb, war am Ende des 18. Jh. der Wald weitgehend zugrundegerichtet. Die Ursachen für diesen Zustand lagen in der verstärkten Nutzung durch Streuentnahme, der Waldweide und der Holzentnahme für gewerbliche Zwecke. Diese starke Beanspruchung des Waldes führte nicht nur zur Verlichtung der Bestände, sondern auch zu einer zunehmenden Holzverknappung. Seit 1776 ging man in Mecklenburg-Strelitz zu einer geordneten Waldwirtschaft über. Nach 1794 löste die Plenterwaldwirtschaft – eine Form der gruppenweisen Nutzung ungleichaltriger Bestände – die Schlagwirtschaft ab. Weitere Veränderungen beinhalteten beispielsweise, daß die Einwohner nicht mehr unbegrenzt Holz einschlagen durften; sie erhielten dafür Deputatholz. Auf 40 % der Waldfläche war der Vieheintrieb zur Weide verboten. Ein grundlegender Wandel trat aber erst nach 1820 ein, als die Neueinrichtung der Forsten beendet war und man die Waldweide völlig einstellte. Die Rodungen hörten auf, und erste Neuaufforstungen setzten ein. Das Recht auf Deputatholz wurde eingeschränkt und als Brennstoffersatz Torf bereitgestellt. Auch die Ziegeleien betrieb man jetzt mit Torfheizung.

Die zahlreichen Glashüttenbesitzer, so in Conow (s. E 7), Feldberger Hütte (s. B 1), Neuhof (s. D 9), Lichtenberg (s. B 5), Schlicht (s. A 6) und Wrechen (s. B 7), ließen vor allem die nach dem Dreißigjährigen Krieg aufgewachsenen Gebüsch- und Waldflächen roden und trugen so neben der Glasherstellung auch zur Wiederausdehnung des Acker- und Weidelandes bei. Die Hütten schloß man nach und nach, da die für ihren Betrieb notwendigen Holzmengen bald nicht mehr zur Verfügung standen. Zu weiteren Wirtschaftszweigen, die Holz als Brennstoff benötigten, zählten Teerschwelereien (s. D 2), Köhlereien, Ziegeleien (s. B 5) und Kalkbrennereien (s. B 1, B 5). Der Bau fester Landstraßen erforderte große Mengen an Schottermaterial, das die Steinschläger aus den pleistozänen Geschieben herstellten. Im Jahre 1911 gründete man dazu in Feldberg ein Schotterwerk (s. D 6).

Die Handwerker auf dem Lande, wie Stellmacher, Schmiede und Gerber, beschränkten sich im 19. Jh. fast völlig auf die Eigenversorgung der Güter und Bauernwirtschaften. Die Gebäude einiger früherer Schmieden haben sich bis heute erhalten, so in Lichtenberg (s. B 5). An verschiedenen Kirchen gab es über einen längeren Zeitraum ein- oder angebaute Gerbekammern, so in Cantnitz, Conow, Lichtenberg und Möllenbeck. Exportiert wurden vor allem Holz und Getreide, ferner Backobst und getrocknete Morcheln, also Speisepilze.

In der Mitte des 19. Jh. machte sich auch in Mecklenburg-Strelitz eine deutliche Abnahme der Landbevölkerung bemerkbar, wie der Tabelle der Bevölkerungsverschiebung (in %) für das Land Stargard zu entnehmen ist. Viele wanderten in das Ausland, andere siedelten in die Städte um.

Jahr	Städte	Domanium	Ritterschaft
1817	36,7	40,5	22,8
1867	39,4	41,4	19,2
1910	52,4	32,2	15,4

U. Voigtländer u. H.-D. Krausch

Nach dem Ersten Weltkrieg wurde eine Anzahl von Rittergütern in Brandenburg und Mecklenburg von Siedlungsgesellschaften aufgekauft und das Land für Bauern- und Handwerkerstellen parzelliert, so in Parmen (s. C 8) und Lichtenberg (s. E 5). Andere Güter (s. E 2, H 7) kamen in der Mitte der dreißiger Jahre in die Hände von Siedlungsgesellschaften, die den größten Teil des Grundes und Bodens ebenfalls aufteilten, in vielen Fällen aber ein Restgut bestehen ließen. Die damals erbauten Gehöfte fallen durch ihre Fachwerkbauweise noch heute in den Dörfern auf, so in Funkenhagen (s. H 7).

Die Einführung des Gesetzes über die Bodenreform nach dem Ende des Zweiten Weltkrieges bildete eine einschneidende Maßnahme auf dem Lande. Rittergüter (s. A 1, B 5, E 7, H 12) und ihre Vorwerke sowie der 7125 ha große Besitz der Grafschaft Boitzenburg (s. J 7) wurden aufgeteilt. Von dem Grund und Boden bekamen landarme Bauern, vor allem aber Landarbeiter, Landlose und Umsiedler, soviel Land zugewiesen, daß sie ihre Einkommen von der landwirtschaftlichen Produktion bestreiten konnten. Einige der Landgüter und Rittergüter erhielten nach 1945 den Status von volkseigenen Gütern (s. E 7). Nutzten die neuen Landwirte zunächst im wesentlichen umgebaute Wirtschaftsgebäude der Güter, so kamen in vielen Orten (s. A 1, E 7) bis etwa 1952 neue Gehöfte hinzu. Im weiteren Verlauf kam es im Zuge der von der SED betriebenen Sozialisierung der Landwirtschaft nach sowjetischem Vorbild zur Bildung von landwirtschaftlichen Produktionsgenossenschaften. Bereits 1952 entstand eine erste LPG in Möllenbeck (s. A 1), bis 1960 waren dann auch in allen übrigen Orten die Bauern, meistens unter Zwang und Druck, derartigen Genossenschaften beigetreten und die Dörfer somit „vollgenossenschaftlich". Die einzelnen Genossenschaften wurden dann schrittweise zu größeren zusammengeschlossen. Schließlich trennte man die Pflanzenproduktion von der Tierproduktion und richtete spezialisierte Genossenschaften ein. Diesen Betrieben leisteten neugegründete Meliorationsgenossenschaften und zwischenbetriebliche Einrichtungen Unterstützung. Seit den siebziger Jahren erfolgte verstärkt auch der Neubau von Mehrfamilienwohnhäusern in den dörflichen Hauptorten.

Wie der Gutslandbesitz wurden auch die früheren Herrenhäuser bzw. Gutshäuser 1945 enteignet. In einigen von ihnen richtete man Verwaltungsstellen der Gemeinden (s. A 1) oder Genossenschaften (s. B 5, E 7), stellenweise aber auch Gaststätten und Kulturräume sowie Verkaufseinrichtungen des Einzelhandels ein, andere nahmen Kindergärten oder Schulen auf (s. F 2). Das Schloß Boitzenburg (s. J 7) wurde zu einem Erholungsheim für Offiziere der Nationalen Volksarmee der DDR ausgebaut.

Gegenwärtige Territorialstruktur

Die politische Wende 1989 und die Wiedervereinigung Deutschlands 1990 führten auch im Feldberger Raum zu Veränderungen in der Verwaltungs- und Wirtschaftsstruktur.

Im Zuge der Wiedereinrichtung der alten Länder Brandenburg und Mecklenburg (nunmehr Mecklenburg-Vorpommern) kam es zur Auflösung des seit 1952 bestehenden Bezirkes Neubrandenburg; die Grenze des Kreises Neustrelitz wurde im Gebiet wieder zur Landesgrenze. Bei der anschließenden Großkreisbildung 1992 wurden auf brandenburgischer Seite die Kreise Prenzlau, Templin und Angermünde zum Landkreis Uckermark zusammengeschlossen, während auf mecklenburgischer Seite der Landkreis Mecklenburg-Strelitz entstand. Innerhalb der Großkreise bildete man als unterste Verwaltungseinheiten außerhalb der größeren Städte Ämter, die nicht mit den Ämtern der Feudalzeit, damals im Staatsbesitz befindliche Grundherrschaften, identisch sind. Im Untersuchungsgebiet gibt es auf brandenburgischer Seite das Amt Boitzenburg/Uckermark mit den Gemeinden Boitzenburg, Berkholz, Wichmannsdorf, Haßleben, Klaushagen, Jacobshagen, Warthe, Hardenbeck, Funkenhagen und Buchenhain, das Amt Lychen mit der Stadt Lychen und den Gemeinden Retzow, Rutenberg und Beenz sowie das Amt Nordwestuckermark (Sitz Schönermark) mit den Gemeinden Schönermark, Gollmitz, Röpersdorf, Sternhagen, Beenz b. Prenzlau, Parmen-Weggun, Arendsee, Fürstenwerder, Ferdinandshorst, Kraatz und Schapow. Auf mecklenburgischer Seite dominiert das Amt Feldberger Seenlandschaft mit Sitz in Feldberg, dem im Gebiet alle Gemeinden zugehören bis auf Möllenbeck, das zum Amt Neustrelitz-Land gehört.

Schon vor der Wiedervereinigung wies der Raum zwischen Feldberg und Boitzenburg eine ziemlich niedrige Bevölkerungsdichte auf, sie betrug im damaligen Kreis Templin nur 35 Einwohner pro Quadratkilometer und erreichte auch in den Kreisen Prenzlau mit 56 und Neustrelitz mit 45 Einwohnern nur geringe Werte. Seitdem haben Abwanderung und zurückgehende Geburtenraten fast in allen Orten des Gebietes zu einem weiteren Absinken der Einwohnerzahlen geführt (Anhang A).

Die Siedlungsstruktur ist durch vorwiegend kleine ländliche Gemeinden mit weniger als 500 Einwohnern charakterisiert; diese bestehen meist aus mehreren Ortsteilen. Wichtigstes Siedlungszentrum ist die Stadt Feldberg mit rund 3000 Einwohnern und einigen Stadtteilen. Auch die Flecken Fürstenwerder (s. C 2) und Boitzenburg (s. J 7) besitzen überörtliche Funktionen, sei es im Schulwesen, in der medizinischen Versorgung oder im Handel und im Dienstleistungsgewerbe.

Hauptproduktionszweig des Gebietes ist nach wie vor die Landwirtschaft. An die Stelle der landwirtschaftlichen Produktionsgenossenschaften sind vielfach Agrargenossenschaften und Agrargesellschaften getreten, die die Großraumwirtschaft auf den Äckern und die Viehhaltung in den in der DDR-Zeit entstandenen Stallanlagen ihrer Vorgängerbetriebe, wenn auch mitunter in mehr oder weniger verkleinertem Umfange, weiter fortsetzen. Andere Genossenschaften haben sich aufgelöst, doch nur wenige ihrer Mitglieder wagten einen Wiederanfang als Privatbauern. Oftmals ist deren Land von Neueinrichtern aufgekauft oder gepachtet worden, die es nunmehr ebenfalls in Form von Großbetrieben bewirtschaften. Auf den Feldern bauen sie vorwiegend Getreide (Roggen, Weizen, Gerste), Hackfrüchte (Kartoffeln, Zuckerrüben), Ölfrüchte (Raps, Sonnenblumen) und Futterpflanzen (Futtermais, Futterrüben, Klee-Gras-Gemisch) an. Die Viehhaltung konzentriert sich auf Milchkühe, Mastrinder und Mastschweine, als Besonderheit werden auch Puten gehalten (s. D 11). In einigen Orten gibt es Schafherden, darunter auch solche von Heidschnucken (s. G 8), die vorwiegend der Landespflege, also der Beweidung von Trockenrasen, Heideflächen und Stillegungsflächen, dienen.

Industrie und Gewerbe sind im Gebiet nur schwach entwickelt und in der Hauptsache auf die Versorgung der Region und die Verarbeitung der anfallenden land- und forstwirtschaftlichen Produkte ausgerichtet. Nach 1990 kam es auch hier zu umfangreichen Besitzveränderungen, indem die staatlichen bzw. verstaatlichten Betriebe privatisiert und einige veraltete oder unrentable geschlossen wurden (s. D 6).

Die Seen werden, nachdem der VEB Binnenfischerei und die Fischereigenossenschaften aufgelöst sind, wieder von privaten Fischereibetrieben in traditionell extensiver Weise bewirtschaftet. Karpfenintensivhaltung und Netzkäfighaltung von Forellen, die zu erheblichen Belastungen der Gewässer geführt hatten, wurden eingestellt. Hauptfischarten im Gebiet sind Aal, Hecht, Zander, Schleie und Kleine Maräne. Die gefangenen Tiere werden von Fischereibetrieben frisch oder geräuchert in den Handel gebracht oder durch eigene Verkaufsstände auf den Märkten der Umgebung vertrieben, darüber hinaus gibt es in Feldberg eine spezielle Fischgaststätte.

Die umfangreichen Waldbestände im Raum Feldberg-Boitzenburg setzen sich aus altem Staatswald (Forstamt Lüttenhagen des Landes Mecklenburg-Vorpommern, s. D 4), dem 1945 enteigneten und größtenteils in Volkswald überführten Forst Boitzenburg (s. F 4), den 1995 der Bundesforstverwaltung unterstellten ehemaligen Militärflächen (s. F 3) und einigen meist nur kleinen Privatforsten zusammen. Ziele der Bewirtschaftung sind Buchenwertholz und Massenholz mit hohen Wertholzanteilen. Zum Wertholz zählen Furnier- und Schälholz, das Massenholz liefern Buche und Kiefer, zum Teil auch Fichte. Eine Besonderheit des Gebietes stellt der weit zurückreichende Anbau der Lärche im Forst Boitzenburg, insbesondere bei Brüsenwalde (s. F 4), dar. Es wird angestrebt, die auf ärmeren Standorten heute vielfach anzutreffenden Kiefernmonokulturen im Rahmen des ökologischen Umbaues des Waldes nach und nach durch Laubholzunterbau in Mischwälder umzuwandeln. Neben einer Reihe bedeutsamer Wald-Naturschutzgebiete wie den Heiligen Hallen (s. D 5), dem Gebiet um den Schloßberg (s. B 2) und dem Conower Werder (s. E 6) gibt es besondere Schutz- und Erholungswälder im unmittelbaren Bereich der Seen.

Als eine für Naturschutz und Tourismus bedeutsame Region wurde die Feldberger Seenlandschaft in den letzten Jahrzehnten weithin bekannt und dadurch auch Bestandteil des Nationalparkprogrammes. Dieses verabschiedete die letzte DDR-Regierung im März 1990 mit dem Ziel, die wertvollsten Landschaften Ostdeutschlands als Nationalparke, Biosphärenreservate oder – wie im Falle der Feldberger Seenlandschaft – als Naturparke auszuweisen. Im November 1990 wurde ein Aufbaustab für den Naturpark eingesetzt. Mit der Bildung der neuen Länder wurde das Projektgebiet, das ursprünglich zum Bezirk Neubrandenburg zählte, geteilt. Der bisher zu den Kreisen Neustrelitz und Strasburg gehörende Bereich liegt in Mecklenburg-Vorpommern, der Templiner und Prenzlauer Teil in Brandenburg. Der Aufbaustab wurde in das Nationalparkamt Mecklenburg-Vorpommern integriert. In Brandenburg zeichnet die Naturschutzstation Knehden als Teil der Landesanstalt für Großschutzgebiete verantwortlich für den Naturpark Uckermärkische Seen. Der Prozeß der Ausweisung des Naturparkes gestaltete sich als schwieriger, 1995 noch nicht abgeschlossener Weg. Wichtige Etappen waren dabei Neuausweisungen bzw. Vergrößerungen von Naturschutzgebieten sowie die Verabschiedung der Landschaftsschutzgebietsverordnung durch den Landrat des Kreises Mecklenburg-Strelitz am 21. September 1994.

Ziel des Naturparkes ist es, eine umweltverträgliche und nachhaltige Entwicklung im Gebiet zu erreichen. Wichtige Aspekte dabei sind sowohl die Belange des Tourismuses als auch solche des Naturschutzes. Aber auch die Land- und Forstwirtschaft sowie Gewerbe- und Dorfentwicklung sind wesentliche Einflußfaktoren.

Realisiert werden soll diese Zielstellung durch die Erstellung eines Naturparkplanes, der als Weiterführung der Territorialen Entwicklungskonzeption (Landschaftsplan Feldberg) von 1977 angesehen werden kann. Erste Schritte zur Erarbeitung dieses Naturparkplanes finden gegenwärtig statt. Allerdings muß mit einem mehrjährigen Prozeß und einer ständigen Weiterentwicklung gerechnet werden.

Weitere wichtige Bereiche der Aktivitäten der Naturparkverwaltung sind Öffentlichkeitsarbeit sowie praktische Naturschutzarbeit. So werden von der Naturparkverwaltung regelmäßig Führungen, Vorträge und Projekttage durchgeführt. Gegenwärtig werden 3 Naturlehrpfade, eine Informationsstelle und weitere Informationspunkte unterhalten. Projekte zur Erschließung und Aufbereitung von Naturerlebnismöglichkeiten sind in Vorbereitung. Zahlreiche Aktivitäten werden im Bereich der Landschaftspflege zur Erhaltung von Lebensräumen durchgeführt. Es werden Feuchtwiesen gemäht, Trockenrasen entbuscht sowie Moore und Feuchtgebiete wieder vernäßt. Wichtige Partner für die Realisierung dieser Aufgaben sind ortsansässige Landwirte, die über eine spezielle Förderung für die Bewirtschaftung von bestimmten Gebieten unterstützt werden. Einen breiten Raum nehmen aber auch Arbeitsbeschaffungsmaßnahmen bei der Landschaftspflege ein. So können zahlreiche Arbeitskräfte gebunden werden, und Naturschutztätigkeit wird zu einem wichtigen Beschäftigungsfaktor in der Region.

Das Gebiet zwischen Feldberg, Fürstenwerder und Boitzenburg weist eine verkehrsmäßige Randlage auf. Nach Einstellung und Abbau der vollspurigen Kleinbahnstrecken Templin–Fürstenwerder (1945/46) und (Prenzlau-) Dedelow–Fürstenwerder (1975) existiert nur noch die Nebenstrecke Neustrelitz–Feldberg. Indessen wickelt sich der Verkehr heute überwiegend auf den Straßen ab. Die Bundesstraße 198 Neustrelitz–Woldegk tangiert das Gebiet bei Möllenbeck (s. A 1). Hauptverkehrsadern sind die Landstraßen Möllenbeck–Feldberg, Lychen–Feldberg–Fürstenwerder, Lychen–Boitzenburg–Prenzlau und Prenzlau–Fürstenwerder–Woldegk. Zwischen ihnen ergänzen Kreischausseen und Ortsverbindungsstraßen das Netz. In den letzten Jahren wurden die Straßen inner- und außerhalb der Ortschaften weiter ausgebaut und größtenteils mit Asphaltdecken versehen, so daß sich der Zustand erheblich verbessert hat. Die meisten Orte sind durch öffentliche Buslinien zu erreichen.

Aufgrund seiner glazialmorphologischen Besonderheiten, insbesondere durch seine Seen, wurde das Feldberger Gebiet vom Erholungswesen schon früh entdeckt und genutzt. Dessen Anfänge lassen sich bis zur Mitte des 19. Jh. zurückverfolgen, als 1855 am Feldberger Haussee (s. D 6) eine Wasserheilanstalt gegründet wurde. Vor allem aus dem Berliner Raum kamen immer mehr Urlauber und Feriengäste in das Seengebiet. Nach der Überwindung der Folgen des Zweiten Weltkrieges entstanden seit 1952 mehrere Unterkünfte des Gewerkschaftsbundes und des Reisebüros der damaligen DDR. Anfang der sechziger Jahre setzte ein sprunghafter Anstieg des Erholungsbetriebes ein. Die Übernachtungsmöglichkeiten der Einrichtungen hatten sich von 1960 bis zur Mitte der siebziger Jahre vervierfacht. Die wichtigste Erholungsform war die des Zeltens mit etwa der Hälfte der Übernachtungen, gefolgt von Betriebsferienheimen mit rund einem Fünftel der Kapazitäten sowie der Zimmervermietung durch den Rat der Stadt Feldberg und den Feriendienst des Gewerkschaftsbundes mit jeweils etwa 10 % (1975/76).

Nach der Wiedervereinigung Deutschlands 1990 kam es auch im Erholungswesen zu umfangreichen Strukturveränderungen. Die Ferienheime des Gewerkschaftsbundes, des Reisebüros und der Betriebe – einschließlich der Nationalen Volksarmee – wurden teils privatisiert, teils stillgelegt. Auch die Zimmervermietung erfolgt seitdem ausschließlich auf privater Basis. Die Campingplätze im Gebiet bestehen weiter bis auf den am Hüttenberg (s. B 2), an dessen Stelle trat ein kleiner am Scholverberg. Wenn sich auch der Umfang des Fremdenverkehrs vermindert hat, so ist die Feldberger Seenlandschaft auch weiterhin ein beliebtes Erholungsgebiet geblieben, zumal jetzt in zunehmendem Maße auch Tagesbesucher mit Bussen und privaten Kraftfahrzeugen anreisen. Als Zentrum des Erholungswesens fungiert nach wie vor die Stadt Feldberg mit ihren umliegenden Ortsteilen und Seen (s. D 6), während in den übrigen Orten der Tourismus nur eine geringe oder überhaupt keine Rolle spielt. Das meiste Interesse findet dabei noch Boitzenburg mit Schloß und Park, Klosterruine und der museal genutzten Klostermühle mit benachbarter Ausflugsgaststätte (s. J 7).

H.-D. Krausch, P. Wernicke

Mundart

Wenn man auf Sprechen und Sprache der einheimischen Bevölkerung in den kleinen Städten und Dörfern des Feldberger und uckermärkischen Hügellandes hört, kann man verschiedene Beobachtungen machen: Neben niederdeutsch geprägtem, umgangssprachlichem Hochdeutsch fallen auch noch die niederdeutschen Mundarten auf. Die Jüngeren sprechen meistens hochdeutsch, selbst, wenn im Elternhaus die Mundart lebendig war oder geblieben ist. Die Älteren, wenn sie geborene Mecklenburger oder Brandenburger sind, bedienen sich je nach der Gesprächssituation oft noch der Mundart neben dem Hochdeutschen, oder sie wechseln sogar innerhalb ihrer Rede, manchmal von Satz zu Satz, das sprachliche System. Dabei spielt die Mundart im mecklenburgischen Teil eine deutlich größere Rolle als im uckermärkischen.

Der Unterschied zwischen Mundart und hochdeutscher Umgangssprache ist im Feldberg–Boitzenburger Raum wie im gesamten niederdeutschen Sprachgebiet groß, und er ist jedem Sprecher bewußt. Der Mundart und der Umgangssprache gemeinsam ist das dem Mitteldeutschen weniger eingeübte sprecherische Vermögen des Niederdeutschen, stimmhafte und stimmlose Vorschußlaute unterschiedlich zu artikulieren, beispielsweise *Pein* (plattdeutsch *Pin*) anders als Bein (plattdeutsch *Been*), Gepäck anders als Gebäck, die Taube anders als die (Faß)daube, plattdeutsch *riten* (reißen) anders als plattdeutsch *riden* (reiten), Seite anders als Seide. Überall auffällig ist ferner die *o*-haltige Aussprache des langen *a*. Unüberhörbar sind auch regionale Unterschiede. Sie betreffen sowohl die Mundart als auch die Umgangssprache. Dafür sind 2 Faktoren bestimmend, nämlich die Wirkung der alten Landesgrenzen zwischen Mecklenburg-Strelitz und Brandenburg sowie die mehr oder weniger wirksame Nähe Berlins.

Das Gebiet wurde durch die alte Landesgrenze zweigeteilt (s. S. 17), die diagonal von NO nach SW verlief. Sie war und ist weitgehend identisch mit der Mundartgrenze, die das Mecklenburgisch-Vorpommersche in seiner mecklenburgstrelitzischen Ausbildung vom Nordmärkischen in seiner uckermärkischen Form trennt. Diese Mundartgrenze wird auch heute noch von der Bevölkerung als eine solche empfunden. Sie betrifft einmal Eigenheiten der Aussprache. Märkisches *j* steht mecklenburgischem *g* im Anlaut gegenüber, wie märkisch *Jurk* (Gurke): mecklenburgisch *Gurk*, märkisch *jot* (gut): mecklenburgisch *got*; im Nordmärkischen ist überwiegend der alte *o*-Laut vor *r* bewahrt, gegenüber der mecklenburgischen *u*-Aussprache; entsprechend verhält sich das *ö*, so daß sich märkisches *Ohr* und *föhren* (fahren) mecklenburgisch *Uhr* und *führen* gegenüberstehen; von einer derartigen Tonerhöhung vor *r* ist auch das *e* im Mecklenburgischen, kaum aber im Nordmärkischen betroffen, so daß sich die Aussprache *Pird* (Pferd) und *Perd* oder *Ierdbeer* (Erdbeere) und *Erdbeer* gegenüberstehen, wobei das *r* kaum oder gar nicht mitgesprochen wird. Mecklenburg-Strelitz hat andererseits die für das Mecklenburgische sonst charakteristische Diphthongierung der langen Vokale mittlerer Zungenstellung *o*, *ö* und *e* nicht mitgemacht; es heißt dort wie in der Uckermark *Koken* (Kuchen), *Köh* (Kühe) und *Been* (Bein). Eine weitere ganz besonders auffällige Ausspracheeigenheit, die die Vokale vor *r* betrifft, ist die berlinisch-nordmärkische stark *a*-haltige Aussprache von *-er* gegenüber der *ä*-haltigen im Mecklenburgischen; so stehen sich sowohl in der Mundart als auch in der Um-

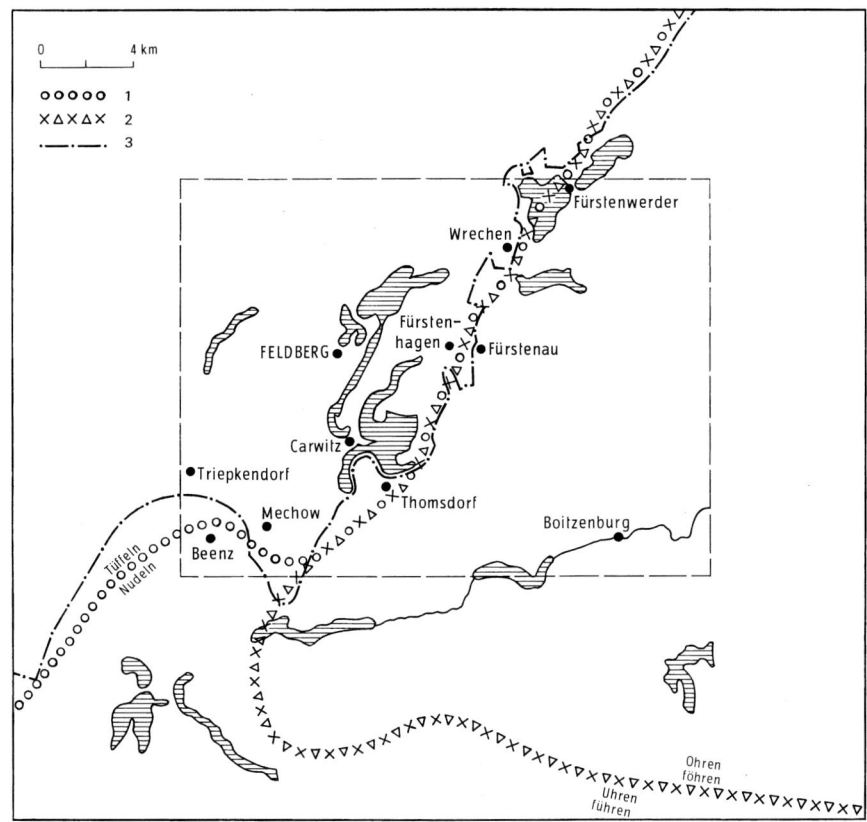

Abb. 9   Sprachkarte (Entwurf J. GUNDLACH)

1 Kartoffel   2 Ohren, fahren
   Lautgrenz   3 Alte Landesgrenze

gangssprache *Schwesda* (Schwester) und *Schwesdä* oder *Schwesda* gegenüber, wie mundartlich *imma* (immer) und *ümma*, wobei die berlinisch-märkische Aussprache schon Teile des Mecklenburg-Strelitzischen erfaßt hat.

Auch wortgeographische Unterschiede sind vorhanden, so wenn die Kartoffel (Abb. 9) im Mecklenburg-Strelitzischen *Tuft* oder *Tüft*, im Uckermärkischen aber *Nudel* heißt. Endet bei diesem jungen Wort die uckermärkische Bezeichnung genau an der früheren Grenze, so weisen andere Wörter, die im 12. Jh. niederländische Siedler in die Mark mitbrachten und die von dort durch die Siedlungsaktivität der Askanier weiter nach N vordrangen, das Mecklenburg-Strelitzische als ein sprachliches Übergangs- oder Bindeglied zum Mecklenburg-Schwerinischen aus, wie es das Beispiel für die Bezeichnung des Scheunenfaches zeigt. Dieser Ein-

33

druck wird erhärtet durch die oben erwähnte Aussprache mit einfachem Vokal *Koker*, *Köh* und *Been*.

Was die ausstrahlende Wirkung des Berlinischen auf die Umgangssprache betrifft, so zeigt sie sich in der Uckermark viel stärker als im angrenzenden Mecklenburg. Aber die größere Beweglichkeit der Menschen heute und die Neigung der Jugend, sich modisch-salopp zu äußern, sorgen dafür, daß man auch im früheren Mecklenburg-Strelitz schon gelegentlich im Gespräch junger Menschen Berolinismen wie *ooch, loofen, zwee, eene, det, ick, jut, nüscht/nischt, wa* (nicht wahr) hören kann.

J. Gundlach

EINZELDARSTELLUNG

Möllenbeck, Kreis Mecklenburg-Strelitz, A 1

und seine überwiegend landwirtschaftlich genutzte Gemarkung liegen auf einer bewegten Grundmoränenplatte mit zahlreichen kleinen Söllen. Westlich vom Ort erstreckt sich in 73 m ü. NN der Möllenbecker Haussee. Dieses 1800 m lange, bis 250 m breite und knapp 33 ha große Gewässer erreicht eine maximale Tiefe von 9 m. Der See wird von dem Mühlenfließ durchflossen, das aus dem an den nördlichen Gemarkungsgrenzen von Möllenbeck und Cantnitz gelegenen Mühlengrund kommt. In das Mühlenfließ werden seit einigen Jahren die vorgeklärten Abwässer der Stadt Feldberg übergeleitet, um die Feldberger Seen zu entlasten (s. D 7). Dadurch reichern sich im Möllenbecker Haussee und in anderen vom Fließ durchströmten Seen Nährstoffe an. In alten Bäumen am Haussee und am sich nördlich anschließenden Stolper See kommt der geschützte bestandsbedrohte Siebenschläfer vor. In Möllenbeck befindet sich ein regelmäßig besetzter Weißstorchhorst.

Aus der Gemarkung des Dorfes wurde neben einer Steinaxt als Beleg jungsteinzeitlicher Besiedlung eisenzeitliche Keramik mit Eisenschlacke bekannt, die auf bodenständige Eisenerzeugung hinweist. Im Südteil der Feldmark liegt eine altslawische Siedlung, die Keramik der Feldberger und Menkendorfer Gruppe erbrachte; zwischen Dorf und Haussee wurde eine jungslawische Siedlung erfaßt. Aus einer dortigen Abfallgrube stammen die Reste eines prachtvollen Gefäßes der Weisdiner Gruppe und weitere jungslawische Gefäßreste.

Das Mühlenfließ hat dem Ort Möllenbeck (1394 to *Mollenbeke*) zu seinem Ortsnamen verholfen, denn mittelniederdeutsch *Mölenbeke* bedeutet Ansiedlung an einem Mühlenbach. Das ehemalige Gutsdorf an der Straße Neustrelitz – Woldegk dürfte mit Sicherheit älter sein als seine Ersterwähnung, denn bereits Ende des 13. Jh. wurde eine Kirche gebaut. Der erste nachweisbare Lehnsinhaber des Ortes war HENNING BEHR, der 1337 vom Fürsten ALBRECHT das Burglehn zu Stargard und 1353 das Landmarschallamt des Landes Stargard erhielt. 1393/94 verpfändete Herzog ULRICH für eine Schuld von 115 bzw. 125 Mark die Bede (Abgaben) aus Möllenbeck an BERTRAM VON BEHR. Im Jahre 1508 wohnten im Ort 11 Bauern mit 20 Hufen Besitz, 2 Hufen lagen wüst. Mit Ausnahme der Kirche wurde das Dorf im Jahre 1631 von den kaiserlichen Truppen unter dem Feldherrn JOHANN Graf VON TILLY verwüstet. Noch 1679 schrieb der Pfarrer CHRISTOPH MENTZEL zu Rödling, daß er einen wüsten, aber bewohnten Ort vorgefunden habe. 1820 erwarb der Kammerherr KARL AUGUST VON BORK das örtliche Gut, dessen Familie es bis in das 20. Jh. behielt.

A 1   Als Pfarrort gehörte Möllenbeck ursprünglich zur Diözese Havelberg. Die Pfarre besaß 4 Hufen und eine Wedeme, einen Pfarrhof. Sie gehörte im Laufe der Jahrhunderte zu verschiedenen Pfarren der Umgebung, seit 1907 zu Warbende (s. B 8). Der Feldsteinbau der turmlosen Kirche aus dem Anfang des 14. Jh. ist nur am Ostgiebel in seiner Ursprünglichkeit erhalten: 3 schmale Spitzbogenfenster, darüber im Giebel Blendnischen, die zu einer Dreiergruppe zusammengefaßt sind. Die bis 1,15 m dicke Südwand der Kirche gliedern spitzbogige Zwillingsblendnischen. Jedoch wurden die Fenster bei der Restaurierung im 19. Jh. vergrößert. Zahlreiche andere Baudetails wurden verändert und dem rechteckigen Gebäude eine Südvorhalle angefügt. Auf dem Kirchhof befinden sich ein frei stehender Glockenstuhl mit einer Glocke aus dem 15. Jh., mehrere schmiedeeiserne Grabkreuze des 19. Jh. und der oktogonale Backsteinbau des Mausoleums der Familie von Bork von 1858 (jetzt Ruine). Der Kirchhof ist von einer Mauer aus lose aufgesetzten Feldsteinen begrenzt.

Im Jahre 1869 erhielt Möllenbeck eine feste Straßenverbindung nach Feldberg. Um 1885 existierten im Dorf außer dem Gutshof an öffentlichen Gebäuden eine Poststation und eine Schule, und es lebten hier 154 Einwohner. Heute besuchen die Schulpflichtigen die Realschule Blankensee mit Haupt- und Grundschulteil.

Die 559 ha große Nutzfläche des Gutes fiel 1945 unter die Bodenreform und kam an Umsiedler und Landlose. Einige von ihnen errichteten sich Eindachgehöfte, andere nutzten umgebaute Wirtschaftsgebäude des früheren Gutes. Aber ihre Eigenständigkeit dauerte nicht lange, schon Ende des Jahres 1952 mußten sie in eine der 2 landwirtschaftlichen Produktionsgenossenschaften eintreten. Der einstige Gutshof wird heute von 2 in den achtziger Jahren als Typenbauten errichteten Wohnblöcken flankiert. An das ehemalige Gutshaus war bereits in den sechziger Jahren ein Mehrfamilienhaus angebaut worden. Im früheren Herrenhaus waren Jahrzehnte hindurch eine Gastwirtschaft, ein Kindergarten und der Rat der Gemeinde untergebracht, weitere Räume dienten als Wohnungen. Im Herbst 1995 war das Haus leergezogen. Der dahinter gelegene Gutspark, der auch einen kleinen Teich enthält, ist 2,6 ha groß. In ihm wachsen vorwiegend einheimische Gehölze, so Buchen, Eichen und Linden, darunter eine Eiche von etwa 4,80 m Umfang. Als dendrologische Besonderheiten sind ein um 1900 gepflanzter Gingkobaum von 1,40 m Stammumfang und eine Weißeiche (*Quercus alba elongata*) zu nennen.

1988 hatten in Möllenbeck je eine LPG Tierproduktion und Pflanzenproduktion ihren Sitz, in denen viele der 180 Einwohner beschäftigt waren. Die LPG Pflanzenproduktion bearbeitete 4666 ha und unterhielt unter anderen am südwestlichen Dorfrand eine Lagerhalle. In deren Nähe blieben ehemalige Gutsarbeiterhäuser erhalten. Das Haus Nr. 12/13 von 1875 besteht aus roten Klinkerziegeln und beherbergt nach Umbau nur noch 2 Wohnungen statt 4. Ähnlich verhält es sich bei dem Wohnhaus Nr. 36/37. Nach 1990 lösten sich die hiesigen Produktionsgenossenschaften auf. An ihre Stelle traten 2 private Landwirtschaftsbetriebe mit 291 bzw. rund 800 ha Ackerfläche, von denen jedoch zusammen 310 ha Stillegungsflächen sind. Der erstere hat auch 11 Ställe und das Melkhaus der vormaligen LPG Tierproduktion an der Straße nach Woldegk übernommen und betreibt hauptsächlich Milchwirtschaft. Nach der Wiedereinführung der Ämtergliederung kam Möllenbeck zum Amt Neustrelitz Land.

Cantnitz, seit 1974 Ortsteil von Lüttenhagen, A 2

ist ein im Südteil angerartig erweitertes Straßendorf, das sich in der Grundmoränenlandschaft nordwestlich des Cantnitzer Sees von N nach S erstreckt. Auf der Feldmark nahe der Grenze zu Dolgen wurden neben einer Steinaxt vorwiegend slawische Funde bekannt, so ein Körpergrab mit Feuerstahl als Beigabe und eine jungslawische Siedlung. Nicht lokalisiert werden konnte von den Forschern bisher eine vermutlich mittelalterliche Burg, die sich aus Urkunden erschließen läßt. Als Bodendenkmale erwähnenswert sind 14 Hügelgräber im Wald östlich des Ortes, nördlich des Weges nach Schlicht, auf ehemaligem Ackerland. Ein einzelnes Hügelgrab liegt in der Wegegabelung östlich des Dorfes ebenfalls im Wald.

Der im 13. Jh. gegründete Ort wird erstmals 1382 urkundlich erwähnt. Sein slawischer Name, 1382 *tu der Kantenittze*, geht wohl auf die Bezeichnung des Sees zurück, der zu altpolabisch *kat* = Ecke, Winkel gehört und soviel wie abgelegener See bedeutet. Der erste namentlich bekannte grundherrschaftliche Besitzer des Dorfes war CLAUS VON OERTZEN (1385). 1591 gab es im Dorf 5 Bauern- und Kossätenhöfe; dem Pfarrhof gehörten 2 Hufen.

Vor dem Dreißigjährigen Krieg lassen sich im Ort sogar 15 Bauern und 6 Kossäten nachweisen. 1637–1639 wurden die Anwesen von den Truppen des kaiserlichen Generals MATTHIAS GALLAS schwer verwüstet. Noch 1702 gab es nur 5 Bauern, 1 Priesterbauer und 3 Häusler. 1736 brachte Herzog CARL LUDWIG FRIEDRICH den Ort in seinen Besitz, und 3 Jahre später wurde das Dorf an 8 Bauern verpachtet. 1753 überließ der Herzog mit seinen übrigen Allodialgütern auch Cantnitz der herzoglichen Kammer. 1763 legte man von den 8 Bauern 6 und 1770 die letzten beiden. Dieser feudale Gewaltakt bildete die Voraussetzung, auf ihrem Land eine Meierei entstehen zu lassen, die zuerst zum Amt Bergfeld, dann zum Strelitzer und letztlich zum Feldberger Amt gehörte. Um 1885 wohnten im Dorf 312 Menschen, darunter 11 Büdner, von denen einige meist umgebaute Wohnhäuser erhalten blieben.

Die Bodenreform führte 1945/46 zur Aufteilung des 819 ha großen Grundbesitzes der Domäne, die zu diesem Zeitpunkt der Güterverwaltung Nord gehörte. Aber schon 1952 kam es zur Bildung einer LPG Thomas Müntzer. Später wurden die Fluren von Cantnitz von der LPG Pflanzenproduktion Dolgen bewirtschaftet, die Tierbestände von der LPG Tierproduktion Lüttenhagen betreut. An deren Stelle ist nach der Wende die Dolgener Agrargesellschaft mit Sitz in Weitendorf getreten.

Der rechteckige Feldsteinbau der Dorfkirche (Abb. 10) mit bis 1,10 m starken Wänden stammt aus der zweiten Hälfte des 13. Jh. Trotz einer modernen Balkendecke hat das Innere den mittelalterlichen Raumeindruck gut bewahrt, der durch die gleichmäßige Einteilung der hochsitzenden Schlitzfenster, die im O zu einer Dreiergruppe zusammengefaßt sind, erreicht wird. Die spitzbogigen Portale an der Nord- und Westseite wurden in späterer Zeit vermauert. Das Südportal ist von Backsteinen gerahmt. Die kleine Vorhalle entstand im Jahre 1706. Schnitzfiguren, so Maria und Kreuzigungsgruppe, aus dem späten 15. Jh. verwendete man bei der Errichtung des Altaraufbaus zu Anfang des 18. Jh. wieder. Vor der Kirche steht eine Linde von etwa 4 m Stammumfang, auf dem Kirchhof befinden sich weitere Linden sowie Eschen und ein freistehender Glockenstuhl.

A 2

Abb. 10 Kirche in Cantnitz

Schon vor der Reformation bildete Cantnitz eine Mutterkirche, zu der die Kapellen in Weitendorf und Lüttenhagen gehörten. 1533 wurde die Reformation eingeführt und erstmalig vom bisherigen Pfarrer J. BIELENFELD evangelisch gepredigt. Noch 1661 war Cantnitz aufgrund der Zerstörung im Dreißigjährigen Krieg dem Pastor zu Teschendorf zugeordnet. 1755 gelangte es als Filialkirche zu Bredenfelde, zu dem es bis in das 20. Jh. gehörte.

Rund 500 m südöstlich des Ortes liegt in einer kurzen, in ihrem Nordteil vermoorten Senke der abflußlose Cantnitzer See. Er erhält von N Zulauf durch einen Wiesengraben. Das schmal-ovale, rund 1 km lange Gewässer ist 21,6 ha groß und besitzt eine maximale Tiefe von 10,5 m. In den letzten Jahren nahm die Eutrophierung des Sees zu, die durch Düngereintrag von den umliegenden Acker- und Weideflächen sowie durch Schadstoffeintrag aus dem nahen Dorf verursacht wird. Die Folge ist die Zunahme nährstoffertragender Wasserpflanzen, wie Spreizhahnenfuß (*Ranunculus circinatus*), Kammlaichkraut (*Potamogeton pectinatus*), Krauses Laichkraut (*P. crispus*) und Wasserknöterich (*Polygonum amphibium*). Außerdem bildet das Hornblatt (*Ceratophyllum demersum*) große Bestände. An den sandigen Ufern der Süd- und Westseite des Sees existieren noch Restflächen von Armleuchteralgen (*Characeae*) und entlang der Ufer Sumpfsimsen-Kleinröhrichte, die durch schmale Schilfröhrichte und Wasserliebschbestände (*Butomus umbellatus*) unterbrochen sind. Fast überall bildete sich ein geschlossener Schilfgürtel aus. An wenigen Stellen wächst auch die Teichsimse (*Schoenoplectus lacustris*). Im See kommt der Amerikanische Flußkrebs vor.

Nordöstlich des Cantnitzer Sees befindet sich das Flächennaturdenkmal Wacholderberg (Abb. 11) mit dem größten Wacholderbestand des Feldberger Gebietes. Eine Zählung ergab etwa 1000 Exemplare, von denen 35 % höher als 4 m waren. Der Wacholderberg erhielt sein Gepräge durch die intensive Beweidung, denn bis 1945 weideten auf der Gemarkung Cantnitz bis zu 1000 Schafe. Um 1915 und 1940 brannten große Teile der Wacholderbestände ab, jedoch erfolgte schnell eine Regeneration. Nach dem Ersten Weltkrieg pflanzte man Eichen, Birken, Liguster und Schneeball an und gestaltete das gesamte Gebiet parkartig. Im Jahre 1972 begann der Einschlag von Laubgehölzen zur Brennholzgewinnung, um die Wacholderbüsche zu erhalten. Seit 1993 werden gezielte Pflegemaßnahmen wie teilweises Entfernen von Gebüschen und Beweidung durchgeführt. A 2

Auf den Freiflächen zwischen den Büschen haben sich artenarme Sandtrockenrasen und Silbergrasfluren ausgebildet, in denen folgende bemerkenswerte Arten vorkommen: Steppenlieschgras (*Phleum phleoides*), Rötliches Fingerkraut (*Potentilla heptaphylla*), Gemeiner Thymian (*Thymus pulegioides*), Hundsveilchen (*Viola canina*), Taubenskabiose (*Scabiosa columbaria*) und Heidenelke (*Dianthus deltoides*). In einer alten Sandgrube am gegenüberliegenden Seeufer wachsen Wiesenküchenschelle (*Pulsatilla pratensis*), Mondraute (*Botrychium lunaria*) und Wundklee (*Anthyllis vulneraria*).

Das Flächennaturdenkmal Wacholderberg beherbergt Wildkaninchen, deren Bestand infolge der Myxomatose, einer seuchenhaft auftretenden Viruskrankheit, erheblichen Schwankungen unterworfen ist. Um 1970 betrug ihre Anzahl einige

Abb. 11 Flächennaturdenkmal Cantnitzer Wacholderberg

A 2 hundert Tiere, 1987 gab es nur noch wenige Exemplare. Auf dem Wacholderberg wies man auch die Kleinsäugerarten Rötelmaus, Gelbhalsmaus, Feldmaus, Zwergmaus sowie Waldspitzmaus, Waldmaus und Brandmaus nach.
Östlich des Cantnitzer Sees befindet sich eine Grube zur Kies- und Sandgewinnung, wo zeitweise auch pleistozäne Formen wie Eiskeile und Schichtenverwerfungen aufgeschlossen waren.

A 3 Dolgen, Kreis Mecklenburg-Strelitz,

ist ein kleines Angerdorf auf der Grundmoränenplatte nordwestlich des Dolgener Sees (s. D 1), von dem der Ortsname abgeleitet wird. Aus dem Nordteil der Gemarkung wurden 5 Fundplätze bekannt, denen sich die slawische Siedlung von Cantnitz (s. A 2) direkt anschließt. Hier lieferte eine Stelle altslawische Keramik, eine andere germanische (kaiserzeitliche) Scherben und eine dritte bronzezeitliche Keramik aus 2 Siedlungsgruben. Dicht am Ort liegen ein weiterer bronzezeitlicher und ein slawischer Siedlungsplatz, denen sich am Dolgener See ein jungslawischer anschließt.

Recht spät wird der Ort Dolgen zum erstenmal urkundlich erwähnt: In den Jahren 1407/08 war HEINRICH WARBURG „to deme Dolgen" ansässig, und 1417 verpfändete der Herzog JOHANN von Mecklenburg die Pfennig- und Kornbede (Abgaben) aus dem Ort. Im Jahre 1500 gaben die von Kerkow die Bede sowie den sechsten Teil des Dolgener Sees an die von Manteuffel ab, die 1505 auch einen bis dahin herzoglichen Hof mit 3½ Hufen erlangten. Von 1492/93 bis zu seiner Säkularisierung im 16. Jh. verfügte auch das Kloster Wanzka über einen Anteil. Noch 1669 gehörte der inzwischen gegründete Meierhof mit der Schäferei zum Amt Wanzka. 3 Bauern mußten dort Dienste tun. Im Dreißigjährigen Krieg wurde Dolgen im Unterschied zu anderen Orten nicht völlig wüst. 1753 überließ der Herzog das Dorf der Kammer.

Seit dem Ende des 17. Jh. kann man Dolgen als Bauerndorf bezeichnen. 1702 wohnten hier 3 Bauern, 2 Kossäten, 2 Häker, ein Pachtschäfer und ein Hirte. 1735 gab es 7 Bauern, ebenso 1762. Nach der Errichtung von 3 weiteren Gehöften auf dem nördlichen Teil des Angers hinterließ der Ort den Eindruck eines Haufendorfes. Am Ende des 19. Jh. setzte sich Dolgen aus 6 Bauernhöfen, 1 Krug mit Ackerwirtschaft und 2 Erbpachtstellen, Kolbatzhof und Köllershof, etwa 1,5 km nördlich von Dolgen, zusammen. Um 1885 hatte Dolgen 266 Einwohner. Anfang des 20. Jh. zählte man 2 Erbpächter, 6 Bauern und 9 Büdner.

Die Pfarre des Ortes, die auch einen Hof besaß, unterstand dem Bistum Havelberg. 1752 befand sich Dolgen unter den Kaspelkirchen – Kirchspielkirchen – des Amtes Strelitz, gehörte später zu Groß Schönfeld und in jüngster Zeit zu Grünow. Im Jahre 1803 stürzte die 1796 errichtete Fachwerkkirche ein. Für einen Neubau lieferte Kammeringenieur FRIEDRICH WILHELM DUNKELBERG 1806 die Entwürfe. Die kleine Backsteinkirche erhebt sich auf einem kreisförmigen Grundriß von 12 m Durchmesser. Der Zentralbau trägt ein kuppeliges Dach in Bohlenbinderkonstruktion mit einer achtseitigen offenen Laterne. Die schlichte Ausstattung stammt aus der Erbauungszeit. Die Kirche wurde von 1991 bis 1994 erneuert.

Dolgen weist ein sehr unterschiedliches Siedlungsbild auf. Überwiegen im A 3
alten Dorfkern niedrige Klinkerbauten, so bestimmen am nördlichen Ortsrand
2 viergeschossige Häuser mit 54 Wohnungen, ein Haus mit 6 Wohnungen und ein
Gebäude mit der Kindertagesstätte das Aussehen. Sie wurden zwischen 1985 und
1987 vor allem für Beschäftigte in den Landwirtschaftsbetrieben errichtet. Neben
dem Anwesen Nr. 42 steht das alte Spritzenhaus. In Dolgen gibt es auch ein besetztes Storchennest.

Die Bauern von Dolgen wurden 1953 in einer landwirtschaftlichen Produktionsgenossenschaft zusammengeschlossen, der man 1960 auch die Genossenschaft im Ortsteil Koldenhof angliederte. Im Zuge der folgenden Spezialisierung der Landwirtschaftsbetriebe kam es 1978 in Dolgen zur Bildung einer LPG Pflanzenproduktion. Bereits 1972 waren in der Umgebung des 2 km nördlich vom Ort gelegenen Einzelgehöftes Hohenwippel Vorfluter ausgebaut, 50 ha Land mit Dränageanlagen versehen und auf 50 ha Flurmeliorationen durchgeführt worden. Zwischen 1979 und 1985 kam es zur Dränierung weiterer Flächen, wobei auch Gebüsche und Lesesteinhaufen beseitigt sowie Sölle verfüllt wurden. Noch heute erkennt man die ehemaligen Bodenvertiefungen an ihrer durch höhere Feuchtigkeit bedingten dunklen Bodenverfärbung.

Die ehemalige LPG (P) Dolgen mit Verwaltungssitz in Dolgen bewirtschaftete eine Fläche von 4675 ha, davon 4152 ha als Acker, der bis zu 20 km vom Ort entfernt lag. Wichtigste Anbaufrüchte waren Getreide (2400 ha) und Feldfutter (900 ha), es folgten Raps, Kartoffeln und Hackfrüchte sowie Gemüse, das 1988 erstmals auch unter Folie angebaut wurde. Nach 1990 entstand aus dieser Genossenschaft die Dolgener Agrargesellschaft mit Sitz in Weitendorf.

Etwa 200 m südlich vom Haltepunkt Dolgen der Eisenbahnstrecke Neustrelitz – Feldberg, an die das Dorf seit 1910 angeschlossen ist, stehen die Ställe der ehemaligen LPG (T) Dolgen, in denen Sauen, Ferkel, Jungschweine sowie etwa 10 000 Mastschweine gehalten wurden. Seit 1. November 1991 betreibt ein privater Besitzer aus den alten Bundesländern die Schweinehaltung weiter, daneben bewirtschaftet er etwa 1000 ha landwirtschaftliche Nutzfläche.

Weitendorf, Ortsteil von Lüttenhagen, A 4

und seine Gemarkung erstrecken sich zwischen der Straße Möllenbeck–Feldberg und der Eisenbahnstrecke Neustrelitz–Feldberg. Direkt an der Feldberger Chaussee liegen auf einer markanten Kuppe ein bronzezeitliches und daneben ein überackertes Hügelgrab. Ein weiteres befindet sich auf der Höhe dicht südlich des Weitendorfer Haussees. Mittelalterliche Keramik mit einem geringen Anteil slawischer Scherben südlich des Dorfes in der Wegegabelung kennzeichnet die ursprüngliche Lage des Ortes.

Weitendorf erscheint urkundlich zum erstenmal 1393. Der Ortsname *Weytendorp* ist offenbar ein slawisch-deutscher Mischname, der in seinem Bestimmungswort den polabischen Personennamen Vojuta, eine Kurzform zu Vollnamen wie Vojtech oder Vojslav, enthält. Auch er deutet darauf hin, daß bei der Anlage des Dorfes Slawen beteiligt waren. Im Jahr 1393 wiesen die mecklenburgischen Her-

A 4 zöge HENNING PARSENOW die Bede (Abgaben) und Pacht aus dem Dorf an. 1475 verpfändete BALTZER KERKOWS Witwe zu Weitendorf an HEINRICH RIEBEN zu Galenbeck den Rittersitz mit 2 bebauten Höfen im Dorf und die Feldmark Weitendorf samt CLAUS DAMEROWS Hof mit einer Hufe, dem Kossätenland und der wüsten Katenstelle mit der dazugehörigen Wurth. 1519 saßen im Dorf der Schulze, 8 Bauern und 4 Katenleute. Die Feldmark umfaßte damals 25 Hufen, zum Pfarrhof gehörten zwei. 1639 war das Dorf infolge der Kriegsverwüstungen ausgestorben. Da Bauern zur Wiederansiedlung fehlten, richtete man in Weitendorf 1660 einen Pachthof ein. Er war 1683 fürstlicher Meierhof und noch nach dem Ersten Weltkrieg Dominialpachthof. Um 1885 lebten im Dorf 74 Einwohner, und es gab eine Schule. Kirchlich gehörte Weitendorf 1740 zu Carwitz, vor der Reformation und nach 1740 zu Cantnitz.

Der Gutsbesitz umfaßte 1945 insgesamt 370 ha Land, das bei der Bodenreform parzelliert und an Neubauern und ehemalige Landarbeiter verteilt wurde. Diese mußten bereits im Herbst 1952 eine landwirtschaftliche Produktionsgenossenschaft bilden, die schließlich 1978 in der LPG Pflanzenproduktion Dolgen aufging. Die Tierbestände wurden fortan von der LPG Tierproduktion Lüttenhagen betreut, die Ställe und Futterhallen erbaute. An die Stelle dieser landwirtschaftlichen Produktionsgenossenschaften trat nach der Wende die Dolgener Agrargesellschaft GmbH & Co. KG. Im ehemaligen Gutshaus Weitendorf befinden sich Kulturräume.

Von früheren Wohnhäusern erwecken einige ehemalige Gutsarbeiterhäuser an der Dorfstraße das Interesse. Es sind rote Klinkerbauten, die von der letzten Jahrhundertwende stammen und die nach Umbau von weniger Familien als früher bewohnt werden. Nr. 1/2 stammt von 1901, Nr. 4/5 von 1886.

Östlich des Ortes erstreckt sich der 16,5 h große Weitendorfer Haussee, der eine maximale Tiefe von 7,5 m erreicht. Obwohl er keine oberirdischen Zu- und Abflüsse besitzt, unterliegt der Wasserstand des Sees ähnlich dem des Sprockfitz (s. A 5) episodisch großen Schwankungen, weshalb einige Forscher einen gemeinsamen unterirdischen Abfluß in Richtung zum Möllenbecker Haussee annehmen. Die dem Sprockfitz ähnliche hydrologische Situation des Weitendorfer Haussees bedingt auch eine ähnliche Vegetation mit charakteristischen Teichbodenpflanzen. Am Südufer wachsen Nadelsumpfsimsenrasen mit Nadelsumpfsimse (*Eleocharis acicularis*). Die ursprüngliche Wasservegetation wurde durch Zufluß landwirtschaftlicher Abwässer und den zeitweiligen Betrieb einer Geflügelmastanlage am See weitgehend vernichtet (RICHTER 1973). Großröhrichte sind kaum ausgebildet. Im See leben vor allem Silberkarpfen und Kaulbarsch, aber auch Aal, Blei, Flußbarsch, Gründling, Güster, Hecht und Karausche sowie Plötze, Quappe, Rotfeder, Ukelei und Zander.

Die Steilhänge am Südufer tragen – bedingt durch Sandabbau und Uferabbrüche – einen Halbtrockenrasen mit Waldklee (*Trifolium alpestre*) und Taubenskabiose (*Scabiosa columbaria*). In Ufernähe kommt das Niedrige Fingerkraut (*Potentilla supina*) vor. 1973 konnte hier eine Brut des Flußregenpfeifers nachgewiesen werden, eine im Binnenland seltene Beobachtung. In der Nähe von Weitendorf gibt es eine kleine Uferschwalbenkolonie und im Ort selbst, wie auch in Dolgen, einen Storchenhorst.

Abb. 12 Sprockfitz

Sprockfitz A 5

Der Sprockfitz (Abb. 12) ist einer „der merkwürdigsten Seen Mecklenburgs" (GOTSMANN 1955). Er liegt in einer als Sprockfitzrinne (HURTIG 1957) benannten, wohl durch subglaziäre Schmelzwässer vorgezeichneten Vertiefung, in der sich auch der Cantnitzer See (s. A 2), der Weitendorfer Haussee (s. A 4) und der Hechtsee befinden.

Der maximal 15 ha große Sprockfitz stellt in hydrologischer Hinsicht eine Besonderheit dar, denn er weist episodisch, d.h. in unregelmäßigen Zeitabständen auftretende, große Seespiegelschwankungen auf. Seine normale Oberfläche liegt in 91,2 m ü. NN; dann hat er eine Tiefe von etwa 7,5 m. Er kann aber bis auf weniger als 4 m Tiefe absinken, obwohl kein sichtbarer oberirdischer Abfluß vorhanden ist. Der See besteht aus 3 Becken und erhält nur unwesentlichen Zufluß von SW durch den Staugraben aus dem Forst Lüttenhagen. Das Absinken des Wasserspiegels dauert etwa 1–2 Jahre und führt zu einem Trockenfallen weiter Uferbereiche. Forscher nehmen an, daß das versickernde Wasser dem Feldberger Haussee zufließt (GOTSMANN 1955; BARBY 1955). Ständige Quellen am Westufer des Haussees könnten diese Annahme bestätigen. BARBY schließt aber auch einen unterirdischen Abfluß innerhalb der Seenrinne nach N nicht aus. Nahe der Straße Feldberg – Möllenbeck gibt es eine Tafel mit einer eindrucksvollen graphischen Darstellung der bisherigen Beobachtungen der Spiegelschwankungen mit Angaben über die Jahre der höchsten und der niedrigsten Wasserstände.

A 5 Der Sprockfitz gehört zu den nährstoffreichen Gewässern des Gebietes (Abb. 3), was die reichliche Entfaltung der Planktonalgen und die geringen Sichttiefen belegen. Die wesentlichen Nährstoffe dürften aus dem hauptsächlich landwirtschaftlich genutzten Einzugsgebiet kommen.

Bei Höchstständen des Wasserspiegels bilden sich an den Stämmen der Weiden in Höhe der jeweiligen Wasserstandslinien Wurzeln aus, die sogenannten Wasserbärte. Noch 1956 fand man im Sprockfitz verschiedene Laichkräuter und 2 seltene Armleuchteralgen (*Nitella syncarpa, N. mucronata*). Inzwischen hat sich die Sichttiefe vermindert, und Unterwasserpflanzen sind kaum noch vorhanden. An geschützten Stellen und Röhrichtbuchten gibt es Bestände von Wasserknöterich (*Polygonum amphibium natans*), Schildhahnenfuß (*Ranunculus peltatus*) und Wasserfeder (*Hottonia palustris*). Bei den episodisch auftretenden niedrigen Wasserständen entwickeln sich auf den trockengefallenen schlammigen Uferstreifen Arten der Zweizahnfluren, der Teichbodengesellschaften und der Kriechrasen. In günstigen Jahren wurden hier Nadelsumpfsimse (*Eleocharis acicularis*), Braunes Zypergras (*Cyperus fuscus*), Zypergrassegge (*Carex bohemica*), Niedriges und Norwegisches Fingerkraut (*Potentilla supina, P. norvegica*), Sumpf- und Gelblichweißes Ruhrkraut (*Gnaphalium uliginosum, G. luteo-album*) und Wasserpfeffertännel (*Elatine hydropiper*) gefunden.

Im NSG Sprockfitz wurden bisher 32 Brutvogelarten festgestellt. Den Hauptanteil nehmen waldbewohnende Arten ein, darunter Buchfink, Zilpzalp, Kohlmeise und Gartengrasmücke. Auf bzw. am Sprockfitz leben Stockente und Haubentaucher, unregelmäßig auch Höckerschwan und Eisvogel.

Die wichtigsten Fischarten des Gewässers sind Hecht, Blei und Silberkarpfen. Weiter kommen Aal, Ukelei, Karausche, Karpfen, Gründling, Plötze sowie Rotfeder, Schleie, Quappe, Kaulbarsch, Flußbarsch und Zander vor. Fest eingebürgert hat sich der Amerikanische Flußkrebs, dagegen kann der Galizische Krebs bisher nur vermutet werden. 1962 beobachtete man erstmals die Bisamratte am Sprockfitz. Sie richtet erhebliche Schäden an den Pflanzenbeständen an. So vernichtete sie das Vorkommen der Schwanenblume (*Butomus umbellatus*). Im südlichen Teil des Sees hält sich zuweilen der Fischotter auf, der mehr oder weniger regelmäßig alle Gewässer des Gebietes besiedelt. Die Schneckenfauna des NSG ist gut erforscht. Den Untersuchungen zufolge leben dort 9 Arten (JAECKEL 1955/56).

200 m nördlich des Sprockfitz erstreckt sich jenseits der Straße Feldberg–Möllenbeck in einer abflußlosen Mulde der knapp 8 ha große Hechtsee. Sein Wasserspiegel hat normalerweise eine Höhe von 93,1 m ü. NN, liegt also rund 2 m höher als der des Sprockfitz; seine maximale Tiefe beträgt 4 m. Das Grünland rings um den See diente als Viehweide. Dadurch und durch einen inzwischen abgerissenen Melkstand am Ufer gelangten in den vorher klaren See viele Nährstoffe, welche auch ein Absterben des Röhrichts und der Ufergehölze verursachten (RICHTER 1973).

Im Hechtsee lebte noch bis zum Anfang der sechziger Jahre des 20. Jh. eine Population des Deutschen Edelkrebses, die von der erstmals 1962 auftauchenden Bisamratte vernichtet wurde. An ihrem Verschwinden wie an dem des Teichmuschelbestandes trug auch die Eutrophierung des Sees Schuld. Muschelgrößen bis 20 cm Länge waren keine Seltenheit. Heute leben im See vor allem Karpfen. Hinzu kommen Aal, Hecht, Karausche, Marmorkarpfen, Plötze sowie Rotfeder, Schleie, Kaul- und Flußbarsch.

Seit 1967 stehen der Sprockfitz und seine Umgebung in einer Gesamtfläche von 26,5 ha unter Naturschutz. Der Name des Sees – 1578 *Grosse Sprockwicz*, *Lötke Sprockwicz* – kommt aus dem Slawischen, läßt sich aber bis jetzt noch nicht deuten.

A 5

Schlicht, seit 1974 Stadtteil von Feldberg

A 6

Wenn man von dem 145 m hohen Reiherberg am Nordufer des Feldberger Haussees den Blick nach N wendet, hat man eine ausgeprägte Grundmoränenplatte vor sich. Diese sogenannte Schlichter Platte weist eine Höhenlage zwischen 130 und 148 m ü. NN auf. Sie zeigt ein bewegtes Kleinrelief, das von einer großen Anzahl von Söllen unterbrochen wird. Auf dem schwach lehmigen Sand der Grundmoräne bildeten sich ertragreiche Böden für die Landwirtschaft, aber auch die Buchenforsten ringsum zeugen von guten Wuchsbedingungen. Sowohl westlich von Schlicht am Faulen See als auch nördlich des Ortes am Großen Torfbruch und an anderen Stellen gibt es vermoorte Senken, in denen Torf abgebaut wurde und die heute wertvolle Biotope darstellen.

Nordöstlich des Dorfes befindet sich das zum NSG Feldberger Hütte gehörende Schlichter Moor, ein faunistisch sehr reichhaltiger Biotop. In ihm brütet der Rothalstaucher als eine Seltenheit der Feldberger Landschaft. Im etwa 2 km entfernten Faulen See konnte die erste erfolgreiche Brut der Moorente nachgewiesen werden. Die in den angrenzenden Rotbuchen brütenden Schellenten suchen das Moor mit ihren Dunenjungen sogleich nach dem Schlüpfen auf und ziehen sie hier auf. Im Mai ist die flache Wasserfläche Treffpunkt und Laichgewässer ungezählter Rotbauchunken. Schreiadler und Kranich suchen im Gebiet nach Nahrung. In einem Soll bei Schlicht konnte die überaus seltene und in Deutschland vom Aussterben bedrohte Sumpfschildkröte beobachtet werden.

Die Umgebung des Dorfes erbrachte zahlreiche ur- und frühgeschichtliche Funde. Neben einem Feuersteinbeil ist eine besonders seltene nackengebogene jungbronzezeitliche Steinaxt mit plastischer Verzierung zu erwähnen (HOLLNAGEL 1955).

Zwischen der Straße Schlicht–Feldberg und der Chaussee Möllenbeck–Feldberg liegt im Wald ein geschlossenes Feld mit 40 Hügelgräbern. Östlich der Straße Schlicht–Feldberg haben nahe am Waldrand im NO weitere Hügelgräber ihren Platz. 1926 wurde beim Bau dieser Chaussee eine Steinkiste beseitigt, die 2 Skelette in Hockerstellung und eine Steinaxt der jungsteinzeitlichen Einzelgrabkultur enthielt. Im Südostteil des nördlich angrenzenden Krumbecker Forstes gibt es ebenfalls Hügelgräber der Bronzezeit.

Ein Bodendenkmal stellt der mittelalterliche Turmhügel (Abb. 13) dicht nordwestlich des Dorfes mit dem Flurnamen Marodei oder Maledei (1773 *Maldie*) dar. Auf dem 30 m x 30 m großen und 3 m hohen Hügel befindet sich ein 5 m hoher Feldsteinturmrest von 11,3 m x 14 m Kantenlänge. Der umgebende Graben führt teilweise noch Wasser.

Die rund 6 km² große landwirtschaftlich genutzte Schlichter Platte ist rings von Buchenwäldern umgeben und läßt noch deutlich die mittelalterliche Rodungsinsel erkennen. In ihrer Mitte erstreckt sich von N nach S das kleine, in seinem Nordteil

A 6

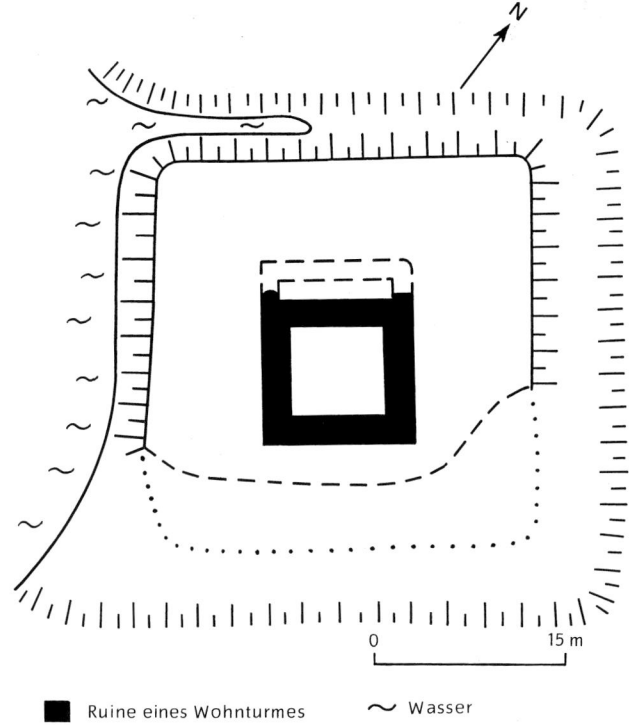

■ Ruine eines Wohnturmes ∼ Wasser

Abb. 13 Turmhügel von Schlicht (nach SCHWARZ 1987)

angerförmig erweiterte Straßendorf Schlicht. Der Ortsname – 1312 *Slichten* –, der zu mittelniederdeutsch *slicht* = eben, flach, frei, offen gehört, kennzeichnet die Lage der Ansiedlung auf offenem Gelände.

Im Jahr 1312 erkannten WEDEKIND und VICKE VON PLOTE (laut Urkunde) an, daß die ihnen verpfändete Bede (Abgabe) in Schlicht dem Fürsten HEINRICH zustehe. 1505 wohnten dort der Schulze und 8 Bauern und 1624 neben den Genannten noch 4 Kossäten. Nach 1638 lag der Ort infolge kriegerischer Zerstörungen fast völlig wüst. Ein Bericht aus dem Jahre 1666 erwähnt, daß in Schlicht früher 16 Bauern und 10 Kossäten lebten, jetzt aber nur 4 Bauern ansässig seien, von denen jeder 2 Höfe bewirtschafte. 1683 nennt das Amtsbuch von Feldberg als Bewohner nur einen Heidereiter und keinen Bauern mehr, obwohl 5½ Drömbte (1 Drömbt = 12 Scheffel = 406 Liter) Korn auf der Schlichter Feldmark ausgesät wurden.

In der Folgezeit hat Schlicht in den Akten stets als Meierhof Erwähnung gefunden. Somit war aus dem einstigen Bauerndorf eine Gutssiedlung geworden. Um 1885 wohnten in Schlicht 134 Personen, ferner gab es eine Schule. Anfang des 20. Jh. war es noch immer Domanialpachthof. Zuletzt besaß der ostpreußische Generallandschaftsdirektor und Hauptakteur des Kapp-Putsches von 1920 WOLF-

GANG KAPP das Gut. Dessen Witwe und Sohn hatten den Großgrundbesitz in Schlicht bis 1945 inne. Am Eingang zum früheren Gutshof ist die Glocke aufgestellt, die früher die Tagelöhner zur Arbeit rief.   A 6

Den Zerstörungen des Dreißigjährigen Krieges fiel auch die mittelalterliche Kirche, ein turmloser Feldsteinquaderbau, zum Opfer; sie wurde nicht wieder aufgebaut. Ihre Grundmauern lassen sich noch auf dem kreisförmigen, von einer Feldsteinmauer umgebenen Kirchhof in der östlichen Häuserzeile erkennen.

Hinter dem mittelalterlichen Turmhügel Marodei befinden sich Spuren einer ehemaligen Glashütte aus dem 18. Jh. Der Holzeinschlag für die Hütte und die Rodungen vergrößerten die Ackerfläche von Schlicht nach 1700 um etwa 50 %. 1798 konnte das vorwiegend aus Buchen und Eichen bestehende Schlichter Forstrevier den Holzbedarf der Hütte nicht mehr decken. Spätere Karten verzeichnen auf der Gemarkung Schlicht keinen Wald mehr.

Im Jahre 1945 wurde der 530 ha große Gutsbesitz im Zuge der Bodenreform enteignet. Von den in den Folgejahren errichteten Neubauernhäusern südlich, nördlich und östlich des alten Dorfes weisen die Nr. 1, 11 und 31 trotz Modernisierung noch die ursprüngliche Größe und Raumaufteilung auf. Schon Ende 1952 fanden sich die Neubauern in einer landwirtschaftlichen Produktionsgenossenschaft wieder, die dann 1970 an die Feldberger LPG angeschlossen wurde. Nach der politischen Wende 1990 löste sich diese auf, die Nutzflächen in Schlicht gelangten an ihre alten Besitzer zurück, ein Teil davon bewirtschaftet ein Neueinrichter. Einige teils neuere Wirtschaftsgebäude dienen der Tierhaltung oder als Lager. Wie in fast allen Dörfern des Gebietes erinnern ehemalige Gutsarbeiterhäuser, so Nr. 5/6, 7/8 und 27/28, an frühere soziale Verhältnisse. An der Straße nach Feldberg wurde 1995/96 eine neue Kläranlage errichtet.

Feldberger Hütte B 1

Der Name des Anwesens geht auf die 1774 errichtete Glashütte am Fuße des bereits im 16. Jh. waldfreien Hüttenberges zurück, der sich zwischen Breitem Luzin und Feldberger Haussee erhebt. Mindestens bis zum Jahre 1794 wurde die Feldberger Hütte durch die Glasmacherfamilie Gundlach betrieben. Sie stellte ihre Tätigkeit ein, als der Herzog die weitere Entnahme von Holz verbot. Nach ihrer Stillegung soll die Hütte nach Neuhof (s. D 9) verlegt worden sein. Es gibt einen Plan des Feldberger Glashüttenplatzes aus dem Jahre 1806, auf dem die Glashütte, das Haus des Glasmachers, 2 Ställe, eine Scheune, die Pottaschensiederei sowie 8 Glasmacherwohnungen und 5 Tagelöhnerhäuser verzeichnet sind. Der Plan verdeutlicht, daß neben dem Hüttenbetrieb offenbar auch die Landwirtschaft eine Rolle spielte. Nach der Stillegung der Glashütte arbeitete an ihrer Stelle bis um 1900 eine Kalkbrennerei. Bereits 1891 errichtete man in einem der noch stehenden Glashüttenhäuser die Revierförsterei Feldberger Hütte, die heute noch existiert.

Am Hüttenberg befand sich viele Jahrzehnte hindurch ein Campingplatz, der mehrere Versorgungseinrichtungen und ein Freilichtkino aufwies und der 1991 wegen der von ihm verursachten erheblichen Landschaftszerstörungen an den steilen Abhängen aufgegeben wurde. Der Flächennutzungsplan sieht nur eine Badestelle vor.

B 1   Über die historische Entwicklung des 473 ha großen Naturschutzgebietes Feldberger Hütte, das die Hangwälder am Westufer des Breiten Luzin und des Schloßberges einbezieht, geben pollenanalytische Untersuchungen aus dem Burgbereich des Schloßberges (s. B 2) Aufschluß. Danach stockte hier vor dem Bau der Burg im 7. Jh. ein Eichenwald mit einzelnen Buchen und Linden; Ulme, Ahorn, Hainbuche, Esche und andere Gehölze spielten nur eine geringe Rolle. In den Niederungen herrschte Esche vor.

Während des Bestehens der Burg auf dem Schloßberg im 7.–9. Jh. wurden Teile des Waldes gerodet; nach Aufgabe der Burg bewaldeten sich die Flächen wieder. In dieser Phase wurde die Buche zur beherrschenden Baumart, was sich sowohl auf die klimatischen Verhältnisse als auch auf eine menschliche Einflußnahme zurückführen läßt. Mit der Gründung des Dorfes Schlicht (s. A 6) setzten eine erneute Auflichtung der Baumbestände sowie die Ausbreitung der Birke und Haselnuß ein. Stark geschädigt wurde der Wald im 18. Jh. durch den hohen Holzverbrauch der nahe gelegenen Glashütte. Erst zu Beginn des 19. Jh. konnte erneut ein geschlossener Buchenhochwald heranwachsen, der einer geregelten forstlichen Nutzung unterliegt.

Heute stocken im Naturschutzgebiet ein Perlgras-Buchen-Wald in verschiedenen subkontinentalen Ausbildungen sowie Bestände des Eschen-Buchen-Waldes, Traubeneichen-Buchen-Waldes und Hainbuchen-Ulmen-Waldes. An den Südhängen wächst in der Bodenvegetation eine Reihe wärmeliebender Arten, wie Pechnelke (*Lychnis viscaria*), Große Fetthenne (*Sedum maximum*), Nickendes Leimkraut (*Silene nutans*), Bergharttheu (*Hypericum montanum*), Mittelklee (*Trifolium medium*), Schwarze Platterbse (*Lathyrus niger*), Pfirsichblättrige Glockenblume (*Campanula persicifolia*), Fiederzwenke (*Brachypodium pinnatum*), Rauhes Veilchen (*Viola hirta*), Türkenbundlilie (*Lilium martagon*) und Bleiches Waldvöglein (*Cephalanthera damasonium*). An wärmebedürftigen Gehölzen kommen Elsbeere, Winterlinde, Wildbirne und Feldulme vor. In den Waldsümpfen gedeihen zumeist Sumpfwurz (*Epipactis palustris*) und Sumpffarn (*Thelypteris palustris*).

Die Vogelwelt des Naturschutzgebietes setzt sich aus 85 Arten zusammen, von denen 73 im Gebiet brüten (WARMBIER 1979). Darunter sind solche bemerkenswerte Arten wie Schwarz- und Kleinspecht, Zwergschnäpper, Kranich sowie Schellente, Eisvogel und Wendehals. Von den Greifvögeln brüten Mäusebussard, Wespenbussard und Rotmilan; einen hohen Anteil stellt die Hohltaube. Während der Zugzeit halten sich zeitweise große Scharen Rotdrosseln (bis 1000 Exemplare), Wacholderdrosseln (bis 150) und Bergfinken (bis 1000 Exemplare) auf. Aus der Schneckenfauna sind 19 Arten bekannt (KÖRNIG 1988).

B 2   Schloßberg

Der Schloßberg gehört wie der Schapwaschberg, der Hüttenberg und der Reiherberg zu den Resten der Endmoräne (Abb. 2) am Westufer des Breiten Luzin, die nach W hin den Strelitzer Bogen des Pommerschen Stadiums der Weichselkaltzeit ausmacht. Es sind markante Höhenpunkte an dem steilen Geländeknick zwischen der Schlichter Grundmoränenplatte (s. A 6) und dem Seebecken des Breiten Luzin. Der Höhenunterschied zwischen Schloßberg und Seespiegel beträgt über 60 m, hinzu kommen noch 58 m Wassertiefe des Breiten Luzin, so daß B 2 sich 120 m Höhenunterschied auf weniger als 1 km Entfernung ergeben. An der Herausbildung des Geländeknicks wirkten mehrere Faktoren mit, insbesondere das Toteis. Der Schloßberg, eine sichelförmige Moränenstauchung, liegt isoliert, und nordwestlich von ihm befindet sich eine tiefe vermoorte abflußlose Senke. Von einigen Stellen des hier entlangführenden Wanderweges hat man Ausblicke auf den Breiten Luzin. Im Hintergrund, also im S, grüßt die Stadt Feldberg. Während unser Ufer bewaldete Steilhänge zeigt, reichen am gegenüberliegenden Rand des Breiten Luzin die landwirtschaftlichen Flächen von Tornowhof und Wittenhagen an den See heran.

Unweit des Schloßberges brütete in den Jahren 1938/39 der Kolkrabe, also zu einer Zeit, als die Vogelart in Mecklenburg fast ausgestorben war. Heute hält sich der Kolkrabe hier wieder regelmäßig auf. Bei Untersuchungen der Schneckenfauna sind 15 verschiedene Arten am Schloßberg bekannt geworden.

Seit den zwanziger Jahren des 20. Jh. steht der Schloßberg im Mittelpunkt von Hypothesen und Überlegungen im Zusammenhang mit der Lokalisierung des lutizischen Heiligtums Rethra. SCHUCHHARDT (1926) war im Ergebnis von Ausgrabungen überzeugt, in der Erhebung das sagenhafte Rethra gefunden zu haben. Die dabei zutage getretene Keramik zeichnete sich durch sehr gute Qualität und reiches Dekor aus und hieß fortan Feldberger Typ. Bei der exakten Datierung ergab sich eine beträchtliche Differenzierung zwischen der Keramik (7.–9. Jh.) und der historisch überlieferten Zerstörung Rethras im 11. Jh. Bis heute konnte Rethra, Zentrum und Ausgangspunkt des Lutizenaufstandes von 983, nicht lokalisiert werden.

Zur Lösung der anstehenden Probleme, die sich auch aus der Stellung der wilzischen Höhenburgen ergaben, führte die damalige Deutsche Akademie der Wissenschaften zu Berlin 1967 Ausgrabungen auf dem Schloßberg durch. Zahlreiche Grabungsschnitte dienten der Untersuchung der zweigliedrigen Anlage mit Vor- und Hauptburg. In der bogenförmig nordwestlich von einem Teich bis zum Steilufer am Breiten Luzin angelegten Vorburg ließ sich eine dichte Bebauung mit 3 Hausreihen ermitteln. Ebenso konnte auf dem Plateau der Hauptburg hoch über dem See eine intensive Besiedlung erfaßt werden. So kam man zu dem Ergebnis, daß mehrere Hausreihen von insgesamt 700 m Länge vorhanden waren, in denen 600–1200 Menschen lebten (HERRMANN 1969).

Erstmals für den Bereich der Nordwestslawen konnte am Rande der Burg auf einem Geländesporn, der in den See ragt, ein Heiligtum erfaßt werden. Das kleine Gebäude (Tempel) war durch einen Trockengraben als heiliger Bezirk von der anschließenden Burg abgetrennt.

Der Schloßberg bei Feldberg fügt sich durch den archäologischen Befund in die Reihe der wilzischen Höhenburgen Mecklenburgs ein. Die Befestigung wurde zur Einwanderungszeit der Slawen im 7. Jh. angelegt und bot einem Kleinstamm Platz und Schutz. Pollenanalysen (LANGE 1970) bewiesen, daß zu diesem Zeitpunkt Rodungen einsetzten und intensiver Ackerbau betrieben wurde. Unterwasserforschungen brachten zudem den Fund von mehreren slawischen Reusen als Hinweis auf den ausgeübten Fischfang.

Großsiedlungen des Feldberger Typs (Abb. 14), befestigt und unbefestigt, lösten sich im Laufe des 9. Jh. im Zuge sozialer Differenzierungen auf. Es entstanden zahlreiche kleine Siedlungskomplexe, die lokalen Gewalten unterstanden. So

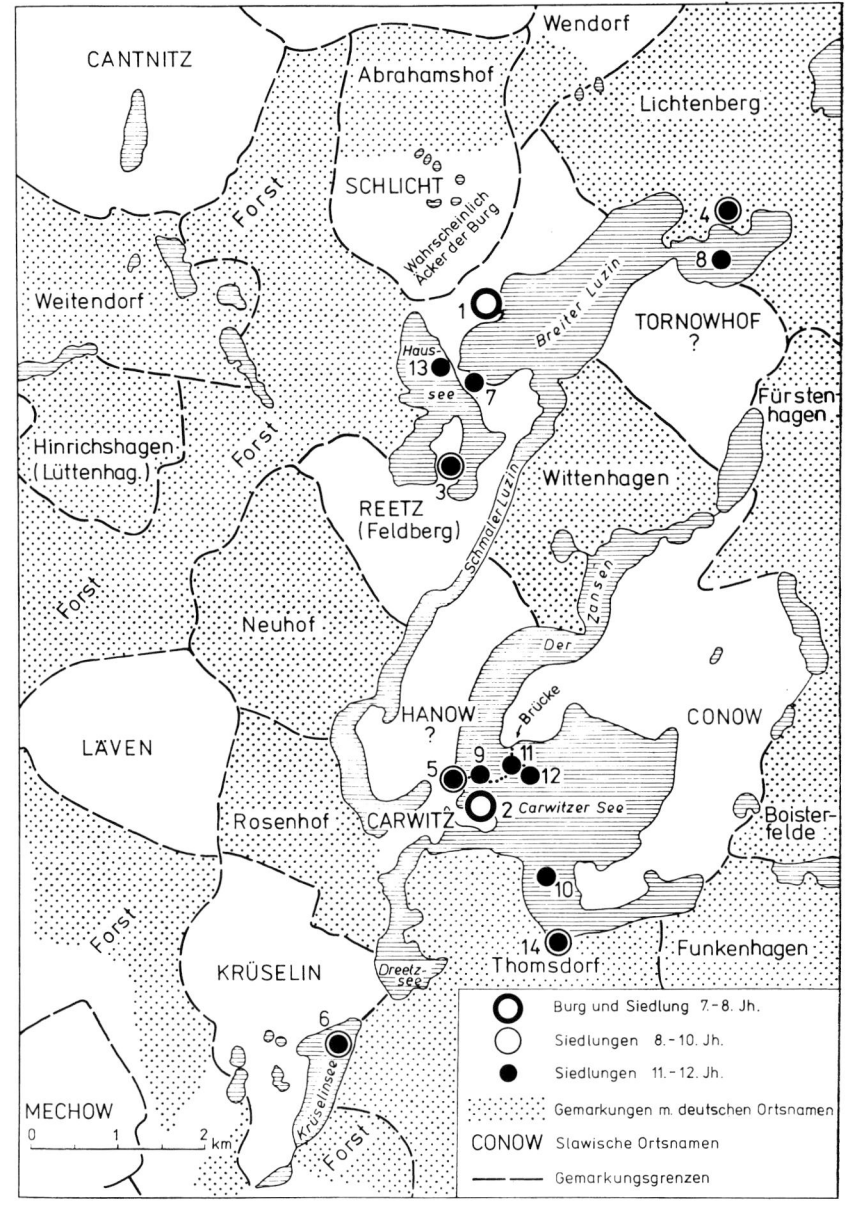

Abb. 15   Breiter Luzin

bildete sich um diese Zeit eine sogenannte Siedlungskammer um Carwitz heraus (s. E 6), möglicherweise die Nachfolgerin der Burg auf dem Schloßberg. Auch die slawischen Siedlungen bei Dolgen (s. A 3) können hierzu gehören.

B 2

Breiter Luzin (Abb. 15)

B 3

Der Breite Luzin (Namenerklärung s. D 10) und der unmittelbar östlich angeschlossene Lütte See liegen im Übergangsbereich zwischen Grund- (Abb. 16) und Endmoräne eingebettet und sind im W von den bewaldeten Endmoränenerhebungen Hüttenberg, Schloßberg und Schapwaschberg umrahmt. Der Luzin, der größte der Oberen Feldberger Seen, hat eine Wasserspiegelhöhe von 84,2 m ü. NN sowie

◁

Abb. 14   Die Umgestaltung der Siedlungskammer von Feldberg nach dem Zerfall der befestigten Großsiedlung (aus HERRMANN 1985)

1 Schloßberg
2 Carwitz, Halbinsel Hauswerder
3 Feldberg, Amtswerder
4 Lichtenberg, Mönchswerder
5 Carwitz, auf dem Hanow
6 Krüselin, Insel im See
7 Feldberger Hütte, meteorologische Station
8 Lichtenberg, Insel im Lüttensee
9 Carwitz, Jägerwerder
10 Carwitz, Kohlwerder
11 Carwitz, Steinwerder
12 Carwitz, Bollenwerder
13 Feldberg, Tannenwerder
14 Thomsdorf, angelandete Insel zwischen Ort und Carwitzer See

B 3

Abb. 16   Grundmoränenlandschaft mit Söllen zwischen dem Breiten Luzin und Wittenhagen

eine Wasseroberfläche von 357 ha, eine maximale Tiefe von 58,5 m und eine mittlere Tiefe von 21,3 m. Sein Wasservolumen beträgt 71,8 Millionen m^3.

Von N mündet der Saumoelbach in den Breiten Luzin, und am West- und Nordwestufer treten Hangquellen auf; hier dürften auch Grundwasserzutritte unterhalb der Seeoberfläche zu vermuten sein. Eine natürliche Verbindung besitzt der Breite Luzin an seinem Südende zum Schmalen Luzin. Als Grenze zwischen beiden betrachtet man den Erddamm mit Brücke, über den die Verkehrserschließung nach N und O möglich wurde. Die Lage des Breiten und des Schmalen Luzin zwang die Bewohner der Dörfer östlich dieser Seen, so die von Wittenhagen, Tornowhof und Fürstenhagen, zu weiten Umwegen nord- oder südwärts um die Gewässer herum, wenn sie nach Feldberg, dem Amtszentrum, oder weiter nach Neustrelitz als dem Mittelpunkt des Großherzogtums Mecklenburg-Strelitz gelangen wollten. Das gleiche galt für die westlich der Seen liegenden Orte bei Fahrten in die Uckermark. Deshalb schlossen sich einige Güter zusammen und gründeten eine Aktiengesellschaft zum Bau eines Erddammes an der schmalsten, 15 m tiefen Verbindungsstelle zwischen Breitem und Schmalem Luzin. Das benötigte Baumaterial für den 1847 fertiggestellten Damm gewann man an den westlichen Hängen, wo sich die Abbaustellen heute noch erkennen lassen. Gleichzeitig errichtete man auf der Westseite ein Dammzollhaus, auch Dammgeldgeberhaus genannt, an dem bis 1907 eine Gebühr erhoben wurde. Sie betrug für Fußgänger anfangs einen Dreier, später einen Fünfer. Das ehemalige Zollhaus dient heute als gleichnamige Gaststätte.

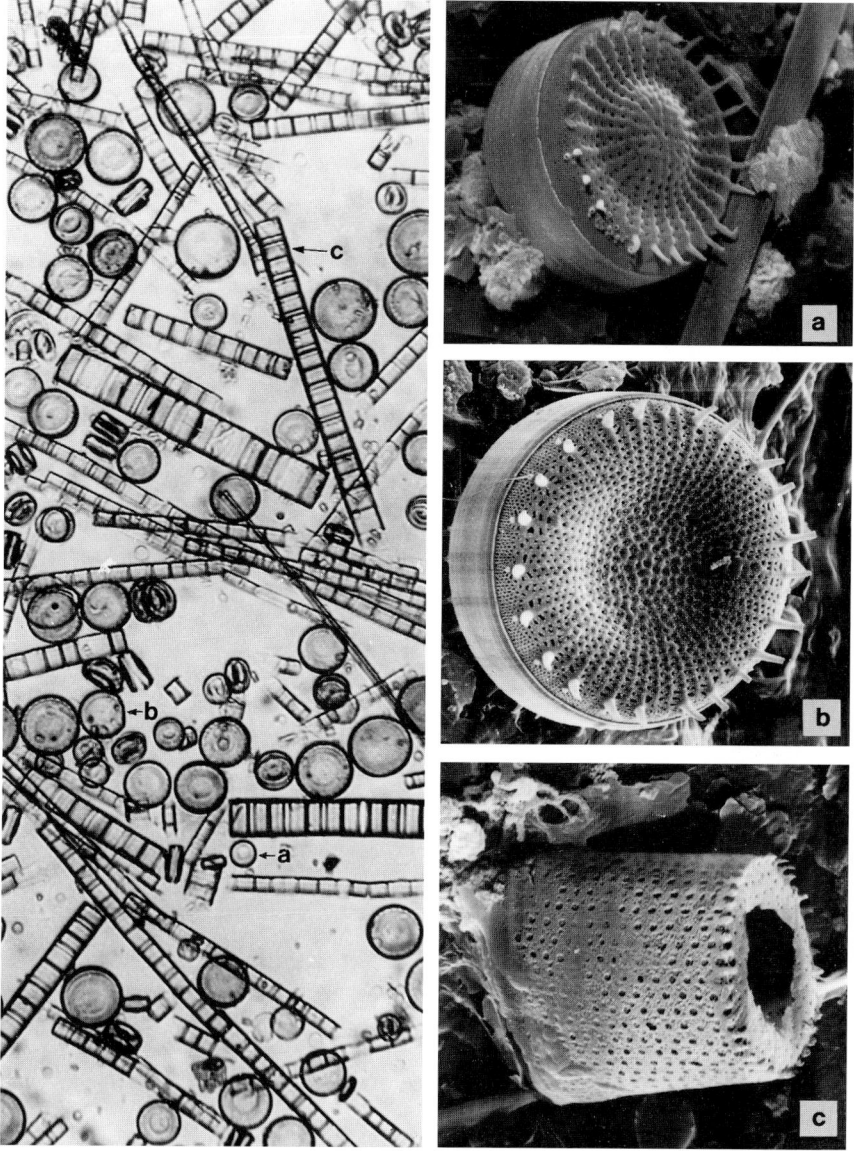

Abb. 17 Licht- und rasterelektronenmikroskopische Aufnahmen von Kieselalgen im Breiten Luzin (Foto links, W. Scheffel; rechts, H. Raidt)

links — mikroskopisches Übersichtsfoto
rechts — rasterelektronenmikroskopische Fotos von
a = *Stephanodiscus minutulus*, b = *Stephanodiscus neoastrea*
c = *Melosira islandica*

B 3

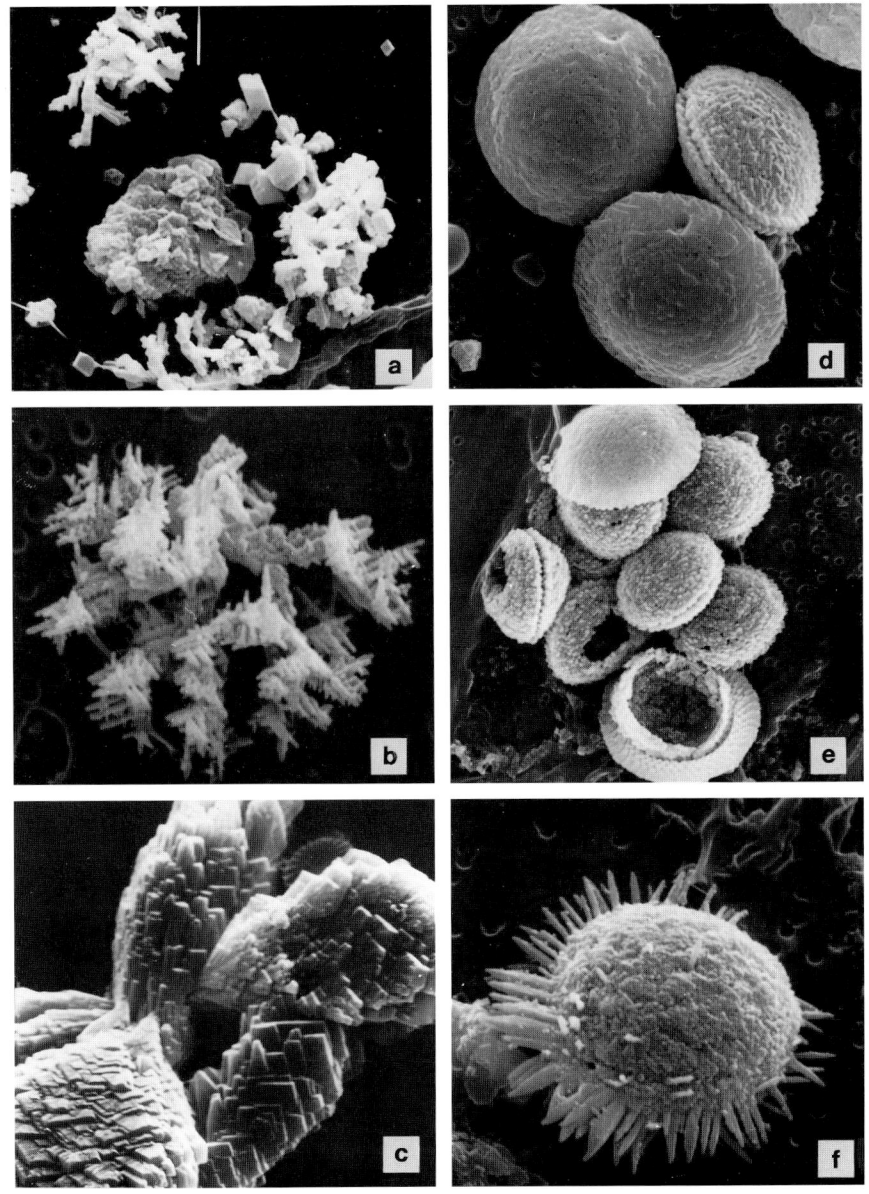

Die Verbindung zum Haussee wurde um 1820 künstlich erweitert. Da alle B 3
3 Oberen Feldberger Seen die gleiche Wasserspiegelhöhe aufweisen, hängt der
Wasseraustausch stark vom vorherrschenden Wind ab. Das große Wasservolumen
und die geringen meßbaren Zu- und Abläufe führten zu einer rechnerischen Wasserverweilzeit oder Wassererneuerungszeit von 23 Jahren. Dies erfordert den besonders vorsorglichen Umgang mit diesem stehenden Gewässer.

Der See stellt ein fast ovales, wenig gegliedertes Becken mit Haupterstreckung von NO nach SW dar. Die Tiefenkarte zeigt die asymmetrische Seebeckenform mit den steilen Bereichen am Westrand und den flachen an der Ostseite, die sich am Ufer in den landwirtschaftlichen Nutzflächen fortsetzt.

Die Ränder des Breiten Luzin sind im S, W und N, insgesamt fast dreiviertel der Uferlinie, dicht bewaldet. Meist handelt es sich um Buchenbestände mit guten Wuchsleistungen.

Das Gewässer gehört in vielerlei Hinsicht zu den wertvollsten und interessantesten Seen Deutschlands. Es war bis weit in das 20. Jh. ausgesprochen oligotroph. Aufgrund vermehrten Nährstoffeintrags aus dem angrenzenden Feldberger Haussee und vor allem von den landwirtschaftlichen Nutzflächen seines Einzugsgebietes wurde es zunehmend eutrophiert und gehört gegenwärtig zu den mäßig nährstoffreichen (mesotrophen) Gewässern (Abb. 3). Im Juni sind die Nährstoffvorräte weitgehend aufgebraucht, so daß in den folgenden Monaten das Algenwachstum (Abb. 17) begrenzt bleibt. Die hohe Nährstoffkonzentration im Frühjahr führt jedoch zu einer beachtlichen Bioproduktion und in deren Folge zu einem entsprechend hohen Sauerstoffverbrauch im Tiefenwasser. Aber sein großer Sauerstoffvorrat – noch im August beträgt der Anteil des Tiefenwassers am gesamten Wasservolumen etwa 70 % – hält die Sauerstoffzehrung noch in Grenzen, so daß sich oberhalb von 40 m immer Sauerstoff nachweisen läßt.

Günstig auf die Wasserbeschaffenheit wirkt sich neben der großen Tiefe die Kalkfällung im Breiten Luzin aus, ein besonders wirksamer Selbstreinigungsprozeß. Sie beruht auf dem Entzug der Kohlensäure durch die Photosynthese der Pflanzen. Es kommt zur Bildung und Ausfällung von Kalzitkristallen (Abb. 18). Mit dem Kalzit werden gelöste und partikuläre Nährstoffe ausgefällt und in das Sediment befördert. Die Kalkfällung kann bis zu einer milchigen Trübe des gesamten Wasserkörpers führen, wie sie in den beiden letzten Jahrzehnten im Juni/Juli immer wieder beobachtet wurde. Während eines solchen Maximums sind im Breiten Luzin mehr als 15 t Kalziumkarbonat in Form kleinster Kalzitkristalle im Freiwasser verteilt.

◁

Abb. 18   Rasterelektronische Aufnahmen von Kalzitkristallen und -hüllen in Hartwasserseen (Fotos H. RAIDT)
Die meisten Seen des Gebietes sind Hartwasserseen mit hohen Kalzium- und Karbonatkonzentrationen. In den Sommermonaten kommt es zur Bildung von Kalzitkristallen und von Kalzithüllen der Grünalge *Phacotus*.
a   Kalzitkristalle aus dem Weutschsee
b   Kalzitkristalle aus dem Breiten Luzin
c   Kalzitkristalle aus dem Sediment des Feldberger Haussees
d   Kalzithüllen der Grünalge *Phacotus* aus dem Schmalen Luzin
e   Kalzithüllen der Grünalge *Phacotus* aus dem Scharteisen
f   Kalzithülle der Grünalge *Phacotus* aus dem Pramensee

B 3   Die Erhaltung und Verbesserung der Wasserqualität des Breiten Luzin setzen die Reduzierung der Nährstoffeinträge aus dem Feldberger Haussee (s. D 7) sowie die Eindämmung der Nährstoffimporte aus den angrenzenden landwirtschaftlichen Nutzflächen unbedingt voraus. Entsprechende Maßnahmen wurden bereits vor 1990 festgelegt und durch die Landschaftsschutzgebiets-Verordnung von 1994 weiter präzisiert. Danach gelten rings um den Seerand 100–300 m breite Schutzzonen, die nur als Dauergrünland bzw. Wald ohne Düngung genutzt werden dürfen. In der Zeit nach 1990 hatte das Landwirtschaftsamt Neustrelitz hier und am Schmalen Luzin leider den Umbruch von Grünland zu Ackerland zugelassen. Zur Zeit wird ein Pflege- und Entwicklungsplan aufgestellt, um auch das weitere Hinterland in die präventiven Schutzmaßnahmen einzubeziehen und um damit weitere Quellen der Nährstoffbelastung auszuschalten. So sollen beispielsweise keine Großställe der Tierproduktion, keine Erdsilos und keine Düngemittellager auf Freiflächen angelegt werden, außerdem dürfen die landwirtschaftlichen Nutzflächen nur mäßig gedüngt werden. Als Restaurierungsmaßnahmen sind eine zusätzliche Belüftung des Tiefenwassers und künstliche Anregung der Kalzitfällung empfehlenswert.

Der Breite Luzin gehört zum Typ der an Armleuchteralgen (*Characeae*) reichen Klarwasserseen. Doch bewirkte die vermehrte Belastung durch Nährstoffe auch einige Veränderungen in der Gewässervegetation. Die Einflüsse lassen sich am deutlichsten in der Südwestbucht erkennen, wo durch den Luzinkanal nährstoffreiches Wasser aus dem Haussee einfließt. Hier werden die untergetauchten Wasserpflanzen von einem dichten Aufwuchs überzogen und in ihrer Vitalität herabgemindert. Die Gesellschaft der Sternarmleuchteralge reicht an diesen Stellen nur noch bis 3 m Wassertiefe, während sie am Westufer bis 8 m, am Ostufer bis 5 m hinabgeht. Nährstoffzeiger wie Hornblatt (*Ceratophyllum demersum*) und Kammlaichkraut (*Potamogeton pectinatus*) haben zugenommen und bilden stellenweise üppige Bestände, so im Lütten See bei Rothehaus. Sonst aber zeigt der Breite Luzin hinter einem oft nur schütteren Röhrichtgürtel aus Schilf (*Phragmites australis*) und Seesimse (*Schoenoplectus lacustris*) vielfach noch gut entwickelte Bestände von Armleuchteralgen. Am Ostufer kommt in lagunenartigen geschützten Flachwasserbereichen hinter dem Röhricht eine charakteristische Vegetation aus Flachwasserformen des Kammlaichkrautes und anderen Laichkräutern, Armleuchteralgen und Wassermoosen vor.

Auch die zoologischen Kostbarkeiten des Breiten Luzin verdienen Beachtung. Aufgrund seiner Sauerstoffvorräte im Hypolimnion (Tiefenwasser) kommt in ihm der etwa 25 mm große garnelenähnliche Reliktkrebs *Mysis oculata relicta* (Abb. 38) noch in großer Zahl vor (WATERSTRAAT 1988). Als ursprünglicher Eismeerbewohner benötigt der Krebs kaltes und sauerstoffreiches Wasser, das unter unseren Klimabedingungen nur in tiefen oligotrophen Seen im Tiefenwasserbereich vorhanden ist. Sauerstoffschwund im Tiefenwasser verringert die Krebsvorkommen. Aus diesen Standortansprüchen erklärt sich das überaus seltene Vorkommen dieser Reliktform in den Seen der Mecklenburger Seenplatte. Gegenwärtig dürfte die Population im Breiten Luzin das letzte nennenswerte Vorkommen dieses Krebses in Norddeutschland sein.

Der Breite Luzin erlangt in strengen Wintern für die Vögel eine besondere Bedeutung. Wenn alle Seen zuzufrieren beginnen, bleibt er noch lange offen, zuletzt

unterhalb des Hüttenberges. Dort konzentrieren sich dann Stockenten, Reiher- B 3
enten, Bleßrallen und Haubentaucher in beträchtlicher Anzahl. Weiterhin überwintern hier Gänsesäger, Zwergtaucher, Sterntaucher, Höckerschwan, Krickente, Schellente und Tafelente. Auch wurden schon Eiderente, Zwergsäger und Kanadagans beobachtet. Aus den Ansammlungen ergreift der Seeadler vorrangig geschwächte Tiere als Beute. Auffällige Brutvögel sind Haubentaucher, Stockente, Bleßralle und Höckerschwan. In den Rotbuchen am Nordufer brütet die Schellente. Brutnachweise gibt es auch für Tafelente, Graugans und Große Rohrdommel.

Zwei Fischarten verdienen als zoologische Kostbarkeiten genannt zu werden: Infolge der beträchtlichen Tiefe des Breiten Luzin bildete sich bei der Kleinen Maräne (Abb. 38) eine Tiefenform aus (*Coregonus albula* f. *lucinensis*). Beim Heraufholen des Fisches aus großen Tiefen kommt es zum Herausquellen der Schwimmblase, da die Tiere den Druckausgleich nicht so schnell vornehmen können. Auf diese Erscheinung läßt sich die volkstümliche Bezeichnung Quitschböcker zurückführen. Die Ostgroppe (*Cottus poecilopus*; Abb. 38) hat im See ihr westlichstes Vorkommen, allerdings fehlen seit etlichen Jahren Bestätigungen.

Der Breite Luzin wird wie die anderen Oberen Feldberger Seen von einem Fischereipächter in Feldberg bewirtschaftet und befischt. Mit seinen Mitarbeitern fängt er mit Schlepp- bzw. Stellnetzen sowie mit Reusen vor allem Aal, Hecht, Zander, Blei und Plötze. Weiterhin kommen Flußbarsch, Gründling, Güster, Karausche, Kaulbarsch, Marmorkarpfen, Quappe, Rotfeder und Schleie vor. In Seen bis etwa 5 m Tiefe hält man Karpfen, die zusätzlich zur natürlichen Nahrung mit Mais gefüttert werden. Der Fischereibetrieb besitzt Hälter, in denen die gefangenen Fische bis zum Verkauf aufbewahrt werden, sowie Becken mit regulierbarem Wasserstand zur Anzucht von Hechten, die später in die Seen eingesetzt werden.

Wendorf, seit 1950 Ortsteil von Lichtenberg, B 4

ist eine ehemalige Gutssiedlung etwa 2 km nordwestlich ihres Hauptortes. Im Südwestteil der Gemarkung liegen neben einem Soll 2 Fundplätze mit frühdeutscher Keramik; einer davon enthält auch jungslawische Scherben. Hier ist mit einer namenlosen Wüstung zu rechnen, die in der Überlieferung als *Wenddorf* weiterlebte. Auf dieser, 1696 und 1753 erwähnten wüsten Feldmark wurde gegen Ende des 18. Jh. eine Wendorfer Meierei angelegt, die als Vorwerk zum Gut Lichtenberg (s. B 5) gehörte. 1857 schlug F. MEINKE einen bedeutenden Teil von seinem Hauptgut Lichtenberg zum Vorwerk und übergab beide Anwesen als nunmehr selbständige Güter an 2 seiner Söhne. Um 1885 lebten in Wendorf 57 Einwohner. Kirchlich gehörte es schon immer zu Lichtenberg.

Im Jahre 1945 wurde der 357 ha große Gutsbesitz enteignet, parzelliert und an Neubauern gegeben. Diese wurden 1958 zur Gründung einer Genossenschaft genötigt, die sich später der von Lichtenberg anschloß (s. B 5). Letztere besaß hier große Schweineställe und einen Technikstützpunkt, ihre Nachfolgerin ist die heutige Lichtenberger Landwirtschafts-GmbH. Das ehemalige Gutshaus und die benachbarten Ställe stehen seit 1994 leer.

Knapp 2 km südwestlich des etwa 140 m hoch gelegenen Ortsteiles Wendorf befindet sich die mit 166 m höchste Erhebung des Gebietes.

B 5 Lichtenberg, Kreis Mecklenburg-Strelitz

Auf den Moränenhügeln 2 km nördlich des Breiten Luzin erstreckt sich das frühere Gutsdorf Lichtenberg. Sein Ortsname, 1360 to *Lichtenberghe*, nimmt auf diese Lage Bezug. Die Gemarkung war schon in der Steinzeit besiedelt. Auf dem Mönchswerder, der Halbinsel zwischen Breitem Luzin und Lüttem See, kam neben einem Feuersteinhohlmeißel und einem Feuersteindolch ein bemerkenswerter Hortfund der mittleren Bronzezeit zum Vorschein. Zusammen mit einer reich verzierten Bronzedose wurden 5 goldene Spiralfingerringe ausgepflügt.

In den Wäldern südwestlich von Lichtenberg liegen nördlich des Breiten Luzin mehrere Hügelgräberfelder mit über 100 Anlagen. Davon sind etliche bereits zerstört oder ausgegraben. Bei einer Grabung konnte ein Totenhaus unter dem Hügel nachgewiesen werden (HOLLNAGEL 1959). Auf dem Mönchswerder wurde jungslawische Keramik gefunden. Hier kommt auch die Siegmarswurz (*Malva alcea*) vor, die in Mecklenburg-Vorpommern als Kulturrelikt angesehen wird.

Lichtenberg taucht urkundlich zum erstenmal 1360 auf, als die von Warburg die Bede (Abgaben) zu Lichtenberg zum Pfand nahmen. 1440/41 wurde Lichtenberg während der Kämpfe zwischen Mecklenburg und Brandenburg völlig zerstört. Erst 1505 waren wieder 5 Kossätenhöfe besetzt.

1734 legte der Rat MÜLLER-STAVENHAGEN in Lichtenberg eine Glashütte an, die wohl bis in die Mitte der fünfziger Jahre des 18. Jh. bestand. Aus dieser Zeit blieb eine Karte des Gutsbesitzes erhalten (Abb. 19). Um 1885 umfaßte der Ort 212 Einwohner, eine Kirche, Küsterei, Schule, einen Kalkofen und eine Ziegelei, die es schon vor 1800 gegeben hat. Um die Ziegel besser über das Wasser transportieren zu können, wurde bald nach 1820 ein Kanal vom Breiten Luzin zum Haussee ausgebaut (s. B 3). Der Ziegelmeister wohnte im späteren Forsthaus Lichtenberg, das an der Stelle steht, wo sich bereits im 16. Jh. die Warburger oder *Sau-Möl*, eine Wassermühle, befand. Die Ziegelei, gleichzeitig die letzte im Feldberger Gebiet, erlag Anfang des 20. Jh. der Konkurrenz.

Lichtenberg gehörte von Beginn an als Pfarrort zum Bistum Havelberg. 1586 wurde das Dorf pastoral von Wittenhagen aus betreut. Als die dortige Pfarre im Dreißigjährigen Krieg einging, kam Lichtenberg 1661 zu Hinrichshagen, 1667 zu Wittenhagen und seit 1720 zu Bredenfelde. Der überputzte einschiffige Feldsteinbau der Kirche stammt vermutlich vom Beginn des 14. Jh. Bald nach 1700 veränderte man ihn bei einem Umbau stark. Der Ostgiebel erhielt eine Fachwerkkonstruktion, der mittelalterliche schiffsbreite Turmunterbau einen hölzernen Aufsatz, und an der Nordseite wurde ein massiver Gruftanbau mit einem Mansarddach errichtet. Ein hölzernes Kreuz erinnert an die Gefallenen der beiden Weltkriege und an die Leidtragenden.

Nähert man sich dem Ort von der Chaussee Feldberg – Fürstenwerder aus, so sieht man etwa 1 km vor Lichtenberg mehrere kleine Gehöfte, bestehend aus einem kleinen Wohnhaus und Stallgebäude sowie einer Holzscheune. Zu ihnen gehörte Land, das die Besitzer in den zwanziger Jahren des 20. Jh. durch Parzellierung von Lichtenberger Gutsland erhalten hatten. Am Ortsrand befinden sich Ställe und Futterlager der früheren LPG (T) Lichtenberg. Auf der gegenüberliegenden Straßenseite nehmen mehrere Gebäude eine Geländeerhebung ein: 2 mehrgeschossige Wohnblocks sowie massive Verwaltungsbaracken und Unterstellhal-

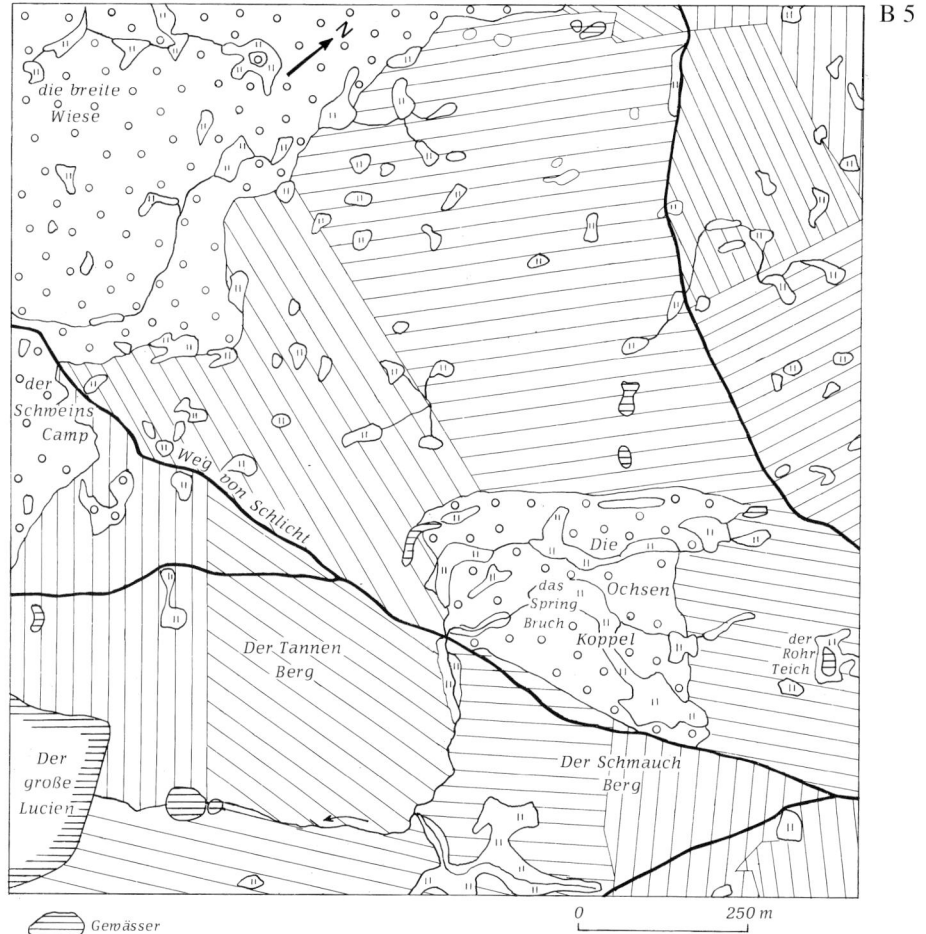

Abb. 19 Karte des Atelschen Gutes Lichtenberg 1756 (Ausschnitt, Staatsarchiv Schwerin, Direktorialvermessung 1756)

len der früheren LPG (P) Lichtenberg. In der angrenzenden feuchten Geländemulde breiten sich Kleingärten und Grünland aus; daneben befinden sich seit 1987 ein Block mit 24 Wohnungen und seit den fünfziger Jahren ein Haus mit 8 Wohnungen. Hier beginnt das alte Dorf mit ehemaligen kleinen Gehöften, mit Kirche und Gutsarbeiterhäusern von der Jahrhundertwende.

Hinter der Kirche führt ein Weg durch den Rest eines Parkes mit Rot- und Blutbuchen und weiter auf einem Steg über ein Rinnsal zum ehemaligen Herrenhaus, in dem bis 1978 die Schule untergebracht war. Seitdem fahren die Schüler nach

B 5 Feldberg zum Unterricht. Im Herrenhaus hatte die LPG (P) ihren Verwaltungssitz; ferner gab es hier Küche, Speisesaal und Arbeitsräume für die Wintermonate. Das 1996 leer stehende Gebäude, ein zweigeschossiger Putzbau, wurde vor 1850 nach einem Entwurf des Oberbaurates FRIEDRICH WILHELM BUTTEL errichtet. Den dreiachsigen Mittelrisalit an der Gartenseite bekrönt ein dreistufiger Lünettengiebel (Lünette = halbkreisförmige Fläche über Türen und Fenstern). Benachbart stehen ein neues Gebäude für die Kindertagesstätte sowie ein Gutsarbeiterhaus. Einen alten aus Feldsteinen errichteten Stall nutzte ein Landwirtschaftsbetrieb.

An der Dorfstraße steht der 1987/88 restaurierte rechteckige Feldsteinbau der Schmiede mit einer offenen Vorhalle, der ebenfalls nach einem Entwurf von BUTTEL erbaut wurde. Das Gebäude dient heute der Gemeinde Lichtenberg für dörfliche Veranstaltungen. Die Bedeutung Lichtenbergs als Hauptort mit etwa 300 Einwohnern wurde durch den Bau einer Arzt- und einer Tierarztpraxis unterstrichen.

Die Landwirte von Lichtenberg wurden 1957 genötigt, eine landwirtschaftliche Produktionsgenossenschaft zu bilden. Im Jahre 1972 wurde diese mit denen von Wrechen und Fürstenhagen zusammengeschlossen und schließlich 1978/79 zu einer spezialisierten LPG Pflanzenproduktion erweitert. Deren 3685 ha große landwirtschaftliche Nutzfläche setzte sich 1988 aus 3155 ha Ackerland und 530 ha Grünland zusammen. Das in 50–180 ha große Feldschläge eingeteilte Ackerland hatte auf etwa 80 % der Fläche einen sehr hohen Steingehalt, der den Anbau bestimmter Kulturen, so von Kartoffeln, sehr erschwerte bzw. unrentabel machte. Um diese natürlichen Nachteile etwas auszugleichen, ließ die LPG bis 1988 auf etwa 1 400 ha Flurmeliorationen und Dränungen durchführen. Vorherrschende Kulturarten waren Roggen, Weizen und Wintergerste etwa zu gleichen Anteilen. Außerdem wurden Klee und Luzerne, Wicken und Weidelgras, Mais und Raps angebaut. Nur untergeordnete Bedeutung erlangten Kartoffeln, Rüben und Gemüse. Der Genossenschaft gehörten auch 1500 Schafe, die in Wittenhagen (s. E 2) und in Lichtenberg stationiert waren. Nach 1990 entstanden in Lichtenberg die Gesellschaft für Naturrinderhaltung m.b.H. und die Agrarprodukte Lichtenberg e. G. Der letztere Betrieb bewirtschaftet auch die Ländereien von Wrechen und Schönhof. Es gibt ferner einen Wiedereinrichter und einen privaten Wildhof, der auch Kühe und Schafe hält.

Der in die stark kuppige Endmoräne eingebettete, knapp 25 ha große Roßbauersee östlich von Lichtenberg hat eine maximale Tiefe von 25 m. Er besitzt einen kleinen, von W kommenden Zufluß und einen Abfluß zum 6 m tiefer gelegenen Wrechener See. Der Roßbauersee diente bis 1990 der intensiven Karpfenhaltung. Etwa 0,5 m über dem heutigen Seespiegel läßt sich eine spätpleistozäne Uferterrasse erkennen. Die Ufer werden auf weiten Strecken von einem schmalen Röhrichtsaum mit Schilf (*Phragmites australis*), Schmalblättrigem Rohrkolben (*Typha angustifolia*), Teichsimse (*Schoenoplectus lacustris*), Igelkolben (*Sparganium erectum*) und Kalmus (*Acorus calamus*) begleitet. Am Ostufer sind teilweise Schwimmblattzonen mit Weißer Seerose (*Nymphaea alba*) und Gelber Teichrose (*Nuphar lutea*) ausgebildet.

Die verlandeten Flächen tragen entweder einen Seggen-Erlen-Sumpf (Südufer) oder werden als Mähwiese genutzt (Ost- und Nordufer). Auf den Uferhängen wachsen artenreiche Laubwälder mit Christophskraut (*Actaea spicata*), Waldsegge (*Carex sylvatica*), Wollhahnenfuß (*Ranunculus lanuginosus*), Nessel-

glockenblume (*Campanula trachelium*) und Leberblümchen (*Hepatica nobilis*) B 5
oder Sandtrockenrasen und Weiderasen mit Kammgras (*Cynosurus cristatus*), Mittlerem Wegerich (*Plantago media*) sowie Taubenstorchschnabel (*Geranium columbinum*) und Knolliger Platterbse (*Lathyrus tuberosus*) an den Säumen.

Im Wald zwischen Lichtenberg, Breitem Luzin und Schlicht lebt ein starker Bestand des Rotwildes. Um Flurschäden auf den angrenzenden Feldern zu vermindern, legte man unter der Energiefreileitung Wildäcker an, die auch das Damwild gern aufsucht. Das hier eingebürgerte Muffelwild hat sich gut entwickelt, so daß Rudel von mehreren Dutzend Tieren heute keine Seltenheit darstellen.

In den Brüchen und Waldsümpfen brüten alljährlich Kraniche, auch der vom Aussterben bedrohte Schreiadler kommt als Brutvogel vor. Unregelmäßig tritt der Schwarzstorch als Nahrungsgast oder Durchzügler, selten als Brutvogel auf.

Rothehaus und **Schönhof** B 6

Am äußersten Nordostufer des Lütten Sees liegt am Rand der Gemarkung Lichtenberg das Rothehaus. Seit mindestens 1736 auf Karten verzeichnet, diente es in der Zeit vor dem Bau des Erddammes (s. B 3) zwischen dem Breiten und dem Schmalen Luzin als Fuhrmannskrug. Den an ihm vorbeiführenden Weg mußten damals die Bewohner der mecklenburgischen Dörfer östlich der Feldberger Seen nehmen, wenn sie nach Feldberg oder Neustrelitz wollten. Den gleichen Weg am Rothehaus vorbei benutzte 1806 auch GEBHART LEBERECHT VON BLÜCHER mit seinen Truppen auf dem Rückzug nach der Schlacht bei Jena und Auerstedt. An diesen Marsch erinnert noch die Blüchereiche unweit des Ufers des Lütten Sees. Etwa 1 km westlich vom Rothehaus steht das Hotel St. Hubertus, das als Gästehaus des früheren Rates des Bezirkes Neubrandenburg errichtet worden ist.

705 m östlich davon erheben sich am Rand der Salzwiese die Gebäude des ehemaligen Vorwerks Schönhof. Sie befinden sich auf der wüsten Feldmark Schawe (Schaue). Die alte Dorfstelle in der Nähe des 130 m hohen Mühlenberges ist durch Funde frühdeutscher Keramikscherben belegt. Schawe wurde wahrscheinlich bereits um 1440/41 oder 1446 durch die Kriege zwischen Mecklenburg, Pommern und Brandenburg wüst und nicht wieder aufgebaut. Der ehemalige Friedhof ist auf Karten des 18.Jh. verzeichnet und soll 1839 noch erkennbar gewesen sein.

Bis heute blieben in diesem Raum Teile der Befestigungen der alten mecklenburgischen Landesgrenze erhalten. So zieht sich ein Wall mit Graben als Landwehr von der Chaussee am Breiten Luzin bogenförmig bis zur Salzwiese. Diese und das östlich von Schönhof gelegene Postmoor bildeten dann den weiteren natürlichen Grenzverlauf. Vom Postmoor führt wieder eine Landwehr aus Wall und Graben mit schönem Baumbestand nach N zum Wrechener See. Um den Verlauf der Landesgrenze hat es einen langjährigen Streit gegeben. Das brandenburgische Warbende beanspruchte das gesamte Gebiet, auf dem jetzt Schönhof liegt, bis an den Breiten Luzin, das mecklenburgische Wrechen hingegen das Gebiet bis zum Großen und Kleinen Warbendesee. Erst 1815 konnte dieser Streit mit der Festlegung einer von beiden Seiten anerkannten geraden Grenzlinie zwischen Wrechener See und Großem Plötzensee beendet werden.

B 6   Ende des 18. Jh. war der Südteil der Feldmark von Schönhof noch weithin von Buchenwald bestanden und hieß *Buch-Hayde*. Schönhof selbst wurde 1822 von CARL BLANK als Meierei Wrechen (s. B 7) erbaut. Bis 1990 beherbergten die erhaltenen Gebäude ein Ferien- und Schulungsheim. 1996 standen diese leer. Im Raum Schönhof wurden in den vergangenen Jahren neue Grundwasservorräte erkundet und erschlossen. Mittels einer Gruppenwasserversorgung konnte die Trinkwasserbereitstellung für das Feldberger Gebiet wesentlich verbessert werden.

Auf den Hügeln um Schönhof, der Moränengabel der Watzkendorfer Staffel, blieben Reste artenreicher Weiderasen erhalten, deren Grasnarbe von Kammgras (*Cynosurus cristatus*), Rotem Straußgras (*Agrostis tenuis*), Ruchgras (*Anthoxanthum odoratum*), Weidelgras (*Lolium perenne*) und Rotschwingel (*Festuca rubra*) bestimmt wird. An frischen Stellen kommen Sauerampfer (*Rumex acetosa*), Scharfer Hahnenfuß (*Ranunculus acer*), Grassternmiere (*Stellaria graminea*) und Honiggras (*Holcus lanatus*) vor. Auf trockenen Kuppen wachsen Silberfingerkraut (*Potentilla argentea*), Kleiner Wiesenknopf (*Sanguisorba minor*), Steinkölme (*Acinos arvensis*), Steinkraut (*Alyssum alyssoides*), Thymian (*Thymus pulegioides*), Golddistel (*Carlina vulgaris*), Grasnelke (*Armeria elongata*) und Steppenlieschgras (*Phleum phleoides*). In einer Sandgrube haben sich Knollenplatterbse (*Lathyrus tuberosus*), Sichelmöhre (*Falcaria vulgaris*) und Wehrlose Trespe (*Bromus inermis*) eingebürgert.

B 7   Wrechen, seit 1973 Ortsteil von Lichtenberg

1 km nordöstlich des Lütten Sees beschreibt die Landstraße Feldberg – Fürstenwerder einen flachen Bogen, um den landschaftlich reizvoll gelegenen Wrechener See (Abb. 20) zu umgehen. Das knapp 50 ha große und 25 m tiefe Gewässer erhält an seiner Nordwestseite Zufluß vom Roßbauersee (s. B 5); im NO fließt ein kleiner Graben ab, der weiter zum Kleinen Parmensee (s. C 7) führt. Der Wasserspiegel liegt in 91,5 m ü. NN. Der Wrechener See ist infolge jahrzehntelanger Einleitung landwirtschaftlicher Abwässer stark eutrophiert worden und dadurch für Erholungszwecke nur noch eingeschränkt nutzbar. Sein Name – 1578 *In den See der Wriechen* – gehört zu altpolabisch *vrech* = Nuß.

2 Feuersteinbeile und ein Flintdolch belegen die Anwesenheit von Menschen während der Steinzeit auf Wrechener Gemarkung. Auf der Insel im Wrechener See, dem Schloßwerder, stand eine mittelalterliche Burg (Abb. 21). Ein Turmfundament von 6 m x 6 m Seitenlänge blieb noch in Resten erhalten. Vom Alten oder Roten Hof, einer von N in den See ragenden Halbinsel, soll eine Brücke zur Insel geführt haben. Dort könnte sich der Wirtschaftshof der Burg befunden haben.

In der ersten Hälfte des 15. Jh. gehörten die Burg und das alte Dorf Wrechen, das am Westufer des gleichnamigen Sees lag, zum Besitz derer von Dören. 1446 hatte ein Vertreter dieser Familie die Burg selbst abgebrannt, um sich der Belagerung durch die Pommern zu entziehen. Danach wurde die Anlage dem Erdboden gleich gemacht.

Südwestlich und südlich des Wrechener Sees blieben aus der Mitte des 15. Jh. Reste der ehemaligen Landwehren entlang der alten mecklenburgischen Grenze in

B 7

Abb. 20   Blick von Süden auf den Wrechener See und auf Wrechen

Form eines Walles mit doppeltem Graben erhalten. Sie stehen heute als Bodendenkmäler unter Schutz.

1624 kaufte CASPER VON RAVEN den in Manteuffelschem Pfandbesitz befindlichen Teil von Alt Wrechen nebst der Feldmark Schawe (s. B 6) mit Rittersitz, Straßengericht, Kirchenlehen und einem Anteil an Warbende (s. B 8) für 1200 Gulden von OSWALD VON DÖREN; 1639 wird er als alleiniger Besitzer genannt. Wie der Ort im Dreißigjährigen Krieg gelitten hat, verdeutlicht eine Bestandsaufnahme aus dem Jahre 1649. In dem Bericht heißt es: „Die Wassermühle in Wrechen ist abgebrannt. Eine alte ruinierte Windmühle ohne Eisen und Steine ist mehrenteils abgedeckt. Von den ehemals 600 Schafen sind nur noch 120 übrig. Franz Zander, seine Frau und Kinder sind gestorben. Sein Haus von 6 und 4 Scheuern ist ganz dachlos. Christian Wasmund, seine Frau und Kinder sind tot und das Haus von 4 Gebinden, Stall und Scheune dachlos. Der Krug ist wüst, das Haus dachlos, Scheune und Ställe ganz verschwunden. Ein weiterer Bauernhof mit zwei Häusern, von denen die Zimmer ganz weg sind, ist wüst. Von den Kossaten sind Simon Franke mit Frau und Kindern sowie Chim Giese und seine Familie tot, die beiden Höfe wüst. Im Wohnhaus des Gutes ist die Stube zur linken Hand an Fenstern und Türen ruiniert, Fußböden und Dielen sind verstockt. Eine Gutsscheune und ein Stall sind teilweise dachlos. Vier Familien sind in andere Orte umgezogen. Anwesend sind nur noch Marten Westphal und Elisabeth Mühlen." Auch 1662 wird noch von eingefallenen Häusern, Dächern, zerbrochenen Fenstern und Türen berichtet.

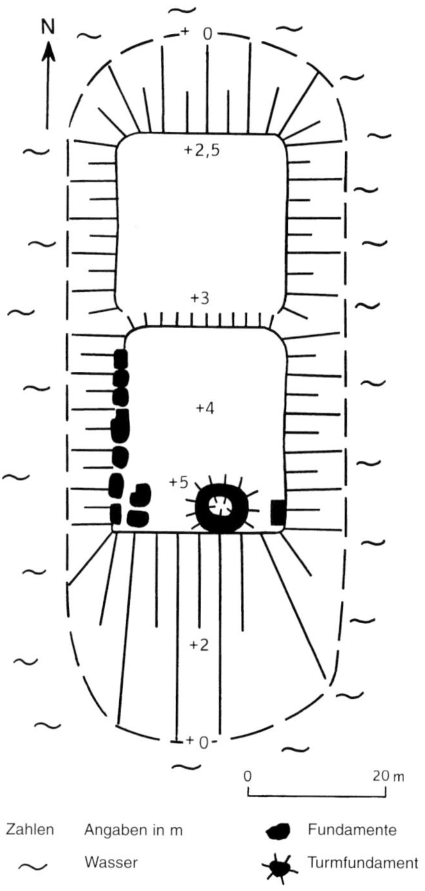

B 7

Abb. 21 Burgstelle auf der Insel im Wrechener See, Schloßwerder (nach SCHWARZ 1987)

Zahlen — Angaben in m
~ — Wasser
● — Fundamente
✸ — Turmfundament

Die letzten Häuser von Alt Wrechen verschwanden erst 1830. Zum Ort gehörte auch eine Wassermühle am Mühlenbach zwischen Roßbauersee und Wrechener See. Sie existierte bereits im 16. Jh., 1835 wird sie letztmalig erwähnt.

Das heutige Dorf Wrechen, auch Neu Wrechen genannt, befindet sich erst seit der Mitte des 17. Jh. an der jetzigen Stelle. Auf einer Gutskarte von 1756 sind der Anger 70 m x 100 m und der Gutshof 60 m x 100 m groß zu erkennen (KRÜGER 1925).

Ende der zwanziger Jahre des 19. Jh. errichtete man auf einem 2 m hohen Feldsteinsockel die turmlose Fachwerkkirche. Die Vorhalle im W besteht aus Feldsteinen. Abseits der Kirche erhebt sich der aus Felsgestein gemauerte, zweiseitig offene Glockenstuhl mit einem Satteldach. Bis zur Kirchweihe 1834 fand der Gottesdienst in einem Gebäude der Schäferei am Südufer des Wrechener Sees statt.

Schon in der zweiten Hälfte des 16. Jh. existierte eine Ziegelei östlich von Wrechen. Eine Glashütte, die am Nordostrand des neuen Ortes stand, ist seit 1749 belegt. Auch ein Teerofen wurde zeitweilig betrieben. Um 1885 hatte Wrechen 183 Einwohner und eine schon 1767 genannte Schule.   B 7

Der Landbesitz des Gutes Wrechen belief sich 1945 auf 725 ha. Davon erhielten Neubauern und Landarme im Zuge der Durchführung der Bodenreform 1945 Land zugewiesen, das sie 1955 bei der Gründung einer landwirtschaftlichen Genossenschaft einbringen mußten. Im Jahre 1960 schloß man die hiesige LPG an die in Wittenhagen an, mit der sie später zur LPG (P) Lichtenberg kam (s. B 5).

Das frühere Gutshaus in Wrechen, ein eingeschossiger spätklassizistischer Putzbau mit einem breiten zweigeschossigen übergiebelten Mittelrisalit, wurde 1840 von F. W. BUTTEL errichtet. Nach 1945 diente es Wohnzwecken, 1995 stand es leer. In den ehemaligen landwirtschaftlichen Gebäuden richtete man ein privates Großhandelslager ein. Südlich des Ortes befindet sich eine kleine Bungalowsiedlung.

Im Gebiet von Wrechen-Schönhof kommt die geschützte, vom Aussterben bedrohte Europäische Sumpfschildkröte vor (IHRKE 1978). Bei Feldarbeiten ausgepflügte junge Tiere belegen, daß sich die Population vermehrt hat. Ein kleines Gewässer, an dessen Ufer alljährlich Schildkröten beobachtet werden, wurde zum Geschützten Landschaftsbestandteil erklärt.

Warbende, seit 1964 Ortsteil von Parmen-Weggun,   **B 8**

gehört zu den abseits der Hauptstraßen gelegenen kleinen Gutssiedlungen des Gebietes. Der Ort befindet sich in der kuppigen Grundmoränenlandschaft, die sich zwischen Großem und Kleinem Parmensee und den beiden bereits stark verlandeten Warbendeseen – 1375 der Brisensee beim Dorf mit 3 Garnzügen, der Wolfsee mit einem Garnzug – erstreckt. Der Große (12,6 ha) und der Kleine (6 ha) Warbendesee haben eine maximale Wassertiefe von 4 m und sind mäßig nährstoffreiche Gewässer, die sich durch größere Vorkommen des Quellmooses (*Fontinalis antipyretica*) auszeichnen. Das Bild ihrer Wasserflächen wird durch See- und Teichrosen bestimmt, und die Umrandung bilden Röhrichte aus Schmalblättrigem Rohrkolben, Sumpffarn und wenig Schilf, Grauweidengebüsche und kleine Erlenbestände. 8 Libellenarten und das häufige Vorkommen des Amerikanischen Flußkrebses (*Cambarus affinis*) sind die zoologischen Besonderheiten.

Südlich des Ortes zieht sich in einer vermoorten pleistozänen Rinne das Griebchenbruch bis in die angrenzende Feldmark Fürstenau hinein. Sein Name gehört ebenso wie der des Griepkenbruchs bei Funkenhagen (s. H. 7) zu slawisch *grib* = Pilz. Ein kleines, von Schilfröhricht, Grauweidengebüsch und Erlenbruchwald umgebenes Restgewässer enthält Froschbiß (*Hydrocharis morsus-ranae*) und Ähriges Tausendblatt (*Myriophyllum spicatum*).

Feuersteingeräte mit Schabern und Klingen, Keramik und ein bronzener Hohlwulstring belegen eine Besiedlung der kleinen Gemarkung während der Bronzezeit. Ein römischer Denar des ANTONINUS PIUS (138–161) deutet auf die Anwe-

B 8 senheit von Germanen hin. Außerdem wurden am Fuchsberg südlich des Ortes slawische und frühdeutsche Scherben gefunden.

Der slawische Ortsname, 1299 *Werben*, bedeutet Weidenort, zu altpolabisch *virba* = Weide. 1355 wird ein Heydenrike van *Werbende* erwähnt. Warbende zählte mit 12 Hufen, 3 Hofstellen und 4 Kossätenstellen im Mittelalter zu den kleinsten Dörfern der Uckermark. Es lag bereits 1375, damals *Werbene* genannt, völlig wüst. Im 16. Jh. gehörte die wüste Feldmark denen von Dören, die 1624 zusammen mit Wrechen auch einen Teil der hiesigen Flur an von Raven zu Groß Luckow verkauften. Dieser erwarb 1686 auch den anderen Anteil.

Die von Raven hatten die Feldmark zunächst extensiv bewirtschaften lassen. Im 18. Jh. errichteten sie dann ein Vorwerk, auf dem 1734 ein Schäfer, ein Häusler und 3 Knechte arbeiteten. Die Saatmenge betrug 1756/57 einen Wispel (s. J 2) der ersten Klasse. 1775 läßt sich auch eine Ziegelei nachweisen. Das Vorwerk wurde Ende des 18. Jh. mit dem Hauptgut Wrechen zusammen bewirtschaftet. Zum Gut gehörte 1801 ein unvermessenes Forstrevier. 1928 kam der aufgelöste Gutsbezirk Warbende zu Parmen. Der Königliche Griechische Gestütsdirektor und Kapitän CARL VON SPRINGEFELD (Grabinschrift im Park) hatte zwischen 1830 und 1860 am Gutshaus einen Park mit seltenen Gehölzen anlegen lassen. Seit 1978 wieder in Pflege genommen, besitzt die 2 ha große Anlage heute den Status eines Geschützten Parks. An bemerkenswerten Bäumen wachsen hier Tulpenbaum, Schlitzblättrige Rotbuche, Gurkenmagnolie, Hemlockstanne, Weymouthskiefer, Blutbuche und Traueresche.

Im Zuge der Bodenreform von 1945 wurde das Gut enteignet. Die Neubauern gelangten 1955 bzw. 1960 in die Parmener landwirtschaftlichen Produktionsgenossenschaften, die 1960 bzw. 1967 mit der von Weggun zur LPG Weggun-Parmen (s. F 1) vereinigt wurden. Das ehemalige Gutshaus am Südende des Parkes wurde Anfang der siebziger Jahre des 20. Jh. abgerissen. Die landwirtschaftlichen Nutzflächen der rund 290 ha umfassenden Flur von Warbende werden heute vom Nachfolgebetrieb der ehemaligen LPG der Landboden-Parmen Treuhand GmbH sowie von einem in Parmen ansässigen Wiedereinrichter bestellt. Hauptsächlich werden Getreide, Raps sowie Zuckerrüben und Futterpflanzen angebaut. 1977 lebten in Warbende insgesamt 38 Einwohner, 1994 jedoch nur noch 15.

B 9 **Tornowhof,** seit 1967 Ortsteil von Conow

2 km nordöstlich von Wittenhagen liegt an der Landstraße nach Fürstenwerder die ehemalige Gutssiedlung Tornowhof. Sie wurde 1730 als Meierei von Wittenhagen angelegt und nach der Familie von Tornow benannt, die seit mindestens 1545 in Wittenhagen belehnt war. 1871 trennte man Tornowhof von Wittenhagen ab und erhob es zu einem selbständigen Gutsbezirk.

Als das Gut im Zuge der Durchführung der Bodenreform 1945 aufgeteilt wurde, umfaßte seine landwirtschaftliche Nutzfläche 295 ha. Einige der Neubauern errichteten sich im Gutsgelände kleine Gehöfte. Außer diesen blieben von der Altbausubstanz nur einige frühere Gutsarbeiterhäuser erhalten. Das Herrenhaus diente fortan Wohnzwecken. Der angrenzende Park weist zum Teil alte Laubbäume auf.

Großer See C 1

Eingebettet in eine stark gegliederte Moränenlandschaft mit Höhen bis zu 137 m ü. NN, liegt vor den Toren von Fürstenwerder der Große See, auch Großer Wahrensee genannt. Letztere Bezeichnung bewahrt den alten Seenamen *Der Warden* (1578), der möglicherweise aus dem Germanischen stammt, von altsächsisch *wardôn* = auf der Hut sein. Am Westufer des Großen Sees verlaufen fast genau in Nord-Süd-Erstreckung Endmoränen verschiedenen Alters, und zwar die Angermünder Staffel des spätglazialen Hauptgletschers und die Gerswalder Staffel, beide aus der späten Weichselkaltzeit.

Der Wasserspiegel des Sees liegt in einer Höhe von 93,1 m ü. NN und ist an einem Auslaufwehr am Beek zum Dammsee regulierbar. Letzterer gehört zum Uckersystem, entwässert also zur Ostsee. Geringfügige Wassermengen können auch nach S durch einen 2 km langen Graben in den Kleinen Parmensee (s. C 7) gelangen. Oberflächliche Zuläufe aus unmittelbar benachbarten, heute teils vermoorten Senken sind von geringer Bedeutung. Die maximale Tiefe des Großen Sees wird mit 19 m angegeben, die mittlere mit 5,7 m. Er hat eine Wasserfläche von 390 ha und ist durch 7 Inseln verschiedener Größe und 2 Halbinseln gegliedert (Abb. 22).

Die Halbinsel Eichwerder steht als Flächennaturdenkmal unter Schutz. Hier wachsen in den Weiderasen auf Feuchtstandorten Breitblättrige Kuckucksblume (*Dactylorhiza majalis*), Wiesenalant (*Inula britannica*), Flaches Quellried (*Blysmus compressus*), Sumpfdreizack (*Triglochin palustre*), Fieberklee (*Menyanthes trifoliata*), Wassernabel (*Hydrocotyle vulgaris*), Sumpfdotterblume (*Caltha palustris*) und Lauchgamander (*Teucrium scordium*).

Von den Inseln liegen archäologische Funde vor, so vom Scheunenwerder Feuersteingeräte und ein Walzenbeil aus der Mittelsteinzeit. Von den beiden südlich gelegenen Inseln stammen urgeschichtliche Scherben ohne nähere zeitliche Einordnung.

Der Große See gehört zu den verschmutztesten Gewässern des Feldberg – Boitzenburger Raumes. Ausdruck dafür sind sehr hohe Nährstoffkonzentrationen, die das Vorhandensein zahlreicher Planktonalgen begünstigen. Die Sichttiefe liegt häufig unterhalb von 1 m, und der Tiefenwasserbereich ist am Ende des Sommers weitgehend sauerstofffrei. Hauptursachen für diesen Zustand sind offensichtlich die hohen Nährstoffeinträge von den umliegenden landwirtschaftlichen Nutzflächen und von einer lange Jahre hindurch betriebenen Netzkäfiganlage sowie die Einleitungen aus Fürstenwerder. Nach langjähriger Intensivnutzung wird der See jetzt wieder extensiv bewirtschaftet. Nach der Seenklassifikation handelt es sich um einen Maränen-Aal-Hecht-See.

Infolge der geringen Sichttiefe kommen in diesem eutrophen Gewässer nur wenige Unterwasserpflanzen vor, vor allem das Ährige Tausendblatt (*Myriophyllum spicatum*). Der meist nur schmale Röhrichtgürtel am Ufer wird vom Schilf (*Phragmites australis*) beherrscht, daneben enthält er Seesimse (*Schoenoplectus lacustris*), Schmalblättrigen Rohrkolben *(Typha angustifolia)*, Kalmus (*Acorus calamus*) und Ästigen Igelkolben (*Sparganium erectum*). Landwärts vom Röhricht zieht sich vielfach ein schmaler Gehölzsaum aus Erlen, Weiden und Pappeln entlang, der an einigen Stellen unmittelbar bis an das Wasser reicht.

C 1

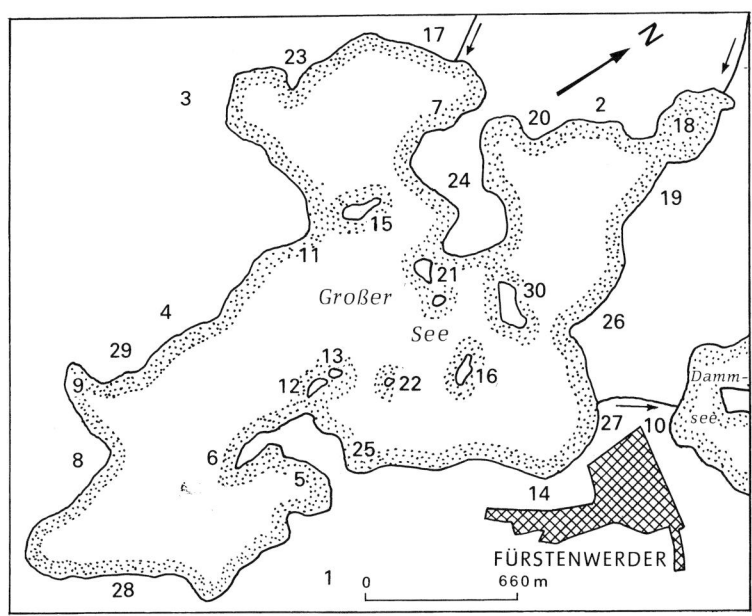

Abb. 22 Großer See bei Fürstenwerder (nach Separationskarte der Feldmark Fürstenwerder, aufgenommen im Jahre 1823, Heimatstube Fürstenwerder, vereinfacht)

1 An de groot und kleine Söhtsmannswisch	8 Ewig Läben	16 Möwenwerder	24 Scheunenwerder
	9 Fuhl Lank	17 Ossenkoppel	
	10 Gärden	18 Pfarrsee	25 Schweinslack
2 Barkwischen	11 Hechtbrök	19 Popeneck	26 Spitzereck
3 Breet Ohrt	12 Kespenwerder	20 Quitz	27 Tränke
4 Danneck	13 Kuckuckswerder	21 Rickwerder	28 Vogelsang
5 Deep Kuhl		22 Rohrhorst	29 Vößöber
6 Eichwerder	14 Lehmkuhl	23 Scheeperwisch	30 Zeesenwerder
7 Eselstein	15 Lindwerder		

In den Buchten des Großen Sees halten sich zahlreiche Vogelarten auf. Zu den regelmäßigen Brutvögeln zählen Graugans, Höckerschwan, Stockente, Bleßralle und Teichhuhn, zuweilen auch Tafelente. Im Rohrdickicht brüten Drosselrohrsänger und Rohrammer. Im Einzugsgebiet des Sees besteht eine Graureiherkolonie. Im Spätsommer können sich viele Gauransfamilien hier aufhalten, die auf dem Grasland äsen. Saat- und Bleßgänse rasten unregelmäßig im Herbst auf dem See. In den Rohrgürteln fallen im Frühjahr die „Burgen" der Bisamratten auf, die diese aus Pflanzenresten errichten und die die Höckerschwäne gern als Ruheplatz nutzen.

Der Bruchwald insbesondere an den Buchten ist am Tage Einstandsgebiet für das Schwarzwild. Aber auch dem Rehwild bietet das Gebiet um den Großen See gute Deckungs- und Äsungsmöglichkeiten.

Am Ostufer des Großen Sees befindet sich eine Siedlung aus 134 Bungalows C 1
der 3 Interessengemeinschaften Steinfeld, Uferzone und Hügelland. Deren Aufbau begann 1972 und wurde 1988 abgeschlossen. Am Südufer liegt der zur Gemeinde Fürstenwerder gehörende Wohnplatz Fiebigershof (s. C 2), wo ein vor 1990 vorhandenes Ferienheim heute als Pension und Gastwirtschaft betrieben wird.

Fürstenwerder, Kreis Uckermark, C 2

nimmt eine Engstelle zwischen dem Großen See und dem Dammsee ein. Aus seiner Feldmark liegen zahlreiche steinzeitliche Funde vor, so Flintklingen, Schaber, Flintdolche und -beile, Meißel, Felssteinbeile und Steinäxte. Sie befanden sich vor allem am Nordufer des Großen Parmensees und um Fiebigershof am Südufer des Großen Sees. Ein einzelner Kannelurenstein, also ein mit Rillen versehener Stein, und Siedlungsgruben mit Keramik belegen die Bronzezeit.

Fürstenwerder (Abb. 23) entstand im hohen Mittelalter am Schnittpunkt von Straßen aus Boitzenburg, Prenzlau und Woldegk. Der Ortsname, 1319 *Vorstenwerdere*, zu mittelniederdeutsch *vörste* = Fürst und *werder* = Insel, Halbinsel, läßt auf eine landesherrliche Gründung schließen. In dieser Zeit des hochmittelalterlichen Landesausbaus war der jetzigen Landgemeinde eine städtische Rolle zugedacht. Davon zeugen noch immer Grundriß, Mauer und die eindrucksvolle Feldsteinkirche, die die Entstehung der Stadt zeitlich der ersten Hälfte des 13. Jh. zuweist. In der Nachbarschaft jungslawischer Siedlungen bei den Seen entwickelte sich Fürstenwerder unter pommerscher Herrschaft im Uckerland an wichtigem Straßenpaß. Die Feldmark entsprach mit etwa 100 Hufen dem Durchschnitt anderer uckermärkischer Städte. Fürstenwerder wurde befestigter Grenzort gegen das Land Stargard, als dieses 1236 an die Mark Brandenburg kam. 1250, mit dem Erwerb des pommerschen Uckerlandes durch die Askanier, entfiel die Grenzfunktion für etwa 50 Jahre. Doch die weitere Entwicklung der uckermärkischen Städte, vor allem Prenzlaus, und deren Fernverbindungen ließ die politische und wirtschaftliche Bedeutung Fürstenwerders allmählich schwinden.

Immerhin war Fürstenwerder während des Mittelalters eine landesherrliche Stadt, 1319 bei ihrer Ersterwähnung eine civitas wie die anderen gleichzeitig genannten Städte der Uckermark auch, denen der Herzog von Mecklenburg nach dem Tode Markgraf WOLDEMARS VON BRANDENBURG Zusagen machte, um sie für sich zu gewinnen. 1375 war Fürstenwerder markgräfliche Burg und Stadt, der Markgraf verfügte über das Obergericht. Doch der Burgsitz verschwand, während des ganzen 15. Jh. lassen sich keinerlei Nachrichten über die Stadt und ihre Bewohner finden. Die Burgfunktion war offenbar auf die landesherrliche Burg Wolfshagen nordöstlich von Fürstenwerder an der Fernstraße Prenzlau–Neubrandenburg übergegangen, die Burg daselbst schon vor 1326 in den Besitz derer von Blankenburg, eines der mächtigsten Adelsgeschlechter der Uckermark im Mittelalter. Dem Landesherrn war der wichtige Burgplatz nun endgültig entfremdet, und mit der wachsenden Stärke der Burgherren in der sich herausbildenden Herrschaft Wolfshagen gelang es jenen, sich auch des Städtchens Fürstenwerder zu bemächtigen. Die 1528 erwähnten Jagdrechte des bis dahin landesherrlichen Schlosses

C 2

Abb. 23 Fürstenwerder mit Großem See (links) und Dammsee

Boitzenburg auf der Feldmark Fürstenwerder sind letzte Erinnerung an den einstigen Stadtherrn. Der Übergang Boitzenburgs an die von Arnim leitete eine genaue Abgrenzung der Interessen- und Rechtssphären zu denen von Blankenburg ein.

Das Protokoll der Kirchenvisitation weist 1543 die von Blankenburg als Kirchen- und Pfarrpatrone aus. Die Eindeutigkeit der obwaltenden Gutsherrschaft korrespondiert mit der Verdrängung städtischer Rechte. Doch die Bürger von Fürstenwerder fanden sich nie mit der Refeudalisierung ab, kämpften im Gegenteil um ihre rechtliche und wirtschaftliche Eigenständigkeit. Daß die Stadtbefestigung intakt blieb, bezeugt 1541 die Existenz eines Torwärters, und 1608 stellt der Landreiter fest, daß Fürstenwerder ein Städtchen sei und „mit einer Ringmauer umhergebaut". Die Stadt besaß eine Windmühle (1556) und 60 schoßbare, also zu besteuernde Hufen (1624). Dem Gutsherrn standen in Fürstenwerder 1623 Einkünfte von den Einwohnern, von den Pachtfischern und von 8 Bauern zu. Schuldenhalber mußte von Blankenburg nach dem Dreißigjährigen Krieg, endgültig 1670, dem Freiherrn von Schwerin, einer bis dahin in der Uckermark nicht ansässigen Adelsfamilie, Haus Wolfshagen mit allen Pertinenzien abtreten. Die Herrschaft war vom Krieg zerrüttet. Die Vorwerke in Hildebrandshagen und Schlepkow waren wüst, die Bauernstellen kaum besetzt. Es fehlte an Arbeitskräften, um die Landwirtschaft in Gang bringen zu können. In Fürstenwerder dienten die Einwohner nach Wolfshagen, 1686 waren es 20, weil einige noch Freijahre hatten. Alle Untertanen, schreibt Freiherr von Schwerin an die Behörden, sind Leibeigene, sonst wäre keiner mehr da. Die vom Kurfürsten 1653 gebilligte Leibeigenschaft in den Orten, in denen sie bereits gebräuchlich war, hatte also auch in der Herrschaft Wolfshagen Fuß gefaßt und diente der Feudalität als Zwangsmittel zur Wiederaufrichtung ihrer Gutswirtschaft. Doch als der Erbherr 1691 Erbhuldigung und Eidesleistung notariell beglaubigen ließ, schworen die Einwohner nicht wie die Bauern in Hetzdorf und Wolfshagen als erb- und leibeigene Untertanen, sondern als Bürger und Untertanen des Städtleins Fürstenwerder. Leibeigene waren sie nicht.

In den Kämpfen mit denen von Blankenburg hatte sich die Stadt das Recht der niederen Gerichtsbarkeit bewahren können; ein Richter und mehrere Schöffen nahmen sie wahr (1687), während die Herrschaft die Obergerichte allein versah. Doch das Städtchen lag darnieder. Von 74 Bürgerhäusern waren noch immer 57 wüst; Jahrmarkt, vor dem Dreißigjährigen Krieg zweimal jährlich abgehalten, fand nicht statt. Die Herrschaft nutzte die Notlage aus und entzog der Gemeinde die letzten Reste kommunaler Eigenständigkeit. Seit 1711 hatten die Freiherren die Ober- und Untergerichte voll inne, der gutsherrliche Richter übte fortan Rechtsprechung und gleichzeitig die städtische Polizeigewalt aus. Auch die Schankgerechtigkeit hatte die Herrschaft an sich gezogen, und von den 60 Stadthufen vor dem Kriege waren den Bürgern nur noch 40 geblieben. 59 Bürger mit dem Richter wohnten erst wieder hier, 10 von ihnen besaßen ganze Baustellen, 8 Dreiviertel- und 41 kleine oder Viertelbaustellen. Es gab noch 4 Brauer, eine herrschaftliche Windmühle und eine wüste Mühlenstätte; die große Heide der Gutsherren erstreckte sich von Damerow – nördlich von Kraatz gelegen – bis Wrechen.

Gegen die immer drückender werdende Ausbeutung lehnte sich die Bürgerschaft auf. 1733 bat sie den König um Schutz; denn der Gutsherr hatte ihr durch militärische Exekution 600 Taler abpfänden lassen und sie durch schwere Prozeßkosten in einen sehr schlechten Zustand versetzt, weil er ihren zur Stadt gehörigen Acker, Fischerei, Holzung und Mastung (Waldweide) widerrechtlich abgenommen und seinen Gütern zugelegt habe. Die vor einigen Jahren eingeführte Akzise wäre wegen schlechter Nahrung wieder aufgehoben worden, bis sich der Zustand bessere, was aber wegen der gräflichen Pressionen nicht möglich sei. Bei solchem Zustand werden sie die Stadt verlassen müssen. 1735 beschwerte sich von Schwerin seinerseits beim König über seine „unruhigen Untertanen", die ihm seit Jahren viel Verdrießlichkeiten machten und die Dienste verweigerten. Doch die Bürger gaben nicht nach und beriefen sich auf alte rechtliche Vergleiche. Der große Stadtbrand von 1740, der 60 Häuser, 30 Scheunen sowie Kirche, Schule und ein Stadttor vernichtete, unterbrach die Auseinandersetzungen.

Wenige Jahre später ging der Gutsherr erneut gegen seine Untertanen in Fürstenwerder mit landreiterlicher Exekution vor, doch die Bürger widersetzten sich „unter verwegenen, harten Bedrohungen", so daß er vom König militärische Bedeckung anforderte, damit die „Aufwiegler und Rädelsführer zur Raison gebracht" werden und der Vasall des Königs, also von Schwerin, von den „widerspenstigen" Untertanen das Seine erhalte. Der König genehmigte 1743 die Exekution und die „Aufhebung" der Wortführer. Unerschrocken schrieb die Bürgerschaft erneut an den König, klagte über den Rückgang der einst blühenden Handelsstadt, die als Durchgangsstation für den Viehhandel aus Mecklenburg und Pommern nach Berlin und Sachsen viel Zoll und Akzise einbrächte, wenn sie wieder in Aufnahme käme und nicht durch die langwierigen Prozesse so verarmt wä-

C 2 re. Noch im gleichen Jahr beklagte sich der Gutsherr beim König über die „öffentliche Rebellion" der Untertanen, die ihn als Obrigkeit nicht mehr anerkannten, den Gehorsam aufsagten und kein Gericht über sich dulden wollten.
1751 folgte eine weitere Eingabe der Bürger an den König, Bedrückung und Quälerei durch den Gutsherrn hielten an. Das Städtchen hatte zu jener Zeit 119 bebaute und etwa 15 wüste Stellen. Die Erinnerung an die alten Freiheiten, die noch vorhandene Befestigung mit Mauer und 2 hohen Wällen hatten das Selbstbewußtsein der Bürger wachgehalten, wenn auch von „öffentlicher Rebellion" nichts mehr verlautete. 1775 notierte die Kreisverwaltung, daß Fürstenwerder teils von Handwerkern und Handarbeitern, teils von großen und kleinen Ackerleuten bewohnt sei: 11 Bauern, 47 Kossäten, 55 Büdnern, Einliegern und anderen Einwohnern; es hatte 113 Feuerstellen, eine Kirche und 2 Windmühlen. Um 1800 wurden Ackerbau, Viehzucht und Handwerke als „ziemlich bedeutend" gewertet; unter den 63 Handwerkern ragten 22 Leineweber, 8 Schneider und 7 Schuster zahlenmäßig hervor.

Im Verlauf des ersten Viertels des 19. Jh. vollzog sich die preußische Agrarreform auch in Fürstenwerder. Graf von Schwerin legte 1828 auf dem separierten Acker ein Vorwerk namens Frieden an (1833 umbenannt in Bülowssiege), und auch einige Ackerbürger bauten sich außerhalb der Stadt auf ihrem Ackerplan an: 1826 war Fiebigershof vorhanden, 1840 Schulzenhof, 1860 Sieberts-, Walter- und Ulrichshof. Bis 1860 war die Stadt auf 10 öffentliche, 133 Wohn- und 374 Wirtschaftsgebäude angewachsen; es gab eine Brauerei, 4 Getreidemühlen und eine Ziegelei. Doch Fürstenwerder verzichtete, wie andere Flecken auch, auf den Stadtstatus, nicht zuletzt der damit verbundenen Steuerlast wegen. 1863 erhielt die nunmehrige Landgemeinde ein Ortsstatut. Um 1900 zählte Fürstenwerder 151 (Wohn-)Häuser. 19 Ackerbürger besaßen Land im Umfang von je 13 bis 77 ha, davon 5 in Abbauten. Landwirtschaft, Handwerk und Gewerbe bestimmten auch nach der Jahrhundertwende das Wirtschaftsbild des Ortes. Moderne Technik hielt 1903 mit dem Bau einer Dampfziegelei Einzug.

Eine Chaussee verbindet Fürstenwerder mit Prenzlau und Woldegk. 1902 erhielt es Nebenstreckenanschluß zur Kreisstadt Prenzlau. 1913 wurde auch von Templin her nordwärts durch den Kreis Templin, der bis an die Gemarkung Fürstenwerder heranreichte, über Hardenbeck–Krewitz–Weggun–Parmen eine Reichsbahnnebenstrecke bis nach Fürstenwerder eröffnet. Somit besaß Fürstenwerder am Ostrand des Ortes 2 getrennte Bahnhöfe. Die Nebenbahn nach Templin wurde 1945 demontiert, die Kreisbahn nach Prenzlau in den siebziger Jahren stillgelegt und abgebaut. Seitdem besorgen Omnibusse den öffentlichen Verkehr. 1928 wurden die aufgelösten Gutsbezirke Hildebrandshagen im N und Wilhelmshayn (s. C 4) im O in den Flecken eingemeindet.

Um 1600 waltete ein Schulmeister, zugleich Küster in Fürstenwerder, seines Amtes. Die „Aufmüpfigkeit" der Bürger bis ins 18. Jh. hinein läßt auf einen wachen und geschulten Verstand schließen; eine ihrer Eingaben konzipierte ein Zimmermann, also ein Bürger der Stadt. Das städtische Gericht, das 1687 amtierte und 1751 noch nicht in Vergessenheit geraten war („früher hatte die Stadt einen Richter und sieben Schöffen"), brauchte einen Schreiber, und wenn es, wie in Kleinstädten oft, der Schulmeister war. Um 1900 gab es 3 Lehrer im Ort, einer übte zugleich das Amt des Kantors aus. Um diese Zeit waren auch ein praktischer

C 2

Abb. 24   Woldegker Tor in Fürstenwerder (aus Bildmappe Fürstenwerder 1985)

Arzt und ein Apotheker ansässig; zu den „Honoratioren" gehörten außer dem Pfarrer der Amts- und Gemeindevorsteher und ein Chausseeaufseher; beamtet war auch der Landbriefträger.

Die 1750 insgesamt 750 Einwohner zählende Stadt erreichte ihren demographischen Höhepunkt 1858 mit 1669 Bewohnern ohne Bülowssiege. Kurzfristig stieg im Jahre 1946 die inzwischen gesunkene Einwohnerzahl auf 1828; 1991 betrug sie jedoch nur noch 1035.

Schon im frühen 13. Jh. entstanden die starken Befestigungsanlagen von Fürstenwerder. Die fast kreisförmige Mauer blieb zu großen Teilen in annähernd ursprünglicher Höhe erhalten. Sie wurde aus geschichteten Feldsteinen, die horizontal in gleichen Abständen ausgeglichen wurden, errichtet. Der Mauer fügte man 35 rechteckige Weichhäuser ein, von denen nur noch wenige vorhanden sind (BLIETSCHAU 1968). Von den ehemals 3 Toren blieben das Woldegker (Abb. 24) und das Berliner Tor erhalten. Jedes besteht aus einem Mauerstück mit einer spitzbogigen Durchfahrtsöffnung, die an beiden Seiten von einem Weichhaus flankiert

C 2 wurde. Die Durchfahrtsöffnung des Berliner Tores ist in nachmittelalterlicher Zeit in Backsteinen ergänzt worden. Mehrere Straßen haben ihren Belag aus Feldsteinen bis heute bewahrt, so die Kirchstraße und die Karl-Marx-Straße.

Westlich vom Markt steht die ehemalige Stadtkirche, ein aufwendiger Feldsteinbau aus der Mitte des 13. Jh. Dem Bauwerk ist ein querrechteckiger Westturm in der Breite des Schiffs vorgelagert. Der Chor ist nicht abgesetzt; er wird jedoch durch Dreifenstergruppen unter gekuppelten Blendbögen auf Konsolen am Ostgiebel und an der Südseite hervorgehoben. Kleinförmige Blendengliederungen und eine zentrale Kreisblende schmücken das östliche Giebeldreieck. Von den stumpfspitzbogigen Stufenportalen ist die Priesterpforte an der Nordseite durch in die äußere Kehle eingelegte Kugelbossen besonders betont.

Im Inneren ist die Kirche flach gedeckt. Die Holzemporen und das Gestühl stammen aus den Jahren 1763 und 1769. Die große spitzbogige Öffnung zwischen Turm und Schiff wurde um 1786 geschlossen. Zur gleichen Zeit wurden die Außenmauern verputzt und der massive quadratische Turmaufsatz mit der Laterne errichtet. Neben der Kirche steht ein Denkmal mit einem bronzenen Adler, das an die Gefallenen der Kriege 1864, 1866 und 1870/71 erinnert. Ein weiteres Denkmal für die Gefallenen des Ersten Weltkrieges steht in den Anlagen am Dammsee.

Der 1682 ha große Rittergutsbesitz von Fürstenwerder kam durch die Bodenreform von 1945 zur Enteignung: 12 Landarbeiter, 2 landarme Bauern, 27 Umsiedler und 58 nichtlandwirtschaftliche Arbeiter und Angestellte erhielten Acker- und Gartenland, zusammen 505 ha. Bereits 1955 erfolgte in Fürstenwerder die Bildung einer ersten landwirtschaftlichen Produktionsgenossenschaft mit 42 Mitgliedern und 603 ha landwirtschaftlicher Nutzfläche. 1960, als auch die verbliebenen Einzelbauern in die Genossenschaften gedrängt wurden, vergrößerte sie sich, und es entstanden im Ort und in den Ausbauten weitere kleinere Genossenschaften, die bis 1975 ebenfalls in der erstgenannten LPG aufgingen. 1979 trennten sich die LPG Tierproduktion und die LPG Pflanzenproduktion Fürstenwerder voneinander. Letztere bewirtschaftete schließlich 7548 ha Nutzfläche, davon 6909 ha Ackerland und 639 ha Grünland. Bei den seit 1974 durchgeführten Komplexmeliorationen erfolgten auf der Feldmark Fürstenwerder umfangreiche Entwässerungen und Dränierungen.

Nachfolgeeinrichtungen der Genossenschaften waren 1994 die Landboden Fürstenwerder GmbH mit 459 ha und ein Wiedereinrichter mit 743 ha landwirtschaftlicher Nutzfläche, der auch den großen früheren Schafstall nutzt. Auf den Äckern werden hauptsächlich Weizen, Gerste, Hafer, Kartoffeln, Zuckerrüben, Raps, Futterrüben und Futtermais angebaut. Der Viehbestand umfaßt Milchkühe, Kälber, Schafe und Lämmer. Mit den Schafen behütet man die umfangreichen Auflassungsflächen auf den Moränenhügeln südlich von Fürstenwerder, wo das frühere Gut Schulzenhof 1995 verlassen dalag.

Fürstenwerder selbst stellt ein ländliches Siedlungszentrum an der Nordwestgrenze des Kreises Uckermark dar. In der Landwirtschaft sind heute nur noch wenige Einwohner beschäftigt, die meisten Arbeitsplätze bieten Handel, Gewerbe und Dienstleistungseinrichtungen. Der Fremdenverkehr spielt in Fürstenwerder hingegen nur eine ganz untergeordnete Rolle. Beachtenswert sind die seit 1974 bestehende Heimatstube der Uckermark mit reichhaltigen Sammlungen zur Heimatgeschichte und ihrer Sammlung bäuerlicher Geräte.

Kraatz, Kreis Uckermark, C 3

liegt an der Straße von Prenzlau nach Fürstenwerder. Seine Gemarkung war bereits in der Steinzeit besiedelt, wie zahlreiche Funde von Steingeräten, so Äxten, Beilen und Dolchen, bezeugen. Westlich des Ortes befinden sich im Damerower Wald 7 Hügelgräber aus der Bronzezeit; auch ein Kannelurenstein (s. C 2) und Gefäßreste gehören dieser Epoche an.

Anläßlich einer Kriegsentschädigung des Herzogs von Pommern für seine Vasallen wird das Dorf *Kraatz* (zu altpolabisch *krasa* = Schönheit) 1321 erstmals schriftlich erwähnt: Einer der gleichnamigen Ritter von Kraatz mußte seinen 8-Hufen-Hof an den ebenfalls in Kraatz ansässigen Ritter von Zerrentin abtreten; der andere behielt wohl seine 6 Hufen. Bereits 1375 lag das 50 Hufen große Dorf nebst Windmühle, Krug und Kossätenstellen gänzlich wüst, wahrscheinlich auch die zu den Ritterhöfen gehörigen 14 freien Hufen. Im 15. Jh. wurde nur noch die wüste Feldmark genannt. Das landesherrliche Schloß Boitzenburg besaß die Jagdrechte auf dem Felde Kraatz (1528), die die von Arnim, Schloßbesitzer seit 1528, noch im 17. Jh. wahrnahmen. Seit dem 15./16. Jh. sind 4 Besitzanteile nachweisbar, welche denen von Arnim zu Biesenthal und Gerswalde (ab 1472), später zu Boitzenburg, denen von Glöden, von Klützow und von Holzendorf zugehörten. Vielleicht verhinderte die Besitzersplitterung die Wiederbesiedlung des wüsten Dorfes. Erst 1701 begann von Glöden mit dem Wiederaufbau. 1734 waren 9 Kossäten, 13 Häusler, je ein Schmied, Leineweber, Schneider, Radmacher, Zimmermann, Schäfer und Hirt sowie 25 Knechte und 11 Mägde ansässig, die alle dem Rittervorwerk dienten. Zum Vorwerk des von Arnim gehörte Land zu je 11¼ Wispel (s. J 2) Aussaat erster und zweiter Klasse (von 3 Güteklassen), von Holzendorf besaß Ritterland zu je 1⅛ Wispel Aussaat dieser Güte (1756/57). 1775 gab es im Dorf wieder eine Windmühle. Von 33 Feuerstellen befanden sich 26 in Familienhäusern, woraus sich schlußfolgern läßt, daß Kraatz damals ein Guts- und Tagelöhnerdorf war. Das Gut geriet 1819 in Konkurs und befand sich seit 1822 in bürgerlicher Hand. 1845 wurde eine Ziegelei errichtet. Der damalige Gutsbesitzer ließ für sich im Park mit hohen Laubbäumen und einem See ein Schloß mit Turm bauen, das 1996 leer stand. In der Nähe des ehemaligen Gutes steht ein Mast mit einem Storchennest, etwa 200 m entfernt erhielt sich eine Linde mit etwa 4 m Umfang.

Die Kirche in Kraatz stammt aus dem Jahre 1854 und besteht aus Feldsteinen. Ihr rechteckiges Schiff besitzt einen dreiseitigen Ostschluß. Der Westturm mit seinen Schildgiebeln wurde in Backstein ausgeführt. Das Äußere wie die Innenausstattung zeigen die Formen der Neugotik. In den Feldern der Kanzelbrüstung befinden sich 8 geschnitzte Apostelfiguren, die vermutlich den Flügeln eines spätmittelalterlichen Altars aus der Zeit um 1500 entstammen.

Nach dem Ersten Weltkrieg entstanden infolge Aufsiedlung von Gutsland 43 neue Stellen. 1928 vereinigten sich die aufgelösten Gutsbezirke Kraatz und Damerow bei Wolfshagen, ebenfalls Rittergut auf einer wüsten Feldmark, zur Gemeinde Kraatz. 1960 entstanden je eine LPG Typ I in Kraatz mit 104 Mitgliedern und 542 ha landwirtschaftlicher Nutzfläche und in Damerow mit 35 Mitgliedern und 193 ha Land. Beide wurden 1967 vereinigt und 1977 an die Genossenschaft in Schapow angeschlossen.

C 3   Die Einwohnerzahl von Kraatz (Anhang A) und Damerow, die bis 1939 auf 399 angestiegen war und nach dem Ende des Zweiten Weltkrieges sogar 531 (1946) betrug, verringerte sich durch die Verlagerung der wirtschaftlichen Schwerpunkte in benachbarte Orte bis 1981 auf 186, bis 1991 auf 127 Bewohner.

C 4   Wilhelmshayn, seit 1928 Ortsteil von Fürstenwerder,

liegt 3 km östlich vom Hauptort. Die Häuser erstrecken sich von der alten Gutssiedlung am 100 m hohen Pfingstberg im S nordwärts bis zur Landstraße Fürstenwerder – Prenzlau, wo ehemals auch eine Haltestelle der Kleinbahn existierte (s. C 2). Auf der Gemarkung von Wilhelmshayn kam ein mittelsteinzeitliches Kernbeil zum Vorschein. Flintgeräte, eine Flintsäge, 4 Beile und 5 Äxte gehören der Jungsteinzeit an. Außerdem fand man bronzezeitliche, slawische und frühdeutsche Keramikreste als Anzeiger einstiger Siedlungen.

Im Jahre 1815 ließ Reichsgraf von Schwerin auf Wolfshagen unweit seines Gutes Damerow in der Damerower Heide ein Vorwerk errichten und Wilhelmshayn benennen. Es umfaßte um 1860 insgesamt 2299 Morgen (575 ha) Land; zum Gutsbezirk gehörte auch der Kiecker (s. C 6). 1923 kaufte die Siedlungsgesellschaft Eigenheim m.b.H. in Frankfurt das Vorwerk mit 377 ha, um Siedlerstellen anzulegen. Das Restgut von 149 ha wurde 1945 enteignet und aufgeteilt. 1960 mußten 36 Bewohner mit 284 ha eine LPG bilden, die 1969 der Genossenschaft in Ferdinandshorst (s. C 5) angegliedert wurde. Das frühere Gut beherbergte Stallungen der LPG Tierproduktion Fürstenwerder. Wilhelmshayn vergrößerte sich von 25 Bewohnern im Jahre 1817 auf 119 im Jahre 1925 (Anhang A).

In einer langgestreckten vermoorten Senke am Ostrand der Wilhelmshayner Feldmark erstreckt sich das Niederungsgebiet Stille Föhrde. In früheren Zeiten diente es vornehmlich als Viehweide, auch gab es eine Reihe von Torfstichen, die heute mit Wasser gefüllt sind und zum Teil als Angelgewässer dienen. An etwas erhöhten Stellen hat sich auf kalkreichem, anmoorigem Boden ein artenreicher Niederungswald mit Stieleichen, Hainbuchen, Eschen, Erlen und anderen Gehölzen erhalten, in dem unter anderen Leberblümchen (*Hepatica nobilis*), Buschwindröschen (*Anemone nemorosa*), Maiglöckchen (*Convallaria majalis*), Frühlings-Schlüsselblumen (*Primula veris*) und die Vielblütige Weißwurz (*Polygonatum multiflorum*) wachsen. An Pilzen treten Mai-Ritterling und Deutsche Morchel auf. Das Gebiet ist außerordentlich vogelreich, unter anderen wurden hier Wiesenpieper und Erlenzeisig beobachtet.

C 5   Ferdinandshorst, Kreis Uckermark

Von der Feldmark Ferdinandshorst liegen zahlreiche urgeschichtliche Funde vor. So wurde aus einem jungsteinzeitlichen Hügelgrab der Einzelgrabkultur eine Steinaxt bekannt. Weitere Äxte, ein Flintbeil und ein Dolchrest gehören ebenfalls der Steinzeit an. 2 Hügelgräber befinden sich südwestlich des Dorfes; ferner ist eine bronzene Lanzenspitze hervorzuheben. Aus der vorrömischen Eisenzeit stammen Tonscherben und Eisenschlacken. Diese und ein Ofenrest belegen die Eisenproduktion aus Raseneisenerz.

Mit dem Ablösungskapital, das die 16 Bauern aus Schapow ihrem Gutsherrn, C 5
Graf FERDINAND VON SCHLIPPENBACH zu Arendsee, zwecks Regulierung der
gutsherrlich-bäuerlichen Verhältnisse zahlen mußten, ließ dieser 1825 auf dem abgeholzten Teil seiner Besitzungen, vor allem auf Wittstockschem Forstgrund, ein
Vorwerk namens Ferdinandshorst errichten. Es verfügte über etwa 1600 Morgen
(400 ha) Land. Nach dem Ersten Weltkrieg erwarb die Deutsche Kultur- und
Siedlungsgesellschaft m.b.H. Berlin das Gut mit seinen Ländereien; davon waren
1928 insgesamt 403 ha aufgesiedelt. Im selben Jahr vereinigten sich die aufgelösten Gutsbezirke Ferdinandshorst und Christianenhof, eine Vorwerkssiedlung des
18. Jh. auf der wüsten Feldmark Schwanepfuhl, zur Gemeinde Ferdinandshorst.

Christianenhof wurde im Zuge der Bodenreform 1945 enteignet und aufgeteilt.
In Ferdinandshorst entstand 1955 eine landwirtschaftliche Produktionsgenossenschaft mit 234 ha Nutzfläche, die 1960 auf 83 Mitglieder und 844 ha Land erweitert wurde. Seit 1976 bildete sie eine Abteilung der LPG Tierproduktion Parmen
(s. C 8). Die Nutzfläche bewirtschaftete die LPG Pflanzenproduktion Fürstenwerder (s. C 2), die in Ferdinandshorst auch 2 ihrer insgesamt 5 Schafherden hielt.
Seit 1991 gibt es in Ferdinandshorst die Gesellschaft bürgerlichen Rechts Marktfrucht, die auf 711 ha Getreide, Ölfrüchte und Hackfrüchte anbaut, aber keine
Viehhaltung betreibt, sowie einen weiteren Neueinrichter, der sein Land weiterverpachtet hat. Mit 176 Einwohnern im Jahre 1981 und 143 im Jahre 1991 gehört
die vormalige Gutssiedlung zu den kleinsten Gemeinden des Kreises Uckermark.

Kiecker C 6

Im Jahre 1825 nahm den gesamten SO der Gemarkung Fürstenwerder ein
großes Waldgebiet ein, das sich westwärts bis an das Drimmelbruch, ostwärts bis
an das Vorwerk Ferdinandshorst und nahe an Wilhelmshayn heran erstreckte und
auf dem Urmeßtischblatt von 1825 als Fürstenwerdersche Heide bezeichnet ist.
Auf der Separationskarte von 1823, die in der Heimatstube Fürstenwerder aufbewahrt wird, gliederte sich der zu Fürstenwerder gehörende Waldteil in die Acker-Bürger-Heide und die Büdner-Bürger-Heide. Rodungen haben diesen Wald bis
1945 um etwa die Hälfte verkleinert, und er umfaßte zuletzt gegen 400 ha. Seinen
Hauptteil, den Kiecker, nimmt meist ein artenreicher Perlgras-Buchen-Wald ein,
während in dem als Glaserort (1825 *Grosse Glasort, Kleine Glasort*) bezeichneten
Westteil nordöstlich des Großen Parmensees neben Restbeständen natürlicher
Laubwaldgesellschaften auch vielfach Kiefernforsten stocken. Der Wald und das
Mitte des 19. Jh. am Südrand unweit des Ostzipfels des Großen Parmensees in
neugotischem Stil errichtete Forsthaus Kiecker gehörten bis 1928 zum Gutsbezirk
Wilhelmshayn. Der Name Kiecker ist zu niederdeutsch *kieken* = gucken zu stellen.

Neben dem Perlgras-Buchen-Wald mit Einblütigem Perlgras (*Melica uniflora*),
Lungenkraut (*Pulmonaria officinalis*), Leberblümchen (*Hepatica nobilis*) und
Buschwindröschen (*Anemone nemorosa*) kommt an frischen Standorten in flachen
Senken des kuppigen Grundmoränengeländes im Rückland der Gerswalder Staffel
auch Eschen-Buchen-Wald mit Hohlem Lerchensporn (*Corydalis cava*), Moschusblümchen (*Adoxa moschatellina*) und Einbeere (*Paris quadrifolia*) vor. In der
Nähe des Forsthauses Kiecker, das heute Wohnzwecken dient, befinden sich auch

C 6 verschiedene aus dem Garten entwichene Frühblüher. Stellenweise hat man die naturnahen Buchenwälder in Nadelholzforsten umgewandelt. Zahlreiche Hohlformen des Geländes sind vermoort. In einem solchen Versumpfungsmoor nordöstlich vom Forsthaus Kiecker wachsen Krebsschere (*Stratiotes aloides*), Großer Igelkolben (*Sparganium erectum*), Wasserknöterich (*Polygonum amphibium*) und Teichsimse (*Schoenoplectus lacustris*). In einem Torfmoos-Kesselmoor an der Straße nach Ferdinandshorst gibt es in der nassen Randzone Sumpfcalla (*Calla palustris*), Gemeinen Wasserschlauch (*Utricularia vulgaris*) und Straußblütigen Gilbweiderich (*Lysimachia thyrsiflora*).

Im Südostteil des Kieckers konzentrieren sich mehr als 10 bronzezeitliche Hügelgräber. Weitere solche Begräbnisstätten liegen verstreut im Wald, so am Glaserort westlich der ehemaligen Eisenbahnstrecke Templin–Fürstenwerder, die das Gebiet zum Teil in einem tiefen Einschnitt durchquerte.

C 7 **Großer** und **Kleiner Parmensee**

Der Große Parmensee erstreckt sich von O nach W vor der Endmoräne der von N nach S verlaufenden Gerswalder Staffel. Dem 132 ha großen See ist westlich der kreisförmige Kleine Parmensee mit 10,5 ha Fläche vorgeschaltet. Beide besitzen eine einheitliche Wasserspiegelhöhe von 89,5 m ü. NN, sind flach in die umgebende Landschaft eingelagert und haben nur eine Tiefe von 6 bzw. 9 m. Kleine unbedeutende Zuläufe zu den Seen kommen von W und N her.

Der Große Parmensee als stark eutrophes Gewässer (Abb. 3) weist eine sehr hohe Konzentration an Pflanzennährstoffen und Planktonalgen auf. Die Sichttiefen liegen deshalb zum Teil unter 1 m. Da der See ungeschichtet ist, konnten in allen Tiefen Sauerstoffkonzentrationen von etwa 9 mg Sauerstoff pro Liter gemessen werden. Das Einzugsgebiet der Parmenseen unterliegt hauptsächlich der landwirtschaftlichen Nutzung, eine wesentliche Ursache für die sehr hohe Nährstoffbelastung. Um das nährstoffreiche Tiefenwasser zu entfernen, wurden Rohre zu dessen Ableitung installiert.

Den langgestreckten Großen Parmensee umzieht ein schmaler Schilfgürtel, dem stellenweise kleine Bestände der Gelben Teichrose (*Nuphar lutea*) vorgelagert sind. Nur auf der Nordostseite schließen sich auf höherem Gelände Kiefernforsten an, die Abhänge am See sind meist von einem Gehölzstreifen bewachsen. Während die kleine Insel im Ostteil nördlich von Parmen bewaldet ist, zeigt die flache im Westteil außer Röhricht nur einige abgestorbene Bäume. Der Kleine Parmensee weist eine wesentlich stärkere Verlandung mit einem breiten Schilfgürtel auf. Nordwestlich des Sees befindet sich ein interessantes Feuchtgebiet mit flachen Wasserschlenken, auf denen sich im Sommer ausgedehnte Schwimmdecken aus Wasserlinsen und Wassermoosen (*Riccia fluitans u. Ricciocarpus natans*) entwickeln.

Im Bereich der Parmenseen sammeln sich ab August jeden Jahres die Kranichfamilien der weiteren Umgebung, zu denen sich im September/Oktober noch osteuropäische und bzw. oder nordische Tiere gesellen, so daß sich bis zu 300 Vögel zusammenfinden. Die Nacht verbringen sie im Flachwasser vermoorter Senken innerhalb der Feldflur, sie können aber auch bis in den 5 km entfernten Raum

Lichtenberg ausweichen. Die Aufenthaltsorte wechseln beträchtlich in den einzel- C 7
nen Jahren infolge des unterschiedlichen Nahrungs- und Schlafplatzangebotes sowie der Störungen durch Feldarbeiten.

Der Name der Seen ist slawischer Herkunft und gehört zu altpolabisch *parm* = Fähre. Der an der Ostspitze den Großen Parmensee verlassende Bach ist der Oberlauf des Quillow. 700 m östlich des Sees trieb er früher die Parmener oder Kiecker Mühle und strömt dann, an Raakow vorbei, in östlicher Richtung weiter. Östlich von Raakow erhält er Zufluß durch einen aus den Niederungsgebieten bei Wilhelmshayn (Stille Föhrde) und Kraatz kommenden Graben sowie von S her durch den Abflußgraben des Haussees bei Arendsee (s. F 2). In mehrfach gewundenem, insgesamt 27 km langem Lauf durchfließt er dann die Moränenlandschaft der nordwestlichen Uckermark, um schließlich nördlich von Prenzlau in die Ucker zu münden. Der Name Quillow ist mangels älterer Belege nicht deutbar.

Parmen, seit 1964 Ortsteil von Parmen-Weggun, C 8

ein Straßendorf, wird von der alten Landstraße Boitzenburg–Fürstenwerder berührt und erstreckt sich auf der weithin von Äckern eingenommenen Grundmoränenplatte südlich des Großen Parmensees. Aus dem Ort liegt ein archäologischer Fund vor. In den Akten des Märkischen Museums Berlin heißt es: „1741. Vor ohngefehr 2 Jahren wurde auff dem Parmenschen Kirchhoffe bey Verfertigung eines Grabes eine Urne gefunden, so aber bey dem Herausnehmen zerbrochen und nichts darin verspühret wurde." Zahlreiche Fundplätze sind aus dem nordwestlichen Teil der Feldmark bekannt. Sie lieferten vorwiegend Steingeräte mit Äxten, Beilen, Dolchen und Klingen. Hinzu kommen einige Hügelgräber, ein Kannelurenstein, Gefäßreste und Trogmühlen der Bronzezeit. Auch Scherben der vorrömischen Eisenzeit liegen vor.

1375 teilten sich in die grundherrschaftlichen Rechte des Dorfes Parmen 6 Feudalberechtigte, von denen einer einen Hof mit 5 freien Hufen besaß. Die Grenzlage zum Land Stargard erklärt, warum neben märkischen Adligen auch mecklenburgische Ritter an Parmen Anteile besaßen. Das bereits 1375 teilweise wüste Dorf mit seinen 40 Hufen und 15 Kossätenstellen verödete bald völlig. Seit der zweiten Hälfte des 15. Jh. gelangte Parmen in den Besitz der Familie von Kerkow, die bereits seit längerem im 11 km entfernten Gollmitz ansässig war. Im Laufe der Zeit entstand ein Kossätendorf, und 1573 vermerkt das Schoßregister (Abgabeverzeichnis) einen Schulzen und 17 Leute, dazu einen Hirten und 2 Pachtschäfer der Gutsherren. Danach wurden noch 3 Bauern mit je 2 Hufen angesetzt, die steuerpflichtig waren (1624), während der Grundherr Land zu 10 Wispel (s. J 2) 4 Scheffel „Ritterfreisaat" im Winterfeld bewirtschaften ließ.

Das dann im Dreißigjährigen Krieg zerstörte Dorf zählte 1687 erst wieder 3 besetzte Kossätenhöfe. Die Neuvermessung und Bonitierung im Jahre 1699 ermittelte 815 Morgen (á 300 Quadratruten) teils „reinen", teils bewachsenen Landes. Davon entfielen auf die Ritterfreisaat in 3 Feldern zusammen 488 Morgen, für die 6 Bauernhufen verblieben, abzüglich von 6 Morgen Kirchenland und einem Drittel Brache, 214 Morgen. 2 Bauern bestellten fortan diese Hufen, und an die Stelle der Kossäten waren Häuslinge, landlose Tagelöhner, getreten. 1734 gab es auch

C 8 wieder eine Wassermühle und einige Dorfhandwerker, 1745 kam eine Ziegelei hinzu. 1751 ließ der Gutsherr eine Glashütte errichten, die aber bereits 1775 nicht mehr existierte. An sie erinnert der Flurname Glasofen (LIPPERT 1970). Nach 1800 gab es auch eine Windmühle, zeitweise nach ihrem Besitzer Krickelmühle genannt. Eine Wassermühle schnitt zu dieser Zeit Holz.

Der rechteckige Feldsteinbau der Parmener Kirche entstand im Jahre 1867. Die Rundbogenfenster besitzen Backsteinleibungen. Die einheitliche schlichte Ausstattung der Kirche stammt aus der Erbauungszeit. In der früheren Schule für die Klassen 1–4 befindet sich heute der Kindergarten.

Im Jahre 1883 arbeitete eine Gutsbrennerei. Der Gutsbesitz selbst wurde nach dem Ersten Weltkrieg zum Teil parzelliert und besiedelt. Bei der Vereinigung von Dorf und Gut Parmen mit dem Gutsbezirk Warbende 1928 kamen rund 500 ha Zerweliner Forstparzellen an den Gemeindebezirk Weggun. Eine Brennereigenossenschaft, in der jeder Bauer einen Anteil hatte, bestand im Ort bis etwa 1950.

Infolge der Bodenreform von 1945 erhielten landlose und landarme Bauern, Landarbeiter und Flüchtlinge sowie die Gemeinde 566 ha enteignetes Land zur Verfügung. Die Gutsgebäude wurden in Neubauernstellen aufgeteilt. Bereits 1955 entstand eine erste und 1960 eine weitere landwirtschaftliche Produktionsgenossenschaft, von denen die erste 1960, die zweite 1967 an die LPG Weggun angeschlossen wurde. Im Verlauf der weiteren Entwicklung bildete man in Parmen eine LPG Tierproduktion, während die Ackerflächen fortan von der LPG Pflanzenproduktion Fürstenwerder bewirtschaftet wurden, die in Parmen einen Reparaturstützpunkt unterhielt.

Nach 1990 wandelte sich die LPG in Parmen in die Landboden-Parmen Treuhand GmbH um, die 1994 insgesamt 1340 ha landwirtschaftliche Nutzfläche besaß, davon in Parmen selbst etwa 500 ha. Hier wurden 320 Milchkühe, 30 Mutterkühe und 130 Jungrinder gehalten, und auf den Feldern wurden Getreide, Lein, Zuckerrüben und Futterpflanzen angebaut, 150 ha dienen als Grünland. Im Dorf gibt es einen bäuerlichen Wiedereinrichter. Parmen gehört zum Amt Nordwestuckermark.

1734 lebten in Parmen 161 Einwohner, deren Anzahl infolge von Aufsiedlung und kommunaler Erweiterung bis 1939 auf 407 anstieg und 1946 infolge der Ansiedlung 498 erreichte (Anhang A).

C 9 **Raakow,** seit 1928 Ortsteil von Arendsee,

liegt 2 km nördlich von seinem Hauptort. Im Südostteil der Gemarkung befindet sich eine Gruppe von 11 Hügelgräbern, ein weiteres erkennt man an der Grenze zu Parmen. Überliefert ist der Einzelfund einer bronzezeitlichen Armspirale.

Der Name des erstmals 1375 genannten Ortes *Rakow* ist slawisch und bedeutet Ort, wo es Krebse gibt, zu altpolabisch *rak* = Krebs. Das Dorf zählte mit seinen 23 Hufen zu den kleinsten der Uckermark. Bis auf den Krug schien der Ort nebst Mühle und 6 Kossätenstellen um diese Zeit noch völlig intakt gewesen zu sein. Doch 1416 lag er verlassen da, und während des 15. und 16. Jh. bewuchs die Feld-

mark mit Wald. Mit Raakow zusammen umgab ein Halbkreis wüster Dörfer den C 9
Ort Fürstenwerder: Warbende, Parmen, Raakow, Schwanepfuhl (Christianenhof),
Wittstock, Kraatz und Damerow bei Wolfshagen.
  Eine Hälfte der Ortsflur befand sich im Besitz der Familie von Klützow zu Dedelow, die Anfang des 18. Jh. ein Vorwerk errichten ließ (1712 erstmals genannt). 1745 setzte Graf von Schlippenbach einen Heideläufer an und erwarb 1795 das Klützowsche Gut. Die im 19. Jh. nur wenig vergrößerte Gutssiedlung vereinigte sich mit dem aufgelösten Gutsbezirk Arendsee zur Gemeinde Arendsee.
  Das Raakower Gutsareal im Umfang von 456 ha wurde im Zuge der Bodenreform von 1945 enteignet und an 41 Neubauern aufgeteilt, etliche Hektar auch als Gartenparzellen. 1960 kam es zur Bildung einer landwirtschaftlichen Produktionsgenossenschaft, die 1969 an das Volksgut Arendsee (s. F 2) angeschlossen wurde, das in den Wirtschaftsgebäuden des früheren Gutshofes einen Betriebsteil unterhielt. Nach 1990 erwarb CHRISTOPH VON SCHLIPPENBACH den Gutshof und 350 ha Land und pachtete außerdem 130 ha Ackerland von einem Neueinrichter in Ferdinandshorst dazu. Seit 1994 baute er einen neuen Gutsbetrieb mit Schweinemast und mit Anbau von Getreide, Öl- und Hackfrüchten auf.
  Die Gutssiedlung zählte 1734 nur 19 Einwohner. Bis 1858 stieg die Anzahl auf 115 Personen an und erreichte 1925 nochmals einen Höhepunkt mit 147 Ansässigen. Infolge der wirtschaftlichen Entwicklung des Nachbarortes Arendsee waren 1977 im Ortsteil Raakow nur noch 73 Personen wohnhaft, und bis 1994 hatte sich die Einwohnerzahl weiter auf etwa 60 reduziert.
  Die frühere Gemarkung Raakow stellt eine von zahlreichen Söllen durchsetzte Grundmoränenlandschaft dar. Während der Hauptteil entwaldet und von Ackerfluren eingenommen ist, hat sich im Ostzipfel noch ein größeres Waldstück erhalten können. In temporären Kleingewässern in diesem Raakower Wald wurden im Frühjahr 1994 die Krebse Kiemenfuß (*Siphonophanes grubei* = *Chirocephalus grubei*) und Schuppenschwanz (*Lepidurus apex*) erstmals für die Uckermark nachgewiesen. In dem kalten klaren Wasser wuchs auch die seltene Grünalge *Drapanaldia glomerata*.

D 1
Dolgener See

Eine subglaziäre Schmelzwasserrinne, die sich vom Dolgener See im Bereich der Grundmoräne über den Schwarzen See innerhalb der Endmoräne zum Großen und Kleinen Gräpkenteich auf dem Sander zieht, führte zur Bildung des 4 km langen, aber nur 150 m breiten, jedoch bis 16 m tiefen Dolgener Sees. Auf die langgestreckte Form bezieht sich der Name, der zu altpolabisch *dolg* = lang gehört. Ursprünglich hieß der See Dolgen.
  Das Südende des Gewässers ist ein Beispiel für ein Gletschertor, aus dem sich im Pleistozän das Schmelzwasser in das Vorland ergoß (UDLUFT 1931). Es gehört dem Eisvorstoß des Strelitzer Lobus, also dem Pommerschen Stadium der Weichselkaltzeit, an. Der Dolgener See besitzt nur kleine Zuläufe und einen Abflußgraben nach W hin. Trotz der teilweise steilen Eintiefung in die umgebende Grundmoränenplatte, die im ufernahen Bereich Anhäufungen von Findlingen enthält, sind 2 Drittel des Seeufers unbewaldet, stellenweise jedoch mit Gehölz be-

D 1 standen. Ein Drittel nehmen Buchenforsten auf den Ausläufern der Endmoräne ein, die sich unmittelbar am Südende des Sees erkennen läßt.

Der Dolgener See zählt zu den mesotrophen bis schwach eutrophen, geschichteten Gewässern (Abb. 3), in denen der Nährstoffgehalt niedrig bleibt. Die Sichttiefe geht bis auf 2 m zurück. Die Sauerstoffkonzentration ist im Juli bis in 11 m Tiefe gut, wo sie noch 5 mg Sauerstoff pro Liter (O_2/l) beträgt. Darunter folgt ein schneller Rückgang auf 1 mg O_2/l. In der Mitte der siebziger Jahre des 20. Jh. maß man im August im gesamten Tiefenwasser Werte von 1–2 mg O_2/l.

Im Dolgener See kommen folgende Fischarten häufig vor: Blei, Flußbarsch, Plötze und Ukelei. Außerdem sind Aal, Güster, Hecht, Kaulbarsch, Kleine Maräne, Rotfeder und Schleie vertreten; dagegen besitzt die Große Maräne Seltenheitswert.

Die Wasserverhältnisse waren in den fünfziger Jahren noch besser als heute, wie der Fund der Sternarmleuchteralge (*Nitellopsis obtusa*) beweist. In der Zwischenzeit verursachte die verstärkte Nährstoffzufuhr einen Rückgang der Unterwasserpflanzen. Wegen der stark abfallenden Ufer ist der Röhrichtgürtel meist schmal und stellenweise nur fragmentarisch entwickelt. Hier brüten Bleßralle, Haubentaucher und Höckerschwan. Im Nordteil wurde bisher einmal die Rohrweihe brütend nachgewiesen. Der ufernahe Rotbuchenwald bietet der Schellente günstige Brutmöglichkeiten. Als Wintergast konnte neben dem Gänsesäger der Singschwan beobachtet werden.

D 2 Koldenhof, seit 1957 Ortsteil von Dolgen,

liegt etwa 3 km südlich seines Hauptortes an der Straße Dolgen–Lychen. Südlich von Koldenhof erheben sich die Rollberge mit Hügelgräbern, von denen 2 im 19. Jh. untersucht wurden. Der Hügel I enthielt eine Steinkiste mit 6 Tongefäßen, einem Bronzemesser und einer Bronzenadel. Der Hügel II war ähnlich ausgestattet.

An den Kirchhofsbrüchen 1,5 km südöstlich von Koldenhof befindet sich in der Abteilung 72 inmitten des Waldes eine mittelalterliche Wüstung. Bei Untersuchungen wurden 1964 Reste von 2 Hausfundamenten, ein Brunnen und ein kleiner Turmhügel mit Fundamentresten aufgenommen. Die Karte von SCHMETTAU (1682) bezeichnet dieses Flurstück als Wüste Dorfstelle. Vielleicht nimmt auch der Ortsname – 1306 curia *Coldehof*, 1311 in *Koldenhove* 1362 *Koldehoff* – auf die Wüstung Bezug, denn als kalt – mittelniederdeutsch *kolt* – wurden oftmals verlassene Häuser bzw. Höfe genannt. Nach Angaben aus den Jahren 1550 und 1568 lag Koldenhof zu dieser Zeit wüst. Im Jahre 1735 wohnten in dem ursprünglichen Bauerndorf nur noch 3 Kossäten. Von 1752 bis zur Aufteilung der Gemarkung im Jahre 1811 wurde das Land von einer Meierei bewirtschaftet. Um 1885 lebten in Koldenhof 173 Einwohner; es gab je eine Schule und Küsterei. Nach dem Ersten Weltkrieg waren 4 Bauern, 8 Büdner und ein Häusler ansässig.

1 km südlich von Koldenhof lag inmitten des Waldes an dem 2 ha großen Schwarzen See der 1683 erwähnte Dolgener Teerofen. Nach der Aufgabe der Schwelerei siedelten sich in seiner Nähe Waldarbeiter an. Daneben entstand 1904 ein großes Sägewerk, das das im Forst Lüttenhagen eingeschlagene Holz verarbei-

tet. Das Werk befindet sich seit 1995 wieder in Privatbesitz und bildet mit den anliegenden Häusern einen Wohnplatz. Im Dorf mit damals etwa 110 Einwohnern wurden in den achtziger Jahren des 20. Jh. zahlreiche Eigenheime errichtet, nachdem neue Arbeitsplätze in einer 2 km nördlich von Koldenhof gelegenen großen Schweinemastanlage (s. A 3) entstanden waren. Im Ort gab es ein Gästehaus der Regierung, das heute zum Teil als Gaststätte dient. Ein privater Landwirtschaftsbetrieb mit 39,5 ha Nutzfläche hält seit Sommer 1995 auch etwa 80 Schafe zur extensiven Beweidung. Ein weiterer Betrieb betreibt erwerbsmäßig Planwagencamping und besitzt dafür Kaltblutpferde. Der Schwarze See unweit des Sägewerkes ist ein Laichgewässer der Erdkröte. Südwestlich von Koldenhof beginnt der Teilbereich Serrahn des Müritz-Nationalparks.

D 2

Lüttenhagen, Kreis Mecklenburg-Strelitz

D 3

Hat man westlich von Feldberg auf der Straße nach Lychen den Buchenwald durchquert, gelangt man nach Lüttenhagen, wo etwa 120 Menschen leben. In Urkunden wird das Dorf erstmals 1393 *Hinrikeshaghen* genannt. Sein heutiger Name erklärt sich aus der zuerst 1578 belegten Form *Lutken Henrichshagen*. Seit Beginn des 17. Jh. heißt der Ort nur noch *Lüttigenhagen* bzw. Lüttenhagen, zu mittelniederdeutsch *lüttig* = klein.

Seit dem Anfang des 16. Jh. läßt sich in Lüttenhagen ein Gut nachweisen. Im Jahre 1518 werden für den Ort 9 von 7 Kossäten besetzte Katen genannt. Eine zehnte Kate lag wüst. 1555 lebten in Lüttenhagen 4 Kossäten, 1585 auch je ein Schneider und Böttcher. Der herzogliche Besitz und 3 Kossätenhäuser brannten 1628 ab. Nach den Verwüstungen im Jahre 1638 wohnten 1639 von den ursprünglich ansässigen 7 Kossätenfamilien nur noch eine Frau, 5 Kinder und ein Knecht im Ort. 1671 gelangte Lüttenhagen in fürstlichen Besitz. Erst 1683 gab es wieder je einen Vollbauern und Kossäten. 1713 wohnten hier 3 Bauern sowie je ein Kossäte, Schäfer und Freimann. Während des Nordischen Krieges 1700–1721 litt der Ort unter Einquartierungen. Einige Bauern verließen daraufhin ihre Höfe. In den folgenden Jahren wurden alle Höfe bis auf einen gelegt. Später mußte der Besitzer auch dieses Hofes nach Feldberg umziehen. 1724 läßt sich in Lüttenhagen eine Meierei nachweisen. Um 1885 lebten im Ort 138 Einwohner, es gab eine Schule und eine Oberförsterei. Von den ehemaligen Gutsarbeiterhäusern blieben einige erhalten (Abb. 25).

Vor der Reformation gehörte Lüttenhagen kirchlich zur brandenburgischen Diözese (s. A 2). 1534 stand im Ort eine Kapelle, die kirchlich Carwitz unterstand und der eine Pfarrhufe angeschlossen war. Seit 1755 ist die Kirche eine Filiale von Bredenfelde. Der auf einem Hügel im nördlichen Dorfteil inmitten des Friedhofs gelegene rechteckige Fachwerkbau stammt aus dem Jahre 1683. Zwischen den einzelnen Stielen der Längswände übernehmen jeweils 2 Riegel die Querversteifung. Über dem oberen Riegelzug sitzen die Fenster. Gegen die Eckstiele sind kurze Fußbänder gesetzt. In den Jahren 1859 und 1893 erfolgten Umbauten, bei denen auch die Westwand massiv erneuert wurde. Im freistehenden Glockenstuhl befinden sich 2 Gußstahlglocken aus dem Jahre 1873. Auf dem Friedhof stehen eine der stärksten Eichen des Feldberger Gebietes mit 8 m Stammumfang sowie Kastanien, Linden und Ahorn.

Abb. 25   Ehemalige Gutsarbeiterhäuser in Lüttenhagen

Seit langem gab es in Lüttenhagen ein Domanium, also ein Staatsgut. Sein 236 ha großer Besitz wurde 1945 im Zuge der Durchführung der Bodenreform aufgeteilt. Jeder Neubauer erhielt neben Ackerland auch 1 ha Wald; einige von ihnen bauten sich Höfe an der Straße nach Feldberg. Die 1952 entstandene landwirtschaftliche Produktionsgenossenschaft ließ später Schweineställe errichten, 1971 wurde sie mit der LPG im Ortsteil Weitendorf vereinigt. Als nunmehrige LPG Tierproduktion nutzte sie das umfangreiche Grünland vor allem als Weide und einen Stall im ehemaligen Gut als Kuhstall. Auf einem der Gebäude aus der Zeit nach 1900 besteht seit mindestens 1920 ein Storchennest. Am Ortsausgang von Lüttenhagen befindet sich ein Storcheninformationspunkt mit Angaben über die Horste und die Lebensraumansprüche des Weißstorches im Nationalpark.

Die landwirtschaftliche Nutzfläche von Lüttenhagen bewirtschaftete die LPG Pflanzenproduktion Dolgen, die im Dorf einen Reparaturstützpunkt besaß und aus der die heutige Dolgener Agrargesellschaft in Weitendorf hervorging. In einem Gebäude beim früheren Domanium südwestlich von Lüttenhagen befindet sich der Sitz eines mecklenburgischen Forstamtes der Forstdirektion Ost.

D 4   Forst Lüttenhagen

heißt der große geschlossene Waldkomplex der vormaligen *Feldbergschen Heyde* (1780) zwischen Cantnitz und Schlicht im N sowie Mechow und Krüseliner Mühle im S. Ein Teil davon befindet sich auf dem Strelitzer Endmoränenbogen der

Pommerschen Hauptendmoräne der Weichselkaltzeit, der ein sehr unruhiges Relief aufweist und mit großen Steinpackungen nordischer Geschiebe durchsetzt ist. Hier wechseln sich Erhebungen und Senken auf engstem Raum ab. Zahlreiche Senken sind abflußlos und periodisch mit Wasser gefüllt oder weisen Flachmoortorfe auf; daneben gibt es auch einzelne wasserfreie Vertiefungen. Aus dem Forstrevier kommt der kleine Staugraben mit einem Einzugsgebiet von etwa 1,5 km^2, der einzige Zulauf zum Sprockfitz (s. A 5).

D 4

Die Flächenausdehnung des Forstes Lüttenhagen unterlag im Laufe der Zeit zahlreichen Veränderungen. Während der frühdeutschen Siedlungsperiode des 13. und 14. Jh. wurden große Areale gerodet, die sich während der Wüstungsphase im 14. und 15. Jh. (s. D 8, G 3) und besonders während und nach dem Dreißigjährigen Krieg zum Teil wieder mit Buschwerk und Bäumen bedeckten. Eine neue Rodungsphase im 18. Jh. setzte mit der Gründung von Glashütten (s. A 6, D 9), Köhlereien, Teerschwelereien (Dolgener Teerofen) und Kalkbrennereien (s. B 1) ein, die einen großen Brennholzbedarf hatten. Eine ungeregelte Nutzung durch Holzeinschlag, Streunutzung und Viehweide führte zu einer Degradierung der Wälder und Böden. Hinzu kamen Schäden durch Brände und Schädlinge. So wurden vom 19. Dezember 1843 bis 6. April 1844 im Forst 1 095 423 Raupen des Kiefernspanners gesammelt und vernichtet.

Erst eine zunehmende Holzknappheit aufgrund der raubbauartigen Waldnutzung war Anlaß für Maßnahmen zur Schonung der Bestände und der Einführung einer geregelten Forstwirtschaft in der zweiten Hälfte des 18. Jh. Seit dieser Zeit erfolgten Aufforstungen von Landwirtschaftsflächen um Krüselin (s. G 3), Laeven und Carwitz. Gepflanzt wurden vor allem Kiefern, wodurch sich der Anteil der Nadelwälder gegenüber dem der Laubwälder deutlich erhöhte. Auf ertragreichen Standorten im N des Gebietes fanden dagegen weitere Rodungen statt. In den Jahren 1805, 1831 und zwischen 1867 und 1882 erfolgten genaue Vermessungen des Forstes, das Setzen der 538 Jagensteine (ein Stein kostete 25 Silbergroschen) und 1882 das Zeichnen der Forstkarten. 1831 umfaßte die Fläche des Forstamtes Lüttenhagen 8095 ha. Sie nahm bis 1928 auf 7394 ha ab, und im Jahre 1937 gehörten zum Forstamt nur noch 6 542 ha Holzboden, 345 ha Wiese und Acker sowie 265 ha Torfmoore und Wasser. Das Amt war in 10 Reviere eingeteilt.

Die Abschußzahlen für das Forstamt Lüttenhagen 1937/38 und 1938/39 sollen die Wildverhältnisse der damaligen Zeit belegen (Angaben von Forstamtsleiter KLAUS BORRMANN, Lüttenhagen).

Tierart	1937/38	1938/39
Rotwild	44	112
Damwild	167	108
Rehwild	15	28
Sauen	76	111
Muffelwild	1	3

Heute läßt sich innerhalb des Forstes Lüttenhagen eine Zweiteilung der Waldbestände erkennen, die auf den natürlichen Standortverhältnissen beruht. Während auf den End- und Grundmoränen vorwiegend Buchenwälder mit zum Teil naturnahem Charakter (s. B 1 und H 1) stocken, begründete man auf den Sanderflächen im S fast ausschließlich Kiefernforsten. Sie stellen Ersatzgesellschaften der ur-

D 4 sprünglichen Eichenmischwälder dar, als vegetationskundliche Haupttypen sind die Blaubeer- und Drahtschmielen-Kiefernforsten vertreten. Natürliche Kiefernwälder hat es nur auf sehr kleinen Flächen gegeben. Die heutigen Kiefernforsten sollen nach und nach in Mischbestände überführt werden.

In den Jahren 1902 und 1907 und dann nochmals in den dreißiger Jahren wurde auf insgesamt 52 ha zwecks Fehlstellenausbesserung in Kiefernkulturen, Bodenverbesserung und Unterbau in der Oberförsterei Lüttenhagen die Spätblühende Traubenkirsche (*Padus serotina*) aus Nordamerika angepflanzt. Seitdem hat sich dieser Strauch vor allem auf den mäßig nährstoffreichen bis kräftigen Sandstandorten ausgebreitet und bis 1987 bereits eine Fläche von 438 ha besiedelt. Da sich die Art stellenweise zu einem Forstunkraut entwickelte, wird nunmehr vor ihrem weiteren Anbau im Walde gewarnt. In Zusammenarbeit mit der Naturschutzbehörde wurden seitens der Oberförsterei bzw. des jetzigen Forstamtes Wanderwege durch den Wald angelegt und der sogenannte Paradiesgarten am Parkplatz, ein ehemaliger Versuchsgarten mit ausländischen Gehölzen, neu gestaltet. Der Paradiesgarten wurde 1880 auf einer Fläche von 0,45 ha Größe angelegt. Er geht auf den Oberförster des Großherzogtums Mecklenburg-Strelitz, JOHANNES GRAPOW (1844–1936), zurück, der hier unter anderen verschiedene Douglasienarten sowie Sitkafichten, Bankskiefern, Schwarzkiefern, Traubenkirschenarten, Gelbbirken, Roteichen, Zypressen, Thujen, Scharlacheichen, Weißtannen und Balsamtannen anpflanzen ließ. Von den 27 damals vertretenen Arten sind nur noch 9 vorhanden. Die Anlage wurde 1994/95 durch Arbeiter der kommunalen Arbeitsbeschaffungsmaßnahme-Gesellschaft Feldberg rekonstruiert und auf 2,20 ha erweitert. Anläßlich der Eröffnung der Anlage am 7. Juli 1995 weihte man einen Gedenkstein für JOHANNES GRAPOW ein. Im gleichen Jahr wurden auch 100 Eiben gepflanzt, eine Art, die in Mecklenburg-Vorpommern durch verschiedene forstwirtschaftliche Eingriffe bedroht ist. Am Weg vom Parkplatz am Paradiesgarten zum NSG Heilige Hallen steht die sogenannte Köhlereiche, ein Naturdenkmal.

Im Jahre 1995 umfaßte der Forst Lüttenhagen einschließlich einiger kleiner Flächen Treuhandwald eine Fläche von 7575 ha und untergliederte sich in die 6 Reviere Feldberger Hütte, Grünow, Lüttenhagen, Mechow, Goldenbaum und Waldsee. Die Holzarten verteilen sich im Revier Lüttenhagen wie folgt:

Holzarten	Forsteinrichtung 1920 ha	%	Forsteinrichtung 1987 ha	%
Rotbuche	699,32	73,99	563,96	59,05
Trauben- und Stieleiche	8,31	0,88	65,86	6,90
Birke	5,09	0,54	23,40	2,45
übrige Laubhölzer	2,33	0,25	16,99	1,78
Kiefer einschl. Weymouthskiefer	146,63	15,51	64,33	6,73
Lärche	–	–	41,43	4,34
Fichte	82,02	8,68	124,08	12,99
Douglasie	1,46	0,15	52,46	5,49
übrige Nadelhölzer	–	–	2,58	0,27
Summe Laubhölzer	715,05	75,65	670,21	70,17
Summe Nadelhölzer	230,11	24,35	284,88	29,83
Summe	945,16	100,00	955,09	100,00

Heilige Hallen D 5

Das seit 1993 eine Fläche von 65,6 ha umfassende Naturschutzgebiet Heilige Hallen liegt in etwa 120 m ü. NN nahe der Wasserscheide zwischen Nordsee (Havel-Elbe) und Ostsee (Ucker bzw. Tollense). Die Pommersche Hauptendmoräne weist hier Höhenunterschiede bis zu 20 m auf. Günstige Bodenverhältnisse im Bereich des Strelitzer Endmoränenbogens sowie Niederschläge von 640 mm im langjährigen Durchschnitt sind wichtige Wuchsfaktoren für den hiesigen Buchenbestand. Die Verdunstung liegt in diesem Gebiet bei etwa 470 mm im Jahr, so daß mit einem mittleren jährlichen Gebietsabfluß von 170 mm, also Abflußspenden um 5,5 l/s km^2, zu rechnen ist. Trotz dieser beachtlichen oberflächlichen Abflußspende gehören große Teile des Naturschutzgebietes zu Binnenentwässerungsgebieten, was die Annahme stützt, daß wesentliche hydrologische Vorgänge unterirdisch in den mächtigen Sandschichten vor sich gehen.

Eine im Mittelalter angelegte Siedlung westlich des heutigen Naturschutzgebietes im Bereich der Abteilung 72 fiel im 15. Jh. wieder wüst (s. D 2).

„In grösserer Entfernung liegen die sogenannten ‚heiligen Hallen‘, ein Teil der Lüttenhagener Forst, die ihren Namen Buchen verdanken, wie sie wohl nicht majestätischer gefunden werden können, weshalb der hochselige Großherzog Georg sie für alle Zeiten zu schonen verordnete" schrieb CARL ARNDT 1882 in seiner „Flora von Feldberg". Der Name Heilige Hallen wurde also bereits im 19. Jh. geprägt. Damals verglich man die glatten, säulenartig aufragenden Buchenstämme und das geschlossene Kronendach der Bäume mit dem Inneren eines gotischen Kirchenschiffes. Das naturnahe Buchenwaldgebiet steht bereits seit 1938 unter Naturschutz. Es stellt ein wichtiges Studienobjekt für den natürlichen Zerfall und den Wiederaufbau eines autochthonen Buchenwaldes dar.

In den letzten 100 Jahren wurden die heute dreihundertjährigen Buchenbestände (Abb. 26) kaum forstlich genutzt, so daß die Alters- und gegenwärtige Zerfallsphase, d. h. der natürliche Altersod der Buche, beinahe ungestört ablaufen konnte. Die Altbäume erreichen maximale Höhen bis zu 50 m und Stammdurchmesser bis zu 128 cm. Die einsetzende Erneuerung der Bestände erfolgt horst- und gruppenweise innerhalb der entstehenden Bestandslücken. Außer der Buche kommt in geringer Zahl nur noch die Hainbuche vor. Das Fehlen der Eiche läßt sich wahrscheinlich auf ihren lange zurückliegenden Aushieb zurückführen.

Leitgesellschaft ist der Perlgras-Buchen-Wald mit Perlgras (*Melica uniflora*) und Eichenfarn (*Gymnocarpium dryopteris*), der auf Braunerden, Parabraunerden und podsoligem Lessivé stockt. In den Bestandslücken wächst infolge der durch den vermehrten Lichteinfall und der erhöhten Temperaturen einsetzenden Nitrifikation eine stickstoffliebende Bodenvegetation. Die nassen Senken sind je nach dem Nährstoffgehalt mit Sumpfschlangenwurz-, Sumpffarn- oder verschiedenen Seggensümpfen ausgefüllt.

Der das NSG umgebende Wald beherbergt mit Kranich und Schreiadler 2 vom Aussterben bedrohte Vogelarten als Brutvögel. Auch der Kolkrabe blieb trotz früher intensiver Bejagung im NSG erhalten. Hinzu kommt der Schwarzstorch als Nahrungsgast auf den angrenzenden Koppeln. Als Charaktervögel sind Buchfink, Waldlaubsänger, Kohlmeise, Star und Baumpieper zu nennen. Als bemerkenswerte Arten können Zwergschnäpper, Hohltaube, Grünspecht, Mittelspecht und

D 5

Abb. 26   Naturschutzgebiet Heilige Hallen

Zwergtaucher sowie Schellente gelten. Begünstigt durch den Waldaufbau und die vielgestaltige Geländeoberfläche, kamen 1986 insgesamt 30 Brutvogelarten im NSG Heilige Hallen vor, und zwar in 140 Paaren (54,5 Paare/10 ha).

Sehr reichhaltig ist die Amphibienfauna vertreten. Der Moorfrosch laicht in sonnigen flachen Gewässern, ebenso die Rotbauchunke. Sie nimmt aber schon mit kleinen Wasseransammlungen vorlieb, so auch mit Spurrinnen von Forstfahrzeugen, die mit Wasser gefüllt sind. Die mit Torfmoosen versehenen Kesselmoore sind der Lebensraum des Laubfrosches. Von den Schlangen kommt im Gebiet lediglich die Ringelnatter vor.

An Schalenwild sind Wildschwein und Reh zu nennen. Von den kleinen Säugetierarten wurden bisher Rötelmaus, Gelbhalsmaus, Erdmaus, Waldspitzmaus und Zwergspitzmaus festgestellt (BORRMANN 1979). In der Forstabteilung 61 fing man 1977 den ersten Waschbär des Kreises Neustrelitz. Von der Wirbellosenfauna wurden die Schnecken näher erforscht, von denen es über 20 Arten gibt.

D 6   Feldberg, Kreis Mecklenburg-Strelitz,

breitet sich mit seinem Ortskern (Abb. 27) südlich vom Feldberger Haussee aus. Seine Umgebung, so der Schloßberg, ist reich an archäologischen Denkmälern (s. B 2). Innerhalb von Feldberg besitzt die ehemalige Insel – die heutige Halbinsel Amtswerder (s. D 7) – siedlungsgeschichtliche Bedeutung. Altslawische Keramik vom Feldberger Typ belegt die dortige Besiedlung seit dem 7. Jh. (Abb. 6).

Zwischen 1236 und 1250 wurde auf einem Landvorsprung in der Südostbucht D 6 des Haussees von den Brandenburgern eine deutsche Burg zum Schutze der östlichen Grenze errichtet. Eine Zugbrücke über den Burggraben verband sie mit dem heutigen Amtswerder, von dem eine weitere Brücke die Verbindung mit dem Festland herstellte. Das vorhandene slawische Dorf, das möglicherweise *Reczow* geheißen hat, ist wohl in der Vorburgsiedlung aufgegangen. Von der mittelalterlichen Burg blieben an der Südostecke des späteren Amtshauses einige Reste erhalten, so ein 6 m hoher Turmstumpf aus Findlingsmauerwerk.

1256 wird die Burg erstmals als *Velberge* erwähnt. Dieser Beleg ließe sich als mittelniederdeutsch Fehlberg = gottloser, böser Berg oder als Veleberge = viele Berge erklären, doch erscheint anhand aller folgenden Schreibungen mit d bzw. t (1420 to *veltberghe*, 1518 *Feltberch*) eine Deutung als Feldberg = von Feldern bedeckter Berg am wahrscheinlichsten. Nicht auszuschließen ist aber auch eine Benennung nach der im 13. Jh. mehrfach belegten Familie von Feldberg (1227 de *Veleberghe*, 1236 de *Veltberge*).

Die Burg mit den dazugehörigen Gütern wurde als Burglehn vergeben, zuerst wohl an die genannte Familie. Ihr Wappen war ein stehendes Schild mit 3 schräg nach rechts gelegten Rosen. Nach dem Aussterben der Familie zerfielen deren Güter in der Mitte des 15. Jh. in 2 Teile, die die in der Mark ansässigen Familien von Kerkow und Oertzen besaßen. 1516 kaufte der mecklenburgische Herzog Feldberg, und 3 Jahre später wurde der Burgort zum Sitz des neuen Amtes gleichen Namens. Um 1589/90 wohnten auf dem Amtsbauhof der Hauptmann sowie je ein

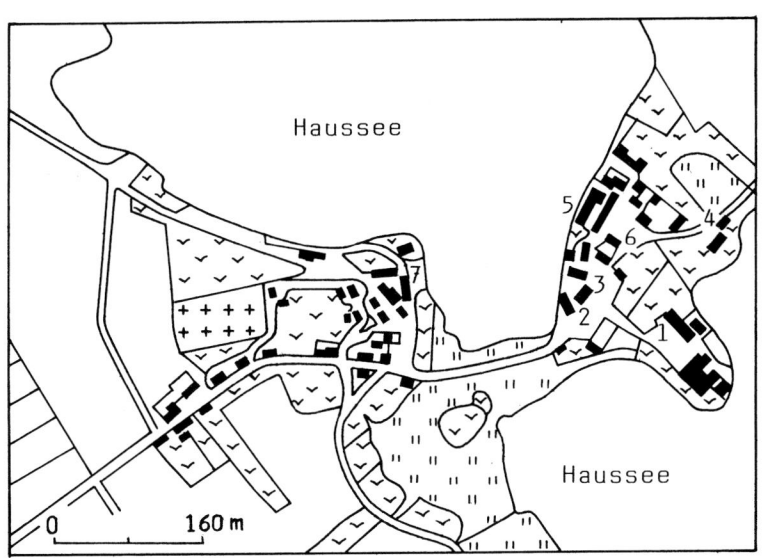

Abb. 27 Karte von Feldberg 1821 (nach KRÜGER 1925)

| 1 Amtshof | 3 Kirche | 5 Krughöft | 7 Bauern-Doppelgehöft |
| 2 Amtsplatz | 4 Bauerngehöft | 6 Schule | |

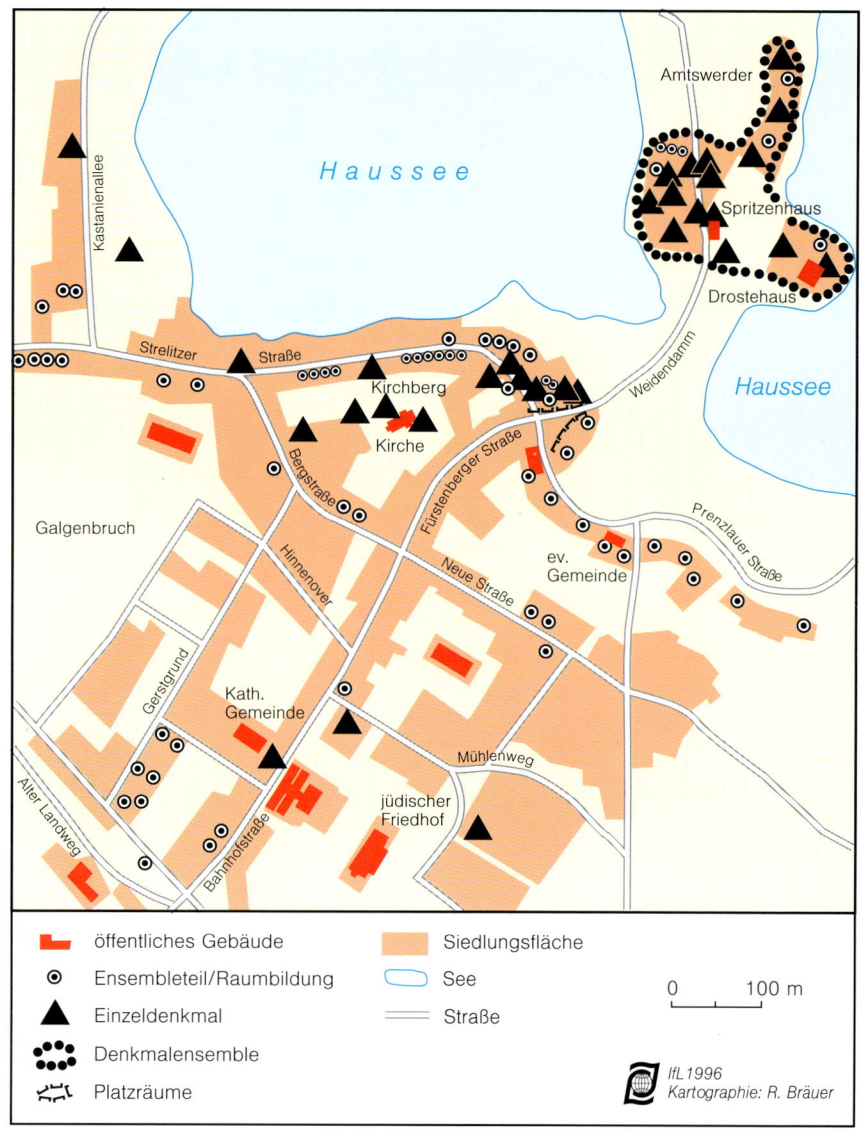

Abb. 28 Denkmalkarte von Feldberg, Stand 1995 (nach Beilage zum Erläuterungsbericht des Flächennutzungsplanes der Stadt Feldberg)

Küchenmeister, Schlüter (Kellermeister) und Fischer, ferner der Heidevogt (För- D 6
ster) zu Wittenhagen, eine Baumuhme (Altfrau), 3 Mädchen und ein Schweinehirt.
Der Viehbestand setzte sich damals aus 60 Rindern, 150 Schweinen, 974 Schafen,
47 Gänsen, 21 Enten und 133 Hühnern zusammen. Pferde fehlten, so daß die Feldarbeit offenbar mit Ochsen ausgeführt wurde. Die Ernteerträge betrugen bei Roggen das 3,96fache, bei Gerste das 4,13fache und bei Hafer das 1,87fache der Aussaat. Um 1600 wurden im fürstlichen Haus ein Hauptmann mit 3 Personen, ein Küchenmeister mit 2 Personen, der Schlüter, 2 Fischer, die Altfrau mit 2 Mädchen und ein alter Wadenmeister (Fischmeister) versorgt.

Neben dem Hauptgebäude, dem Schloß, befand sich auf dem Schloßhof das Kanzleihaus, in dem zeitweilig auch eine Böttcherei eingerichtet war. 1618 entstand ein neues Amtsgebäude; ein Backhaus sowie ein Glind (Einzäunung) mit Tor und Brücke umfaßten den Schloßplatz mit 2 Linden. Außerdem gab es dort Gemüse- und Blumengärten. Vor dem Tor lagen die Stallungen.

Im Schutz der Burg entwickelte sich auf dem Amtswerder der Ort Feldberg. Schon sehr früh standen dort 2 Bauernhöfe, eine „Fischerei" und ein Gasthof. Im Jahre 1518 gab es 8 Kossäten, 1519 eine Windmühle, 1589/90 auch einen Leinweber, 1599 einen Bauernschäfer, 1600 einen Böttcher. Während des Dreißigjährigen Krieges erlitt Feldberg im Jahre 1627 schwere Schäden, als WALLENSTEINS Truppen durch den Ort zogen. So blieben von 106 Rindern 10, von 255 Schweinen 141, von 858 Schafen nur 10, von 100 Hühnern 40 übrig. Am 2. März 1631 richteten die Truppen TILLYS in Feldberg schwere Verwüstungen an. Von 1636 bis 1640 folgten Notjahre, die auf Ausschreitungen der Truppen GALLAS zurückzuführen waren. Auch ein auf dem Amtswerder aufgefundener Pestfriedhof mag in dieser Zeit angelegt worden sein. Von den 55 Einwohnern des Jahres 1618 lebten 1640 nur noch 9. Von den Schäden erholte sich Feldberg nur sehr langsam. Im Jahre 1657 gab es wieder 5 besetzte Höfe, außerdem waren 4 Einlieger (Mieter) ansässig. Die Einwohnerzahl betrug 47 Personen, darunter 21 Kinder.

Aber nicht nur die Kriegszerstörungen, sondern auch die besondere topographische Lage behinderten nach dem Dreißigjährigen Krieg die wirtschaftliche Entwicklung Feldbergs. Die bei der Burggründung wegen des natürlichen Geländeschutzes gewählte Insellage in einem schlecht zugänglichen Seengebiet wirkte sich jetzt nachteilig aus. Sie erschwerte sowohl die landwirtschaftliche als auch die verkehrstechnische Erschließung. Auch für eine nennenswerte industrielle Entwicklung fehlten die Voraussetzungen.

Der Amtshof verfiel in der Folgezeit immer mehr. So mußte 1770 das alte Schloß abgerissen werden. An seiner Stelle errichtete man 1781/82 das Amts- bzw. Drostenhaus (Abb. 28). Der südliche Flügel dieser zweigeschossigen Zweiflügelanlage steht auf den massiven Kellerräumen des Schlosses, von denen 2 kleine mit Kreuzrippengewölben, 2 weitere Räume mit Tonnengewölben überdeckt sind. Der schlichte Fachwerkbau ist zum Teil verputzt. Dem Schloßgebäude folgten 1789 ein Wirtschaftshaus und 1795 ein Beamtenhaus, das man 1860 zweistöckig ausbaute.

Ebenfalls in der zweiten Hälfte des 18. Jh. wurden die ersten Häuser auf dem Festland gegenüber der Insel errichtet (Abb. 29). Die wichtigsten Einrichtungen, wie der Amtshof, der Marktplatz, die 1700 anstelle der Burgkapelle erbaute Kirche, der Gasthof, die Schule sowie 2 Bauernhöfe, blieben aber weiterhin auf dem

D 6

Amtswerder; hier wohnten auch Amtsarzt, Amtsreiter, Amtsverwalter und der Fischer (1816). An den Amtswerder schließt sich eine Wiese mit der Bezeichnung Amtswisch an (Abb. 30).

D 6

Auf dem Amtswerder befindet sich seit Beginn des 19. Jh. auch das Spritzenhaus Amtsplatz 3. Der quadratische Putzbau trägt ein Dach in Bohlenbinderkonstruktion. Darin wurde eine Heimatstube eingerichtet, in der sich die ständige Ausstellung „Vom Marktflecken zum Erholungsort" befindet. Vor dem Gebäude sind bearbeitete Steine aufgestellt, darunter ein Stein der früheren brandenburgisch-mecklenburgischen Grenze aus der Nähe von Triepkendorf. In der Nähe steht an einer Mauer ein Eschenahorn (Abb. 31) von 3,60 m Umfang des Stammes. Schräg gegenüber befindet sich ein Denkmal aus gespaltenen Feldsteinen, das an den Deutsch-Französischen Krieg 1870/71 erinnert.

An der Schule, für die 1830 auf dem Festland ein Neubau, jetzt Amtsverwaltung, Prenzlauer Straße 1, erbaut wurde, unterrichteten 3 Lehrer und eine Handarbeitslehrerin. Außerdem gab es eine Nebenschule für Mädchen.

Die landwirtschaftliche Produktion trat am Anfang des 19. Jh. gegenüber der handwerklichen in den Hintergrund. Im Jahre 1789 existierten 2 Märkte, Feldberg war also zum Marktflecken aufgestiegen. 1794 erscheint der Ort erstmals in der Aufstellung der Postkurse, nach denen jeden Dienstag und Sonnabend ein Postbote von Neustrelitz nach Feldberg ging. Im Jahre 1801 wurden für Feldberg ein Amtschirug und eine Hebamme, die allerdings in Woldegk wohnte, aufgeführt. Zu dieser Zeit umfaßte der Marktflecken 54 Feuerstellen, einschließlich der Einliegerwohnungen; insgesamt waren je ein Drechsler, Grobschmied, Maurermeister, Sattler, Töpfer, Zimmermeister, Zinngießer sowie je 2 Schneider, Tischler und je 3 Schuster und Weber ansässig. Die Einwohnerzahl betrug damals 251, im Jahre 1848 schon 812. Um 1815 hatte sich die Anzahl der Handwerker auf 20 erhöht, unter denen die Schuhmacher und Schneider die Mehrheit bildeten.

Mit dem Bau des Erddammes 1847 (s. B 3), der Chaussee von Feldberg nach Möllenbeck 1869 mit Anschluß an die Straße Neustrelitz – Woldegk und schließlich der Eisenbahnstrecke nach Neustrelitz 1910 verbesserten sich die Verkehrsverbindungen. Mit der Aufnahme des Eisenbahnverkehrs wurde der Pferdepostbetrieb von Neustrelitz nach Feldberg – es war die letzte Pferdepost Mecklenburgs – eingestellt. Eine Aufstellung aus dem Jahre 1885 gewährt einen Einblick in die sozialökonomische Struktur des damals 1193 Einwohner zählenden Ortes:

54	Arbeitsleute	3	Bäcker	2	Putzwarenhändler
31	verheiratete Handwerksgesellen	3	Pantoffelmacher	2	Seiler
14	Schuhmacher	3	Schlachter	2	Stellmacher
5	Gastwirte	2	Barbiere	2	Töpfer
5	Tischler	2	Drechsler	2	Ziegeldecker
5	Weber	2	Schankwirte	2	Schmiede
4	Materialisten (Krämer)	2	Glaser	2	Handelsleute
4	Sattler	2	Klempner	1	Korbmacher
4	Schlosser	2	Maler		

◁
Abb. 29 Gebiet um Feldberg (aus SCHMETTAU 1782, Karte von Mecklenburg-Strelitz; Deutsche Staatsbibliothek Berlin, Kartenabteilung; Ausschnitt)

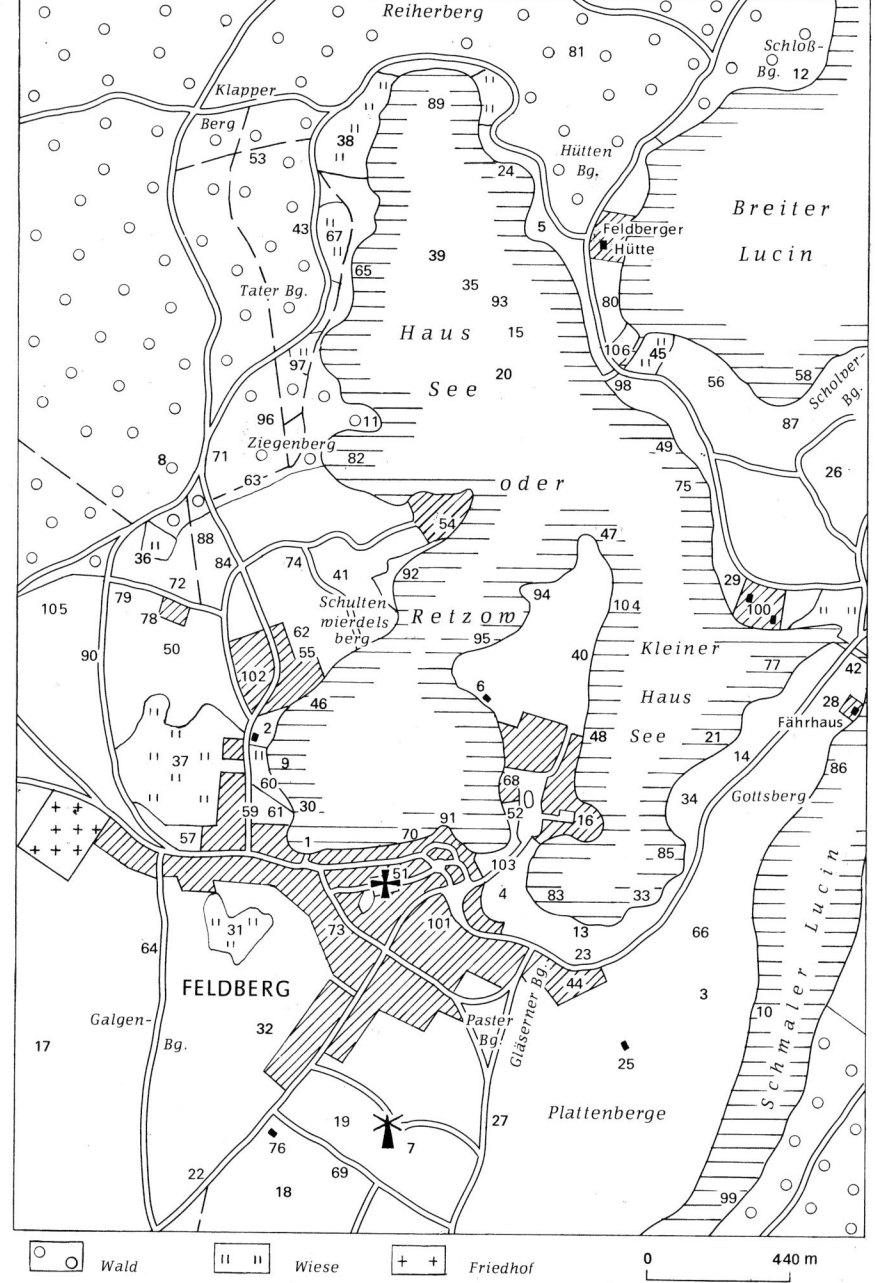

Im Jahr 1910 zählte man 74 Handwerker und Gewerbetreibende. Um den Bauern den langen Weg zur Krüseliner Mühle (s. G 5) zu ersparen, wurde um 1840 auf den Rosenbergen (s. D 8) südwestlich von Feldberg eine Bockwindmühle erbaut, die 1860 durch Blitzschlag abbrannte. Nach Aufhebung des Mahlzwangs im Jahre 1873 errichtete der letzte Müller der Rosenbergmühle neben dem alten jüdischen Friedhof (1848 wurden 2 jüdische Handelsleute genannt) eine Holländermühle, die ebenfalls einem Blitzschlag zum Opfer fiel. 1905 entstand eine weitere Mühle, die mit Wind oder Dampfkraft betrieben werden konnte und 1913 abbrannte. Aus der Folgezeit stammt die ehemalige Dampfmühle in der heutigen Bahnhofstraße, die später elektrisch betrieben wurde, zuletzt als Mischfutterwerk arbeitete und jetzt stillgelegt ist. Der jüdische Friedhof nahe der Hans-Fallada-Siedlung weist Grabstätten mit deutscher bzw. hebräischer Schrift auf. Er wurde etwa bis 1960 belegt und ist mit hohen Fichten bewachsen. D 6

Für die 1870 abgebrannte Fachwerkkirche auf dem Amtsplatz entstand 1872–1875 eine neue auf dem Festland am zweiten Feldberger Friedhof. Der kreuzförmige Backsteinbau (Abb. 32) hat einen basilikalen Aufriß und ist in den Formen der Neugotik gestaltet. Auf dem Friedhof stehen 1880 gepflanzte und 3,80 m Stammumfang messende Robinien und ein 4 m hoher pleistozäner Geschiebeblock als Denkmal für die Gefallenen des Ersten Weltkrieges. Der erste

◁

Abb. 30 Feldberg und seine Gemarkung mit Flurbezeichnungen (Staatsarchiv Schwerin, o. J, etwa 1905)

1 Aflag	22 De langen Kaveln	45 Jäger Wisch	65 Lehmlank	88 Schlichter Kirch Stieg
2 Alte Bleiche		46 Jankensgrund	66 Lütt Feld	
3 Amtskoppel	23 Drift	47 Käber Ecken oder Wierdels Eck	67 Lütt Haw Wisch	89 Schlichterlank
4 Amtswisch	24 Düstan Urt			
5 Aschen-Kokerei	25 Durnbusch		68 Magazin	90 Schlichter Weg
	26 Eichholz	48 Kahnstelle	69 Mittelweg	
6 Badeanstalt	27 Fischer Stieg	49 Kalte Ecken	70 Möhls Steg	91 Schmed Ecken
7 Begräbnisplatz	28 Fleckner Acker	50 Kesselsbrook	71 Mühlsteinbrook	
8 Biberbrook	29 För de Besen	51 Kirchbarg		92 Schultenwierdelsbrock
9 Bi Reismann	30 Furt	52 Kirchgarten	72 Mümmelbrook	
10 Bokholtbarg	31 Galgenmoor	53 Klempken Stieg		93 Schwaben
11 Booter Läbens Wink Wierdel	32 Garsten Grund		73 Nieskatenbarg	94 Sik Ecken
	33 Goosbucht	54 Klink Ecken	74 Pacht Acker	95 Sik Winkel
	34 Gottsland	55 Klotz	75 Pahltoch	96 Stieglitzer Krög
12 Burgwall	35 Grabenwierdel	56 Knecht Hinrich	76 Petrol. Schup.	
13 Carlslust			77 Präwlank	97 Stiegwisch
14 Chaussee nach Wittenhagen	36 Grenzbrook	57 Knick Brock	78 Preester Acker	98 Vör de Bark
	37 Grot Buern Wisch	58 Koboldstoch	79 Preester Wisch	99 Vor de Grenz
15 Dannenwirdel		59 Kohdamm		100 Vosskul
16 Dat Amt	38 Gro Haw Wisch	60 Kohdammswisch	80 Reh Haken	101 Vülkershof
17 Dat Hoge Feld			81 Reihergrund	102 Wasserheilanstalt
18 Dat neue Eigentümerland	39 Grube	61 Kohdamms Wörd	82 Röwlank	
	40 Hängsted		83 Rüterslindsted	103 Weidendamm
19 Dat olle Eigentümerland	41 Hexenwisch	62 Krog Wisch	84 Ruhr br.	104 Wootzentoch
	42 Hohe Brücke	63 Läbenwierdelbarg	85 Ruhr Bucht	105 Zägen Urt
20 De Barg	43 Hütten Stieg		86 Sandgrund	106 Zwischen beid Seen
21 Deepenbarg	44 Iskul	64 Landweg	87 Schießstand	

D 6 Friedhof lag auf dem Amtswerder, der dritte von 1870 befindet sich am Westrand des Ortes neben der Lüttenhagener Chaussee. Auf ihm stehen 2 bemerkenswerte Exemplare der Gleditschie, einer im östlichen Nordamerika beheimateten Baumart, benannt nach dem Berliner Botaniker JOHANN GOTTLIEB GLEDITSCH (1714–1786). Ein aus der alten Kirche geretteter Altar von 1520 kam 1876 in den Besitz des Märkischen Museums Berlin.

Für die ökonomische Entwicklung Feldbergs bedeutsam war der Bau eines Schotterwerkes durch die Uckermärkischen Granitwerke im Jahre 1910. Es lag südlich vom Ort und wurde zum größten Industriebetrieb, der zeitweilig bis zu 300 Arbeiter beschäftigte und die pleistozänen Geschiebe der Landschaft ausbeutete. An einigen Stellen wurden Tagebaue angelegt. Das Werk produzierte bis 1945 und

Abb. 31 Naturdenkmal Eschenahorn am Amtsplatz in Feldberg

D 6

Abb. 32   Kirche in Feldberg

nochmals von 1956 bis 1962. Weiterhin existierten ein im Jahre 1884 errichtetes Sägewerk, dem später eine Bürstenhölzer- und Goldleistenfabrik angeschlossen wurde, und eine Baufirma.

Zwar erhielt Feldberg am 1. Oktober 1919 Stadtrecht, doch förderte diese Verleihung die Entwicklung der Stadt, damals eine der kleinsten in Mecklenburg, zunächst in keiner Weise. Wirkliche Bedeutung erlangte Feldberg erst mit dem Aufkommen des Erholungswesens. Bereits 1855 wurde an der Westseite des Haussees durch den ehemaligen Assistenten der Wasserheilanstalt in Bad Stuer, Dr. ERFURTH, in Zusammenarbeit mit dem Maurermeister GÜNTHER und dem Kaufmann SÄFKOW eine Wasserheilanstalt errichtet. Das umliegende Gelände gestaltete man zu einem kleinen Park. Zwischen 1885 und 1890 kamen jährlich etwa 2000 Patienten aus ganz Deutschland in den Kurort. 1899 übernahm Sanitätsrat Dr. KAUSCH die Leitung der Anstalt, in der bis zum Zweiten Weltkrieg Kuren verabreicht wurden.

Mit dem Kurbetrieb entwickelte sich gleichzeitig der Fremdenverkehr. Besonders aus dem Großraum Berlin kamen immer mehr Urlauber und Ausflügler. Die Stadt förderte diese Entwicklung und errichtete eine Badeanstalt auf dem Amtswerder, eröffnete die Ausflugsgaststätten Stieglitzenkrug (1904 in Holz, 1914 in Stein, nach 1956 erweitert) und Luzinhalle, legte einen Stadtpark und Wanderwege am Schmalen Luzin und Haussee an und baute Schutzhütten auf dem Reiherberg und dem Plattenberg. So stieg die Anzahl der registrierten Gäste bis 1937 auf 3832 mit 24 477 Übernachtungen an. 1933 wurde an der Kastanienallee eine Jugendherberge eröffnet. Im Haus Kastanienallee 1 sind die Hans-Fallada-Biblio-

D 6 thek sowie das Stadtarchiv und eine Heimatstube untergebracht. Schräg gegenüber erinnert in einem Park ein Denkmal an russische Soldaten, die hier bei Kämpfen zwischen dem 11. und 30. April 1945 gefallen sind.

Nach dem Zweiten Weltkrieg fanden im Ort mehr als 1000 Flüchtlinge eine neue Heimat. Einschließlich der Ortsteile Neuhof (eingemeindet 1950, s. D 9), Carwitz (eingemeindet 1969, s. D 14), Laeven (1969, s. D 12) und Schlicht (1974, s. A 6) besaß die Stadt 1986 rund 3000 Einwohner, davon etwa 2500 in Feldberg selbst.

Außer den bereits genannten Betrieben entwickelten sich in der Stadt weitere kleine Industrie- und Gewerbebetriebe. Aus der nach 1945 begründeten Maschinenausleihstation an der Küsterstraße, der späteren Maschinen-Traktoren-Station (MTS) der fünfziger Jahre, ging der Kreisbetrieb für Landtechnik hervor, dessen Werkstätten seit 1992 einen privaten Metallbaubetrieb beherbergen. Weiterhin gab es Betriebsteile des Landtechnischen Anlagenbaues Neustrelitz (heute Norddeutsche Anlagenbaugesellschaft mbH). Nahebei erheben sich die Silos der Getreide- und Futtermittel GmbH Neustrelitz, Lagerbereich Feldberg, sowie das Baustoff-Centrum Nord. Aus der 1888 gegründeten Genossenschaftsmolkerei entwickelte sich ein Zweigbetrieb des Milchhofes Waren, der nach 1990 stillgelegt wurde. Ein Betriebsteil eines Neustrelitzer Baureparaturbetriebes, der Holztore herstellte, existiert als eigenständiger Betrieb weiter. Im Jahre 1995 gab es in Feldberg insgesamt etwa 3 Dutzend gewerbliche und Handwerksbetriebe vor allem auf dem Gebiet des Bau- und des metallverarbeitenden Sektors mit mehr als 200 Arbeitskräften.

Ein wichtiger Erwerbszweig von Feldberg ist nach wie vor der Tourismus. In der DDR-Zeit entstanden Betriebsferienheime sowie ein 1968 fertiggestelltes FDGB-Urlauberheim mit 220 Betten. Die meisten von ihnen gingen inzwischen in Privathand über, das Urlauberheim und weitere Heime standen 1996 leer. In Feldberg und seiner unmittelbaren Umgebung gibt es derzeit 4 Hotels mit insgesamt 100 Betten, 4 Pensionen mit 185 Betten und über 100 Privatvermieter mit über 500 Betten, in Planung befinden sich ein weiteres Hotel und 2 Pensionen (1996). Am Südostrand des Breiten Luzin liegt der private Zeltplatz Scholverberg. Auf dem nördlichen Teil des Amtswerders richtete die Stadt einen Kultur- und Sportpark ein, unter anderem mit einem Reitplatz und den Anlagen des Wasserskiklubs Luzin, die unter anderen eine Tribüne mit über 3000 Sitzplätzen umfassen. Hier finden im Sommer Wasserskiveranstaltungen auf dem Kleinen Haussee statt.

Feldberg übt auch im Gesundheitswesen zentrale Funktionen aus, so durch 4 Ärzte, 4 Zahnärzte und 2 Psychotherapeutinnen, Apotheke und Rettungsdienststelle. Im Herbst 1994 wurde das mit einem Aufwand von 21 Mio DM errichtete Städtische Alten- und Pflegeheim Feldberg in der Bruchstraße mit 112 Heimplätzen in Betrieb genommen. Die ehemalige Wasserheilanstalt soll nach zwischenzeitlicher Nutzung als Krankenhaus und Pflegeheim als Rehabilitationsklinik weitergeführt werden.

Bis zum Schuljahr 1947/48 gab es in Feldberg eine Grundschule für die Klassen 1–8, dann eine polytechnische Oberschule und eine Zentralschule für Kinder aus den umliegenden Dörfern, 1975 wurde an der Bahnhofstraße die Hans-Fallada-Schule eingeweiht. Sie ist heute eine Kooperative Gesamtschule mit eigenständigen Hauptschul-, Realschul- und Gymnasialzügen bis zum 9./10. Schuljahr. Das

ehemalige Internat am Amtshaus erhielt einen neuen Verwendungszweck als D 6
Schullandheim.
   Nach dem Zweiten Weltkrieg wurde die vorhandene Feldberger Bausubstanz durch eine Vielzahl von Neubauten ergänzt. So entstanden unter anderem Wohnblöcke an der Bahnhofstraße und im Gebiet Am Rosenberg sowie zahlreiche Einfamilienhäuser, so in der Hans-Fallada-Siedlung, Am Rosenberg, am Fischersteig und an den Ausfallstraßen nach Lychen und Neustrelitz. Im Ort gibt es mehrere Versorgungseinrichtungen des Einzelhandels, so einen neuerbauten Supermarkt hinter der Amtsverwaltung von 1995.
   Das Stadtbild weist an mehreren Stellen interessante Bausubstanz aus der Vorkriegszeit auf, deren Lücken nach 1991/92 durch Ein- bzw. Mehrfamilienhäuser geschlossen wurden, so am Gerstgrund zwischen Hinnenöver und Bahnhofsberg. Am Mühlenweg steht die Neuapostolische Kirche, ein turmloser Bau aus der Zeit um 1960. Unweit davon bewahrte man bei Straßenerneuerungsarbeiten das Feldsteinpflaster auf der Neuen Straße, wie es auch an anderen Stellen der Stadt bis heute erhalten blieb. An der Strelitzer Straße steht gegenüber vom Wohnhaus Nr. 8 eine Winterlinde mit einem Umfang von etwa 2,50 m, ein Naturdenkmal. An dieser Straße verweisen gut erhaltene Klinkerhäuser auf die Bauzeit Ende des 19. Jh.
   Feldberg ist seit 1992 Sitz des Amtes Feldberger Seenlandschaft, das außer der Stadt mit ihren eingemeindeten Ortsteilen die Dörfer Conow, Dolgen, Lichtenberg und Lüttenhagen des jetzigen Kreises Mecklenburg-Strelitz umfaßt.
   Die Gemarkung der Stadt weist eine Gesamtfläche von 4300 ha auf, von denen etwa 1400 ha auf Gewässer und 775 ha auf Wald entfallen. Landeskulturell besonders wertvoll sind die Moore und Feuchtgebiete von insgesamt etwa 50 ha Größe, darunter das Galgenbruch und der Feuchtwiesenpark. Besiedelt sind etwa 77 ha von der Gemarkung, und 47 ha sind als Sonderbauflächen für Freizeiteinrichtungen ausgewiesen. Eine Erhebung von 1995 hat ergeben, daß sowohl in Feldberg als auch in seinen Ortsteilen mehrere Flächen mit festen bzw. flüssigen Abprodukten aus der Zeit nach dem Zweiten Weltkrieg belastet sind. Auf der Feldberger Gemarkung sind es allein 6 verschiedene Stellen, an denen beispielsweise Fäkalien verkippt und Abfälle aller Art abgelegt wurden.

Feldberger Haussee (Abb. 33)   D 7

Der Feldberger Haussee – ein Zungenbeckensee (MARCINEK 1975) – zählt zu den 3 Oberen Feldberger Seen, deren Wasserspiegel sich einheitlich in 84,2 m ü. NN befindet. Er hat eine Fläche von 1,36 km^2 und eine stark gegliederte Uferlinie von 9,3 km Länge. Es lassen sich ein mittleres Hauptbecken, ein nördliches und 2 südliche Nebenbecken erkennen. Letztere, die Stadtbucht im W und der Kleine Haussee im O, werden durch die Halbinsel Amtswerder voneinander getrennt, die von Feldberg her etwa 750 m in den See hineinragt. Im nördlichen Nebenbecken befinden sich 2 kleine bewaldete Inseln, der Lindwerder, heute im Volksmund als Liebesinsel bezeichnet, und der Grabenwerder – 1578 Die *Grube*, wohl zu slawisch *groby* = ein durch Gräben geschützter Platz. Der Grabenwerder war frühzeitig besiedelt, wie jungslawische Scherben bezeugen. Flintgeräte belegen sogar eine noch ältere Besiedlung, wohl in der Jungsteinzeit.

99

D 7

Abb. 33 Blick vom Reiherberg über den Haussee nach Feldberg

In der Nähe des Lindwerders erreicht der Haussee mit 12 m seine maximale Tiefe. Die mittlere Tiefe beträgt 6 m, das Wasservolumen rund 8,15 Millionen m³. Der Name des Sees bezieht sich, wie derjenige anderer Hausseen auch (s. A 4, F 2, H 13), auf eine Burg oder einen befestigten Adelssitz – im Mittelalter Haus genannt –, hier auf die Burg Feldberg (s. D 6). Auf der Karte des TILEMANN STELLA von 1578 heißt das Gewässer *Reczow*. Dieser Name geht auf einen Personennamen zurück.

Der Haussee wird von Endmoränenerhebungen umgeben, die teilweise 60 m über den Seespiegel aufragen. Diese Lage führte zu der Bezeichnung Amphitheater (HURTIG 1957). Das oberirdische Einzugsgebiet des Gewässers wird mit 400 ha angegeben, doch dürfte der Haussee unterirdisch sowohl von der Schlichter Grundmoränenplatte her, als auch vom Sprockfitz (s. A 5) erhebliche Zuflüsse erhalten. Davon zeugen die Martha-, Marien-, Nymphen- und Emmaquelle an seinem Nordwestufer. Der 1820 künstlich ausgebaute Luzinkanal verbindet ihn mit dem Breiten Luzin. Die Abflußmenge im Kanal läßt sich schwer bestimmen, da dessen Fließrichtung stark von der Windrichtung abhängt. Ein weiterer Kanal – der seit 1810 bestehende Seerosenkanal – verband den Haussee mit dem Schmalen Luzin. Er wurde nach 1970 wieder abgeriegelt, um das Hausseewasser nicht direkt dem Schmalen Luzin (s. D 10) zuzuführen.

Der Haussee ist trotz seiner geringen mittleren Tiefe ein in den Sommermonaten geschichteter See. Die chemischen und biologischen Daten der Wasser-

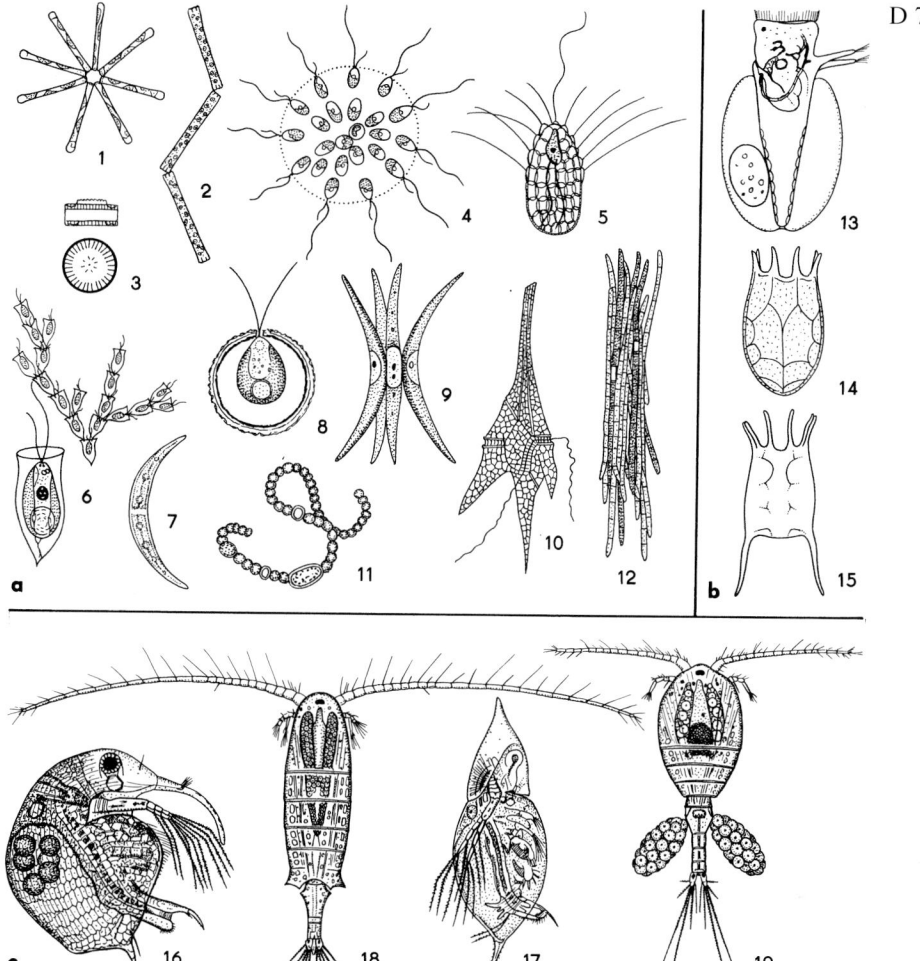

Abb. 34 Typische Formen des pflanzlichen und tierischen Planktons der Feldberger Seen (nach KOSCHEL 1985)

a Kieselalgen (1–3), Goldalgen (4–6), Grünalgen (7–9), Panzerflagelat (10), Blaualgen (11–12)
b Rädertierchen (13–15)
c Kleinkrebse (Wasserflöhe, Hüpferlinge; 16–19)

1 *Asterionella formosa*, 2 *Diatoma elongatum*, 3 *Cyclotella* spec., 4 *Uroglena* spec., 5 *Mallomonas* spec., 6 *Dinobryon sertularia*, 7 *Closterium parvulum*, 8 *Phacotus lenticularis*, 9 *Ankistrodesmus falcatus*, 10 *Cerantium hirundinella*, 11 *Aphanizomenon flosaquae*, 12 *Anabeaena* spec., 13 *Conochilus natans*, 14 *Keratella cochlearis*, 15 *Keratella quadrata*, 16 *Bosmina longirostris*, 17 *Daphnia cucullata*, 18 *Eudiaptomus gracilis*, 19 *Cyclops* spec.

D 7 beschaffenheit weisen ihn als hocheutrophes Gewässer aus (Abb. 3). Besonders im Frühling werden sehr hohe Nährstoffkonzentrationen festgestellt. Von Mitte Juni bis Mitte September läßt sich im kalten Tiefenwasser kein Sauerstoff mehr nachweisen, und es tritt Schwefelwasserstoff auf. Dann erreicht das Phytoplankton Werte von mehr als 50 Millionen Zellen pro Liter. Nach dem Eisaufbruch kommen besonders Kieselalgen zur Massenentfaltung. Danach nehmen Grünalgen ihre Stelle ein. Seit dem Beginn der achtziger Jahre bestimmen zunehmend koloniebildende und fadenförmige Blaualgen das Bild des Phytoplanktons im Sommer (Abb. 34). Die großen Mengen führen zu einer entsprechend hohen Urproduktion an organischer Substanz. So betrug beispielsweise 1992 die Primärproduktion des Phytoplanktons 740 g organischen Kohlenstoffs pro Quadratmeter und Jahr. Das bedeutet, daß durch die Algen des Phytoplanktons jährlich fast 6000 t Biomasse im Haussee produziert werden. Die Sichttiefe liegt daher zwischen März und September deutlich unter 1,5 m, die Minimalwerte betragen nur etwa 0,3 m. Wegen des guten Nahrungsangebotes ist das Zooplankton sehr zahlreich. Bei den Wasserflöhen der Gattung *Daphnia* (Abb. 34) sind Individuenzahlen von 250 000 Tieren pro Quadratmeter Wasseroberfläche keine Seltenheit.

Der Feldberger Haussee gehört zu denjenigen Seen des Gebietes, die über Jahrzehnte hinweg mehrmals untersucht worden sind. Diesem Umstand ist es zu danken, daß wir über seine limnologische Entwicklung recht gut unterrichtet sind. Insgesamt zeichnen sich folgende 3 charakteristische Zeiträume ab:

Bis in die zwanziger Jahre dieses Jahrhunderts zeigte der See kaum Verschmutzungen, so daß auch im Sommer hohe Sichttiefen und Sauerstoff bis zum Grund nachgewiesen werden konnten. Aber schon zu Beginn der dreißiger Jahre nahm die Belastung durch Feldbergs Abwässer zu. In den fünfziger Jahren begann dann die rapide Verschlechterung der Wassergüte. Ursache war die Einleitung großer Mengen unzureichend geklärter Abwässer der Stadt, wodurch die Selbstreinigungskraft des Sees vollkommen überfordert wurde. In seiner Funktion als „Nachklärbecken" Feldbergs stellte der Haussee darüber hinaus eine Bedrohung für die anderen Seen in seiner Umgebung dar, weil sich die Nährstoffe über die Verbindungskanäle auch im Breiten und Schmalen Luzin auszubreiten begannen. Der Höhepunkt der Entwicklung zeichnete sich Ende der siebziger Jahre ab, als auch seine Eignung als Badesee verlorenging und die fischereiliche Nutzung nur noch mit Einschränkungen möglich war. In dieser Situation begannen umfangreiche Maßnahmen zur Sanierung. Seit 1980 werden die Abwässer der Kläranlage Feldbergs aus dem Einzugsgebiet abgeleitet, wodurch die Belastung des Sees mit Phosphor- und Stickstoffverbindungen um fast 90 % zurückgegangen ist. Jetzt liegt sie in einem Bereich, der von geschichteten Seen mäßiger Eutrophie aufgrund ihres natürlichen Selbstreinigungsvermögens ertragen werden kann. Die über Jahrzehnte zugeführten Nährstoffe wirkten jedoch weiter und nahmen nur sehr langsam ab. Der Verbesserung der Wasserbeschaffenheit dient die Biomanipulation (Abb. 35), ein 1985 begonnenes Experiment. Durch Befischung und Zanderbesatz soll die Zahl der Kleinfische stark vermindert werden, um dadurch den großen Planktonkrebsen bessere Entwicklungsmöglichkeiten zu geben. Die Tiere leben von Algen, Bakterien und anderen kleinen Partikeln, die sie aus dem Wasser filtrieren, wobei sie dessen Durchsichtigkeit erhöhen. Inzwischen hat sich die Wasserbeschaffenheit des Feldberger Haussees deutlich verbessert. Die Nährstoff-

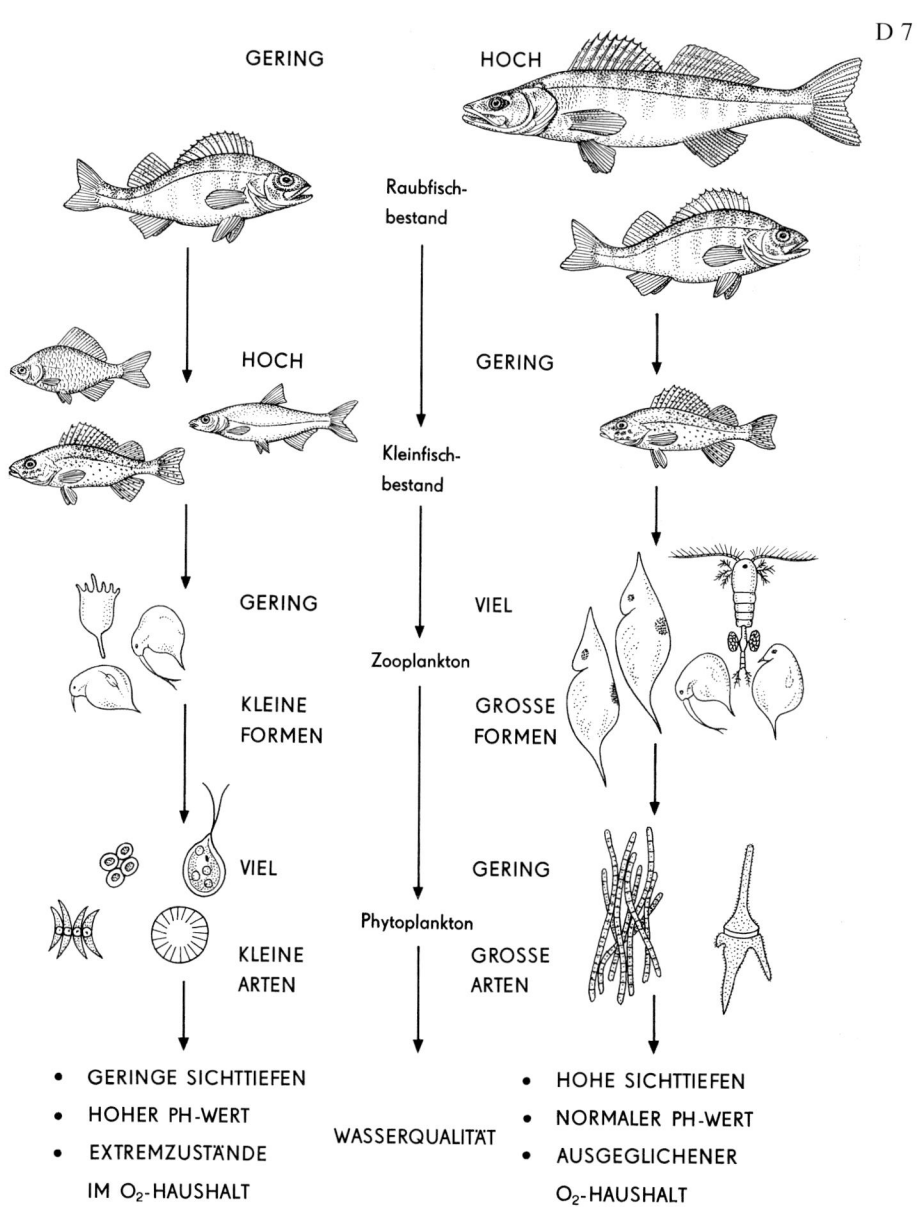

Abb. 35 Schema über die Zusammenhänge bei der Biomanipulation und ihre Auswirkungen auf die Wasserqualität eines Sees (nach KOSCHEL 1985)

konzentration ist um ca. 75 % gesunken. Die Kalzitfällung mit ihren positiven Wirkungen für Seeökosysteme nahm zu, und die Sichttiefen haben sich erhöht.

Nachdem die Abwässer im Haussee zum fast völligen Verschwinden der Unterwasserpflanzen geführt hatten, stellte man nur an dem von der Stadt am weitesten entfernten Nordufer noch örtlich Bestände von Kammlaichkraut (*Potamogeton pectinatus*), Krausem Laichkraut (*P. crispus*) und Verschmutzung anzeigendem Teichfaden (*Zannichellia palustris*) fest. Inzwischen haben sich auch wieder weitere Arten eingefunden, insbesondere Durchwachsenes und Stachelspitziges Laichkraut (*Potamogeton perfoliatus* und *P. mucronatus*), Hornblatt (*Ceratophyllum demersum*), Ähriges Tausendblatt (*Myriophyllum spicatum*) und Kanadische Wasserpest (*Elodea canadensis*). Sie bilden an geeigneten Stellen bereits einen gut ausgebildeten Laichkrautgürtel. In geschützten Buchten gibt es teils lockere, teils dichtere Herden der Teichrose (*Nuphar lutea*). In der Stadtbucht fand man vor einem Ufergrundstück eine offensichtlich angepflanzte tiefkarminrot blühende *Nymphaea*-Hybride. Das Röhricht ist an steil abfallenden und beschatteten Uferstrecken nur fragmentarisch, in schlammigen Buchten aber dicht und geschlossen entwickelt. Als Hauptbestandsbildner tritt das Schilf auf, dem sich vielfach die Nährstoffzeiger Kalmus (*Acorus calamus*) und Ästiger Igelkolben (*Sparganium erectum*) beimischen, die an schlammigen Ufern mitunter eigene Bestände bilden. Auch die Ufersegge (*Carex riparia*) kommt häufig vor und bildet dort, wo das Großröhricht zurücktritt, eine eigene Gesellschaft. Im Schilfröhricht und in ufernahen Hochstaudenfluren wächst vielfach reichlich und üppig das Behaarte Weidenröschen (*Epilobium hirsutum*).

Die Fauna des Haussees war wie die Flora seit dem Ende der fünfziger Jahre des 20. Jh. manchen Veränderungen unterworfen. Die Bestände der Kleinen Maräne nahmen ab. Gras- und Marmorkarpfen kamen durch künstlichen Besatz hinzu. Gegenwärtig herrschen Aal, Blei und Plötze vor. Hinzu treten Gründling, Güster, Hecht, Kaulbarsch, Karausche, Quappe, Rotfeder sowie Schleie, Ukelei und Zander.

Von den Vögeln verschwand beispielsweise die Große Rohrdommel als Brutvogel. Dagegen ist der Bestand an Höckerschwänen ganzjährig hoch, bedingt durch die Nähe von Feldberg und die Fütterung. Im Winterhalbjahr halten sich hier viele Stockenten, Bleßrallen und Haubentaucher auf.

Noch immer oder wieder ist der Fischotter am Haussee heimisch. Im Jahre 1960 tauchte erstmals eine Bisamratte auf. In der Folgezeit verursachte sie starke Schäden am Schilfröhricht und den Teichmuschelbeständen. Bisher wurden im Haussee etwa 30 Schneckenarten gefunden.

D 8 Rosenberge

Die bis 146 m hohen Rosenberge liegen knapp 2 km südwestlich vom Zentrum Feldbergs entfernt und sind an einem Fernsehturm erkennbar. Sie stellen die Südkante des Strelitzer Endmoränenlobus des Pommerschen Stadiums der Weichselkaltzeit dar. Die schmale Endmoräne erstreckt sich fast genau von W nach O und besteht überwiegend aus nordischen Geschieben. Südlich vorgelagert finden wir die dazugehörige Sanderfläche, über die der Blick weit nach S und O hin frei ist

D 8

Abb. 36 Gebüsche an den Rosenbergen bei Neuhof

und die Höhen zwischen 100 und 120 m ü. NN erreicht. In den Sander eingetieft, liegen die Seen Schmaler Luzin, Carwitzer See, Zansen und Dreetzsee. Den Horizont nach O hin nehmen die überwiegend bewaldeten Endmoränenzüge des Uckermärkischen Moränenbogens ein, die hier nahe Feldberg fast von N nach S verlaufen, bevor sie dann nach O umschwenken. Wir erkennen den Hullerbusch (s. E 4) sowie den Hauptmannsberg und die Windmühle bei Carwitz (s. D 14).

In der Nähe einer Gruppe alter Eichen nahe Neuhof führt eines der auffälligsten Trockentäler, der Karrengrund, hinunter zum Schmalen Luzin. Sowohl am Talschluß solcher Trockentäler, als auch an Hecken, Feldrainen, Söllen und Wegerändern hat der wirtschaftende Mensch über Jahrhunderte die von den Äckern abgelesenen Gerölle und Findlinge abgelegt. Diese Steinhaufen bilden heute wichtige Kleinbiotope und belebende Landschaftselemente. In den an Steilhängen und Besitzgrenzen zahlreich aufwachsenden Gebüschen (Abb. 36) sind auch mehrere Arten von Wildrosen vertreten. Ob aber die Rosenberge ihren Namen diesen Sträuchern verdanken oder einem früheren Dorf gleicher Bezeichnung bleibt unklar. Eine Siedlung stand wahrscheinlich bis zur Mitte des 15. Jh. in den Rosenbergen. Ihre genaue Lage konnte bisher nicht ermittelt werden.

Die schwierige ackerbauliche Nutzung des Endmoränengebietes bildete sicher einen der Gründe für die Aufgabe des Dorfes. Bereits Ende des 16. Jh. waren die Rosenberge wieder weitgehend bewaldet. Das Gelände diente als Weide für die Schafe einer schon im 16. Jh. vorhandenen Schäferei, aus der später die Meierei Neuhof hervorging. Auf einer Flurkarte der Gemarkung Carwitz aus dem 18. Jh.

D 8 werden an der Grenze zu Neuhof noch das Rosenbergsche Feld und das Rosenbergsche Holz genannt. Eine erneute Entwaldung der Rosenberge erfolgte erst nach 1790 durch die Glashütte in Neuhof (s. D 9). Die nachfolgende Beweidung hatte die Ausbildung artenreicher Sandmagerrasen zur Folge, auf denen einzelne Gebüschgruppen aus Schlehen, Rosen, Besenginster und Wildbirnen wuchsen. Im 19. Jh. stand auf dem höchsten Punkt der Rosenberge eine Windmühle (s. D 6).

Als man auf den Rosenbergen Geschiebe abbaute und dadurch die Gefahr der Zerstörung des Oberflächenreliefs bestand, wurden die Berge unter Naturschutz gestellt. Es erfolgte daraufhin nur noch die Beweidung. Als diese zurückging, dehnten sich die Gebüsche in den fünfziger Jahren schnell aus, und es setzte die Entwicklung zu einem Vorwald ein. Gegenwärtig sind die Rosenberge fast völlig von dichtem Buschwerk und Gehölzen bewachsen und die Sandmagerrasen beinahe verschwunden. Aufgrund dieser Entwicklung wurde das Naturschutzgebiet gelöscht und als Ersatz das NSG Hauptmannsberg (s. E 4) geschaffen. Auf den Rosenbergen lebt die tiergeographisch interessante Schnecke *Jaminia tridens*. In der Nähe des benachbarten Neuhofs wurde im April 1975 eine Schnee-Eule beobachtet, die erste im Kreis Neustrelitz und die achtzehnte seit 1900 in Mecklenburg.

Von den Rosenbergen aus sehen wir in östlicher Blickrichtung am Stadtrand von Feldberg die Reste großer Gebäude (s. D 6). Hier baute man die Schotterlager einer subglaziären Schmelzwasserrinne (Cantnitzer See – Weitendorfer Haussee – Hechtsee – Sprockfitz) ab und verarbeitete sie zu Eisenbahnschottern. Jetzt befinden sich auf Teilen dieses Geländes in den Gebäuden des früheren Kreisbetriebes für Landtechnik und der ehemaligen zentralen Prüfstelle für Landtechnik einige kleine Industrie- und Gewerbebetriebe.

D 9 Neuhof, seit 1950 Stadtteil von Feldberg,

liegt etwa 1,5 km südwestlich vom Bahnhof Feldberg. Hier gabelt sich die Straße von Feldberg in Richtung Carwitz und Laeven. Außerdem zweigt hier der Herrenweg, die alte Straße nach Strelitz, ab, an der sich am Ortsrand der kleine Friedhof mit einem freistehenden Glockenstuhl und mit einer mächtigen Linde befindet.

Auf einer Karte von TILEMANN STELLA aus dem Jahre 1578 ist an der Stelle des heutigen Neuhofs eine im Wald liegende Schäferei eingezeichnet. Im Jahre 1600 war Neuhof eine fürstliche Meierei mit einem Vogt, einer Baumuhme (Altfrau) mit 2 Mädchen, mit Hirten für Kühe und Schweine, 3 Drechslern, einem Futterschneider und einer Gänsehüterin. Am Ende des 18. Jh. hatte der Glasermeister JOHANN FRIEDRICH GUNDLACH die Meierei *Neuhoff* gepachtet. Seine Witwe erhielt die Erlaubnis, ihre Glashütte von der Feldberger Hütte (s. B 1) nach Neuhof zu verlegen. Nachweisbar bestand sie dort von 1794 bis 1818. Am Ende des 18. Jh. soll es etwa auf halbem Wege zwischen Neuhof und Lüttenhagen auch eine Ziegelei gegeben haben.

Am Ende des 19. Jh. setzte sich Neuhof aus dem von der Familie Hofschild gepachteten Domanialpachthof sowie 2 Büdnereien und einer Schule zusammen und besaß 122 Einwohner. Da der letzte Pächter ohne Erben blieb, wurde der Pachthof nach 1928 von der Pommerschen Landgesellschaft bis auf ein Restgut von 228 ha

aufgesiedelt. Es entstanden 11 Bauernwirtschaften mit durchschnittlich je 18 ha   D 9
landwirtschaftlicher Nutzfläche.

Das Restgut – zuletzt mit 133 ha Land – bestand bis 1945 und wurde 1946 im Rahmen der Bodenreform aufgesiedelt. Von den 22 Neubauern errichteten sich einige Eindachgehöfte nahe beim Gut. Dessen ehemaliges Herrenhaus, aus roten Klinkern erbaut und mit einem Mittelrisalit versehen, diente fortan Wohnzwecken. In der Wiese gegenüber erhebt sich die Hohle Eiche, ein Naturdenkmal von etwa 7 m Umfang. Unweit eines Teiches blieb beim Neubauernhof Nr. 27 ein Bergkeller erhalten.

Schmaler Luzin   D 10

Der landschaftlich reizvolle Schmale Luzin hat eine Oberfläche von etwa 1,4 km^2 und ist ein im Durchschnitt nur 300 m breiter und fast 6 km langer Rinnensee. Sein Volumen umfaßt 20,6 Millionen m^3; die maximale Tiefe beträgt 34 m, die mittlere 14,7 m. Der Schmale Luzin setzt sich aus 3 aneinandergereihten Becken mit dazwischenliegenden flachen Schwellen zusammen. Die Seeform ließe die Deutung ihrer Entstehung als subglaziäre Rinne zu (UDLUFT 1931). Die deutlich voneinander getrennten Becken weisen jedoch eher auf eine Bildung als Toteishohlformen hin (BARBY 1966). Beide Ufer sind sehr steil in die umgebende Landschaft eingetieft; der maximale Höhenunterschied zwischen Seebecken und Moränenhöhenzug (Abb. 37) am Hullerbusch beträgt 66 m. Seit 1967 steht der See unter Naturschutz.

Abb. 37   Pleistozäne Blockpackungen am Schmalen Luzin

D 10 Einen nennenswerten Zufluß erhält der Schmale Luzin nur am Erddamm aus dem Breiten Luzin. Oberflächlicher Abfluß besteht an der Bäk in Carwitz. Dieser Abfluß von den Oberen (84,2 m ü. NN) zu den Unteren Feldberger Seen (84,0 m ü. NN) wird amtlich beobachtet und betrug im Mittel der Meßreihen 1959–1983 insgesamt 150–160 l/s. Eine natürliche lehmige Endmoränenschwelle „steuert" den Durchfluß. Die Wasserstandsschwankungslamelle beträgt nach langjährigen Beobachtungen etwa 20 cm (BARBY 1955). Schon bei 15 cm Wasserspiegelrückgang wird der Durchfluß durch die Bäk unterbrochen. Die jahreszeitliche Verteilung der gemessenen Durchflußwerte zeigt deutliche Maxima im April/Mai und Minima im Oktober/November.

Der Schmale Luzin zählt zu den limnologisch interessantesten Seen Deutschlands. Mitte der zwanziger Jahre des 20. Jh. wies er noch oligotrophe Eigenschaften auf, der nördliche Teil war allerdings bereits zu dieser Zeit etwas nährstoffreicher. THIENEMANN (1928) fand hier einen organisch reichen Schlamm mit einer typischen Zuckmückenfauna. Anfang des 19. Jh. war der Nordteil des Schmalen Luzin durch den Seerosenkanal mit dem Feldberger Haussee (s. D 7) verbunden worden, was in zunehmendem Maße zum Zufluß nährstoffreichen Wassers führte. Dies und die Abwassereinleitung durch die Gaststätte Luzin-Halle bewirkten eine Eutrophierung des Schmalen Luzin, der schließlich zu den eutrophen geschichteten Seen gezählt werden mußte. Die windgeschützte Lage hatte den Prozeß der Nährstoffanreicherung noch begünstigt, weil durch fehlende Turbulenzen hier wesentlich weniger sauerstoffreiches Oberflächenwasser in das Tiefenwasser eingemischt werden kann. So kam es zu einschneidenden Veränderungen in den Organismengemeinschaften, die ehemals denen des Breiten Luzin (s. B 3) sehr ähnelten. In der Wasservegetation verschwanden die Armleuchteralgen (*Characeae*), und auch die anderen Unterwasserpflanzen gingen bis auf geringe Reste zurück.

Inzwischen haben erste Sanierungsmaßnahmen wie die Abdämmung des Seerosenkanals und die Beseitigung der Luzin-Halle zu einer leichten Erholung geführt. So gab es 1994 im Südteil des Schmalen Luzin (Carwitzer Bucht) bereits wieder größere Bestände von Armleuchteralgen, die dort bis in Tiefen von 5–6 m hinabreichen, und entlang den steil abfallenden Ufern im Nordteil ziehen sich schon mehr oder weniger dichte Bestände von Laichkräutern (*Potamogeton lucens, P. perfoliatus, P. pectinatus, P. mucronatus*) und anderen Unterwasserpflanzen wie Hornblatt (*Ceratophyllum demersum*), Ähriges Tausendblatt (*Myriophyllum spicatum*), Spreizhahnenfuß (*Ranunculus circinatus*) und Kanadische Wasserpest (*Elodea canadensis*) hin. Bemerkenswert ist auch das reichliche Auftreten von Süßwasserschwämmen an im Wasser liegenden Ästen an einigen Stellen am Westufer. Trotz dieser positiven Tendenz bedarf es auch weiterhin großer Aufmerksamkeit und weiterer Sanierungs- und Restaurierungsmaßnahmen, um dem Schmalen Luzin wieder zu seinem ursprünglichen Status zu verhelfen.

Wie im Breiten Luzin (s. B 3) kamen früher auch im Schmalen Luzin der Reliktkrebs (*Mysis oculata relicta*) und eine lokale Unterart der Kleinen Maräne vor (Abb. 38). Beide sind aber aufgrund der verschlechterten Wasserbeschaffenheit im See inzwischen ausgestorben. Erhalten hat sich ein kleiner Bestand des Deutschen Edelkrebses. Seit 1960 kommt am Schmalen Luzin die Bisamratte vor. Aus der Fülle von Schneckenarten konnten bisher über 30 festgestellt werden.

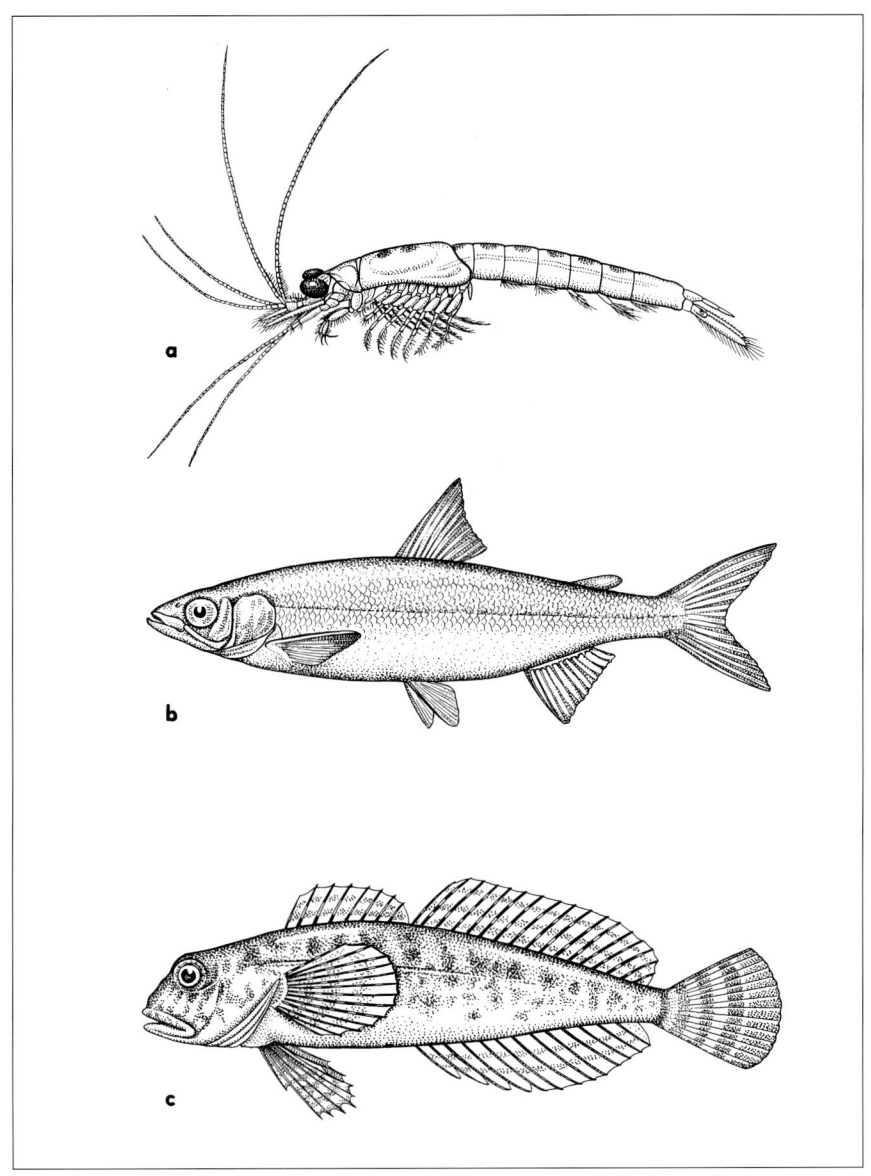

Abb. 38 Reliktkrebs (a), Kleine Maräne (b) und Ostgroppe (c)

Der Name Luzin – 1518, 1578 die *Lotzin* (Abb. 39) – geht auf eine altpolabische Form Lucin(a) zurück, wohl zu einem altpolabischen Appellativum *luk* = Bogen, Krümmung, was der Gestalt des südlichen Teiles des Schmalen Luzin entspräche.

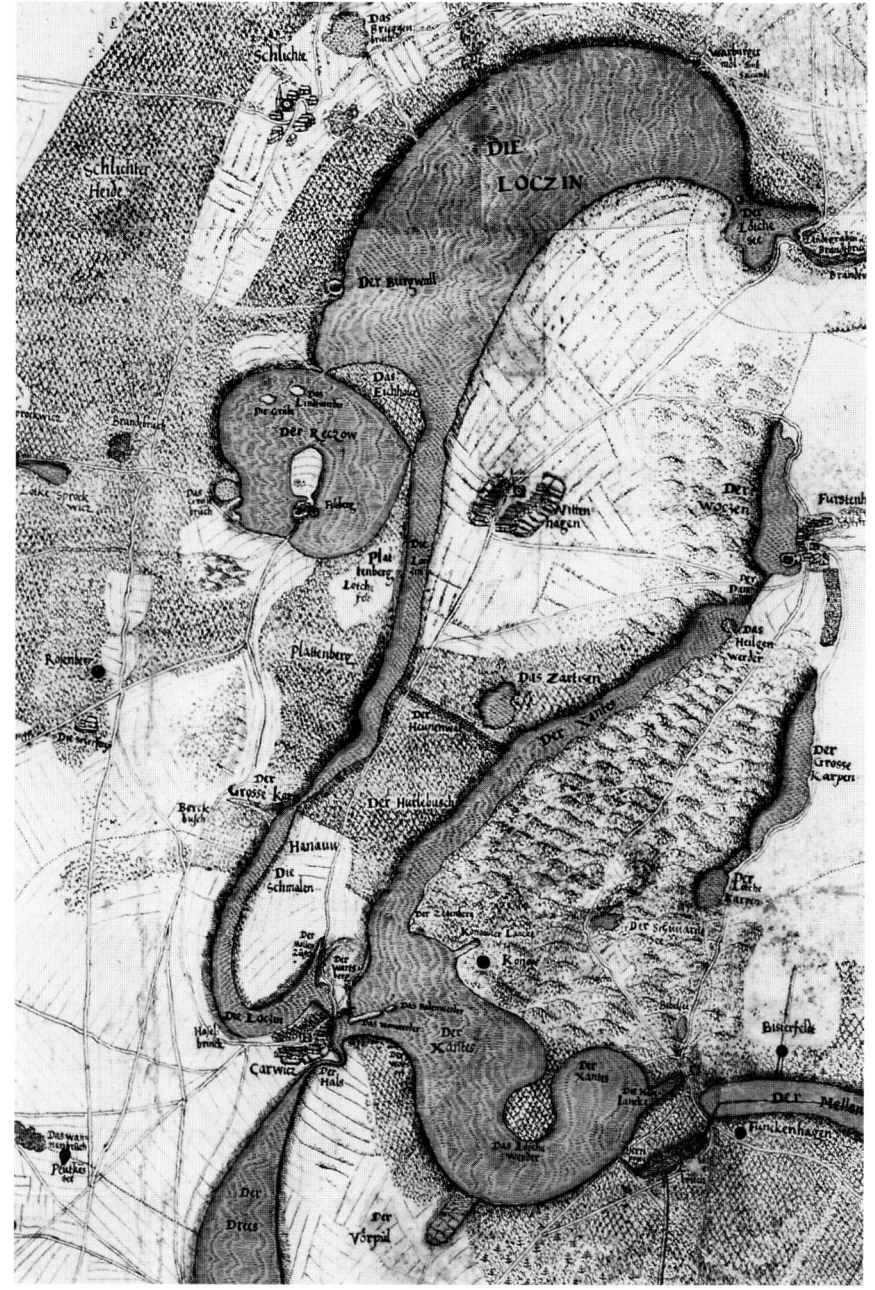

Gräpkenteich, seit 1961 Ortsteil von Dolgen   D 11

Im Verlauf einer sich vom Dolgener See südwärts fortsetzenden Rinne liegen im Ostteil des Beganges (Revieres) Grünow des Forstes Lüttenhagen der Große und der Kleine Gräpkenteich, 2 kleine, durch einen Graben miteinander verbundene Waldweiher. Sie erinnern an die in der Nähe gelegene Wüstung *Gröpkendorf* (Abb. 7), deren Ortsname wohl eine slawisch-deutsche Mischbildung zu einem altpolabischen Zunamen Grobek darstellt. Die um 1780 entstandene Karte von Mecklenburg-Strelitz (SCHMETTAU) verzeichnet südlich der *Gräpen-Teiche* den *Gräpendorffer Brinck*, ein Waldstück mit einigen Waldwiesen. Nach dem Dreißigjährigen Kriege wurde die wüste Feldmark von Triepkendorf aus bestellt.

Nach der Separation im 19. Jh. entstanden an der Landstraße von Feldberg nach Lychen 2 Ausbauhöfe, die den Namen Gräpkenteich erhielten. In ihrer Nähe wurde 1907 ein Forstgehöft errichtet, in dem sich seit 1930 die damals neugebildete, später aber wieder aufgelöste Revierförsterei Gräpkenteich befand. Im Jahre 1952 kamen 3 Forstarbeiterhäuser hinzu. Nördlich der genannten Ausbauhöfe errichtete die damalige LPG Tierproduktion Triepkendorf Ställe für Jungrinder. In ihnen werden etwa 3000 (1996) Puten gemästet, und zwar von der in dem einen der Ausbauhöfe befindlichen privaten Putenfarm. Zu ihr gehören außerdem noch etwa 450 ha Ackerland, auf denen Weizen, Gerste und Raps zum Anbau kommen. Der zweite Ausbauhof soll zu einem Reiterhof umgestaltet werden.

Laeven, seit 1969 Stadtteil von Feldberg,   D 12

liegt dicht am Waldrand 5 km südwestlich von seiner Hauptgemeinde, und zwar an einem alten Landweg nach Lychen und Fürstenberg. Sein Ortsname – 1393 *Louvene*, 1397 *to der Louenne* – kann nicht sicher erklärt werden; wahrscheinlich übertrugen ihn Siedler im hohen Mittelalter aus Leuwen im heutigen Belgien.

Im Jahre 1393 gab man die Bede (Abgaben) in *Louvene* an HENNING PARSENOW. 1475 bewohnte JASPER KERKOW im Ort einen Hof, verkaufte diesen aber 1480 an die Kirche Unser lieben Frauen in Fürstenberg. Die Kirche von Laeven war im 15. Jh. der Burgkapelle von Feldberg zugeordnet; seit 1574 gehörte sie zu Carwitz. Im Feldberger Landbederegister von 1518 wurden für Laeven 38 Hufen aufgeführt, von denen 3 wüst lagen, und zur Pfarre gehörten 4 Hufen. Im Jahre 1555 bewirtschafteten 13 Bauern zusammen 38 Hufen. 30 Jahre später wurden für den Ort 2 Schulzen und 11 Bauern sowie je ein Krüger und Böttcher genannt. Die Bauern Laevens mußten für das Amt Feldberg und an das Amt Fürstenberg eine Reihe von Diensten leisten und Abgaben liefern. 1600 gab es auch je einen Bauernschäfer und Schneider. Während des Dreißigjährigen Krieges brannten 1639 Soldaten 5 Bauernhöfe und die Kirche nieder, und von der Freischulzenfamilie

◁

Abb. 39   Gebiet um Feldberg (Ausschnitt aus: Grenze zu der Mark Brandenburg zwischen Fürstenwerder und Klein Mechow, Staatsarchiv Schwerin, Kartenbestand, TILEMANN STELLA 1578, Nr. 370)

D 12 und den 8 Bauernfamilien lebten nur noch je ein Bauer, eine Frau und ein Knecht. Ein Jahr später war das Dorf völlig leer und niedergebrannt. Nach dem Dreißigjährigen Krieg baute man den Ort an einer neuen Stelle wieder auf. 1683 gab es dort eine Schäferei, die zur Meierei Neuhof gehörte. Diese war 1724 zu einer selbständigen Meierei ausgebaut worden und wurde später als Dominalpachtgut bewirtschaftet. Um 1885 lebten in Laeven 127 Einwohner, im Dorf gab es eine Schule und eine Unterförsterei.

Die 307 ha umfassende landwirtschaftliche Nutzfläche des Gutes wurde im Zuge der Bodenreform 1945 aufgeteilt. Etwas später errichteten sich einige Neubauern Eindachgehöfte, die noch heute das Ortsbild mitbestimmen. 1958 begann der Zusammenschluß der Landwirte zu einer landwirtschaftlichen Produktionsgenossenschaft. An deren Stelle trat nach 1990 ein privater Landwirtschaftsbetrieb. Im ehemaligen Gutshof befinden sich Wohnungen und eine Gaststätte. 1995 lebten in Laeven etwa 110 Einwohner.

D 13 **Rosenhof,** seit 1969 Stadtteil von Feldberg,

liegt etwa 5 km südlich vom Hauptort. Er entstand 1858, als der Freischulzenhof von Carwitz, dem er weiterhin zugehörte, hierher verlegt wurde. 1874 erstmals Rosenhof genannt, befand er sich von 1869 bis 1904 im Besitz der Familie Ahlgrimm. 1885 lebten dort 12 Personen. Der Ortsname enthält im Bestimmungswort den seit dem Mittelalter bei der Namengebung oft verwendeten Pflanzennamen Rose (s. H 11).

Bei Rosenhof befanden sich 2 Hügelgräber, die im 19. Jh. bzw. um 1920 beseitigt wurden. Von einem blieben Urnenfragmente erhalten, vom anderen ist eine Steinkiste überliefert, die eine verzierte Urne, ein Bronzemesser und einen Bronzering enthalten haben soll.

Das 150 ha Land umfassende Gut wurde im Zuge der Bodenreform 1945 aufgeteilt und an Neusiedler vergeben, deren Selbständigkeit 10 Jahre später bei der Bildung einer landwirtschaftlichen Produktionsgenossenschaft ein Ende fand. Die Nutzfläche wurde später wie die von Carwitz von der LPG Pflanzenproduktion Dolgen (s. A 3) bewirtschaftet, jetzt gehört sie dem Landwirtschaftsbetrieb Laeven (s. D 12).

D 14 **Carwitz,** seit 1969 Stadtteil von Feldberg,

liegt auf einem schmalen Moränenrücken zwischen dem Südbecken des Schmalen Luzin – zu den Oberen Feldberger Seen gehörig – und dem Carwitzer See bzw. Dreetzsee (Untere Feldberger Seen). Zu seiner Gemarkung gehören auch die als Werder bezeichneten Inseln im Carwitzer See, von denen der Bohnenwerder über eine Brücke zu erreichen ist. Durch eine weitere Brücke über den Graben zwischen Carwitzer See und Dreetzsee besteht eine Fußgängerverbindung mit dem brandenburgischen Dorf Thomsdorf (s. H 2). Mehrere Stellen des oberen Ortsteils ermöglichen gute Ausblicke auf die genannten Seen. Von der Kirche auf dem Dorfanger aus senkt sich das Gelände hinab zur Bäk (s. D 10), jenem Bach, der die

Oberen und die Unteren Feldberger Seen verbindet. Fischergehöfte und die Windmühle dokumentieren die beiden Erwerbsgrundlagen des Dorfes.

Um Carwitz wurden 6 slawische Siedlungen bekannt, von denen einige auf den Inseln im Carwitzer See (s. E 6) lagen. Auf dem Festland befindet sich lediglich

D 14

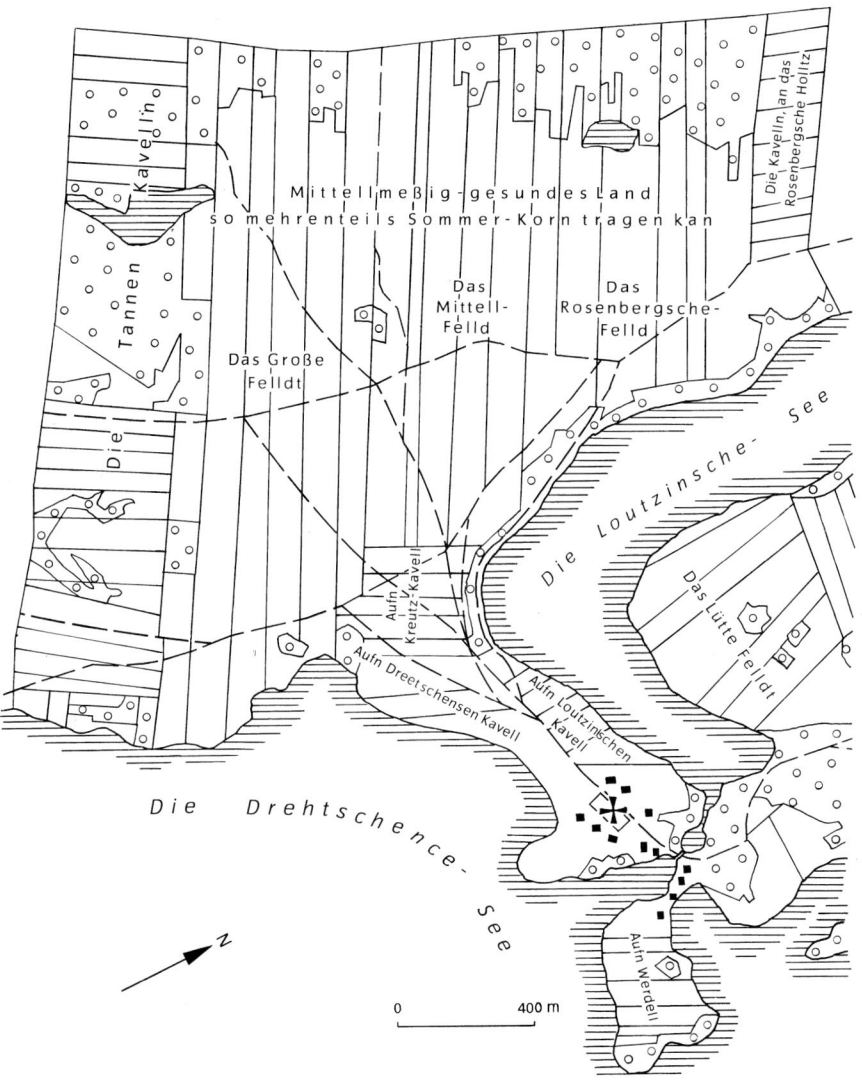

Abb. 40 Flurplan von Carwitz (Ausschnitt; Staatsarchiv Schwerin, o. J., nach 1780)

D 14 die Siedlungsstelle auf dem Hanow (s. E 4). Weiterhin sind ein Hügelgrab und eine Wallanlage ohne genaue zeitliche Einordnung zu erwähnen. Der slawische Ortsname Carwitz beruht auf Karvica = Ort, wo es Kühe gibt, zu altpolabisch *karva* = Kuh, wohl als Pendant zu Conow (s. E 7).

Der als Angerdorf angelegte Ort wurde urkundlich zum erstenmal 1216 erwähnt. Am Ende des 14. Jh. wiesen die Herzöge von Mecklenburg-Stargard dem HENNING PARSENOW für 1956 Mark Bede und Pachten aus *Carwytze* an. Anfang des 16. Jh. kam das Dorf in den Besitz des Landesherrn und wurde zum Amt Feldberg gelegt. 1518 betrug die Größe der Feldmark 23 Hufen, von denen 3 wüst lagen; außerdem gab es 4 Katen und einen Krug. 1555 wohnten in Carwitz 7 Bauernfamilien und 9 Kossäten, die zusammen 30 Hufen bewirtschafteten. Der Pfarre gehörten 2 Hufen, die der Pfarrer selbst bestellte. 1585 arbeiteten im Ort neben den Bauern und Kossäten je ein Leineweber, Krüger, Radmacher und Schmied sowie 2 Böttcher, 1599 sogar 3 Böttcher und noch ein Bauernschäfer.

Zu Beginn des Dreißigjährigen Krieges bestanden in Carwitz außer dem Pfarrhof der Freischulzenhof, 4 Bauern- und 12 Kossätenhöfe. Die Einwohnerzahl betrug 85 Personen. 1640 waren nur noch 4 Höfe mit 6 Einwohnern besetzt. Im Jahre 1683 gab es im Ort einen Schulzen, 5 Vollbauern, einen Kossäten und 2 Einlieger, 1724 den Freischulzen und 5 Halbbauern, 1743 einen Vollbauern und 4 Halbbauern. Neben der Landwirtschaft (Abb. 40) stelte die Fischerei einen wichtigen Erwerbszweig für die Carwitzer dar. Über lange Zeit gab es im Ort eine private Pachtfischerei.

Der Freischulzenhof wurde 1858 aus Carwitz hinausgelegt (s. D 13). Der vom Dorf nach dem 5 km entfernten Wittenhagen führende Weg überquerte Jahrhunderte hindurch die hinter dem Ort verlaufende Bäk zwischen Schmalem Luzin und Carwitzer See als Furt. Die jetzige Brücke stammt erst aus der Zeit um 1880. Am Weg von Carwitz zum Hauptmannsberg wachsen noch Maulbeerbäume, Hinweise auf versuchte Seidenraupenzucht.

Über Jahrzehnte wurde in Carwitz Grenzschmuggel betrieben, weil Mecklenburg nicht dem 1834 gegründeten Deutschen Zollverein beitrat. Erst 1867 fielen die Zollschranken zwischen Mecklenburg und Preußen und damit die Grundlage für den Schmuggel. 1885 lebten im Ort 336 Menschen.

Die lange Zeit selbständige Pfarre in Carwitz gehörte im Mittelalter zum Bistum Brandenburg. 1534 betreute sie auch die Kapellen in Feldberg, Laeven und Wittenhagen. 1857 wurde die Pfarre nach Feldberg verlegt.

Auf einer angerartigen Erweiterung der Dorfstraße steht die turmlose Fachwerkkirche (Abb. 41) aus dem Jahre 1706. Die enggestellten Ständer waren ursprünglich durch 4 Riegelzüge miteinander verbunden. Die rechteckigen Fenster wurden später teilweise bis unter den mittleren Riegelzug vergrößert. Die Streben der Eckfelder zeigen die Figur eines sogenannten Halben Mannes. Im Inneren der rechteckigen Saalkirche befinden sich an 3 Seiten Emporen. Der Kanzelaltar wurde nach 1714 unter Verwendung älterer Teile aufgebaut. Die Schnitzfiguren und die Altarflügel stammen von einem spätmittelalterlichen Altar. Den heiligen Valentin am Kanzelkorb schuf ein Lübecker Bildschnitzer. Im freistehenden Glockenstuhl unmittelbar neben der Kirche befinden sich 2 Glocken. Unweit davon erhebt sich das Denkmal, eine Pyramide aus Feldsteinen, für die Gefallenen des Ersten Weltkrieges.

D 14

Abb. 41   Kirche und Glockenstuhl in Carwitz

Der ehemalige zweite Friedhof – heute Fallada-Park –, von dem man eine gute Aussicht auf den Schmalen Luzin genießt, ist als letzte Ruhestätte des Schriftstellers HANS FALLADA (RUDOLF DITZEN, 1893–1947) parkähnlich gestaltet. Auf dem alten Friedhof blieben neben einer etwa dreihundertjährigen Linde mehrere eiserne Grabkreuze aus dem 19. Jh. sowie die Grabstätte des russischen Bürgers IWAN LASIZA (1922–1943) erhalten. Das Arbeitszimmer in dem früheren Wohnhaus FALLADAS in Carwitz wurde als Gedenkstätte eingerichtet, das Fallada-Archiv befindet sich jetzt in Feldberg. In Carwitz und Feldberg, wo er nach dem Zweiten Weltkrieg zeitweise als Bürgermeister wirkte (s. D 6), schrieb der Schriftsteller insgesamt 17 Bücher.

Das Ortsbild des 180 Einwohner zählenden Carwitz bestimmen erdgeschossige Wohnhäuser, von denen einige zu Pensionen umgebaut wurden, und hohe Laubbäume – meist Linden. Das traufseitig zur Straße stehende Haus Nr. 10 mit einer 7-Fenster-Front, einer der ganz wenigen erhaltenen Fachwerkbauten, ist über eine Freitreppe zu erreichen. Schräg gegenüber hat das Spritzenhaus seinen Platz, wie die meisten seiner Art in den anderen Dörfern ein Feldsteinhaus mit Giebelspitze und Türgewände aus Backsteinen. Auf der Halbinsel im Carwitzer See befand sich am Ostrand eine Süßmosterei, an deren Grundstück sich ein hügliges Gelände anschließt, das teils ackerbaulich, teils als Weideland genutzt wird.

Am Südwestrand von Carwitz steht auf einer Anhöhe zwischen Schmalem Luzin und Dreetzsee eine ehemalige Windmühle, die, wie die daneben befindlichen Hochsilos, der Mischfutterherstellung diente. Unweit der Mühle, von deren Umgebung man einen guten Rundblick hat, wurde eine Bungalowsiedlung errichtet, die sich bis an den Dreetzsee hinabzieht.

E 1 Scholverberg

Der Scholverberg ist Teil einer Endmoräne und erstreckt sich zwischen Breitem und Schmalem Luzin und Feldberger Haussee. Mit 114 m ü. NN überragt er die Seespiegel um etwa 30 m. Sein Name geht auf niederdeutsch *scholver* = Seerabe (Kormoran) zurück. Der Kormoran ist heute auf den angrenzenden Seen Nahrungsgast; Gründungen von Brutkolonien werden durch den Menschen verhindert, um Schäden an den Fischbeständen vorzubeugen.

Zur Schneckenfauna am Scholverberg gehört die im Feldberger Gebiet noch heute seltene Weinbergschnecke (*Helix pomatia*). Die auf trockenwarmen Rasenflächen lebende Heideschnecke *Helicella unifasciata* scheint in den letzten Jahren ausgestorben zu sein.

Am Ostrand des Scholverberges liegt ein Einzelgehöft, Eichholz genannt. Auf der bewaldeten Anhöhe befindet sich ein Gedenkstein für REINHARD BARBY (s. D 6). Auf einigen Hangabschnitten des Berges stehen Bungalows, und am Fuße des Scholverberges liegt am Ufer des Breiten Luzin ein Campingplatz.

Am westlichen Rande wurden jungslawische Scherben geborgen, die sicher mit den Funden auf der Insel Grabenwerder im Feldberger Haussee (s. D 7) in Verbindung stehen.

E 2 Wittenhagen, seit 1967 Ortsteil von Conow

Auf der sich zwischen Breitem und Schmalem Luzin im W und Zansen und Wootzensee im O erstreckenden Feldmark von Wittenhagen kamen an urgeschichtlichen Funden ein dicknackiges Flintbeil, ein Felsbeil und Flintklingen zum Vorschein. Das jetzige Straßendorf entstand im Zuge des hochmittelalterlichen Landesausbaus. Sein Ortsname läßt sich von mittelniederdeutsch *wit* = weiß und *hagen* für eine Rodungssiedlung ableiten. 1322 belehnte Fürst HEINRICH VON MECKLENBURG pfandweise den Ritter ALBRECHT VON DREWITZ mit der Bede – den Abgaben – zu *Wittenhaghen*. Die Familie von Tornow machte es seit der zweiten Hälfte des 15. Jh. zu ihrem Rittersitz, und im 16. und zu Anfang des 17. Jh. saßen hier 3 Ritter dieser Familie. Damit war Wittenhagen der letzte Ort im Amt Feldberg mit einem Rittersitz.

Im Jahre 1508 gab es im Dorf 6 Bauern, von denen jeder 2 Hufen besaß. 1518 wurden insgesamt 10 Hufen, von denen nur ein Hof mit 2 Hufen frei, das heißt unabhängig war, sowie 2 Katen und ein Krug erwähnt. Dem Gutsherrn gehörten auch die Fischereirechte auf dem Luzin in Form der Zeesenfischerei, also Fischerei mit langen Schleppnetzen, sowie der Reusen- und Krebsfang. Weiterhin wurden Fischereirechte auf dem Bibelsee – 5 km südöstlich des Ortes gelegen – genannt. 1585 gab es 7 Bauernhöfe, des weiteren wurden je ein Krüger, Schneider und Böttcher sowie 3 Radmacher erwähnt. Die Wittenhagener bestellten auch einen Teil des Feldes des wüsten Dorfes Schawe. Zu Wittenhagen gehörte ferner seit dem Mittelalter die Feldmark Rodensee bei Priepert, etwa 16 km südlich von Neustrelitz. Erst 1711 gelangte deren letzter Teil gegen einen fürstlichen Bauernhof in Wittenhagen an die herzogliche Kammer. Ende des 18. Jh. stand auf dem 125 m

hohen Mühlenberg nördlich von Wittenhagen eine Windmühle. 1871 wurde das E 2
Gut Tornowhof (s. B 9) vom Dorf abgetrennt. Um 1885 hatten Dorf und Gut Wittenhagen 92 Einwohner sowie eine Schule.
Die Pfarre von Wittenhagen gehörte im Mittelalter zum Bistum Cammin. Im Dreißigjährigen Krieg wurde die Kirche zerstört, und die Pfarre ging ein. 1664 entstand ein rohrgedecktes Gebäude mit bretterverschlagenen Giebeln. Im Jahre 1740 wurde die Pfarre der Carwitzer unterstellt (s. D 14). Der heutige achteckige Zentralbau der Kirche stammt von 1758 und besteht aus Feldsteinen. In einer Nische über dem Portal hängt eine Glocke aus dem Jahr 1704. Ein kleines Gesims unterteilt das achtseitige Zeltdach. Die flache Holzdecke im Inneren ist durch eine in den Ecken stärker herausgezogene Rundung in die Kreisform überführt. Der Kanzelaltar und das Gestühl gehen auf die Erbauungszeit der Kirche zurück.

In Wittenhagen leben heute etwa 150 Einwohner, die entweder in den 2 neuen Blocks mit je 12 Wohnungen oder in modernisierten ehemaligen Gutsarbeiterhäusern ansässig sind. Sehr alte Kastanienbäume säumen die Dorfstraße, die zum früheren 300 ha Land umfassenden Gut führt. In dessen Stallungen hielt die ehemalige LPG Tierproduktion Rinder und Schafe, sie standen 1995 leer. Hinter dem einstigen Herrenhaus blieben Reste des früheren Gutsparks erhalten.

Scharteisen   E 3

Der runde, kleine See liegt inmitten der Endmoränen des Uckermärkischen Bogens zwischen Schmalem Luzin und Zansen. Seine Oberfläche hat eine Höhe von 86,4 m ü. NN, ist also deutlich höher als die der benachbarten Seen. Das etwa 10 ha große Scharteisen, ein typischer Toteissee, erreicht fast trichterförmig die maximale Tiefe von 31,4 m. Sein Volumen beträgt über 1,5 Millionen m^3. Das Gewässer besitzt nur einen geringfügigen Zulauf von SW aus sumpfigen Niederungen; sein künstlicher Abfluß zum Zansen entstand vor 1778, liegt aber seit mehreren Jahren trocken.

Limnologisch betrachtet, gehörte das Scharteisen früher zu den oligotrophen Seen, dagegen wird es gegenwärtig den eutrophen Gewässern (Abb. 3) zugerechnet. Die Sichttiefen verminderten sich seit etwa 1965 um rund 50 % und betragen im Sommer 2–4 m. Die Sauerstoffkonzentration des Tiefenwassers geht ebenfalls seit mindestens 25 Jahren ständig zurück. Nach Messungen im Juli 1980 war das Tiefenwasser bereits unterhalb von 16 m sauerstofffrei. Die Verschlechterung der Wasserqualität beruht auf dem Nährstoffeintrag von den umgebenden landwirtschaftlichen Nutzflächen. Seit etwa 1985 versucht man, diesen Vorgang mit Hilfe der Ableitung des Tiefenwassers zu stoppen.

Die bewaldeten Steilufer des Scharteisen sind von dichter Blockstreu nordischer Geschiebe bedeckt, von denen viele auf den benachbarten landwirtschaftlichen Nutzflächen aufgelesen und dann hier abgekippt wurden. Infolge der steil abfallenden Ufer und der großen Wassertiefe wachsen im See nur wenige Wasserpflanzen. Am Ostufer gibt es kleine Bestände des Schwimmenden Laichkrauts (*Potamogeton natans*). An untergetaucht lebenden Arten treten Ähriges und Wech-

E 3 selblütiges Tausendblatt (*Myriophyllum spicatum* u. *alterniflorum*) auf, letzteres wurde noch bis in 5 m Tiefe beobachtet. Armleuchteralgen (*Characeae*) fehlen völlig; und auch der Schilfgürtel am Ufer ist meist nur fragmentarisch entwickelt.
Die Erklärung des Seenamens – 1578 das *Zartisen* – bleibt wegen der späten Überlieferung unklar.

E 4 Hauptmannsberg und Hullerbusch

Eine der schönsten Landschaften des Feldberger Raumes stellt der etwa 4 km lange, aber nur 1 km schmale Landrücken zwischen den Seen Schmaler Luzin und Zansen dar. Er gehört zur Endmoräne des Uckermärkischen Bogens der Pommerschen Hauptendmoräne der Weichselkaltzeit. Die beiden Seen verlaufen parallel und durchbrechen die Endmoräne von NO nach SW. Die stark bewegte Landoberfläche mit Steilhängen zu den Seeufern und die Anhäufung von Findlingen behindern eine intensive Landnutzung, so daß der naturnahe vielfältige Wechsel von Waldungen, Hecken und Offenland erhalten blieb.

Nahe dem Südende dieses Landrückens liegt der 121 m hohe Hauptmannsberg, seit 1967 Naturschutzgebiet. Er erhebt sich 31 m über dem Wasserspiegel des Zansen. Ein Steilhang führt zum See hinunter und setzt sich unter der Wasseroberfläche fort. In der Nähe dieser Stelle erreicht der Zansen eine maximale Tiefe von 41 m.

Beim Rundblick vom Hauptmannsberg aus erhält der Besucher deshalb den Eindruck einer einheitlichen Geländeoberfläche Feldberg – Hullerbusch – Conower Höhen, weil die Seen tief eingeschnitten und deren Ufer dicht bewaldet sind. Besonders reizvoll gestaltet sich der Blick auf den stark gegliederten und mit Inseln durchsetzten Carwitzer See (s. E 6).

Die Kuppe des Hauptmannsberges bekrönt ein bronzezeitliches Hügelgrab. Die Erhebung, die im 16. Jh. Wartsberg hieß, blieb mindestens seit dieser Zeit waldfrei. Wahrscheinlich wurde sie im Zusammenhang mit der Gründung des Dorfes Hanow (Hanau; Abb. 7) abgeholzt. Auch nach dem Wüstwerden des Ortes ist im 15. Jh. durch eine fortwährende Beweidung durch das Vieh der Carwitzer Bauern eine erneute Bewaldung verhindert worden. Im 18./19. Jh. trugen lediglich die Steilabfälle zum Zansen zeitweilig Hangwälder. Eine ackerbauliche Nutzung erfolgte nur sporadisch auf Flächen in den westlichen und nördlichen Bereichen des Naturschutzgebietes.

Die Jahrhunderte andauernde extensive Beweidung zog die Ausbildung vielfältiger Magerrasen nach sich. Besonders charakteristisch waren die Silbergras-, Schafschwingel-, Steppenlieschgras- und Glatthaferrasen. Aufwachsende Gebüsche wurden immer wieder entfernt und durch Weidevieh verbissen. Erst die völlige Aufgabe jeglicher landwirtschaftlicher Nutzung nach dem Zweiten Weltkrieg führte zu einer raschen Ausbreitung von Sträuchern und Gebüschen. Besonders markant waren ausgedehnte Besenginsterbestände, die in kalten, schneearmen Wintern regelmäßig zurückfroren. Heute sind die Magerrasen bis auf Restflächen von sehr dichten Ginster-, Schlehen-, Weißdorn-, Himbeeren-, Brombeeren- und Rosengebüschen, die zunehmend von Birke, Eiche, Hainbuche, Haselnuß und Zitterpappel überwachsen werden, verdrängt worden. Mehr als fünfzigjährige Eichen

und Kiefern gehören zu den Seltenheiten, ihre breiten Kronenformen zeugen von
ihrem Aufwachsen im Freistand.
 Die Abnahme der Magerrasen mindert erheblich den floristischen Wert des Naturschutzgebietes. Die Gehölze verdecken mehr und mehr die Aussichten auf die Seen und Moränen. Deshalb begann man, seit 1986 das Strauchwerk wieder zurückzudrängen und die freigewordenen Flächen zu beweiden. Durch das Reservat führt ein Abschnitt eines insgesamt 3 km langen naturkundlichen Lehrpfades.
 Nach N schließt sich an das Naturschutzgebiet Hauptmannsberg der Hullerbusch an. Er ist wegen des steinigen Bodens und der vielen Sümpfe seit jeher mit Buchenwald bestanden. Leitgesellschaften sind der Schattenblumen- und Perlgras-Buchen-Wald sowie in den Senken Callasümpfe und ein Zwischenmoor mit Sumpfporst (*Ledum palustre*), Poleigränke (*Andromeda polifolia*) und Moosbeere (*Oxycoccus palustris*).
 Die Vogelwelt des Hullerbusches setzt sich aus typischen Gemeinschaften des Buchenwaldes zusammen. Daneben treten aber auch Arten des Offenlandes, wie Sperbergrasmücke und Neuntöter, auf. Unweit des Teufelssteins besteht ein großer Dachsbau. In der Nähe der Waldmoore des Hullerbusches lebt der Laubfrosch. Von den Schnecken wurden *Helicolimax pellucidus, Monacha incarnata, Cepea hortensis* und *Goniodiscus rotundatus* gefunden.
 Die Siedlungsdichte der Brutvögel im Bereich des Hauptmannsberges ist mit 22 Brutpaaren pro 10 ha hoch. Kennzeichnende Arten sind Goldammer, Gartengrasmücke, Dorngrasmücke, Sperbergrasmücke und Rohrammer. Früher gab es hier auch den Brachpieper. Ferner konnten Rötel- und Gelbhalsmaus als vorherrschende Arten sowie Feldmaus, Erdmaus, Zwergmaus, Waldmaus, Waldspitzmaus und Zwergspitzmaus nachgewiesen werden.
 Die Insektenfauna weist eine Reihe von tiergeographisch besonders interessanten Arten auf. So besitzt die Laubheuschrecke *Metrioptera bicolor* hier ihren nördlichsten Fundort in Mitteleuropa. Die Heuschrecke *Stenobothrus stigmaticus* kommt außerhalb des Hauptmannsberges nur noch an 2 weiteren Stellen in Mecklenburg vor. Weiterhin konnten 31 Zikadenarten, darunter mindestens 9 bemerkenswerte Arten trockenwarmer Standorte, sowie eine große Zahl von Wanzen mit südlichem Hauptverbreitungsgebiet nachgewiesen werden. Unter den aufgefundenen Schnecken besitzen *Helicella obvia* und *Chondrula tridens* eine subkontinentale und südosteuropäische Verbreitung. Weiter ist die im N gering verbreitete Schnecke *Helicigona lapicida* zu nennen.
 Im Hullerbusch befindet sich eine undatierte Wallanlage am Steilufer des Zansen, der Hünenkirchhof. Es handelt sich um einen hufeisenförmigen Ringwall aus Findlingen, deren Zwischenräume mit Erde gefüllt sind. Der Name Hullerbusch gehört zu mittelniederdeutsch *holderbusch* = Holunder. Er begegnet uns zum ersten Male 1578 als *Der Hurlebusch*.
 Mitten im Buchenhochwald des Hullerbusches ließ der damalige Besitzer des Gutes Wittenhagen in der ersten Hälfte des 19. Jh. ein kleines Jagdschloß errichten. Das Fachwerkgebäude hatte eine Grundfläche von 10 m x 14 m und besaß Erd-, Ober- und Dachgeschoß, Balkon und Erker sowie einen kleinen Aussichtsturm an der Südostecke. Etwas südlich davon lag der Bauernhof Hullerbusch, ein 1848 als Ersatz für einen abgebrannten Hof in Carwitz errichteter Ausbau. Auf dem zum Jagdschlößchen gehörenden Grundstück wurden Acker- und

E 4

119

E 4 Viehwirtschaft sowie Obstbau betrieben. Zeitweise befand sich in dem Gebäude ein Ausflugscafé.

1903 erwarb E. MEYKE das Grundstück, ließ das baufällige Jagdschloß abreißen und an seiner Stelle 1904/05 die Villa Hullerbusch erbauen. Um diese herum legte man einen kleinen Park an, in dem fremdländische Gehölze stehen, so Trompetenbaum (*Catalpa bignonioides*), Schirmmagnolie (*Magnolia tripetala*), Butternuß (*Juglans cinerea*), Nußtragende Stinkeibe (*Torreya nucifera*) und verschiedene Arten der Scheinzypresse (*Chamaecyparis*).

1945 quartierte man in das Gebäude Flüchtlingsfamilien ein. Nach seiner Überführung in Volkseigentum 1947 übernahm es das Ministerium für Kultur als Gästehaus, und 1959 ging es an das Reisebüro der DDR über. 1961 weitgehend erneuert und ausgebaut, bot es nach der Aufstellung von Bungalows im Park Platz für 70 Personen. Nach 1990 privatisiert, wird das Grundstück jetzt als Hotel und Gaststätte betrieben.

E 5 Zansen

Der Zansen erstreckt sich über eine Gesamtlänge von reichlich 4 km und hat eine Breite von 400 bis 500 m. Er nimmt, eingetieft in eine bewegte Moränenlandschaft, ein mehrteiliges rinnenförmiges Becken ein. Seine Wasserspiegelhöhe beträgt, wie die aller Unteren Feldberger Seen, 84,0 m ü. NN. Seine maximale Tiefe erreicht der Zansen mit 41 m. Die Wasserfläche umfaßt 188 ha, wobei die südliche Abgrenzung zum Carwitzer See hin die Inseln Jägerwerder, Gänsewerder und Steinwerder bilden. Das Wasservolumen beträgt über 30 Millionen m^3. Oberirdischen Zulauf erhält der Zansen von N her vom Wootzensee (s. E 8) durch die Floot sowie von episodisch fließenden Bächen und vom Scharteisen (s. E 3). Beiderseits des Zansen mit seinen Steilufern liegt das sehr bewegte Endmoränenrelief mit abflußlosen Eintiefungen. Diese Landschaft überblickt man am eindrucksvollsten vom Hauptmannsberg (s. E 4), vom Hullerbusch oder von den Höhen westlich des Dorfes Conow.

Der Zansen gehört zu den besonders wertvollen und schützenswerten Seen des Feldberger Gebietes. Er hatte schon seit langer Zeit das Interesse von Limnologen und Heimatforschern erregt, wodurch wir die Entwicklung seiner Wassergüte gut verfolgen können. Bis zum Beginn der sechziger Jahre des 20. Jh. war der See arm an Pflanzennährstoffen, klar und auch während der sommerlichen Schichtung bis in die Tiefe hin gut mit Sauerstoff versorgt. Aber Anfang der siebziger Jahre ließ sich eine starke Verringerung der Sauerstoffkonzentration im Tiefenwasser erkennen. Untersuchungen aus dem Jahre 1982 zeigten den Fortgang dieser Erscheinung. Gegenwärtig zählt der Zansen zu den geschichteten eutrophen Seen (Abb. 3) mit sommerlichen Sichttiefen von etwa 2 m. Die Nährstoffkonzentration ist nicht übermäßig groß, so daß einer weiteren Verschlechterung der Wassergüte mit einfachen Mitteln Einhalt geboten werden kann. Dazu gehört vor allem ein verringerter Nährstoffeintrag aus den angrenzenden landwirtschaftlichen Nutzflächen und dem Wootzensee.

Infolge der steil abfallenden Ufer hat sich im Zansen ein meist nur schmaler Röhrichtgürtel entwickelt. Die Unterwasservegetation entsprach ehedem der eines

mesotrophen Klarwassersees und enthielt neben den Gesellschaften des Spie- E 5
gellaichkrautes und des Glanzlaichkrautes (*Potamogeton lucens* u. *P. nitens*) auch
Characeen-Gesellschaften, insbesondere solche mit *Chara aspera, Chara hispida*
und mit *Nitellopsis obtusa*, die bis in Tiefen von 5 bis 6 m reichten. Darunter wurde in 7–9 m Tiefe des öfteren die Seeballteppichgesellschaft mit der Alge *Cladophora aegagrophila* festgestellt. Im Uferbereich des Sees kamen untergetauchte
Bestände des Strandlings (*Littorella uniflora*) vor. Der Zufluß von nährstoffrei-
chem Wasser hat zu Vegetationsveränderungen geführt, insbesondere zu einer Zunahme nährstoffliebender Arten wie Fadenalgen und Spreizhahnenfuß (*Ranunculus circinatus*).

Im Zansen entdeckte THIENEMANN (1924) den Reliktkrebs *Mysis oculata relicta* (Abb. 38). Dieses Vorkommen erlosch in den letzten Jahren infolge von Veränderungen der Wasserqualität. Auf dem See rasten im Winterhalbjahr zahlreiche
Vögel. Bisher wurden Bleßralle, Haubentaucher, Stock-, Pfeif-, Reiher- und
Schellente sowie Gänsesäger und Höckerschwan beobachtet.

Der 1518 als *Xantes* oder *Santes* überlieferte Seename hat seine Entsprechung
im heutigen Zenssee bei Lychen (1299 stagnum *Santis*), er geht auf mittelniederdeutsch *sante* = heilig zurück.

Carwitzer See   E 6

Der Carwitzer See (Abb. 42) ist mit 397 ha der größte aller Feldberger Seen und
aufgrund seiner Lage in den Endmoränen zugleich der vielgestaltigste . Ihn gliedern steile und flache Uferpartien, ferner die Inseln Jäger-, Gänse-, Stein-, Bollen-,
Bohnen-, Els- und Kohlwerder und die Conower Insel sowie die Halbinsel Naturschutzgebiet Conower Werder (s. H 1) und die Carwitzer Halbinsel. Die mit 35 m
tiefste Stelle liegt im Südbecken in der Nähe des Dorfes Thomsdorf, die durchschnittliche Tiefe beträgt 9,6 m und das Volumen 38,5 Millionen m³. Die Tiefenkarte des Sees läßt eine Vielzahl verbundener Hohlformen erkennen, die sicherlich
von mehreren Toteisblöcken stammen.

Hydrographisch stellt der Carwitzer See einen Kreuzungspunkt dar. Die Zuflüsse aus seinem unmittelbaren Einzugsgebiet sind sehr gering, so aus dem Conower
Bach. Durch die Bäk (s. D 10) erhält der Carwitzer See jedoch einen ständigen Zulauf aus den Oberen Feldberger Seen, ferner nimmt er Wasser vom Zansen auf. Einen natürlichen oberirdischen Abfluß besitzt das Gewässer in den Dreetzsee nahe
dem Ort Carwitz. Hydrologen rechnen mit einem wesentlichen Versickerungsan-
teil nach O hin zum tiefer gelegenen Mellensee (WEBER 1980). Schon früher war
durch Arbeiten von BARBY die Bedeutung unterirdischer Abflüsse bekannt geworden. So versickern Wassermengen vom Dreetzsee zum Krüselinsee, die mit
70–100 l/s angegeben werden.

Das Südufer des Carwitzer Sees bildete jahrhundertelang die Grenze zwischen
Mecklenburg und Brandenburg, so daß den Bauern des nur wenige hundert Meter
entfernten Thomsdorfs keine Fischerei erlaubt war. Gelegentliche hohe Wasserstände in historischer Zeit führten zu Schäden im Umland. Diese dürften dann vor
1578 zu dem Entschluß beigetragen haben, eine technische Lösung des Abflusses
auf brandenburgischem Gebiet zu schaffen. Am Südostufer baute man einen ober-

E 6

Abb. 42   Blick von Süden auf Carwitz und den Carwitzer See

irdischen Abflußgraben zum 7 m tiefer gelegenen Mellensee, der über den Strom (s. J 10) zur Ucker und damit zur Ostsee entwässert. Trotz der Isernpurt hörten die Klagen über zu hohe Wasserstände nicht auf. Die Anlage verfiel später und wurde erst 1970–1972 wieder ausgebaut. Dabei legte man auf langen Streckenabschnitten Rohre, um die Bewirtschaftung von Nutzflächen nicht zu behindern. Im Jahresdurchschnitt fließen etwa 180 l/s über die Isernpurt ab, was einer Gesamtjahresmenge von 4 Millionen m^3 entspricht (WEBER 1980). Der Pegel ist im Ort Funkenhagen installiert.

Der Carwitzer See gehört zu den stark eutrophierten, geschichteten Seen (Abb. 3), deren Tiefenwasserbereich unterhalb von 10 m am Ende des Sommers sauerstofffrei ist. Die Nährstoffe ermöglichen ein besseres Wachstum von Planktonalgen, und ihr mikrobieller Abbau in den tieferen Wasserschichten verbraucht den Sauerstoff und führt schließlich zur Bildung von giftigem Schwefelwasserstoff. Unter diesen Bedingungen erfolgt eine zunehmende Rückführung der Nährstoffe aus den Sedimenten, in denen sie sich im Laufe von Jahrhunderten angereichert hatten. Noch in den zwanziger Jahren des 20. Jh. war der größte Teil des Tiefenwasserbereiches sauerstoffreich und wurde auch von dem Reliktkrebs *Mysis oculata relicta* (s. B 3) besiedelt. Günstige Sauerstoffverhältnisse und damit auch Nährstoffverhältnisse herrschten noch Anfang der fünfziger Jahre. Doch bereits um 1966 dürfte der heutige eutrophe Zustand erreicht gewesen sein. Obwohl die Nährstoffkonzentrationen erheblich zugenommen haben, sind die Voraussetzungen für eine wirkungsvolle Verbesserung der Wassergüte recht günstig. So könnte eine Tiefenwasserableitung nach dem Heberprinzip nährstoffreiches, sauerstoffarmes Wasser in die Isernpurt leiten.

Der Carwitzer See enthält hauptsächlich nährstoffliebende Unterwasserpflanzen, insbesondere Hornblatt (*Ceratophyllum demersum*), Kamm-, Spiegel- und Durchwachsenes Laichkraut (*Potamogeton pectinatus, lucens* und *perfoliatus*) sowie den Verschmutzungsanzeiger Teichfaden (*Zannichellia palustris*). An den Ufern zieht sich ein meist geschlossener und hochwüchsiger Röhrichtsaum entlang, in dem Schilf (*Phragmites australis*) vorherrscht.

Am bzw. auf dem Carwitzer See brüten Schellente, vereinzelt auch Große Rohrdommel, Tafelente, Reiherente und Rohrweihe. Als Nahrungsgäste kommen Kormoran, Graureiher, Seeadler und Flußseeschwalbe vor. Im Herbst und Winter halten sich auf dem See Gänse, Höckerschwan, Haubentaucher, Tafelente, Reiherente, Schellente, Stockente und Bleßralle sowie selten Gänsesäger, Singschwan und Sterntaucher – 1976 erstmals festgestellt – auf. Die Bisamratte tauchte erstmals 1960 am See auf. Bis in die jüngste Vergangenheit lebte auch der Fischotter am See.

Fischereilich handelt es sich beim Carwitzer See um einen Maränen-Aal-Hecht-See. Bis 1990 befand sich auf dem See bei Carwitz eine große Netzkäfiganlage, in der jährlich 15 t Regenbogenforellen aufwuchsen und 0,8 t überwintert wurden. Die Fütterung dieser Tiere trug wesentlich dazu bei, daß sich die Nährstoffbelastung des Carwitzer Sees stark erhöhte. Seit 1990 wird der See jedoch wieder extensiv fischereilich bewirtschaftet. Im Sommer nutzen Erholungsuchende den Carwitzer See zum Baden und zum Betreiben von Wassersport, wobei jedoch das Befahren mit Motorbooten aus Gründen des Naturschutzes untersagt ist. In der Nähe der Wüsten Kirche Conow (s. E 7) befindet sich ein Campingplatz, hauptsächlich für Wohnwagen.

Von 5 Inseln bzw. Halbinseln im Carwitzer See liegen slawische Funde vor. Es sind vorwiegend jungslawische Scherben und als besondere Kostbarkeit eine bronzene Schmuckscheibe mit nordischer Tierdarstellung. Die Siedlungen mögen Nachfolgeplätze der aufgelassenen Burg auf dem Schloßberg bei Feldberg gewesen sein (s. B 2). Brücken verbanden einst die Inseln miteinander. Auf dem Steinwerder, dem Hollenwerder und dem Kohlwerder wurde die als Kulturreliktpflanze gedeutete Siegmarswurz (*Malva alcea*) festgestellt (HOLLNAGEL 1955).

Conow, Kreis Mecklenburg-Strelitz E 7

In einer Niederung, die sich unmittelbar an den Carwitzer See nach NO anschließt und durch die der Conower Bach fließt, liegen 3 Siedlungspunkte auf Conower Gemarkung. Zum einen handelt es sich dabei um die alte Dorfstelle Conow nahe am Seeufer, von der eine Kirchenruine zeugt. Der turmlose Feldsteinbau vom Ende des 13. Jh. steht auf einem ummauerten ehemaligen Friedhof. Der Westgiebel ist vollständig vorhanden, die Gewände des Eingangs dagegen sind herausgebrochen. Ebenso blieben die Längsseiten nur noch bis in Fensterhöhe erhalten. Im Ostgiebel befinden sich 3 schmale, spitzbogige Schlitzfenster.

Nordöstlich von der Ruine liegt als weiterer Siedlungspunkt das Gut Conow mit seinen Wirtschaftsgebäuden und kleinen Wohnhäusern. Hieran schließen sich

E 7 neue Ein- und Zweifamilienhäuser sowie ein Vierfamilienhaus an, die die Lücke zu dem 500 m nordöstlich folgenden früheren Bauerndorf ausfüllen. Von der Dorfstraße zweigt eine Nebenstraße ab, an der beiderseits die Häuser von Neubauern aus der Zeit um 1950 stehen (Nr. 12–22). Alle Siedlungsteile breiten sich in der Endmoränenlandschaft aus, die trotz großer Reliefunterschiede und Hangneigungen einer intensiven landwirtschaftlichen Nutzung unterliegt.

Im bäuerlichen Siedlungsteil steht eine kleine Kirche aus dem Jahre 1826. Den Entwurf für den in einfachen neugotischen Formen errichteten Backsteinbau lieferte FRIEDRICH WILHELM BUTTEL (1790–1869). Im Inneren der Saalkirche hebt sich der Kanzelaltar mit beiderseitigem Aufgang aus der geschlossenen Masse des Gestühls heraus. Die Kirche wurde anfangs von Carwitz (s. D 13), später von Feldberg (s. D 6) aus betreut.

Von dem Einzelgehöft am 126 m hohen Mühlberg nördlich des Gutshofes, einer ehemaligen Windmühle, hat man einen Rundblick über das Gebiet um den Zansen, den Carwitzer See und die Karpfenseen. Durch die prachtvollen Lindenalleen führen mit kleinen Findlingen gepflasterte Straßen.

Der Ortsname Conow geht auf altpolabisch Kon'ov = Ort, wo es Pferde gibt, zurück und deutet darauf hin, daß hier bereits in slawischer Zeit eine Siedlung bestand. Das Dorf wird erstmals 1354 genannt. In diesem Jahr überließ Herzog JOHANN VON MECKLENBURG 8 Hufen in *Konow* an Bürger in Lychen für eine geistliche Stiftung. 1393 wiesen die Herzöge JOHANN und ULRICH dem HERMANN PARSENOW eine Hebung aus Conow an. Um 1440/41 wurde der Ort in Kriegswirren zerstört. In der Folgezeit ist nur von der Feldmark Conow die Rede, die noch in der zweiten Hälfte des 16. Jh. von Wald bestanden war. Mehrmals wird von Differenzen zwischen den mecklenburgischen Herzögen und der Familie von Arnim wegen der Jagdrechte auf der Conower Feldmark berichtet. Die Heuwiesen nutzten am Ende des 16. Jh. Bewohner von Carwitz, Laeven und Triepkendorf.

Im Jahre 1701 wurde auf der Feldmark nordöstlich der alten Dorfstelle eine Glashütte mit Meierei angelegt. Als ersten Glasermeister nennt die Akte HANS JÜRGEN KAUFFELD. Bereits 8 Jahre später verpfändete ADOLF FRIEDRICH III. die Hütte für 5000 Taler an den sächsisch-gothaischen Unternehmer Hofrat BARTSCH zu Lichtenberg. Nach seinem Tode 1715 überließ die Witwe das Gut Conow nebst Glashütte dem HANS HEINRICH GUNDLACH, der 1725 dem Herzog die Jagd mit Hunden auf großes Wildbret gegen die Lieferung von Deputatholz vermachte. 1751 waren die Waldbestände um die Glashütte herum bereits so verringert, daß diese nur durch Holzzukauf aus den Boitzenburger Gütern weiterarbeiten konnte. Noch im gleichen Jahr wurde Conow an die herzogliche Kammer zurückgegeben. Die Glashütte stellte ihren Betrieb ein. Die Meierei blieb als Dominalpachtgut bestehen.

Nach 1945 erhielt dieses 535 ha umfassende mecklenburgische Dominal-(Staats-)gut den Status eines Volksgutes. Es betrieb hauptsächlich Rinderhaltung und Schweinemast, daneben aber auch auf etwa 400 ha Ackerbau. Nach 1990 wurde es privatisiert. Das alte Gutshaus war 1996 bewohnt, ein Wirtschaftsgebäude diente der Firma Daten-, Land- und Maschinentechnik. Das heutige Gut Conow mit seinen Bereichen Naturrinder, Forstwirtschaft und Milchwirtschaft bewirtschaftet nicht nur die Flächen des vormaligen Volksgutes, sondern auch einen großen Teil der Äcker der ehemaligen landwirtschaftlichen Produktionsgenossenschaft auf den Gemarkungen Wittenhagen, Fürstenhagen und Tornowhof, zusammen etwa 1100 ha Ackerland und 450 ha Grünland. Ein Gebäude dient der Conow Bauelemente GmbH.

E 7

Wootzensee

E 8

Der Wootzensee liegt westlich von Fürstenhagen und nur 30 cm höher als die Unteren Feldberger Seen (s. E 5). Die ovale Wasserfläche hat ihre größte Länge von 1300 m in N-S-Erstreckung. Der See ist maximal 10 m tief, umfaßt eine Fläche von 39 ha und ein Wasservolumen von etwa 1,9 Millionen m^3. Oberflächlich wird er aus mehreren kleinen Bächen gespeist. Im S hat der Wootzensee durch die Floot einen Abfluß zum 250 m entfernten Zansen. Die oft steilen Uferhänge rings um das Gewässer sind meist von einem dichten Gehölzsaum bedeckt. Sein Einzugsgebiet dagegen zeigt sich völlig unbewaldet, so daß der See dem Nährstoffeintrag von landwirtschaftlichen Flächen ausgesetzt ist. Vor allem aber aus Fürstenhagen, dessen Dorfbach Abwässer abführt, gelangen erhebliche Nährstoffmengen in den Wootzensee. Sie verursachen eine starke Verminderung der Sichttiefe. An Unterwasserpflanzen kommt nur noch das nährstoffverträgliche Durchwachsene Laichkraut (*Potamogeton perfoliatus*) vor. Auch gingen die Schilfbestände zurück. Der außerordentlich üppige Wuchs der Sumpfschwertlilie (*Iris pseudacorus*) deutet ebenfalls auf ein Übermaß an Nährstoffen hin. Der Seename – 1518 *Wutzen*, 1578 *der Woczen* – gehört zu altpolabisch *vosa* = Espe, Zitterpappel.

Fürstenhagen, seit 1950 Ortsteil von Conow,

E 9

liegt unmittelbar östlich vom Wootzensee. Es wurde wahrscheinlich schon im 13. Jh. als Burgort gegründet und war anfangs ein bedeutender Rittersitz. Dieser tritt urkundlich erstmals 1315 auf, als während der mecklenburgisch-brandenburgischen Fehden Markgraf WALDEMAR die Burg Fürstenhagen eroberte. Er besetzte sie bis zum Abschluß des Friedensvertrages zu Templin 1317, in dem ihre Zerstörung vereinbart wurde. Als Rest der Anlage blieb der südwestlich des Ortes an der Landenge zwischen Zansen und Wootzensee gelegene, jetzt überbaute Schlottwall erhalten, wo man eiserne Messer, Schnallen und Armbrustbolzen fand.

Im 16. Jh. gehörte Fürstenhagen VINZENT KUHLE, dessen Tochter in das Kloster Boitzenburg ging und das Dorf auf Lebzeiten mit einbrachte. So wurde die Pacht aus dem mecklenburgischen Dorf an das auf brandenburgischem Territorium liegende Kloster gezahlt. 1539 kam der Klosterbesitz nach dessen Auflösung an den uckermärkischen Landvogt HANS VON ARNIM. Da das zuständige Amt Fürstenberg es versäumte, nach dem Tode der Tochter seine Ansprüche auf die Pacht aus dem Dorf geltend zu machen, übernahmen diese ebenfalls die von Arnim. Das doppelte Unterstellungsverhältnis bildete 178 Jahre lang die Ursache für viele Streitigkeiten zwischen dem Grundherrn und den mecklenburgischen Beamten auf Kosten der Dorfbewohner. Der Grundherr setzte die Bauern vielen Repressa-

E 9 lien aus. So hielt er sie zeitweise gefangen und pfändete sie. Der Schulze meldete alle im Amt Fürstenberg vorgebrachten Beschwerden der Bauern dem von Arnim nach Boitzenburg. Deshalb wurde der Schulze 14 Wochen in Fürstenberg gefangen gehalten und erst nach Stellung einer Bürgschaft über 50 Gulden freigelassen. Nach Fürstenberg mußten die Bauern unter anderem die Landbede, die Türkensteuer sowie weitere Naturalien abgeben, zu Hochzeiten, Kindtaufen und anderen Ausrichtungen aushelfen sowie Dienste tun. Die Dienste der 8 Bauern und 4 Kossäten erstreckten sich über 4 zusammenhängende Wochen, weil Fürstenberg etwa 25 km weit vom Dorf entfernt liegt. Die Bauern mußten 2 Wagen und die Kossäten Äxte mitbringen. Die letzteren verrichteten auch Handdienste. Dem Grundherrn mußten sie außer der Überlassung der Pacht auch noch Dienste wegen der Bearbeitung der halben wüsten Feldmark Fürstenau, die der Familie von Arnim gehörte, leisten. Außerdem wurden sie angehalten, statt in der 11 km entfernten Krüseliner Mühle in der Boitzenburger zu mahlen und bei Bauarbeiten an der Mühle zu helfen.

Im Jahre 1716 wurde zwischen Preußen und Mecklenburg-Strelitz ein Vergleich geschlossen, der beinhaltete, daß Preußen die in Anspruch genommene Territorialgerechtigkeit über das Dorf Fürstenhagen an Mecklenburg-Strelitz abtrat, ebenso alle Befugnisse, die aus dem Patronatsrecht über Kirche, Pfarre und Küsterei des Ortes hervorgingen. Des weiteren übereigneten die von Arnim alle bisher zugestandenen Hebungen und Dienste an den Herzog. Sie verzichteten auch auf alle Abgaben aus Mechow (s. G 10) und Krüseliner Mühle (s. G 5). Mecklenburg trat dafür die Feldmark Biesterfelde (Boisterfelde, s. E 12) und die Hütungsrechte in der Heide zwischen Biesterfelde, Conow und Fürstenhagen an die von Arnim ab. 1752 wurde der Vergleich ratifiziert.

Nach 1570 lebten in Fürstenhagen außer den Bauern und Kossäten je ein Schmied, Stuhlmacher, Radmacher, Schneider und Bauernhirt (1577 mit 48 Stück Vieh) sowie 2 Leinweber.

1830 wurde die Feldmark von Fürstenhagen im Zuge von Reformen separiert. Am Ende des 19. Jh. gab es in dem Dominialbauerndorf 13 Bauern, einen Erbpächter und 14 Hauseigentümer. Die Einwohnerzahl betrug um 1885 insgesamt 323.

Die mittelalterliche Kirche von Fürstenhagen gehörte zum Bistum Cammin und unterstand stets der des brandenburgischen Weggun. Das heutige Gebäude wurde nach einem Entwurf von FRIEDRICH WILHELM BUTTEL (1790–1869) in den Jahren 1867–1869 als neugotischer Feldsteinbau errichtet. Das Mauerwerk ist in regelmäßigen Abständen von Bändern aus Backsteinziegeln durchzogen. Der obere Teil des vorgesetzten Westturmes besteht ebenfalls aus Backstein. Die Ausstattung der einschiffigen Saalkirche stammt aus der Erbauungszeit. Auf dem umgebenden Kirchhof stehen hohe Linden.

Auf der Geländekuppe mit der Kirche erhebt sich auch die ehemalige Schule, bestehend aus einem erdgeschossigen Altbau und einem 1929 angebauten zweigeschossigen Backsteingebäude mit einem Dachreitertürmchen. Es diente von 1970 bis 1990 als Kindergarten, auch für Tornowhof und Wittenhagen. Unweit davon entstand eine neue Kinderkrippe, die 1996 als Wohnhaus genutzt wurde. Geht man durch das Dorf, so fallen außer einem neuen Wohnblock auch noch Häuser früherer Volksbauweise auf. So besitzt das ehemalige Gehöft Nr. 22 zwei mit Rohr ge-

deckte Schuppen, deren Dächer in den Hofraum vorkragen; einer zeigt Fachwerk- E 9
konstruktion. Im Dorfzentrum steht der Vierseithof Nr. 13, dessen lange Scheune
aus Fachwerk und Lehm besteht und mit Rohr gedeckt ist. Auf einem Giebel befindet sich ein Horst eines Weißstorchenpaares, das 1987 sogar 5 Junge aufzog.
    Bereits 1953 kam es in Fürstenhagen zur Bildung einer landwirtschaftlichen
Produktionsgenossenschaft, die später in der LPG Lichtenberg (s. B 5) aufging.
Im Ort gab es einen Technikstützpunkt und eine Werkstatt, außerdem ein Trockenwerk am Wootzensee.
    Heute wird der größte Teil des ehemaligen LPG-Landes und der Wirtschaftsgebäude vom Gut Conow (s. E 7) genutzt, daneben bearbeiten 2 bäuerliche Wiedereinrichter zusammen etwa 340 ha landwirtschaftliche Nutzfläche. Die Einwohnerzahl von Fürstenhagen belief sich im September 1994 auf 245 Personen. Am Ostufer des Wootzensees befinden sich am Rand des Dorfes einige Bungalows für Urlauber.

Fürstenau, seit 1956 Ortsteil von Buchenhain, E 10

erstreckt sich oberhalb vom Ostufer des Fürstenauer Sees. Auf seiner Gemarkung wurden ein Feuersteinbeil, eine Steinaxt und das Schneidenbruchstück einer Steinhacke gefunden, die auf eine jungsteinzeitliche Besiedlung hindeuten. An einigen Stellen der Feldmark, so auf dem Eichberg und im nordöstlichen Teil der Gemarkung, liegen 9 bronzezeitliche Hügelgräber, heute Bodendenkmäler.
    Das Dorf Fürstenau entstand in der hochmittelalterlichen Ausbauperiode. Sein Ortsname – 1326 *tu Vorstenowe* – deutet wie die der benachbarten Orte Fürstenhagen (s. E 9) und Fürstenwerder (s. C 2) auf eine landesherrliche Gründung hin. Mit 64 Hufen, davon 4 Pfarrhufen, besaß Fürstenau eine stattliche Feldmark. Doch die nachfolgende Agrarkrise und die Jahrhunderte währenden Grenzkämpfe zwischen Mecklenburg und Brandenburg setzten der Entwicklung des Dorfes ein frühes Ende. 1375 waren nur noch 2 Hufen, 4 von 8 Kossätenhöfen, der Krug und die Mühle besetzt. 1477 lag Fürstenau völlig wüst. Noch 100 Jahre später zeugten Dorfstelle und Feldmark von der einstigen Größe des Ortes, lagen die „Sollsteine (Sockelsteine) von den Hausstellen noch eben also, als da das Dorf bewohnt gewesen", standen auch noch viele Obst- und Nußbäume um den Kirchhof herum, hart am Fürstenauer See. So beschrieben es 1578 die Bauern aus Fürstenhagen, die die benachbarte wüste Feldmark pachtweise nutzten.
    Um 1375 hatten mehrere Feudalberechtigte, Märker und Mecklenburger, Grundbesitz und Einkünfte aus Fürstenau inne. 1467 erwarb das Kloster Boitzenburg 12 Hufen, und seit 1477 besaß es das ganze wüste Dorf. Es ging mit dem Klosterbesitz 1539 in die Herrschaft Boitzenburg ein. Doch Mecklenburg beanspruchte noch bis zum Ende des 16. Jh. Hoheitsrechte über Fürstenau.
    Wie in Arendsee (s. F 2) und Boisterfelde (s. E 12) entstand eine Gutssiedlung erst im 18. Jh. Auf dem 1711 erstmals genannten Vorwerk nebst Schäferei wohnten 1724 insgesamt 39 Personen. 1734 arbeiteten für das Gut 3 Häuslinge, ein Schäfer, 10 Knechte und 3 Mägde. Es wurden 1756/57 auf mittelmäßigem Boden immerhin 20 Wispel (s. J 2) Korn gesät. 1827 vermaß man 1589 Morgen Acker, 289 Morgen Wiese, 207 Morgen Brüche und Koppeln, 19 Morgen Gärten,

E 10 152 Morgen Triften, Wege, Gräben und Hofstellen und 2256 Morgen Laubheide. Einige Zeit danach ließ von Arnim in der Fürstenauer Heide an der Stelle des Holzwärterhauses das Vorwerk Arnimshain errichten (s. E 13), das einen eigenen Gutsbezirk bildete, so daß die Feldmark Fürstenau um 1860 nur noch 2016 Morgen umfaßte.

1928 vereinigten sich die aufgelösten Gutsbezirke Fürstenau, Boisterfelde und Teile von Mellenau zur Gemeinde Mellenau. 1934 wurden Teile von Fürstenau durch eine Siedlungsgesellschaft parzelliert und aufgesiedelt.

Das bis zum Ende des Zweiten Weltkrieges verbliebene Gutsland wurde bei der Durchführung der Bodenreform 1945 aufgeteilt. Einige der Neubauern errichteten sich 1950–1952 Wohnstallhäuser an den Straßen nach Weggun und Fürstenhagen. Bereits 1953 kam es zur Bildung einer landwirtschaftlichen Produktionsgenossenschaft, die 1960 auch die übrigen Landwirte Fürstenaus erfaßte und 1973 mit der LPG Buchenhain (s. E 13) vereinigt wurde. Diese errichtete Schweineställe und Futterhallen und nutzte auch die Stallgebäude des früheren Gutes, zu denen die ehemalige Schrotmühle, ein Feldsteinhaus, gehört. Seit 1991 werden Gutshof und Ackerland von der Agrargenossenschaft Buchenhain bewirtschaftet. Die Ställe dienen der Rinderhaltung, im ehemaligen Gutshaus befinden sich Wohnungen. In den Jahren 1995/96 wurde ein Klinker-Putzbau für 6 Familien völlig renoviert.

Der langgestreckte Fürstenauer See wird von einer landwirtschaftlich genutzten Grundmoränenfläche umgeben. Seine Größe beträgt 28 ha, die maximale Tiefe erreicht 7,5 m, sein Wasserspiegel liegt in 100 m ü. NN. Der See besitzt nur unbedeutende oberirdische Zuläufe von N her aus dem Postbruch, zu Post = Sumpfporst (*Ledum palustre*). Er entwässert in westlicher Richtung durch einen kleinen Graben, der anschließend durch Fürstenhagen fließt und in den Wootzensee (s. E 8) mündet.

Der Fürstenauer See ist ein hocheutrophes Gewässer (Abb. 3) mit hohen Nährstoffkonzentrationen und Algenmassenentwicklungen sowie sehr geringen Sichttiefen. Zur Eutrophierung trugen die in seiner unmittelbaren Nähe gelegenen Wirtschaftsanlagen des ehemaligen Gutes bei. Die Sauerstoffkonzentration bewegt sich in allen Tiefen zwischen 9 und 12 mg O_2/l, da der See ständig bis zum Grunde durchmischt und deswegen gut mit Sauerstoff versorgt ist. Er weist einen nur schmalen Schilfgürtel auf, an den sich landwärts ein Gehölzsaum anschließt. Infolge der geringen Sichttiefe treten Unterwasserpflanzen nur spärlich auf. Das Vorkommen des Teichfadens (*Zannichellia palustris*) zeigt eine starke Nährstoffbelastung an.

E 11 Großer und Kleiner Karpfensee

erstrecken sich östlich von Conow in einer von S nach N verlaufenden glaziär angelegten Rinne, nur 500 m voneinander entfernt und von einer sumpfigen Niederung getrennt. Der Kleine Karpfensee liegt in 94,3 m ü. NN und hat eine Fläche von 5 ha. Der Wasserspiegel des Großen Karpfensees befindet sich 93,2 m ü. NN, seine Größe beträgt 32 ha, die maximale Tiefe 12,8 m. Er entwässert an seiner Nordspitze durch einen Graben, der in die Floot (s. E 8) einmündet.

Der langgestreckte Große Karpfensee ist etwa 10–20 m in die umgebende, E 11 ackerbaulich genutzte Grundmoränenplatte eingesenkt. An den steilen Hängen zieht sich ein Baum- und Gebüschsaum entlang. Der schmale, aber dichte Röhrichtgürtel wird hauptsächlich von Schilf (*Phragmites australis*) und Sumpfsegge (*Carex acutiformis*) gebildet. In der windgeschützten Südbucht gibt es Bestände von See- und Teichrose (*Nymphaea alba, Nuphar lutea*) sowie von Wasserknöterich (*Polygonum amphibium natans*). An Unterwasserpflanzen kommen neben Ährigem Tausendblatt (*Myriophyllum spicatum*) und Spiegellaichkraut (*Potamogeton lucens*) auch noch die Zierliche Armleuchteralge (*Chara delicatula*) vor, was durch günstige Sichttiefen (bis 3 m) ermöglicht wird. Insgesamt kann der Große Karpfensee als mesotroph bis schwach eutroph eingestuft werden. An Mollusken wurde neben der Dreikantmuschel (*Dreissenia polymorpha*) auch die Malermuschel (*Union pictorum*) festgestellt.

Im S leitet eine vermoorte, mit Weidengebüschen, Röhrichten und einem stark verlandeten Weiher, dem Kessel, ausgefüllte schmale Senke zu dem Kleinen Karpfensee über. Dieses nährstoffreiche Gewässer diente 1968 als Objekt eines Experimentes. Mittels eines gefährlichen Biozids tötete das Institut für Binnenfischerei sämtliche Tiere dieses Sees ab, um ihn anschließend durch Intensivhaltung mit Karpfen nutzen zu können. Aufgrund der Proteste von Biologen wurde die Einführung dieses Verfahrens in die Binnenfischerei staatlicherseits untersagt (GILSENBACH 1985). In der Zwischenzeit konnte sich die Lebewelt des Kleinen Karpfensees von diesem Eingriff wieder erholen. Das Gewässer ist heute mit Schleien besetzt. An Wasserpflanzen findet man Schwimmendes Laichkraut (*Potamogeton natans*), Großen Wasserschlauch (*Utricularia vulgaris*) und Wechselblütiges Tausendblatt (*Myriophyllum alterniflorum*).

Boisterfelde, seit 1957 Ortsteil von Funkenhagen, E 12

liegt auf einer Bergkuppe. Die noch bis ins 19. Jh. hinein gebräuchliche Namensform Biesterfelde weist auf die Herkunft der mittelalterlichen Siedler aus dem Westfälischen. Der Ortsname *Bistervelt* (1375) bedeutet Ansiedlung in schlechtem Gelände, zusammengesetzt aus mittelniederdeutsch *bister* = verwildert, schlecht und mnd. *velt* = offenes Feld, Land, Gelände. Im ehemaligen Grenzgebiet zwischen Brandenburg und Mecklenburg gelegen, war Boisterfelde jahrhundertelang umstritten. Der große Mellensee – 1 km südlich vom Ort – mit seinen 6 Garnzügen gehörte den Landesherren um 1375 je zur Hälfte. Noch 1595 beanspruchte Mecklenburg das ganze, seit dem Spätmittelalter wüste Feld Boisterfelde zum Land Stargard, und bis ins 17. Jh. gehörte das Lehnrecht dem Kurfürsten von Brandenburg nur halb. 1629 erwarben die von Arnim zu Boitzenburg den brandenburgischen Lehnsanteil, und 1716 schließlich trat Mecklenburg seine Hälfte an Brandenburg ab. Damit verfügte auch Boitzenburg über ganz Boisterfelde. Die Feldmark wurde im 16. Jh. und 17. Jh. extensiv genutzt, teils als Weideland vom Vorwerk Krewitz aus, teils als Jagdgebiet des Hauses Boitzenburg. Erst mit dem neuen Agraraufschwung im 18. Jh. ist ein Vorwerk 1713 sicher bezeugt. Der Waldbestand veranlaßte den Gutsherrn zum Bau einer Glashütte, die sich 1772 und 1775 nachweisen läßt, 1795 nicht mehr (s. F 4). Um 1775 gab es 32 Feuerstellen,

E 12 davon 30 in sogenannten Familienhäusern, und insgesamt 175 Einwohner, 1790 nur noch 74; um 1800 zählte man 5 Feuerstellen und 64 Einwohner. Boisterfelde blieb auch im 19. Jh. eine kleine Gutssiedlung mit wenigen Häusern. Es ging daher 1928 zusammen mit Fürstenau und Mellenau in der neuen Gemeinde Mellenau auf. 1934 wurden insgesamt 363 ha Land der 3 Ortsteile von einer Siedlungsgesellschaft parzelliert und aufgesiedelt. Nach 1945 aber gingen die Ortsteile ihre eigenen Wege. Dabei gelangte Boisterfelde 1957 zur Gemeinde Funkenhagen. Im gleichen Jahre entstand im Ort eine landwirtschaftliche Produktionsgenossenschaft, die 1958 erst 19 Mitglieder und 161 ha landwirtschaftliche Nutzfläche umfaßte, 1960 bereits 34 Mitglieder mit 278 ha. 1968 erfolgte der Zusammenschluß mit der LPG Funkenhagen. Deren Nachfolgebetriebe (s. H 7) bewirtschaften seit 1990 auch die Boisterfelder Äcker und halten in den Ställen Milchkühe, Jungrinder und tragende Färsen. Das ehemalige Gutshaus dient heute als Wohnhaus. Von den früheren Bauerngehöften lag im Jahre 1994 eines verlassen. Da sich die Gebäude von Boisterfelde auf einer Anhöhe befinden, ist der Ort in der Landschaft weithin sichtbar. Im September 1994 lebten hier 50 Einwohner.

Südwestlich von Boisterfelde liegt in einer tiefen, von Moränenhügeln umgebenen Hohlform der kleine abflußlose Bibelsee. Sein Name – 1735 *Jibel-See*, 1853 *Biebel-See* – geht auf den des Giebels (*Carassius auratus gibelio*) zurück, eines kleinen Karauschenfisches, der in dieser Gegend mundartlich Bibel genannt wird. Durch die Einleitung von Abwässern aus Boisterfelde hat sich die Wasserqualität so verschlechtert, daß sogar die Ufergehölze teilweise abgestorben sind.

E 13 Buchenhain, Kreis Uckermark,

liegt auf einer etwa 100 m hohen welligen Grundmoränenplatte. Aus seiner Umgebung wurden mehrere Steinäxte, darunter eine mit liegenden Kreuzen verzierte, bekannt. Überregionale Bedeutung erlangte ein Hortfund nordöstlich des Ortes, an dem Großen Salzbruch, der bei der Trockenlegung eines Pfuhles 1888 ans Tageslicht kam. Er stammt aus der älteren Bronzezeit und enthielt Armspiralen, Randleistenbeile, einen Bronzemeißel, Halsberge, Brillenspiralen, Gürtelbleche, Scheibennadeln, Armringe und viele andere Bestandteile. Herausragend sind die Goldspiralen. Der Bronzezeit gehört auch ein Hügelgrab unmittelbar an der Westseite der Straße nach Fürstenau an. Als Teil einer alten Grenze hat sich eine sogenannte Landhemme, eine Landwehr, von 350 m Länge zwischen Buchenhain und Krewitz erhalten.

An der Stelle eines Holzwärterhauses in der Fürstenauer Heide ließ Graf von Arnim zu Boitzenburg 1826 ein Vorwerk errichten, das seit 1839 offiziell Arnimshain hieß. Die heutigen Ackerflächen trugen bis 1837 Wald. Im Winter 1837/38 wurden hier 1500 Morgen zusammenhängender Eichen- und Buchenwald abgeholzt (s. F 4). Das Vorwerk bewirtschaftete dieses Land und den Krewitzer Forst. Die Försterei wurde Mitte des 19. Jh. abgetragen. 1861 bestand eine Ziegelei mit 4 Arbeitern. 1929 wurden die aufgelösten Gutsbezirke Arnimshain und Krewitz (s. J 1) zur neuen Landgemeinde Arnimshain vereinigt. 1951 wurde der Ort in Buchenhain umbenannt.

Die Güter in Arnimshain und Krewitz mit einem Areal von insgesamt 1228 ha E 13
wurden im Verlauf der Bodenreform von 1945 enteignet und an 61 Landarbeiter und 37 Umsiedler aufgeteilt. Im Rahmen der von der SED betriebenen Sozialisierung der Landwirtschaft kam es bereits 1953 zur Gründung einer landwirtschaftlichen Produktionsgenossenschaft. 1960 umfaßte sie 131 Mitglieder und bewirtschaftete 879 ha landwirtschaftliche Nutzfläche. 1973 wurde ihr die LPG Fürstenau angegliedert. Später konzentrierte man sich in Buchenhain auf die Tierhaltung, während die Äcker von der LPG Pflanzenproduktion Funkenhagen bestellt wurden. Aus beiden Genossenschaften ging nach 1990 die Agrargenossenschaft Buchenhain hervor. Diese baut auf insgesamt 1560 ha der Gemarkungen Buchenhain, Krewitz, Mellenau und Fürstenau Getreide, Öl- und Hackfrüchte an. Außerdem betreibt sie Milchkuhhaltung, Rinder- und Schweinemast. Neben der Agrargenossenschaft gibt es im Ort 3 kleine private Landwirtschaftsbetriebe.

Die 1839 nur 10 Einwohner zählende Vorwerkssiedlung wuchs allmählich, besonders nach 1945 durch Neubauernhöfe und kommunale Erweiterung. Die Bevölkerungszahl von 671 im Jahre 1964 nahm dann wieder ab und lag 1981 bei 442, 1991 bei 379 Bewohnern der Gesamtgemeinde. Das frühere Gutshaus im Park – die ehemalige Fasanerie – war lange Jahre Sitz des Rates der Gemeinde und ist seit 1993 wieder im Besitz der Familie von Arnim; nach Ausbau dient es seit 1995 als Landhaus Arnimshain. In seiner Nähe errichteten Schweden 1996 das Götenehus. Bis hierher führt eine hohe Kastanienallee.

An Wegrändern und an der Böschung der ehemaligen Eisenbahnstrecke Templin – Fürstenwerder wachsen zahlreiche wärme- und lichtliebende Pflanzenarten, wie Wehrlose Trespe (*Bromus inermis*), Färberhundskamille (*Anthemis tinctoria*), Natternkopf (*Echium vulgare*), Wiesenbocksbart (*Tragopogon pratensis*), Pastinak (*Pastinaca sativa*), Wiesenglockenblume (*Campanula patula*), Silberfingerkraut (*Potentilla argentea*), Sandstrohblume (*Helichrysum arenarium*), Thymian (*Thymus pulegioides*), Odermennig (*Agrimonia eupatoria*), Mauerpfeffer (*Sedum sexangulare*) und Heidenelke (*Dianthus deltoides*).

Weggun, Ortsteil von Parmen-Weggun, **F 1**

erstreckt sich auf einer landwirtschaftlich genutzten Moränenplatte westlich des Bauersees und wird von der alten Landstraße Boitzenburg–Fürstenwerder gekreuzt. Seine Gemarkung weist die außerordentlich große Anzahl von 29 urgeschichtlichen Fundplätzen auf. Aus der Jungsteinzeit stammen je ein Flintbeil und Felsbeil sowie 5 Steinäxte. Am Übergang zur Bronzezeit stehen 2 Flachgräber, in denen unter Steinpackungen je ein Flintdolch gefunden wurde. An 2 Plätzen wurde bronzezeitliche Siedlungskeramik geborgen. Dieser Zeit gehören auch ein Urnenfeld, 2 Kannelurensteine und ein Schälchenstein südwestlich des Ortes an. Aus germanischer Zeit liegen 2 Siedlungsplätze mit Keramik und einem verzierten Spinnwirtel sowie möglicherweise ein Körpergrab mit einem Bleidol, einer bizarren menschlichen Figur aus Blei, vor. 2 slawische Siedlungsplätze und 3 Rundmühlenreste vervollständigen die Aufstellung. Auf eine dieser slawischen Siedlungen geht vielleicht auch der Ortsname Weggun zurück. Dieser bedeutet die an der Viehweide gelegene Siedlung, zu altpolabisch *vygon* = Weide, Trift.

F 1   Das heutige kleine Angerdorf wurde in der hochmittelalterlichen Ausbauperiode angelegt. 1331 erstmals erwähnt, gehörte Weggun als Zubehör zum Schloß Boitzenburg, doch verfügten zahlreiche Feudalberechtigte im 14. Jh. über Einkünfte. Weggun, umgeben von einem Kranz spätmittelalterlicher Wüstungen, zählte zu den wenigen Dörfern, die um 1375 in ihrem Bestand erhalten waren. Alle 38 Hufen einschließlich der 2 Pfarr- und 4 Lehnschulzenhufen waren besetzt (8 Hufen wegen Neubesetzung noch abgabenfrei), ebenso der Krug, nur die Zahl der besetzten Kossätenstellen war von einst 14 auf 3 zurückgegangen. Nach und nach erwarb das Kloster Boitzenburg Besitzanteile; seit 1390 besaß es ganz Weggun mit Ausnahme der Dienste, die dem Schloß vorbehalten blieben. Mit dem Kloster ging Weggun 1539 in den Besitz der nunmehr von Arnimschen Herrschaft Boitzenburg über (s. J 7).

Im Jahre 1528 dienten 12 Bauern zum Hause Boitzenburg, waren von 6 Kossätenhöfen 4 bewehrt, also mit Inventar versehen. Das Dorf nutzte 1570 Weideland auf dem Felde Petznick   (s. F 3). Das Oberhaus Boitzenburg (s. J 7) unterhielt hier ein Heidereiterhaus. Im Jahre 1624 vermerkte das Schoßregister 18 Bauern, 9 Kossäten und 38 bzw. 36 Hufen. 1649 und auch 1674 waren nur noch 3 Untertanen vorhanden. Die Vermessung und Bonitierung im Jahre 1699 ermittelte 330 Morgen „reines Land", mehr als doppelt soviel bewachsenen Acker, teils sandig und „kaltgründig", teils von „temperierter" Qualität. Daher wurden insgesamt, Kirchenland und Brache abgerechnet, nur 520 Morgen auf 2 Pfarr- und 36 steuerbare Hufen umgelegt.

Doch Bauern fanden sich noch nicht ein. Die Herrschaft ließ, wie in Rosenow, ein Verwalterhaus von 5 Gebind (Fachwerkmaßeinheit zwischen 2 Stielen), 2 Stockwerke hoch, sowie 3 Scheunen und ein Viehhaus errichten. 1712 gab es außerdem 4 Kossäten, die Schmiede, einen Krug und ein Haus mit 2 Wohnungen, die der Haker (Pflugknecht) und der Küster bezogen. Das Lehnschulzengericht hatte sich, im Gegensatz zu Rosenow, erhalten. 1723 wurde der Schulze belehnt. 1734 endlich fand man in Weggun 20 Bauern vor, dazu 16 Häusler, einen Schmied, 2 Schneider, einen Hirten, 12 Knechte und 11 Mägde. Das Dorf zählte 1775 bereits 48 Feuerstellen, davon die Hälfte in Familien-, also Tagelöhnerhäusern. Man baute unter anderem Rüben an (1801). Im Zuge der Agrarreform wurde Weggun egalisiert: 19 Bauern mit dem Schulzen besaßen nun je 1 17/19 Hufen, 10 Familienhäuser gehörten von Arnim, eine Hufe dem Prediger, das Hirtenhaus der Gemeinde. Die 36 Hufen entsprachen 949 Morgen (1825). 1860 befand sich eine Holländermühle in Weggun, und es gab auch etliche Handwerksmeister.

Die kapitalistische Agrarentwicklung führte im Dorf zur Veränderung der Besitzgrößen. 1907 hatten 13 Bauern Land zwischen 10 und 59 ha, 2 Gastwirte 6 und 8 ha, einige Handwerker auch etwas Grund und Boden inne. 1928 vergrößerte sich die Gemarkung durch Teile der Zerweliner Heide, insgesamt 775 ha, samt den dazugehörigen Forst- und Heckenhäusern.

Durch die Bodenreform 1945 kamen 115 ha zur Enteignung und Aufteilung. Bereits 1955 entstand eine erste landwirtschaftliche Produktionsgenossenschaft mit 30 Mitgliedern und 197 ha landwirtschaftlicher Nutzfläche. 1960 erfuhr sie eine Erweiterung, wobei auch die LPG Parmen einbezogen wurde, so daß die LPG Parmen-Weggun nunmehr 189 Mitglieder und 1397 ha landwirtschaftliche Nutzfläche umfaßte. 1964 vereinigte man die beiden Dörfer Parmen und Weggun auch

politisch zu einer Gemeinde. 1978 errichtete das damalige Volksgut Arendsee F 1
nordöstlich des ehemaligen Bahnhofes eine Schweinemastanlage, und 1979 wurde auch die LPG Parmen-Weggun zu einer LPG Tierproduktion umprofiliert.
Nach 1990 ging hieraus die Landboden-Parmen Treuhand GmbH hervor, die auf
der alten Weggunner Gemarkung etwa 600 ha Ackerland bewirtschaftet. Zur Gemeinde gehört auch die Waldsiedlung im Nordzipfel der Zerweliner Heide.

Das Dorf zählte 1724, als es sich nach dem Niedergang im 17. Jh. wieder erholte, 122 Einwohner. Die Zahl verdoppelte sich innerhalb von 50 Jahren und stieg bis 1858 auf 463 an. Nach dem Zweiten Weltkrieg wohnten hier 435 Menschen (1946), 1964 noch 433. Dann ging, der demographischen Entwicklung auf dem Lande entsprechend, die Zahl bis 1977 auf 287 zurück (Anhang A).

Die heutige Kirche in Weggun wurde im Jahre 1832 errichtet. Den rechteckigen Putzbau gliedert an den Giebelwänden je ein Rundbogen zwischen Putzblenden. Die einfachen, einheitlichen Ausstattungsstücke stammen aus der Erbauungszeit.

Im Grundmoränengebiet mit sehr unübersichtlichen Entwässerungsverhältnissen liegt östlich von Weggun in einer Höhe von 92,5 m ü. NN der etwa 800 m lange und 100 m breite Bauersee, 1735 Verwaltersee genannt. Er weist fast keine offene Wasserfläche mehr auf, da er durch die Nährstoffzufuhr stark verlandet ist. Dichte und hohe Bestände von Schilf (*Phragmites australis*) und Rohrkolben (*Typha angustifolia* und *T. latifolia*), durchsetzt von zahlreichen Sumpfpflanzen sowie von Brennnesseln (*Urtica dioica*) und anderen Stickstoffzeigern, füllen den ehemaligen Seegrund aus. In den Röhrichtbeständen befindet sich eine große Brutkolonie von Lachmöwen. In einigen noch verbliebenen Tümpeln gibt es Wasserlinsendecken und Bestände des Zarten Hornblattes (*Ceratophyllum submersum*).

Auch der kleine Streitsee an der Grenze zu Arendsee befindet sich in starker Verlandung. Der Priestersee südlich von Weggun sowie der Krebs- und der Schulzensee im Waldgebiet östlich der früheren Kleinbahn stellen heute nur noch Moore und Wiesen dar.

Arendsee, Kreis Uckermark, F 2

breitet sich am Haussee aus. Auf seiner Gemarkung sind 17 bronzezeitliche Hügelgräber bekannt. Eine Gruppe davon befindet sich auf dem Acker nördlich und nordöstlich des Steinsees und reicht in den Wald hinein. 2 Gräber liegen westlich des Haussees. 4 Gräber im nordöstlichen Teil der Feldmark schließen sich der Gräbergruppe von Raakow an (s. C 9). Arendsee lieferte auch einen jungbronzezeitlichen Hortfund mit einem prachtvollen Hängebecken.

Am Westrand des Haussees (1735 stagnum nomine *Arnsse*) liegt die mittelalterliche Burgstelle. Pfahlreste im See deuten auf eine frühere Brücke. Eine Gruppe rechteckig angeordneter Pfähle nahe dem östlichen Ufer könnte ein Gebäude, eine sogenannte Kemlade, getragen haben.

Östlich der jetzigen Ortslage steht die Wüste Kirche, in deren Umgebung eine große Anzahl blaugrauer frühdeutscher Scherben sowie jungslawische Gefäßreste geborgen wurden. Die Funde markieren die ursprüngliche Ortslage vor der Errichtung des Gutshofes. Die Kirche selbst blieb nur noch als Ruine erhalten. Der recht-

F 2 eckige Feldsteinbau aus der Mitte des 13. Jh. besitzt an der Westseite einen Querturm in Schiffsbreite. Von diesem sind das Untergeschoß mit den Resten eines Tonnengewölbes und das spitzbogige Portal zum Schiff vorhanden. Die Ostwand mit 3 schmalen spitzbogigen Fenstern und einer kreisförmigen Öffnung steht ebenfalls noch.

Siedler gründeten das einstige Dorf in der hochmittelalterlichen Expansionsperiode. Der deutsche Ortsname bedeutet Adlersee oder See eines Arn, zu mittelniederdeutsch *arn* = Adler, und wurde möglicherweise aus der Altmark hierher übertragen. Der Ritter JOHANNES VON ARENDSEE (de *Arnesse*) bezeugte 1289 eine Rechtshandlung des LUDWIG VON SCHILDBERG (VON KERKOW) zu Boitzenburg für das Dorf Hardenbeck. Er mag ein Nachkomme des Ortsgründers von Arendsee gewesen sein. Das Dorf war 1305 mit 50 Hufen ausgestattet. Doch während es wohl anfangs nur einen Ritterhof gab, die Burg am Haussee, lassen sich um 1375 bereits 5 Höfe nachweisen, die zusammen über 18 freie Hufen verfügten; 3 weitere Hufen standen dem Pfarrer zu.

Schon seit 1319, mit dem Aussterben der Askanier, hatten Mecklenburg und Pommern in mehreren Feldzügen die Uckermark zu erobern gesucht. Die grenznahen Orte wurden mehrfach vom Krieg betroffen. 1321 entschädigte der pommersche Herzog seinen Vasallen HEINRICH VON BENTZ für die offenbar zerstörte Burg in Arendsee mit einem Gut in Naugarten. In der zweiten Hälfte des 14. Jh. wirkte sich auch im Raum der Uckermark die europäische Agrarkrise aus. So wurden 1375 von den 29 den Bauern verbliebenen Hufen nur 10 bebaut, von 30 oder 32 Kossätenstellen waren nur 12 besetzt. Im Verlauf des Spätmittelalters verödete Arendsee völlig. Nur die Kirche blieb vorerst intakt; noch 1493 präsentierte der Grundherr von Arendsee dem Bischof von Cammin einen neuen Pfarrer.

Doch während zahlreiche Wüstungen des Spätmittelalters im Zuge der Agrarkonjunktur des 16. Jh. wieder aufgebaut wurden, meist allerdings als Gutssiedlung und Wirtschaftshof einer adligen Gutswirtschaft, blieb die wüste Feldmark Arendsee, die sich weitgehend mit Buschwerk überzog, ein wohl nur extensiv genutztes Beistück von Schönermark. Erst infolge der Agrarkonjunktur im 18. Jh. legte man auf Arendsee ein Vorwerk an, das 1727 bestand. Das Ackerland zählte bodengütemäßig zur ersten Klasse, seine Bewirtschaftung mußte also rentabel sein.

Gleichwohl blieb ein großer Waldbestand erhalten. Noch 1860 war sein Areal mit 2671 Morgen fast doppelt so groß wie das des Ackers, so daß sich um 1800 ein eigener Förster nötig machte. Dieser frühere Gutsforst Arendsee ging nicht nur aus verwaldeten Teilen der Gemarkung Arendsee, sondern auch aus Waldstücken auf den Feldmarken von Schönermark (1825 Schönermarksche Heide), Raakow, Schapow und Weggun hervor. Er begrenzte hufeisenförmig die 713 ha großen Ackerflächen des Gutes Arendsee. Anstelle der alten Revierförsterei nahe dem Schloß entstand um die Mitte des 19. Jh. ein neues Forsthaus am Wege nach Schönermark, ihm gegenüber ein Sägewerk. In 39 Jagen gegliedert, umfaßte der Forst 1936 einschließlich des verlandeten und teilweise bewaldeten Faulen Sees nördlich von Arendsee eine Fläche von 920 ha.

Der etwa 15 ha große Haussee liegt zwischen dem Schloßpark und dem Gutsgelände inmitten der Moränen der Gerswalder Endmoränenstaffel eingebettet. Seine maximale Tiefe wird mit 3 m, die mittlere mit 1,5 m, die Wasserspiegelhöhe mit 81 m ü. NN angegeben. Der See besitzt einen regulierbaren Abfluß nach NO

Abb. 43 Schloß Arendsee (aus DUNCKER 1865)

zum Uckersystem. Die Abflußmengen deuten auf einen intensiven Grundwasserzutritt hin. Der Haussee ist ein polytrophes, von dörflichen Abwässern stark belastetes Gewässer. Die Verlandungszone mit Schilf (*Phragmites australis*), Rohrkolben (*Typha*), Kalmus (*Acorus calamus*), Nickendem Zweizahn (*Bidens cernua*) und Wasserschwaden (*Glyceria maxima*) weist nur eine geringe Ausdehnung auf. Das Phytoplankton ist stark entwickelt und wird von Massen Blaualgen geprägt. Die Sichttiefe beträgt weniger als 0,5 m, so daß an Submerspflanzen nur noch vereinzelt das Hornblatt (*Ceratophyllum demersum*) vorkommt. Auf der Wasseroberfläche gibt es Wasserlinsendecken. An das SW-Ufer grenzt ein Erlenbruchwald mit viel Altholz und Vorkommen des Sumpffarns (*Thelypteris thelypteroides*) an.

Auf der Westseite des Sees ließ der damalige Gutsbesitzer auf der alten Burgstelle 1839–1843 durch AUGUST STÜLER ein neues Schloß (Abb. 43) im Tudorstil errichten, das mit seinen späteren Anbauten heute als Schule dient. Ein Teil seiner Backsteinfassade ist mit fünfblättrigem Wilden Wein (*Parthenocissus quinquefolia*) berankt. Der etwa hundertjährige Baumbestand des Parkes setzt sich vor allem aus heimischen Bäumen und aus Gehölzen zusammen, die für ländliche Anlagen des 19. Jh. im mecklenburgisch-uckermärkischen Raum charakteristisch sind, wie Blutbuche, Pyramideneiche, Platane, Roßkastanie, Weymouthskiefer und Eibe. Nach außen geht die Anlage ohne sichtbaren Übergang in einen Perlgras-Buchen-Wald mit Ruderalpflanzen über.

Bauherr des Schlosses war ALBERT Graf VON SCHLIPPENBACH (1800–1886), dessen Familie Arendsee seit 1686 besaß. In Arendsee aufgewachsen, übernahm er nach einem Jurastudium in Göttingen und Berlin im Jahre 1830 die väterlichen

F 2 Güter in der Uckermark. In seiner Berliner Zeit hatte er sich mit dem Botaniker und Dichter ADALBERT VON CHAMISSO angefreundet, der dann mehrfach zu botanischen Exkursionen in Arendsee weilte. Ein weiterer Gast war der Dessauer Gymnasiallehrer, Bibliothekar und Dichter FRIEDRICH WILHELM HOSÄUS, der 1866 einen Band „Arendseer Lieder" veröffentlichte. Auch SCHLIPPENBACH betätigte sich als Dichter, eine Sammlung seiner Gedichte erschien 1883. Noch heute bekannt sind seine Studentenlieder „Ein Heller und ein Batzen" und „Nun leb' wohl, du kleine Gasse".

1928 vereinigte man die aufgelösten Gutsbezirke Arendsee und Raakow zur Gemeinde Arendsee, doch der Gutscharakter blieb bestehen. Im Zuge der Bodenreform von 1945 wurden allein in Arendsee 1346 ha Land enteignet und zum Teil aufgesiedelt. Die größte Fläche kam zu dem nunmehrigen Volksgut, dem sich die LPG in Arendsee 1963, die in Raakow 1969 anschlossen. Die Waldflächen bewirtschaftete die Revierförsterei Schönermark-Arendsee des Staatlichen Forstwirtschaftsbetriebes Templin. Nach 1990 wurde das Volksgut privatisiert (Gesellschaft bürgerlichen Rechts). 1995 gehörten dazu rund 790 ha, davon jedoch 110 ha Stillegungsflächen und 70 ha Ödland. Hauptproduktionsrichtung war die Mast von 12 000 Schweinen; auf den landwirtschaftlichen Nutzflächen kamen Getreide, Öl- und Hackfrüchte zum Anbau. Weitere rund 440 ha gehörten der wiedererstandenen Gutsverwaltung von Schlippenbach.

Aus der kleinen Gutssiedlung, die 1734 außer der Grundherrenfamilie 16 Personen beherbergte, entwickelte sich im 19. und 20. Jh. ein Dorf, das 1925 fast 300 Einwohner zählte. Mit der Niederlassung von Umsiedlern und Neubauern wuchs die Einwohnerzahl 1946 auf 547 an, ging dann aber zurück. Die Gemeinde Arendsee zählte 1981 mit dem Ortsteil Raakow zusammen 310 Bewohner, 1991 noch 292 (Anhang A). Im Ort befindet sich die Gesamtschule „Dr. Theodor Neugebauer".

Am Südrand der Gemarkung Arendsee liegt der 5 ha große und maximal 6 m tiefe Steinsee. Er ist zu- und abflußlos, seine Ufer werden von großen Findlingsblöcken gesäumt, worauf auch sein Name zurückgeht. Artenreiche Röhrichte sind stellenweise locker ausgebildet, wobei auch der Schlammschachtelhalm (*Equisetum fluviatile*) ein mit *Chara delicatula* durchsetztes Kleinröhricht aufbaut. Ansonsten ähneln Wasservegetation und Nährstoffstatus denen der benachbarten Petznickseen (s. F 3).

F 3 Großer und **Kleiner Petznicksee**

In einer glaziären Rinne in der Endmoräne der Gerswalder Staffel liegen im Nordwestteil der Zerweliner Heide (s. J 2) der Große und der Kleine Petznicksee. Beide werden bereits 1375 als *Grote Petzenke* und *Lutzeke Petzenke*, zu slawisch *pec* = Höhle, Vertiefung, genannt. Ihre Wasserspiegel liegen bei 83 m ü. NN. Sowohl der Große (14 ha, 8 m maximale Wassertiefe) als auch der Kleine (6 ha, 6 m maximale Wassertiefe) Petznicksee sind von Wald umgeben, und Erlenbrüche, Grauweidengebüsche und Röhrichte begrenzen die Ufer. In Schlenken kommt der Wasserschlauch (*Ultricularia vulgaris*) vor. In den Seen selbst gibt es Schwimmblattbestände mit Seerose, Teichrose und Schwimmendem Laichkraut (*Potamogeton natans*). Die Unterwasserpflanzen Quellmoos, Hornblatt, Kanadische Wasserpest, Ähriges Tausendblatt, Durchwachsenes Laichkraut und Spreizhahnenfuß kennzeichnen sie als schwach nährstoffreiche Gewässer, was auch durch die Phytoplankton-Zusammensetzung bestätigt wird. In den Abflußgräben der Seen, die südwärts zum Strom entwässern, findet man vielfach größere Herden der Wasserprimel (*Hottonia palustris*). Östlich des Großen Petznicksees gibt es mehrere kleinere Moore mit Torfmoosen, Scheidigem Wollgras (*Eriophorum vaginatum*), Sumpfcalla (*Calla palustris*) und Kammfarn (*Dryopteris cristata*). In der sich in südlicher Richtung zum Boitzenburger Gehege hinziehenden vermoorten Rinne gedeihen in den Gräben und verlandenden Torfstichen oftmals größere Bestände der Wasserprimel (*Hottonia palustris*). Aus dem Einzugsgebiet der Seen fließt so viel Wasser dem Strom (s. J 10) zu, daß man sich vor wenigen Jahren entschlossen hat, durch künstlichen Stau nordwestlich Boitzenburgs eine große sumpfige Niederung wieder fischereilich nutzbar zu machen. Der so entstandene Teich wird nach einem Flurnamen Schwedenschanze genannt. Von artenreichen Röhrichten umrandet, enthält er neben einer Reihe von Laichkrautarten (*Potamogeton alpinus, P. natans, P. obtusifolius, P. pectinatus*) auch die Zerbrechliche Armleuchteralge (*Chara fragilis*), Wasserprimel und Teichfaden (*Zannichellia palustris*). Besonderen Wert besitzt das Teich- und Feuchtgebiet in Verbindung mit den angrenzenden Verlandungsflächen und Brüchen. Hier kommen beispielsweise Kranich, Rohrdommel, Fischadler, Rohrweihe, Eisvogel und verschiedene Taucher- und Entenarten vor. Auch die Blauflügel-Prachtlibelle kann beobachtet werden.

Am Ostufer des Großen Petznicksees, etwa an der Stelle des späteren Forsthauses Zerwelin (s. J 2), stand im Mittelalter das Dorf Petznick, von dem jedoch bisher noch keine archäologischen Belege vorliegen. 1321 entschädigte der Herzog von Pommern einen Prenzlauer Bürger für Kriegsverluste oder -leistungen mit dem ganzen Dorf. Um 1349 lag Petznick völlig wüst. Im 16. Jh. nutzten Wegguner Bauern das Feld als Weideland, das Arnimsche Gut Krewitz den Acker und die Holzung, wogegen dem Gute Kröchlendorf ein Stutenstall auf seinem Anteil zugestanden wurde. Doch dann kamen sich die beiden Arnim-Güter wiederholt ins Gehege, vor allem wegen der Hütung, während die Bauern von Berkholz und Weggun Weideland gegen Entgelt ungestört nutzten (1617). Nach dem Dreißigjährigen Krieg stritten sich die Schäfereien Kröchlendorf und Petznick um die Hütung auf dem Felde Naugarten (1655). Gut und Vorwerk waren also wieder intakt. Im 18. Jh. wurden einige Tagelöhner angesetzt, 1734 zählte man 6 Häuslinge, dazu einen Schäfer, 2 Knechte, 2 Mägde und einen Hirten. Zum Rittervorwerk gehörte Land zu 6½ Wispel Aussaat (s. J 2) dritter Klasse (1756/57), also minderer Bonität. 1765 wohnte einer der 4 Heideläufer (s. G 12) des Boitzenburger Forstes bei Petznick. Seit 1788/89 wurde das Vorwerk Petznick mit Krewitz zusammen verpachtet. In der Statistik von 1801 noch geführt, wurde es bald danach abgebrochen, der Acker ganz zu Krewitz gelegt und 1855 in der Rittergutsmatrikel gelöscht. Das Waldgebiet ging in der Zerweliner Heide auf (s. J 2).

Am Straßenrand bei Petznick blühten bis 1978 jährlich 20–30 Exemplare der bedrohten Großen Graslilie (*Anthericum liliago*), die hier schon vor über hundert Jahren beobachtet wurde (HEINRICH 1981).

F 4 Forst Boitzenburg

Zu Schloß und ehemaliger Herrschaft Boitzenburg gehörten große Waldreviere nördlich, nordwestlich und südwestlich von Boitzenburg. Wo nicht Seeufer als natürliche Grenzen wirkten, waren manche Waldgebiete durch Zäune abgegrenzt. Einige Forstbezirke befinden sich auf Grundmoränenplatten, andere in Endmoränenstaffeln. Diese Staffelzüge verlaufen überwiegend von N nach S; es gibt sowohl solche des (westlicheren) spätglazialen Hauptgletschers als auch (weiter östlich) der Gerswalder Staffel der Weichselkaltzeit. Die höchsten Erhebungen erreichen über 155 m ü. NN, während dazwischengeschaltete Rinnen bei 65 m ü. NN liegen. Im Waldgebiet der Jungfernheide fallen die staffelartig angeordneten Moränenzüge und Rinnen besonders auf, die teilweise von Tümpeln und Seen eingenommen werden, wie von Flachem und Tiefem Clöwen. Sie besitzen meist keine Verbindung zu Fließgewässern, sind also Binnenentwässerungsgebiete.

Der Waldbesitz der Herrschaft Boitzenburg setzte sich aus den Waldungen der früheren Vogtei Boitzenburg und denen des ehemaligen Klosters Jungfernheide zusammen. Die meisten dieser Bestände gingen aus wiederbewaldeten Gemarkungen bzw. Flurteilen spätmittelalterlicher Wüstungen hervor. Nur bei wenigen Flächen dürfte es sich um Reliktwälder, die bei den mittelalterlichen Rodungen verschont geblieben waren, gehandelt haben, so bei der Ungeteilten Heide (s. H 3). Aufgrund dieser Entstehungsweise setzte sich der Forst Boitzenburg aus verschiedenen, mehr oder weniger zusammenhängenden und insgesamt 2 größere Komplexe bildenden Teilen zusammen, zu denen noch einige abseits gelegene, kleine Splitterflächen kamen. Der eine Waldkomplex erstreckte sich im N des Herrschaftsgebietes und umfaßte die Götzkendorfer und die Brüsenwalder Heide, den Thomsdorfer Tanger, die Ungeteilte Heide, die Funkenhagener Heide, die Krewitzer Heide, das Gehege, den Sandrähmel und die Zerweliner Heide. Im S des Herrschaftsbereiches befanden sich die Hohe Heide, die Große und Kleine Warthesche Heide, die Jungfernheide sowie der Rehgarten, später Carolinenhain genannt (s. J 6), und der Tiergarten (s. J 8). Zu den abseits gelegenen Waldstücken gehörten die Beenzer Heide und der Beenzer Tanger (s. G 8), die Parmener Heide, die Räcknitz bei Naugarten, der Kniebusch und der Rummelsporter Mühlenbusch (beide 1829 nach Abholzung an die Bauerngemeinde Berkholz abgetreten), das Trebower Holz, der Wichmannsdorfer Tanger, das Haßlebener Schulzenholz und der Haßlebener Tanger, ferner die schon vor 1821 verkaufte Netzowsche Heide, die Zichower Heide, die Frauenhagener Cavelheide und der Frauenhagener Tanger. Im Jahre 1828 umfaßte der Forst Boitzenburg eine Gesamtfläche von etwa 40 106 Morgen = 10 240 ha (Anhang B).

Das 19. Jh. brachte umfangreiche Waldflächen- und Besitzveränderungen. Die besten Standorte, und zwar der größte Teil der Krewitzer und der Funkenhagener Heide, aber auch Randstreifen der Ungeteilten Heide (s. H 3), des Geheges und der Jungfernheide, das Trebower Holz und der Wichmannsdorfer Tanger, wurden gerodet und in Ackerland für vorhandene oder damals neuangelegte herrschaftliche Vorwerke umgewandelt. Andere Waldstücke gelangten im Zuge der preußischen Agrarreformen an benachbarte Bauerngemeinden oder wurden als Splitterbesitz abgegeben. Diese Abgänge an Forstflächen konnten durch Zugänge,

nämlich von den Bauerngemeinden abgetretene Wälder, wie Berkholzer Rähmel F 4
und Naugartener Rähmel (s. J 2), und aufgeforstete Vorwerksländereien, vor allem
bei Götzkendorf, Krewitz und Petznick, nur teilweise ausgeglichen werden. Abtretungen von Waldflächen an Nebenlinien der Herrschaftsbesitzer zogen weitere
Verkleinerungen des Forstes Boitzenburg nach sich. So erhielten die Nebenlinien
auf Mellenau und auf Arnimshain Reste der Krewitzer und der Funkenhagener
Heide (1929 = 89 bzw. 90 ha), und 1868 fielen der Ost- und Nordteil der Zerweliner Heide einschließlich der Parmener Heide an die von Arnim auf Groß Sperrenwalde (s. J 2). 1895 hatte der Forst Boitzenburg eine Gesamtfläche von 8308 ha,
davon 7764 ha Holzboden. Obwohl man 1933 bei einer weiteren Erbteilung
nochmals 245 ha Wald abzweigte, umfaßte aufgrund weiterer Aufforstungen der
Forst 1935 eine Holzbodenfläche von 8207 ha und – durch Einbeziehung der Seen
– eine Gesamtfläche von 10 080 ha.

Durch die Bodenreform 1945/46 wurden einige Flächen parzelliert und aufgesiedelt, der größte Teil aber ging in Volkseigentum über und unterstand dem Staatlichen Forstwirtschaftsbetrieb Templin. Dieser wies den Wald überwiegend seiner
Oberförsterei Brüsenwalde zu und teilte ihn in folgende Reviere ein: Brüsenwalde
mit etwa 1500 ha, Krumme Hecken mit 1300 ha, Küstrinchen mit 1400 ha, Zenshaus mit 644 ha, Aalkasten (teilweise) mit 1000 ha, Boitzenburg mit 1200 ha, Buchenhain mit 1300 ha und Mahlendorf mit 1200 ha. Der Wald setzt sich zu 82 %
aus Nadelholzarten zusammen, davon zu 70 % aus Kiefer, 6 % aus Fichte und 5 %
aus Lärche. Bei den Laubholzarten herrscht mit 13 % die Rotbuche vor, gefolgt
von Roterle und Eiche mit je 2 %.

Während auf den armen Sandstandorten im S, aber auch in der Götzkendorfer
und Brüsenwalder Heide sowie in der Zerweliner Heide, seit jeher die Kiefer vorherrschte, gab es auf nährstoffreichen Lehmstandorten der Ungeteilten Heide, der
Funkenhagener Heide, der Krewitzer Heide und des Geheges, aber auch im Rehgarten (s. J 6) überwiegend Buchenbestände. Von der als Bauholz begehrten Eiche
hatten sich bis in jüngere Zeit nur einige kleine Reinbestände erhalten. Die Anfang
des 19. Jh. noch örtlich in Reinbeständen vertretene Birke ging in der Folgezeit
stark zurück. Die Aspe spielte nur eine sehr geringe Rolle als Mischholz. Auf
nährstoffreichen Standorten trat auch die Linde auf, so im Gehege und auf den
Lindenbergen. In Flachmoorsenken und Tälern gab es kleine Erlenbestände. Als
neue Holzarten kamen seit dem 19. Jh. auf kleinen Flächen Fichte, Robinie, Weymouthskiefer, Douglasie und Lärche zum Anbau. Besonders letztere zeigte hier einen hervorragenden Wuchs und wird daher auch weiterhin stark gefördert; eine
Allee alter Lärchen in der Brüsenwalder Heide steht heute unter Naturschutz. Insgesamt sind Buche, Birke und Eiche seit 1821 stark zurückgegangen; dagegen
nahm die Kiefer um 20 % zu.

Holzartenanteile in % der Holzbodenfläche im Forst Boitzenburg
(x = als Mischhölzer oder unter 0,1 %)

Jahr	Kiefer	Buche	Eiche	Birke	Erle	Fichte	Blöße
1821	63,6	27,0	5,9	1,8	0,8	–	0,9
1828	62,8	25,5	5,2	1,7	0,8	–	4,0
1895	79,4	18,8	x	0,1	1,0	0,7	–
1935	83,0	14,5	1,5	x	1,0	x	–

F 4   Reste von Perlgras-Buchen-Wald auf kräftigen und Schattenblümchen-Traubeneichen-Buchen-Wald auf Standorten mit mittleren Nährstoffgehalten weisen auf die natürliche Bestockung hin. Das heutige Waldbild wird jedoch von Kiefernforsten mit vorherrschender Schlängelschmiele (*Deschampsia flexuosa*) bestimmt. Auf Kahlschlägen kommen Niederliegendes Johanniskraut (*Hypericum humifusum*) und Roter Fingerhut (*Digitalis purpurea*) vor; an sandigen, trockenen Waldwegen wachsen Kleiner Vogelfuß (*Ornithopus perpusillus*), Sandknöpfchen (*Jasione montana*), Heidenelke (*Dianthus deltoides*) und Dreizahngras (*Danthonia decumbens*).

Die Forsten der Herrschaft Boitzenburg wurden schon vor dem Dreißigjährigen Krieg als Holzlieferant, Viehweide, für Teerbrennerei und Zeidlerei genutzt und von einem Schützen beaufsichtigt. 1656 findet ein Heidereiter in Boitzenburg Erwähnung. Für 1720 ist der erste Holzverkauf größeren Stils belegt. Ein Kaufmann aus Havelberg hatte umfangreiche Mengen Eichen- und Kienholz gekauft und zu deren Abtransport 5 Schleusen im Küstrinchenbach, in dem 1698 schon 3 sogenannte Schützen verzeichnet wurden, anlegen bzw. instandsetzen lassen. Im Jahr 1753 arbeiteten als Forstpersonal ein Förster, ein Schütze und 3 Heideläufer. Sie hatten freie Wohnung und durften ein Schwein zur Mast in den herrschaftlichen Forst treiben. 1765 gab es die 4 Heideläufereien Aalkasten, Griebchensee bei Wuppgarten, Petznicksee und Boitzenburg. Bereits 1752–1781 erfolgten eine Vermessung und eine erste Einteilung in bis zu 250 ha große quadratische Jagen. Der Forstetat von 1794 nennt einen Forstinspektor, einen Forstkassierer, 2 Förster, 4 Jäger, 8 Heideläufer, 2 Aufseherinnen, 2 Regimenter (Aufseher der Nutzholzschläger) und einen Tierwärter. 1826 stellte Professor Friedrich Wilhelm Leopold Pfeil (gest. 1859) einen ersten Wirtschaftsplan auf, gleichzeitig nahm er eine Gliederung in 4 Blöcke vor. 1878 teilte man die alten Jagen in kleine rechteckige auf, wobei jedoch jeder Wirtschaftsblock seine eigene Jagenzählung besaß. 1935 bestanden die 2 Oberförstereien Boitzenburg und Mahlendorf mit den 6 Revieren Zerwelin, Boitzenburg, Brüsenwalde, Aalkasten, Mahlendorf und Wuppgarten.

Das Flößen von Holz über den zu einem Floßkanal ausgebauten Küstrinchenbach brachte im 17. und 18. Jh. hohe Einnahmen, erforderte aber erhöhte Einschläge, die zu starken Verlichtungen der Bestände führten. Daneben wurde in den Teeröfen bei Götzkendorf, Brüsenwalde, Küstrinchen und Wuppgarten Teerbrennerei betrieben, ferner auch Köhlerei. In Boisterfelde (s. E 12) bestand bis in die achtziger Jahre des 18. Jh. eine Glashütte. Die in allen Waldteilen mit Ausnahme des Reh- und Tiergartens von den Nachbardörfern und Vorwerken ausgeübte Waldweide wurde erst um die Mitte des 19. Jh. eingestellt.

Die Ausübung der als vorzüglich gekennzeichneten Jagd lag bis 1945 ausschließlich in den Händen des Herrschaftsbesitzers. Als Jagdtiere werden Rotwild, Damwild, Rehwild, Schwarzwild, Hase, Fasan (nur im Gehege), Rebhuhn, Enten und Schnepfen sowie Fuchs, Marder, Iltis, Wiesel und Fischotter angegeben. An waldschädigenden Insekten traten vor allem Maikäfer und Nonne in Erscheinung.

G 1   Triepkendorf, seit 1973 Ortsteil von Dolgen,

liegt an der Straße von Lychen nach Feldberg. Auf seiner Gemarkung fand man eine Steinaxt, ein Flintbeil, bronzezeitliche Scherben und Urnenreste, die auf jung-

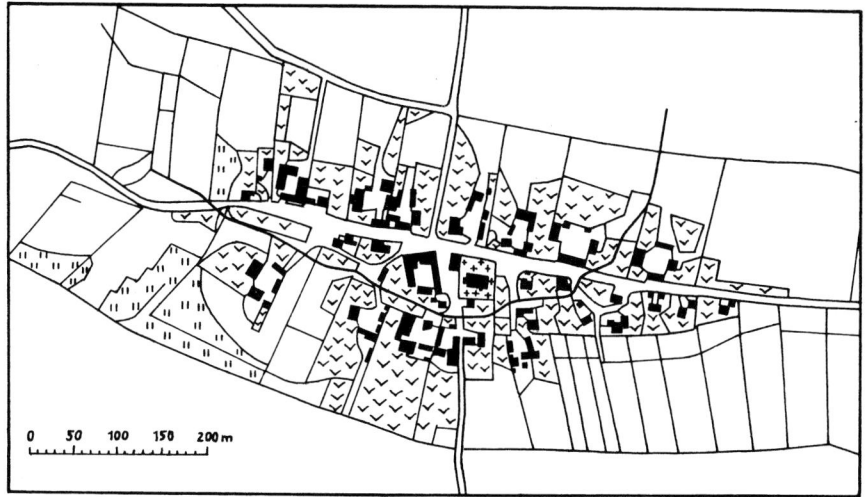

Abb. 44 Dorfplan Triepkendorf 1769 (nach KRÜGER 1925, vereinfacht)

steinzeitliche und bronzezeitliche Besiedlung sowie ein bronzezeitliches Gräberfeld hindeuten. Im hohen Mittelalter wurde der Ort als Straßendorf angelegt. Sein Name, 1393 *Tripekendorp*, ist ein slawisch-deutscher Mischname mit dem slawischen Personennamen Trebek.

Ursprünglich befand sich Triepkendorf im Besitz einer gleichnamigen Adelsfamilie. Nach deren Aussterben fiel der Ort an die mecklenburgischen Herzöge. Nach mehrfachem Besitzerwechsel war Triepkendorf seit 1503 Dominialbesitz. 1555 wohnten hier insgesamt 19 Bauern, 4 Kossäten und ein Krüger, die zusammen 49 Hufen bewirtschafteten. Zum Pfarrhof gehörten 4 Hufen. Weiterhin waren in der zweiten Hälfte des 16. Jh. im Ort 2 Böttcher sowie je ein Schneider, Schmied und Bauernschäfer tätig. Neben den eigenen Hufen bearbeiteten die Triepkendorfer Bauern damals auch einen Teil der Feldmark des wüsten Dorfes Labes.

Triepkendorf war vor dem Dreißigjährigen Krieg das größte Dorf des Amtes Feldberg. Von den damals besetzten 21 Höfen, auf denen 105 Menschen wohnten, bestanden 1639 noch 4, in denen sich 18 Personen aufhielten. 4 Bauernhöfe waren abgebrannt. Ein Jahr später gab es im Ort nur noch 3 besetzte Höfe, auf denen 4 Bewohner tätig waren. Nach dem Krieg siedelte man wieder einige Bauern an, und 1657 bewirtschafteten sie bereits 10 Höfe. Die Einwohnerzahl war auf 46 Personen gestiegen. Die Abbildung 44 zeigt den Grundriß von Triepkendorf im Jahre 1769.

Der Freischulzenhof, der häufig seinen Eigentümer wechselte, ging 1808 in den Besitz der herzoglichen Kammer über und wurde mit Bauern aufgesiedelt. Die Separation der Feldflur wurde 1844 beendet. Danach gab es im Ort 11 Bauern und 21 Büdner. Um 1885 lebten in Triepkendorf 441 Einwohner.

G 1   Die Kirche zählte schon im Mittelalter zu den selbständigen Pfarren des brandenburgischen Sprengels. 1541 war Mechow mit ihr verbunden, später gehörten auch Laeven, Hasselförde, Labes und der Dolgener Teerofen zu ihr. Der rechteckige Feldsteinbau der Kirche stammt aus der Mitte des 13. Jh. Die Granitgewände der Portale an der Nord- und Südseite des Schiffes sind zweifach abgetreppt und stumpfspitzbogig. In den Jahren 1760 und 1875 erfolgten viele bauliche Veränderungen. Der 1769 vorgesetzte verbretterte Fachwerkturm blieb nur noch in seinem unteren Teil erhalten. Bei der Renovierung 1991 wurden unter anderem die kunstvoll geschmiedeten Ankersplinte im Mauerwerk sichtbar. Diese und die Türbeschläge stammen noch aus dem Mittelalter.

Der Friedhof liegt abseits von der Kirche an der Straße nach Feldberg und weist noch einige eiserne Grabkreuze aus dem 19. Jh. auf. Unweit davon steht ein neuer Wohnblock, ein weiterer befindet sich im Zentrum des Dorfes. Gegenüber vom ehemaligen Sitz des Rates der Gemeinde hat die frühere Grundschule (jetzt Kindergarten) ihren Platz, ein Altbau, der in den zwanziger Jahren des 20. Jh. erweitert wurde.

Die Bauern in Triepkendorf waren seit etwa 1960 in 2 landwirtschaftlichen Genossenschaften zusammengeschlossen, von denen die eine später der LPG Pflanzenproduktion Dolgen (s. A 3) zugeordnet wurde. Die andere entwickelte sich zur LPG Tierproduktion. Die heutige Agrargenossenschaft Dolgen in Weitendorf bewirtschaftet nur noch wenige Flächen, die meisten gingen an ihre früheren Eigentümer zurück, die sie teils weiter bearbeiten, teils brach fallen ließen.

G 2 Dreetzsee

Der Dreetzsee stellt das südlichste Gewässer der Unteren Feldberger Seen dar. Sein Wasserspiegel liegt – wie bei allen anderen – in 84 m ü. NN; eine verschilfte Landenge trennt ihn vom Carwitzer See. Die ihn umgebenden Moränen erreichen durchschnittliche Höhen um 95–100 m ü. NN. Der Dreetzsee nimmt eine Fläche von 76 ha ein. Seine maximale Tiefe beträgt 10 m, die mittlere 4,7 m, sein Wasservolumen 3,6 Millionen m^3. Nur etwa ein Viertel der 6,75 km langen Uferlinie ist bewaldet. An das übrige Ufer grenzen Felder und Wiesen. Am Südufer befindet sich ein großer Zeltplatz, am Nordwestufer eine große Bungalowsiedlung. Die starke Ufergliederung durch die Buchten Schapwasch, Grote Urt, Lütte Urt und durch die Landvorsprünge Rosenkunkel und Wiesenkunkel macht den langgestreckten schmalen, nur in seinem Südteil beckenartig erweiterten See besonders reizvoll.

Am Südostufer liegt der runde Kätelkuhl, der für die Seewasserversickerung eine wichtige Rolle spielt. Nach SW hin erfolgt eine Wasserdurchsickerung durch einen 96 m ü. NN hohen Landrücken zum 9,5 m tiefer gelegenen Krüselinsee. Starke Quellen am Durchsickerungshang fielen den Anwohnern schon seit langem auf. BARBY (1955) setzte dann die Abflußwerte aus dem Krüselinsee an der Krüseliner Mühle mit dessen oberirdischem Einzugsgebiet in Beziehung und errechnete dabei ungewöhnlich hohe Abflußspenden, die nur auf die Durchsickerung von den Feldberger Seen zurückzuführen sein konnten. Seine Berechnungen wurden später durch mehrere geologische Bohrungen belegt (WEBER 1980). Im langjährigen

G 2

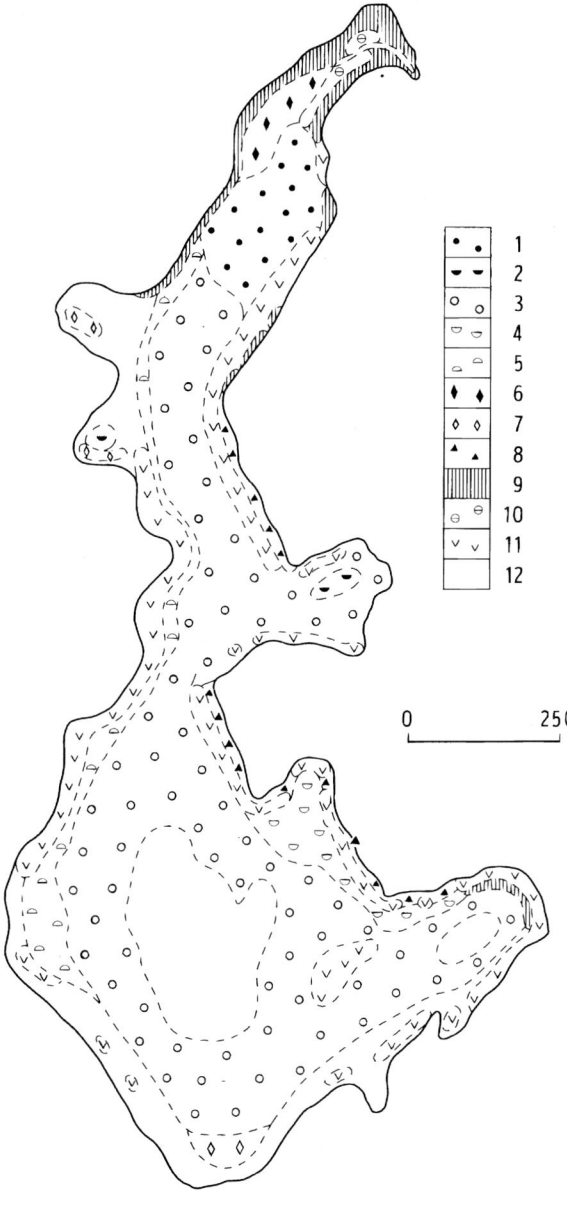

1 *Chara hispida*-Krebsschere-Gesellschaft
2 *Nitellopsis obtusa*-Gesellschaft
3 *Nitellopsis obtusa, Chara hispida, Chara tomentosa*
4 *Chara aspera, Chara filiformis, Chara aculeolata*
5 *Chara filiformis, Chara tomentosa*
6 Gemeiner Wasserschlauch
7 Krebsschere
8 Krauser Ampfer-Glanzgras-Gesellschaft
9 Röhricht (*Phragmites*)
10 Erlensumpf
11 Wechselblättriges Tausendblatt-Strandling-Gesellschaft
12 Vegetationsfrei

Abb. 45   Vegetationskarte vom Dreetzsee 1956 (linke Seite, Entwurf L. JESCHKE)

G 2

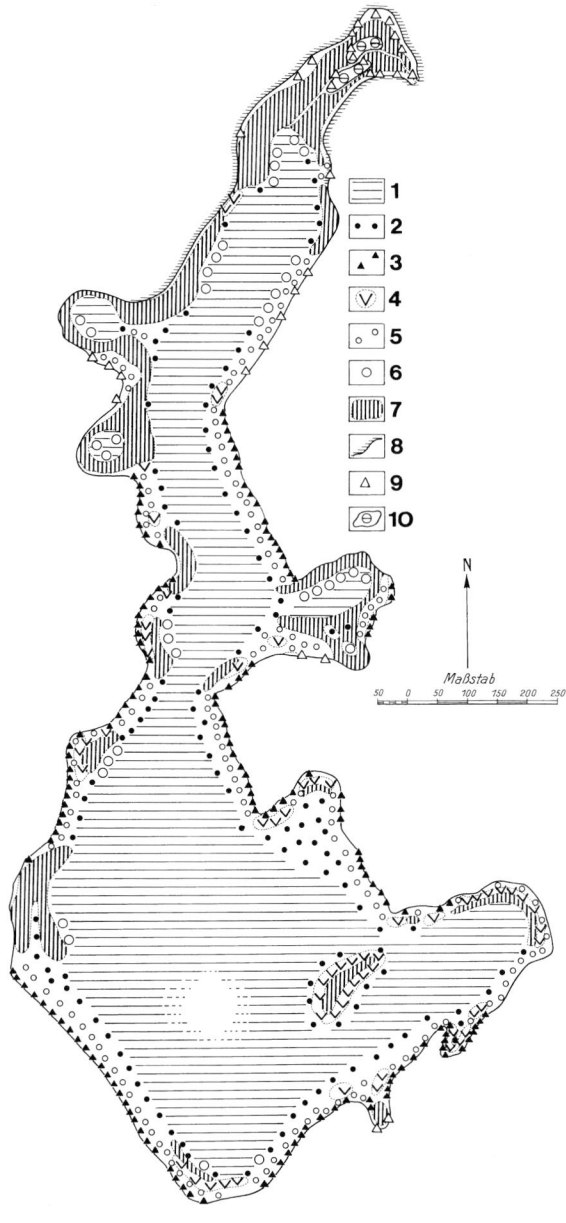

1 Große-Armleuchtergewächse-Gesellschaft
2 Kleine-Armleuchtergewächse-Gesellschaft
3 Krauser Ampfer-Glanzgras-Gesellschaft und Sumpfsimsen-Gesellschaft
4 Wechselblütiges Tausendblatt-Strandling-Gesellschaft
5 Kleines Laichkraut-Gesellschaft
6 Spiegelndes Laichkraut-Gesellschaft
7 Simsen-Röhricht
8 Glanzgras-Gesellschaft
9 Steifseggen-Gesellschaft
10 Insel mit Schwarzerle

Vegetationskarte vom Dreetzsee 1985
(rechte Seite, Entwurf L. JESCHKE)

Mittel sickern 70–100 l/s vom Dreetzsee zum Krüselin, was einer Jahresmenge G 2
von über 3 Millionen m³ entspricht, wobei die jahreszeitlichen Schwankungen
sehr gering sein dürften.

Aus limnologischer Sicht gehört der Dreetzsee zu den mesotrophen Gewässern des Feldberg – Boitzenburger Gebietes. Trotz seiner geringen mittleren Tiefe ist er ein in den Sommermonaten stabil geschichteter See mit warmem Oberflächenwasser und kaltem Tiefenwasser. Die niedrigen Nährstoffkonzentrationen begrenzen über mehrere Monate das Wachstum der Planktonalgen. Die Sichttiefe ist entsprechend hoch und beträgt im Sommer etwa 4–5 m. Noch Anfang der achtziger Jahre konnte am Ende des Sommers in großen Teilen des Tiefenwassers Sauerstoff nachgewiesen werden. Allerdings gehen die Sauerstoffkonzentrationen in der Nähe des Seegrundes sehr stark zurück und verweisen auf eine zunehmende Eutrophierung. Die Ursachen dafür liegen in dem Abfluß aus dem Carwitzer See, den landwirtschaftlichen Flächen am Nordufer und den in der Nähe befindlichen Zeltplätzen begründet.

Der Dreetzsee (Abb. 45) hat seine charakteristische Unterwasservegetation mit ausgedehnten Beständen von Armleuchteralgen (*Characeae*), Wechselblütigem Tausendblatt (*Myriophyllum alterniflorum*), Graslaichkraut (*Potamogeton gramineus*), Glanzlaichkraut (*Potamogeton nitens*) und Unterwasserformen des Strandlings (*Littorella uniflora*) im wesentlichen bewahren können. Eutrophierungseinflüsse machen sich hauptsächlich in dem an Carwitz angrenzenden und mit dem Carwitzer See in Verbindung stehenden Nordteil bemerkbar. Dort gibt es breite und dichte Röhrichte, in denen auch Nährstoffzeiger wie Wasserschwaden (*Glyceria maxima*) und Rohrglanzgras (*Phalaris arundinacea*) vorkommen.

Im Dreetzsee lebten im 19. Jh. Massenbestände des Deutschen Flußkrebses. An dem Westufer stellte man 1977 die 1887 von England auf das europäische Festland eingeschleppte Schnecke *Potamopyrgus jenkinsi* fest. Folgende weitere Schneckenarten kommen im Seebereich vor: *Glaba truncatula, Carychium tridentatum, Retinella radiatula, Punctum pygmaeum, Vertigo moulinsiana* und *Zonitoides nitidum*.

Der Name des Sees – 1537 *in dem Sehe Dreß* – gehört wohl zu altpolabisch *drevo* = Baum, Holz. Das Ostufer bildet die mecklenburgisch-brandenburgische Landesgrenze, die vom Dreetzsee zum Krüselinsee verläuft. TILEMANN STELLA beschrieb sie 1578 wie folgt: …,, fortan zwischen dem Dreetz und festen Land hin immer der Schöle oder Seeschlag nach bis an und in den Krüselinschen Landgraben und durch denselbigen doppelten Graben … über den Krüselinschen Berg hin und hinab zum See, Krüselin genannt …". Von der Wegekreuzung zwischen beiden Seen verläuft noch heute nach S zum Krüselinsee hin ein tiefer Trockengraben den Hang hinab.

Krüselin G 3

In der Zeit des hochmittelalterlichen Landesausbaus entstand rund 2 km nordwestlich des Krüselinsees (s. G 4) im 110 bis 120 m ü. NN hoch gelegenen, von Weihern und Pfuhlen durchsetzten Moränengelände ein neues Dorf, in das vielleicht auch die Bewohner des Slawendorfes am Westufer des Krüselinsees mitsamt sei-

G 3 nem Ortsnamen einbezogen wurden. Im Jahre 1393 erhielt HENNING PARSENOW Bede (Abgaben) aus Krüselin angewiesen. Das Dorf muß schon sehr früh unter Existenznot gelitten haben, denn 1401 ließ er 2 Glocken aus der Krüseliner Kirche zum Kloster Wanzka bringen, d.h. die Kirche hatte ihre Bedeutung verloren. 1422 verkaufte PARSENOW die wüste Feldmark und das Dorf für 300 Mark an das Kloster Wanzka. Kurz nach 1459 war der Ort völlig unbewohnt.

Erst 1724 gründete der Feldberger Amtmann auf der Krüseliner Feldmark eine Meierei. Aber auch diese wirtschaftete unrentabel, so daß die Hälfte der Ackerfläche wieder aufgeforstet wurde. Später verlegte man die Försterei von Laeven nach Krüselin. Um 1885 lebten in der Meierei 59 Menschen.

Vor 1945 gab es außer der Försterei auch mehrere Waldarbeitergehöfte, deren Besitzer etwas Landwirtschaft betrieben. Im Verlaufe des Zweiten Weltkrieges wurde Krüselin Ende April 1945 völlig zerstört und nicht mehr aufgebaut. Auf seinen Standort weisen einige Fundamentreste und eine Hängesilberlinde (*Tilia petiolaris*) hin. Den größten Teil der ehemaligen Feldmark forstete man mit Kiefern auf.

G 4 Krüselinsee

Einen eindrucksvollen Blick auf den in einer glaziären Abflußrinne gelegenen Krüselinsee hat man von der Höhe des Landgrabens der Landenge zwischen dem Krüselinsee und dem Dreetzsee aus: Langgestreckt, im N von steilen Ufern umgeben, das Umland fast völlig bewaldet, zieht sich der See in einem bewegten Hügelland hin. Auf den beiderseitig anschließenden Sanderflächen gedeiht überwiegend Nadelwald. Eine bewaldete Insel befindet sich im Nordteil des Sees. Dieser erhält den größten Teil seines Wassers durch stetige Durchsickerung von den Feldberger Seen. Sein Wasserspiegel befindet sich 74,6 m ü. NN, also 9,5 m tiefer als der der Feldberger Seen. Die maximale Tiefe beträgt 18 m, die mittlere um 6,7 m; er hat eine Größe von 64 ha und ein Volumen von 4,4 Millionen m^3. Oberirdische Zuläufe sind äußerst gering, wenn man von den quellartigen Austritten am Landgraben absieht. Auch die kleinen Kalkmoorgewässer der Made (s. G 7) westlich des Krüselinsees erlangen für den Zufluß keine Bedeutung, nach O hin ist das oberirdische Einzugsgebiet durch das nahe gelegene Kernbruch (s. G 6) abgeschnitten. Die über viele Jahre hinweg gemessenen Abflußwerte an der Krüseliner Mühle ergaben bei Umrechnung auf das See-Einzugsgebiet viel zu hohe Abflußspenden. Sowohl dieser Sachverhalt als auch die quellartigen Wasseraustritte am Landgraben legten die Vermutung nahe, daß Wasser aus den nahen Feldberger Seen am Landgraben unterirdisch durchsickert (BARBY 1955). Diese Beobachtungen konnten inzwischen durch mehrere geologische Bohrungen und Berechnungen belegt werden (WEBER 1980). Man nimmt an, daß dieser Wasserstrom 70–100 l/s beträgt, entsprechend 3,15 Millionen m^3 pro Jahr. Der Krüselinsee entwässert zur Havel und damit zur Elbe und zur Nordsee, während andere wesentliche Verbindungen der Feldberger Seen zum Uckersystem und damit zur Ostsee bestehen. Der Krüselinsee wurde 1975 zusammen mit dem anschließenden Kalkmoor Made zum Naturschutzgebiet erklärt.

Die Limnologen bezeichnen den Krüselinsee als ein mesotrophes, geschichtetes Gewässer, das seinen ursprünglichen Zustand bewahren konnte. Allerdings gingen

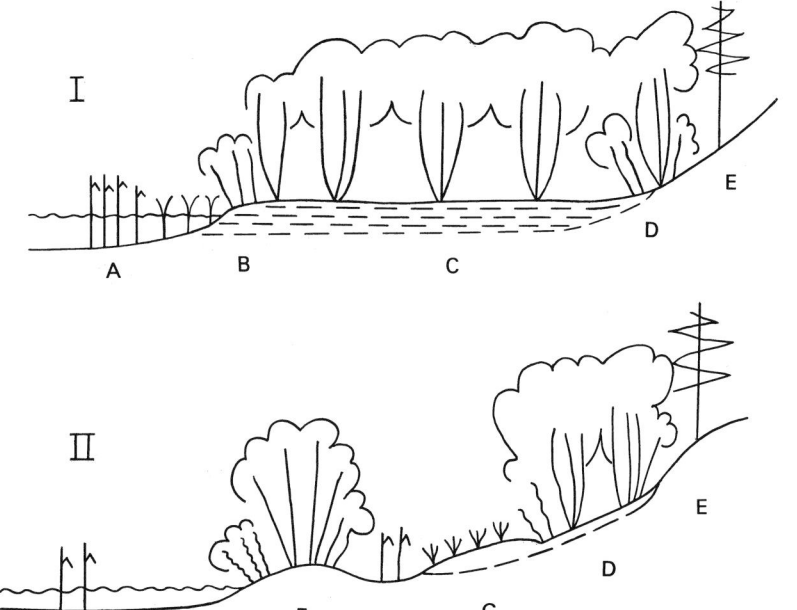

Abb. 46 Halbschematische Vegetationsprofile durch das Nordost- (I) und Nordufer (II) des Krüselinsees (nach JESCHKE 1962, Ausschnitt)

A Röhricht und Großseggenried
B Uferweidengebüsch
C Quell-Erlenbruch
D Quell-Erlen-Eschen-Wald
E Eichen-Kiefern-Wald mit Buchen
F Strandwallartige Bildung mit artenreicher Baum- und Strauchvegetation
G Großseggen-Quellmoor

die Sauerstoffkonzentrationen im Tiefenwasser seit etwa 1965 stark zurück. Die Konzentration der Planktonalgen sind niedrig, so daß in dem klaren Wasser die Sichttiefen im Sommer 5–6 m betragen. Der Krüselinsee befindet sich ähnlich wie der Dreetzsee in einem besonders empfindlichen Stadium des Eutrophierungsprozesses (s. G 2).

Der Klarwassersee enthält dichte und artenreiche Bestände von Armleuchteralgen (*Characeae*), insbesondere mit den Arten *Chara tomentosa, Ch. hispida, Ch. intermedia, Ch. polyacantha, Ch. fragilis, Ch. delicatula, Ch. aspera* und *Nitellopsis obtusa*. Darüber hinaus gibt es Unterwasserbestände der Krebsschere (*Stratiotes aloides submersa*), zahlreiche Laichkräuter: Spiegelndes (*Potamogeton lucens*), Durchwachsenes (*P. perfoliatus*), Spitzblättriges (*P. acutifolius*), Stachelspitziges (*P. mucronatus*), Zwerg- (*P. panormitanus*), Haarblättriges Laichkraut (*P. trichoides*), ferner Großen Wasserschlauch (*Utricularia vulgaris*), Mittleres Nixkraut (*Najas marina intermedia*), Spreizhahnenfuß (*Ranunculus circinatus*), Ähriges Tausendblatt (*Myriophyllum spicatum*), Kanadische Wasserpest (*Elodea canadensis*), Hornkraut (*Ceratophyllum demersum*) und Quellmoos (*Fontinalis*

G 4 *antipyretica*). Eine Schwimmblattzone ist nur stellenweise entwickelt, so ein Bestand der Gelben Teichrose (*Nuphar lutea*) an der Insel. Die Ufer umsäumt ein schmaler und niedriger Röhrichtgürtel (Abb. 46), in dem das Schilf (*Phragmites australis*) vorherrscht, aber auch die Ufersegge (*Carex riparia*) vorkommt. An schilffreien Uferstrecken tritt örtlich das Sumpfbinsen-Kleinröhricht auf. Auf das Röhricht folgt landwärts oft ein Streifen Erlenbruchwald. Auf den Quellstandorten am Nordrand wächst ein Quellerlenbruch (Abb. 46) mit einer reichen Moosflora und verschiedenen seltenen Sumpfpflanzen, wie Saumsegge (*Carex hostiana*), Sumpfherzblatt (*Parnassia palustris*) und Fieberklee (*Menyanthes trifoliata*).

Die Insel im Krüselinsee war in slawischer Zeit besiedelt, wie Scherben belegen. Die hier vorkommende Siegmarswurz (*Malva alcea*) deutet man als Kulturrelikt aus jener Epoche. Eine slawische Festlandsiedlung lag auf der Halbinsel am Westufer. Möglicherweise führte diese bereits den Namen *Kruslin* = Ort eines Krusel, zu slawisch *krus* = etwas Abgebrochenes.

G 5 Krüseliner Mühle

Die Krüseliner Mühle stand am Südende des Krüselinsees. Sie konnte das aus dem Feldberger Seenkomplex kontinuierlich abfließende Wasser (s. G 4) nutzen und litt selten unter Wassermangel. Die Stauhöhe der Mühle betrug etwa 1,5 m, was zu einem erheblichen Anstieg des Krüselinseespiegels führte.

1420/21 erstmals erwähnt, war sie über lange Jahre Feldberger Amtsmühle, in der die Bauern aus den Dörfern (s. H 2) des Amtes ihr Getreide mahlen lassen mußten. Nach der Zerstörung im Dreißigjährigen Krieg wurde das Gebäude bald wieder aufgebaut. Im Jahre 1905 vernichtete ein Brand das Anwesen mit Ausnahme des Mühlenhauses. Der Wiederaufbau erfolgte schon ein Jahr später. Im Jahre 1957 legte man die Mühle still. Danach unterhielt die LPG Triepkendorf dort zeitweilig eine Gänsefarm, und schließlich wurden die Gebäude zu einem Betriebsferienheim umgebaut, jetzt als Pension und Gaststätte genutzt.

Nahe der ehemaligen Mühle ist am Seeufer die Ährenminze (*Mentha spicata*) verwildert; hier wurde die Amerikanerweide (*Salix cordata)* angepflanzt. Südlich des Anwesens wachsen dichte Bestände der Roten Pestwurz (*Petasites hybridus*).

G 6 Kernbruch

Das Kernbruch erstreckt sich östlich des Krüselinsees und ist die „wohl merkwürdigste Bodeneinsenkung des Feldberger Gebietes" (BARBY 1966). Die fast 2 km lange, V-förmige Rinne, deren Seitenhänge Neigungswinkel von 26–27° aufweisen, zieht sich von NO nach SW und liegt vor den Moränen des Pommerschen Stadiums der Weichselkaltzeit. Die heutige Mooroberfläche befindet sich etwa 15 m unter dem umgebenden Gelände. Ähnlich grabenartig eingetiefte Hohlformen, teils in paralleler Anordnung, existieren nur wenige Kilometer südlich vom Kernbruch, diese verlaufen aber genau von O nach W.

Das 25 ha große Kernbruch steht wegen seiner natürlichen Ausstattung unter Naturschutz. Sein Name gehört zu mecklenburgisch *karn, kerne* = Kerbe, Einschnitt.

F. FUKAREK (1972) hat bei Bohrungen festgestellt, daß die Tiefe des Moores G 6
mindestens 15 m beträgt. Die obersten 5 m bestehen aus Torfmoos- und Braunmoostorf, darunter folgen limnische Sedimente. Die Sedimentation begann während der Vorwärmezeit (Präboreal) in einem flachen Wasserbecken, das von lichten Birken-Kiefern-Wäldern umgeben war. In der frühen Wärmezeit (Boreal) füllte sich das Kernbruch mit Wasser und entwickelte sich zu einem tiefen See. Am Ende des Subboreals setzte dessen Verlandung ein. Der Übergang zum Zwischenmoor begann vor etwa 1000 Jahren. Zu dieser Zeit treten im Pollendiagramm (Abb. 47) auch die ersten Zeiger einer Besiedlung durch den Menschen auf.

In der nassen Randzone herrschen heute Sumpfpflanzen mit hohen Nährstoffansprüchen vor wie Sumpfreitgras (*Calamagrostis canescens*), Schnabelsegge (*Carex rostrata*) und Schmalblättriges Wollgras (*Eriophorum angustifolium*). Flatterbinsen- und Sumpfseggenbestände zeugen von Grundwasserzufluß aus der mineralischen Umgebung. Zur Mitte hin schließt sich ein Moorbirken-Moorwald mit Heidelbeere (*Vaccinium myrtillus*) und Sprossendem Bärlapp (*Lycopodium annotinum*) an. Das Zentrum wird von einem Mosaik aus Bulten und Torfmoosteppichen gebildet. Die Bulten tragen eine Sumpfporst-Torfmoos-Gesellschaft mit Poleigränke (*Andromeda polifolia*) und Moosbeere (*Oxycoccus palustris*) sowie verschiedenen, meist rötlich oder bräunlich gefärbten Torfmoosen (*Sphagnum magellanicum, S. rubellum, S. fuscum*) und dem Steifen Widertonmoos (*Polytrichum strictum*). Als Besonderheit kommt die Krähenbeere (*Empetrum nigrum*) vor, die hier einen weit nach S vorgeschobenen isolierten Vorposten besitzt. Die teppichartigen Flächen werden vom Scheidigen und Schmalblättrigen Wollgras (*Eriophorum vaginatum, E. angustifolium*), der Grausegge (*Carex canescens*) und dem grünen Zurückgekrümmten Torfmoos (*Sphagnum recurvum*) gebildet. In eingelagerten Schlenken wächst die Schlammsegge (*Carex limosa*). Stellenweise taucht auch der Rundblättrige Sonnentau (*Drosera rotundifolia*) auf. Auf den randlichen Steilhängen des Kernbruches stocken Bestände aus alten Kiefern, Buchen und Eichen. Im Bruch gibt es eine Population des Laubfrosches. Außerdem konnte die Wegschnecke *Arion intermedius* nachgewiesen werden.

G 7
Made und **Rohrpöhle**

Westlich vom Krüselinsee zieht eine Abflußbahn südwärts, die, aus der Feldberger Endmoränengabel kommend, die Schmelzwasser vom Pommerschen Stadium zum Urstromtal der Elbe abgeführt hat. Mehrere parallele Senken durchziehen die Sanderfläche, und darin befinden sich 4 abflußlose Restgewässer der Made sowie die Rohrpöhle, der Gaschsee, Weutschsee, Waschsee (s. G 11) und Torgelowsee. Nur einige dieser Gewässer stehen untereinander in Verbindung; oberirdische Abflüsse fehlen bei den meisten von ihnen. Aus der Anordnung der Restgewässer und der umgebenden Kalkmoorgebiete kann man schließen, daß die Gewässer früher große zusammenhängende Flächen gebildet haben. So war der Bereich der Made um 1780 noch ein einziger See, und auch der südliche Rohrpohl – 1578 *Der Rhorpul* – hing damals noch mit dem westlich davon gelegenen kleinen Gaschsee – 1780 *Garch-See* – zusammen.

G 7 Kernbruch b. Feldberg

Die 4 Moorkolke in der Made – 1578 Die Made –, deren Name wohl zu mittel- G 7
niederdeutsch *made* = zu mähende Wiese, Heuwiese gehört, werden von breiten
Gürteln der Schneide (*Cladium mariscus*) umgeben. Im Wasser dieser kalkoligo-
trophen Braunmoorweiher tritt die Gesellschaft der Kleinen Seerose (*Nymphaea
alba* f. *minor*) auf. Daneben gibt es Massenbestände des Gemeinen Wasserschlau-
ches (*Utricularia vulgaris*), der im klaren Wasser vielfach dichte Teppiche bildet.

Als bemerkenswerte Vögel kommen in der Made Große Rohrdommel, Rohrweihe und Kranich vor, in der Rohrpöhle Zwergtaucher, Höckerschwan und Tafelente. Als Nahrungsgast ist der Graureiher nicht selten anzutreffen, dessen Brutkolonie sich in etwa 15 km Entfernung befindet.

Westlich der Made erstrecken sich in abflußlosen Senken des Forstreviers Mechow die Rohrpöhle. Der kleinere südliche Pohl ist ein stark verlandender Waldweiher mit einer Zone aus Großseggenriedern. Im flachen Wasser gibt es Herden
des Schmalblättrigen Rohrkolbens (*Typha angustifolia*) sowie Bestände der
Weißen Seerose (*Nymphaea alba*) und des Schwimmenden Laichkrautes (*Potamogeton natans*). Der größere, nördlich davon gelegene Rohrpohl stellt einen kleinen Weiher dar, in dessen klarem Wasser das Mittlere Nixkraut (*Najas marina*
subsp. *intermedia*) reichlich auftritt.

Der südwestlich der Rohrpöhle gelegene Gaschsee gehört zu den Moorweihern.
Ihn umgibt ein Kiefern-Sumpfbirken-Moor mit vielen abgestorbenen Bäumen.
Auf seiner Süd- und Nordseite breiten sich auch offene Schwingrasen mit Zurück-
gekrümmtem Torfmoos (*Sphagnum recurvum*), Schlammsegge (*Carex limosa*),
Weißem Schnabelried (*Rhynchospora alba*), Rundblättrigem Sonnentau (*Drosera
rotundifolia*) und weiteren, zum Teil sehr seltenen Moorpflanzen aus. Made,
Rohrpöhle und Gaschsee gehören ebenso wie der Waschsee und die Mechowseen
(s. G 11) heute zu dem 1994 stark erweiterten Naturschutzgebiet Krüselinsee und
Mechowseen.

Beenz, Kreis Uckermark, G 8

erstreckt sich an der Straße Lychen–Feldberg. Ein anläßlich der Beseitigung eines
Hügels zutagegekommenes Steinkistengrab, das ein bronzenes Griffzungen-
schwert enthielt, zeigt, daß die Gemarkung in urgeschichtlicher Zeit besiedelt war.
Der Ortsname könnte auf eine slawische Grundform Ban'ica zurückgehen, zu alt-

◁
Abb. 47 Pollendiagramm des Kernbruchs bei Feldberg (nach FUKAREK 1972; Ausschnitt)

1	Torfmoostorf, unzersetzt	11	Hainbuche	IV	Vorwärmezeit
2	Braunmoostorf	12	Hasel	V	Frühe Wärmezeit
3	Lebermudde	13	im Nebendiagramm	VI	Mittlere Wärmezeit, älterer Teil
4	Kalkmudde	14	EMW, entspricht der Eichenmischwaldkurve		
5	Weide			VII	Mittlere Wärmezeit, jüngerer Teil
6	Kiefer	15	Eiche		
7	Birke	16	Ulme	VIII	Späte Wärmezeit
8	Erle	17	Linde		
9	Eichenmischwald (EMW)	18	Esche		
10	Buche	BP	Baumpollen		

G 8 polabisch *ban'a* = bauchiges Gefäß, Krug, Kanne. Vielleicht war dies aufgrund der Geländeform die Bezeichnung einer der beiden slawischen Siedlungen westlich des Clanssees (s. G 9), die beim hochmittelalterlichen Landesausbau auf das inmitten der Moränenplatte angelegte Straßendorf übertragen wurde.

Beenz tritt urkundlich 1393 ins Licht der Geschichte. Es gehörte seit Anfang des 15. Jh. mit Abgaben und Gerichtsbarkeit dem Kloster Boitzenburg, während die Dienste dem dortigen kurfürstlichen Schloß zustanden. Mit dem Kloster ging Beenz 1539 ganz in den Lehnbesitz der Familie von Arnim zu Boitzenburg über. In ihm siedelten ausschließlich Bauern. So wohnten bereits 1528 hier 10 Vierhüfner; Dorfgerichtsvorsteher war der Lehnschulze mit 4 Lehnhufen, und auch der Pfarrer verfügte über 4 Hufen Pfarrland. Die Dorfherren gewährten ihren „armen Leuten", das heißt ihren Untertanen, zu Beenz die wüste Feldmark Götzkendorf, die sich südlich der Försterei Aalkasten (s. G 12) erstreckte, als Viehweide. Nach der völligen Zerstörung im Dreißigjährigen Krieg lag das Dorf bis auf das Schulzengericht noch 1687 wüst; die Feldmark war inzwischen ganz mit Tanger – Strauchwerk – verwachsen, 10 Jahre später erst zu einem Fünftel geräumt. 1711 zählte man wieder 6 Hüfner, 1724 insgesamt 69 Einwohner. Im Verlauf des 18. Jh. erreichte der Ort den Vorkriegsstand, um 1800 gab es außer dem Lehnschulzen und den 10 Ganzbauern Schmiede und Krug, insgesamt 15 Feuerstellen. Da hier kein Rittergut entstanden war, hielt sich die seit dem 16. Jh. bekannte Sozialstruktur bis ins 19. Jh. fast unverändert.

Nach den Agrarreformen separierte sich der Lehnschulze und erbaute ein Ackergehöft nahe der Feldmarkgrenze südlich von Beenz, das 1859 Stabeshorst benannt wurde. Danach entstanden weitere Abbauten auf der Beenzer Feldmark, so das 1859 errichtete Gehöft Marienheim. Die nun stark zunehmende Differenzierung in dem Dorf spiegelt sich in den Größenverhältnissen wider: Um 1900 gab es neben dem Lehnschulzengutsbesitzer mit 56 ha Land 6 Hofbesitzer mit 16–97 ha und einen Gastwirt mit 48 ha.

Im Verlauf der Bodenreform von 1945 wurden 221 ha enteignet und an 18 Landarbeiter und Umsiedler verteilt. Die erste landwirtschaftliche Genossenschaft entstand 1952 in Marienheim. 1960 wurden die Bauern der Gemeinde Beenz zu einer LPG mit 76 Mitgliedern und 609 ha landwirtschaftlicher Nutzfläche zusammengeschlossen. Im Jahre 1976 gliederte man die LPG Retzow-Rutenberg der von Beenz an. 1980 ging aus der Vereinigung der Feldbauabteilungen mehrerer Genossenschaften die LPG Pflanzenproduktion Lychen mit Sitz in Beenz hervor. Ihre Verwaltungs- und Wirtschaftseinrichtungen entstanden etwa 700 m südlich vom Ort, in dem 1981 insgesamt 178 Einwohner, 1991 noch 157 lebten. Die Genossenschaft bewirtschaftete knapp 2000 ha zwischen Beenz, Rutenberg, Lychen, Retzow und Sähle, davon nur 4 % als Dauergrünland. Dieses befindet sich zum überwiegenden Teil auf mehr oder weniger stark entwässerten Niedermoorböden. Das Ackerland hingegen liegt auf Grund- und Endmoränen, die eine unterschiedlich starke Sanddecke tragen und deshalb die niedrige mittlere Ackerzahl von 23 (100 ist die beste) aufweisen. Der hohe Gehalt an Steinen erfordert die regelmäßige Beräumung der Felder; die Steine dienen zum Bau von Häusern, so der Einfamilienhäuser an der Neubaustraße und von Wirtschaftswegen. Die Meliorationsgenossenschaft Templin installierte Anlagen zum Beregnen von 130 ha Ackerland. Außer der LPG Pflanzenproduktion Lychen gab es

Abb. 48   Kirche in Beenz

noch eine LPG Tierproduktion, deren Ställe sich wenig östlich der Gebäude der vorgenannten befinden.

Nach 1990 ging aus den beiden LPGs eine Agrargenossenschaft hervor, die 1995 rund 1700 ha landwirtschaftliche Nutzfläche bewirtschaftete. Angebaut werden vor allem Getreide (Roggen, Gerste), ferner Kartoffeln und Raps sowie als Gründüngung Lupinen. Der Viehbesatz besteht aus 250 Rindern und 1300 Schweinen, außerdem gibt es eine etwa 500 Tiere umfassende Herde von Heidschnucken, mit der vor allem Landschaftspflege betrieben wird. Die Verwaltung hat in einer Baracke ihren Sitz, wo sich seit 1994 auch ein Markt für Industriewaren niedergelassen hat.

Am Beginn der nördlichen Häuserzeile von Beenz steht auf dem heute nicht mehr als solchem benutzten Friedhof die rechteckige Kirche (Abb. 48) aus Feldsteinen. Das Bauwerk stammt aus der zweiten Hälfte des 13. Jh. und hat in den Jahren 1733/34 starke Veränderungen erfahren. Dabei wurden die ursprünglichen spitzbogigen Fensteröffnungen vermauert und die Seitenwände des Schiffs um etwa 1,50 m erhöht. Der verbretterte Turmaufsatz entstand zur gleichen Zeit. 1996 befand sich die Kirche in ungenutztem Zustand.

Die Waldflächen bei Beenz gehörten ehemals dem Forst Boitzenburg. Es handelte sich um die sich vom Nordostufer des Clanssees bis zur Gemarkungsgrenze von Rutenberg erstreckende Beenzer Hohe Heide (1821 = 191 Morgen) und den sich streifenförmig an der südlichen Gemarkungsgrenze zwischen Torgelowsee und Kleinem Kronsee entlang ziehenden Beenzer Tanger (1821 = 360 Morgen). In der zweiten Hälfte des 19. Jh. wurden die mit Kiefern bestandenen Waldstücke

153

G 8 größtenteils gerodet und in Ackerland umgewandelt. Auf den für den Feldbau ungünstigsten Standorten breiteten sich später wieder Kiefern aus, so an der Nordseite des Clanssees.

G 9 Clanssee

Der etwa 2 km lange, sich von O nach W erstreckende Clanssee liegt 74,6 m ü. NN und ist in die größtenteils unbewaldete Beenzer Platte mit ihren Flächen um 90–100 m ü. NN eingetieft. Der westliche Zipfel der abflußlosen, auf pleistozäne Toteisbildung zurückgehenden Wanne zeigt Restseen, unter anderem den stark verlandeten Kirchensee, und Moore, die früher sicher zusammenhingen. Der Clanssee weist eine Oberfläche von 44 ha und eine maximale Tiefe von 16 m auf. An seinem Nord- und Ostufer, besonders an seiner Einschnürung, können wir abgestorbene Bruchwälder beobachten, die auf einen derzeit außergewöhnlich hohen Wasserstand schließen lassen. See und Umgebung mit einer Fläche von 70 ha stehen seit 1989 unter Naturschutz.

Trotz der landwirtschaftlich genutzten Einzugsgebiete ist die Wasserqualität so gut, daß der Clanssee als Trinkwasserreserve dient. Er gehört zur Gruppe der mesotrophen bis leicht eutrophen, geschichteten Gewässer (Abb. 3). Infolge des niedrigen Nährstoffgehaltes bleibt das Wachstum der Planktonalgen gering. Der Sauerstoffgehalt nimmt allerdings im Tiefenwasser stark ab. Die Wasserqualität des Clanssees ermöglicht eine gut entwickelte Unterwasservegetation. Rings um das nahezu röhrichtfreie Ufer zieht sich in 0,5–1,2 m Wassertiefe ein dichter Gürtel des Wechselblütigen Tausendblattes (*Myriophyllum alterniflorum*), in dem weniger häufig auch Ähriges Tausendblatt (*M. spicatum*), Spreizhahnenfuß (*Ranunculus circinatus*), Kanadische Wasserpest (*Elodea canadensis*), Wasserknöterich (*Polygonum amphibium natans*) und einige andere Arten auftreten. Beachtenswert ist eine Population des Strandlings (*Littorella uniflora*). Im westlich benachbarten Kirchensee gibt es dichte Seerosengürtel mit Teichrose (*Nuphar lutea*) und Weißer Seerose (*Nymphaea alba*), in der Uferzone vielfach hohe Steifseggenbulten mit Wasserschierling (*Cicuta virosa*), Grau- und Ohrweidengebüsche und an der Nordseite einen Birkenbruchwald mit teilweise abgestorbenen Bäumen.

Im Clanssee und im Krüselinsee leben vor allem Aal, Blei, Güster, Hecht, Kleine Maräne, Plötze, Rotfeder, Schleie und Ukelei. Daneben kommen Karausche, Karpfen, Moderlieschen und Quappe, Kaulbarsch und Flußbarsch sowie die geschützten bestandsgefährdeten Bitterling und Steinbeißer vor.

Die den See begrenzenden Abhänge tragen auf der Nordseite Kiefernforste, auf der Südseite hinter einem Gehölzsaum Felder und Weiden. Auf dem flach einfallenden Westufer reichen die Viehweiden bis ans Wasser heran. In diesem Bereich befinden sich auf sandig-schlammigen, zeitweise trockenfallenden Uferstreifen Pflanzen der Spülsäume wie Gifthahnenfuß (*Ranunculus sceleratus*), Moorgreiskraut (*Senecio congestus*), Strandampfer (*Rumex maritimus*), Wilde Sumpfkresse (*Rorippa sylvestris*), Quellgras (*Catabrosa aquatica*) und Zweizahnarten (*Bidens*) sowie einige Teichbodenarten, vor allem Pfeffertännel (*Elatine hydropiper*), Nadelsumpfsimse (*Eleocharis acicularis*) und Zitzensumpfsimse (*E. mamillata*). Auf

dem Brunnenlebermoos (*Marchantia polymorpha*) stellte man den sehr seltenen G 9
Blätterpilz *Gerronema marchantiae* fest.

Östlich des Weges von Beenz nach Marienheim lag auf der mit Kiefern und Wacholder bestandenen Halbinsel im Clanssee auf dem Rötberg eine jungslawische Siedlung, die neben slawischen auch frühdeutsche Scherben lieferte und somit weit in das 13. Jh. hineinreicht. Auf der Gegenseite des Weges befand sich am Nordufer des Sees eine weitere slawische Siedlung. Auch jungsteinzeitliche Scherben und Flintgeräte wurden dort geborgen.

Wegen der späten Überlieferung – 1556 an den *Klansehe*, 1578 der *Klans* – ist die Deutung des slawischen Seenamens unsicher. Obwohl ringsum von der Feldmark des zu Brandenburg gehörenden Dorfes Beenz umschlossen, gehörte der Clanssee ehemals zu Mecklenburg-Strelitz. Erst im Jahre 1937 gelangte er im Zuge eines Grenzausgleiches zur Gemarkung Beenz und damit zu Brandenburg (Kreis Templin, jetzt Kreis Uckermark). Neuerdings wurde er in das Naturschutzgebiet Küstrinsee einbezogen.

Mechow, seit 1965 Ortsteil von Dolgen G 10

Auf einer 2 km langen, mit Pflaumenbäumen gesäumten Straße erreicht man von Beenz her das Straßendorf Mechow (Namenerklärung s. G 11). Der brandenburgische Markgraf, damals auch Herr des Landes Stargard (s. Seite 17), schenkte 1271 das Dorf Mechow mit 60 Hufen dem Kloster Broda als Entschädigung für abgetretenes Land zur Gründung der Stadt Neubrandenburg. Im Jahre 1290 gelangte es an das neugegründete Kloster Wanzka – 20 km nordwestlich von Mechow –, bei dem es bis zur Reformation grundherrschaftlich verblieb. Mit der Säkularisation des Klosters ging Mechow an den nunmehr mecklenburgischen Landesherren über, blieb aber zunächst dem Haus und Amt Wanzka mit aller Botmäßigkeit, allen Diensten und Pachten, dem Hohen und Niederen Gericht sowie dem Kirchenlehen unterstellt. Auch für die Nutzung des Waschsees als Viehtränke und zum Wasserholen sowie für den Krebsfang in den Heideseen mußten Abgaben nach Wanzka gezahlt werden. An die Mark Brandenburg lieferten die Bauern einen Kornzins und nach Boitzenburg eine Abgabe für abgelöste Dienste.

Etwa die Hälfte des Dorfes verödete im späten Mittelalter, auf den Sandflächen im O der Gemarkung wuchs größtenteils Kiefernwald auf, der heute zum Forstrevier Mechow gehört. Unweit der Revierförsterei wurde in der DDR-Zeit (bis 1989) ein Kinderferienlager errichtet, das 1995 ungenutzt war.

In der zweiten Hälfte des 16. Jh. zählte man in Mechow außer dem Freischulzen 7 bis 8 Bauern (Hufner) und einen Kossäten, die zusammen 26–28 Hufen bewirtschafteten. Dazu kam der Pfarrhof mit 3 Hufen. Außer den Äckern bei Mechow bearbeiteten die Bauern Teile der Feldmark des wüsten Dorfes Krüselin (s. G 3).

1685 wohnten in Mechow 5 Bauernfamilien, für 1724 wurden 4 Bauern genannt. Am Ende des 18. Jh. gab es im Dominialdorf 2 Erbpächter, 3 Bauern und 9 Büdner sowie Unterförsterei und Schule. Die Einwohnerzahl betrug um 1885 insgesamt 222. Zu Anfang des 20. Jh. bestand Mechow aus 6 Erbpachthöfen und 9 Büdnereien.

G 10 Die Pfarre gehörte stets zu Triepkendorf. Seitlich der Dorfstraße liegt der mit Feldsteinen ummauerte Kirchhof, in dessen Mitte sich der vom Ende des 13. Jh. stammende Feldsteinquaderbau der Kirche erhebt. Der querrechteckige Westturm mit 2 m starken Mauern besitzt die gleiche Breite wie das kurze Schiff und ist als Wehrturm ausgebaut. Die beiden unteren Geschosse sind mit Quertonnen aus Feldsteinen abgedeckt. Alle Geschosse haben schmale Schlitzfenster an den Schmalseiten, nur das oberste vierte Geschoß besitzt als Glockenstube paarweise Schalluken. Der rechteckige Chor ist eingezogen und im Inneren zum Schiff durch einen breiten Spitzbogen geöffnet. Schiff und Chor weisen eine gerade Balkendecke auf. Bei der 1897 durchgeführten Restaurierung wurde die Öffnung zwischen Turm und Schiff bis auf eine Tür geschlossen. Die Laienpforte an der Südseite des Schiffes wurde ebenfalls zugemauert. Das neu angelegte Turmportal und die Ausstattung der Kirche stammen vom Ende des 19. Jh. In den letzten Jahren fand eine erneute Restaurierung statt.

G 11 Mechower Seen

Unter dieser Bezeichnung werden die 4 dicht beieinander liegenden Seen Kleiner und Großer Mechowsee, Weutschsee und Waschsee südöstlich von Mechow zusammengefaßt. Sie erstrecken sich in einer Schmelzwasserabflußbahn (s. G 7), die aus der Feldberger Endmoränengabel kommt. Alle Seen besitzen eine einheitliche Wasserspiegelhöhe von 71,4 m ü. NN. Der Kleine Mechowsee ist 3 ha groß und bis 5 m tief; der Große Mechowsee umfaßt 33 ha und reicht bis 15 m Tiefe; der Weutschsee ist 17 ha groß und bis 10 m tief, und der Waschsee ist 19 ha groß und bis 16,5 m tief. Die umgebenden Sander der Beenzer Platte und der Brüsenwalder Heide liegen etwa 90 m ü. NN hoch. Die die Seebecken begrenzenden Uferhänge sind steil und fast völlig bewaldet.

Der 500 m südlich des Ortsausganges Mechow beginnende Waschsee ist vielleicht identisch mit einem 1556 genannten See *Wosekow*, der sich auf eine slawische Grundform Woskov-, zu altpolabisch *vosa* = Espe zurückführen läßt. Er besitzt keinen oberirdischen Zu- und Abfluß und stellt in Lage, Wasserqualität und Biologie ein landschaftliches Kleinod dar. Über den Waschsee liegen umfangreiche hydrologische und hydrobiologische (DOLL 1979) Untersuchungen vor. Für einen mesotrophen See sprechen die niedrigen Nährstoffgehalte, die geringe Konzentration an Chlorophyll-a als Maß für die Biomasse der Planktonalgen und die hohen Sichttiefen. Im Sommer weist das Tiefenwasser nur geringe Sauerstoffreste auf.

Der Waschsee ist ein typischer Armleuchteralgen-See. Bedingt durch die gute Wasserqualität, bedecken seinen Boden dichte Bestände von Armleuchteralgen und anderen untergetaucht lebenden Wasserpflanzen. Während im Flachwasser die Rauhe Armleuchteralge (*Chara aspera*) auftritt, bilden in Tiefen von 1 bis 5 m die Filzige Armleuchteralge (*Chara tomentosa*) und in Tiefen von 5 bis 8 m die Sternarmleuchteralge (*Nitellopsis obtusa*) jeweils artenarme Gesellschaften. Kennzeichnend für den Klarwassersee sind ferner Mittleres Nixkraut (*Najas marina intermedia*) und Wechselblütiges Tausendblatt (*Myriophyllum alterniflorum*) sowie das Schneidenröhricht in der Verlandungszone. Auf feuchtem Mergelsand am Ufer tritt die Gesellschaft der Wenigblütigen Sumpfsimse (*Eleocharis quin-* G 11 *queflora*) auf.

Nordöstlich vom Waschsee erstreckt sich in derselben Rinne der Weutschsee, 1578 als der *Woiczker See* bezeichnet, zu altpolabisch *vosék, vosec* = Verhau. Auch er besitzt keinen oberirdischen Zufluß, ist aber durch einen Abfluß mit dem Großen Mechowsee verbunden. Der geschichtete, leicht eutrophierte Weutschsee weist höhere Nährstoffkonzentration und geringere Sichttiefe auf als der Waschsee. Der Sauerstoffgehalt im Tiefenwasser weist bereits im Juli sehr niedrige Werte auf. Die hohen Nährstoffkonzentrationen gehen möglicherweise noch auf eine frühere Nutzung des Sees als Karpfenintensivgewässer zurück. Bestände des Hornblattes (*Ceratophyllum demersum*) zeigen ebenfalls reiche Wasserstandorte an, doch enthält der See auch das Mittlere Nixkraut.

Der Kleine und der Große Mechowsee sind intensiv durchflossene Seen, denn sie liegen an dem aus dem Krüselinsee (s. G 4) kommenden und südwärts zum Großen Küstrinsee abfließenden Krüselinbach. Der Seename läßt sich etwa mit Moossee, zu altpolabisch *mech* = Moos, übersetzen. Er könnte nach einem damals reichlichen Vorkommen des Quellmooses (*Fontinalis antipyretica*), das hier auch heute noch auftritt, gegeben worden sein. Beide Mechowseen gehören zu den schwach nährstoffreichen Seen. Reiche Wasserpflanzenbestände aus verschiedenen Laichkräutern (*Potamogeton lucens, perfoliatus, pectinatus*), Quirligem und Ährigem Tausendblatt (*Myriophyllum verticillatum* u. *spicatum*), Kanadischer Wasserpest (*Elodea canadensis*) und Spreizhahnenfuß (*Ranunculus circinatus*), vor allem aber untergetauchten Beständen der Krebsschere (*Stratiodes aloides*),

Abb. 49 Naturschutzgebiet Mechowsee-Krüselinsee

G 11 Mittlerem Nixkraut und Quellmoos deuten auf eine günstige Wasserqualität hin. Der 10–50 m breite, meist dichte Röhrichtgürtel wird teilweise vom Schilfröhricht, teilweise aber auch vom Sumpfseggen- und vom Wasserschwadenröhricht beherrscht. Während den Großen Mechowsee ein Gehölzsaum umgibt, findet man am Nordwestufer des Kleinen Mechowsees noch artenreiche Feuchtwiesen mit Massenbeständen des Wiesenknöterichs (*Polygonum bistorta*).

Auf den vermoorten Randflächen der Seebecken, insbesondere nördlich des Weutschsees sowie südwestlich und nördlich des Großen Mechowsees (dort vor allem in der Umgebung des stark verlandeten Moospfuhls), gab es früher auch basenreiche Zwischenmoore mit zahlreichen seltenen, meist borealen Pflanzen, wie Zierlichem und Breitblättrigem Wollgras (*Eriophorum gracile* u. *latifolium*), Draht-, Schlamm-, Zweihäusiger und Gelbsegge (*Carex diandra, limosa, dioica, flava*), Stumpfblütiger und Alpenbinse (*Juncus subnodulosus* u. *alpino-articulatus*), Sumpfglanzwurz (*Liparis loeselii*) sowie verschiedenen Braunmoosen (*Drepanocladus intermedius, Meesea triquetra, Camptothecium nitens, Helodium lanatum, Paludella squarrosa*) und einigen Torfmoosen (*Sphagnum warnstorffii, S. teres*). Inzwischen sind diese artenreichen Moorgesellschaften infolge fehlender Mahd, aufkommendem Gehölzwuchs und allgemeiner Nährstoffzunahme stark zurückgegangen. Heute gehören diese Gebiete zum Naturschutzgebiet Krüselinsee und Mechowseen (Abb. 49).

G 12 Aalkasten, Ortsteil von Funkenhagen

Die Försterei Aalkasten entstand nach der Mitte des 18. Jh. Hier, beim sogenannten *Ahlkasten*, einer Aalfangeinrichtung im Krüselinbach nahe der Südspitze des Großen Mechowsees (s. G 11) an der mecklenburgischen Grenze, wohnte 1765 einer der 4 damaligen Boitzenburger Heideläufer (s. F 4). Er führte die Aufsicht über das Götzkendorfer Revier, das spätere Revier Aalkasten, die mit Bäumen und Buschwerk bestandene Feldmark der spätmittelalterlichen Totalwüstung Götzkendorf. Bis zur Auflösung der Gutsbezirke blieb die Försterei kommunalrechtlich ein Teil des Gutsbezirkes Boitzenburg. Seit 1929 gehörte sie zur Gemeinde Thomsdorf, und mit dieser kam sie 1974 zu Funkenhagen.

H 1 Conower Werder

Etwa 1,5 km südlich von Conow ragt der Conower Werder, eine rund 1,5 km lange, bewaldete Halbinsel, in den Carwitzer See (s. E 6). Er ist Teil der Hauptendmoräne des Pommerschen Stadiums der Weichselkaltzeit, wie die große Reliefenergie, die vielen Findlinge und die steilen Ufer beweisen. Der höchste Punkt liegt 26 m über dem Seespiegel. Die Halbinsel hat mehrere abflußlose Senken, die unter den Seespiegel hinabreichen und in denen sich Waldsümpfe befinden. Das rund 45 ha große Gelände steht seit 1967 als Totalreservat unter Naturschutz.

Der Wald, „der sich durch die Schönheit seiner Buchen und eine Fülle seltener Pflanzen auszeichnet", ist besonders hervorzuheben (ARNDT 1882). In diesem abgelegenen und schwer zugänglichen Gebiet, das ehemals die Jagen 1 und 2 des

mecklenburgischen Staatsforstes Lüttenhagen (s. D 4) bildete, erhielt sich eine ar- **H 1**
tenreiche Waldvegetation, die schon im 19. Jh. viele Botaniker anlockte. Hier befindet sich die Buche als die vorherrschende Baumart im Optimum ihres Gedeihens. Wegen seiner Abgelegenheit blieb die forstliche Nutzung in diesem Laubwaldstück stets nur extensiv.

Als Leitgesellschaft tritt der Perlgras-Buchen-Wald auf, der in nährstoffreichen und -armen Ausbildungen sowie an mehreren Hängen in Verhagerungsstadien vorkommt. In einigen Lichtungen wachsen Birke, Aspe und Salweide als Vorwald auf. Weitere Waldgesellschaften sind der Traubeneichen-Buchen-Wald und der Sommerlinden-Bergulmen-Buchen-Wald. Die Elsbeere (*Sorbus torminalis*) und viele wärmeliebende Arten der Bodenflora wie Pfirsichblättrige Glockenblume (*Campanula persicifolia*), Schwarze Platterbse (*Lathyrus niger*), Waldwicke (*Vicia sylvatica*), Heckenwicke (*V. dumetorum*), Kassubenwicke (*V. cassubica*) und Berghartheu (*Hypericum montanum*) weisen auf den subkontinentalen Charakter dieser Gesellschaften hin. Andererseits ist die Zahl der montanen Pflanzenarten wie Zwiebelzahnwurz (*Dentaria bulbifera*) gering, und subatlantisch-atlantische Arten fehlen.

An zahlreichen Stellen breiten sich verschiedenartige Waldsümpfe, Grauweidengebüsche und kleinflächig Erlen-Moorbirken-Bruchwälder aus. Eine vegetationskundliche Besonderheit stellt der Fiederzwenkenrasen an südexponierten Steilhängen zum Carwitzer See dar, in dem unter anderem Borstige Glockenblume (*Campanula cervicaria*), Waldklee (*Trifolium alpestre*), Langähriger Klee (*T. rubens*), Färberginster (*Genista tinctoria*) und Rauhes Veilchen (*Viola hirta*) wachsen.

In den verschiedenen Waldgesellschaften und an den buchtenreichen Seeufern ist eine vielgestaltige Vogelwelt anzutreffen. Im Jahre 1978 konnten insgesamt 79 Arten, darunter 69 Brutvogelarten, festgestellt werden (WARMBIER 1979). Zu den bemerkenswertesten Arten gehören Schellente, Rotmilan, Hohltaube, Zwergschnäpper, Mäusebussard und Schwarzspecht. Auf dem Werder befindet sich das Brutgebiet eines Seeadlerpaares. Als weitere Brutvögel sind Eisvogel, Kolkrabe und Neuntöter bekannt.

Von den Amphibien lebt die Rotbauchunke in Tümpeln an der Grenze zu den benachbarten Feldern. Am Waldrand kommt die Ringelnatter vor, die einzige Schlangenart im Gebiet. Bisher konnten über 20 Landschneckenarten festgestellt werden.

Vom Schalenwild sind spärlich das Schwarzwild und an dem Feld-Wald-Rand das Reh bekannt. Ausgedehnte Erdbaue belegen die Anwesenheit des Dachses.

Thomsdorf, seit 1974 Ortsteil von Funkenhagen, **H 2**

erstreckt sich als breites Straßendorf von N nach S, und zwar auf dem kuppigen, rund 100 m ü. NN gelegenen Moränengelände südlich des Carwitzer Sees. Im N grenzt es unmittelbar an eine Ausbuchtung des Gewässers. Die Umgebung des Dorfes war bereits in ur- und frühgeschichtlicher Zeit besiedelt. Aus der Steinzeit wurden Steinäxte und Feuersteinbeile gefunden. Von dichter bronzezeitlicher Besiedlung zeugen 16 Hügelgräber in der Feldmark, vorwiegend im Winkel zwischen Dreetzsee und Carwitzer See. Weitere Gräber liegen östlich des Ortes. Dicht nördlich von Thomsdorf befindet sich auf einer ehemaligen Insel im Carwitzer See eine slawische Siedlungsstelle, von der man zahlreiche Tonscherben barg.

Thomsdorf entstand, wie die regelmäßige Anlage erkennen läßt, in der hochmittelalterlichen Rodungsperiode. Sein Ortsname, der 1393 und 1420 *Tubenstorp(e)* lautete und erst 1454 als *zu Tomestorppe* (= Thomasdorf) umgedeutet erschien, war ursprünglich ein slawisch-deutscher Mischname, gebildet mit dem slawischen Personennamen Tuban oder Toban. Er weist vielleicht darauf hin, daß sich an der Gründung des Dorfes auch Slawen beteiligten.

An der Grenze zu Mecklenburg gelegen, in den Landeshoheitsstreitigkeiten des 16. Jh. auch von seiten Mecklenburgs als märkisch ausgewiesen, befand sich Thomsdorf bei seiner ersten Erwähnung 1393 im Besitz des Herzogs von Mecklenburg. 6 Ritter übten hier Feudalrechte aus, die sie in den Jahren von 1420 bis 1431 an das Kloster Boitzenburg veräußerten. Im Jahre 1539 kam Thomsdorf zusammen mit dem Kloster an die von Arnimsche Herrschaft Boitzenburg, und HANS VON ARNIM, der Landvogt, versuchte sogleich seine Macht geltend zu machen. Noch zur Klosterzeit mußten die Bauern von Thomsdorf und Rosenow in der Krüselinschen Mühle (s. G 5) mahlen, das Kloster hatte der Mühle auch Bauholz zu liefern. Der neue Dorfherr entzog der Mühle die märkischen Mahlgäste und verweigerte in Zukunft das Holz. Er zwang die Thomsdorfer Bauern, in der Gantzker (später Kolbatzer) Mühle zu mahlen, die er ebenfalls an sich gebracht hatte.

1543 mußten die Bauern dem Pfarrer von 61 Hufen Meßkorn liefern. Der Hufenbesitz war differenziert: 1573 besaß der Schulze 7 Hufen, 2 Bauern je 5, weitere 2 je 4½ und 9 je 4 Hufen; von den 5 Pfarrhufen bewirtschafteten eine der Pfarrer selbst und je eine die 4 Kossäten. Zusätzlich nutzten die Bauern Weideland auf der benachbarten Feldmark Götzkendorf (1628–1633). Als der Dreißigjährige Krieg endete, wohnten in Thomsdorf nur noch 4 Leute. Die Vermessung und Bonitierung ergab 1698 lediglich 454 Morgen (à 300 Quadratruten) „reines" Land von mittelmäßiger Qualität. 760 Morgen waren noch bewachsen und meist schlecht und sandig, so daß insgesamt nur 556 Morgen auf 3 Pfarr- und 60 Bauernhufen umgelegt wurden. Im Jahre 1711 gab es wieder 9 Hüfner und einen Kossäten, 1734 dann 12 Bauern, 4 Häuslinge und einige Handwerker sowie 26 Knechte und 9 Mägde. Die Bauern traten jetzt nur noch als Zeitpächter der Höfe auf, da die Herrschaft das mittelalterliche Erbzinsrecht abgeschafft hatte. Zur Arbeit auf den gutsherrlichen Vorwerken siedelte man auch zahlreiche Tagelöhner an, 1775 befanden sich unter den 47 Feuerstellen von Thomsdorf 26 in Familienhäusern, die der Herrschaft gehörten.

1724 zählte man 122 Einwohner, 50 Jahre später waren es fast doppelt so viel, 1858 – ohne Charlottenthal – 566. Nach starkem Abfall stieg die Zahl 1946 noch einmal auf 535 und ging dann, der wirtschaftlichen und demographischen Schwerpunktverlagerung folgend, auf 219 im Jahre 1971 zurück. 1994 lebten in Thomsdorf nur noch 125 Einwohner.

Im Zuge der Agrarreform des 19. Jh. wurden die Höfe egalisiert. So besaßen 1825 außer einem Eigentümer mit 5 Hufen 12 Bauern je 4 Hufen, 3 Kossäten je 2⅓ Hufen; die 60 Hufen insgesamt entsprachen 1341 magdeburgischen Morgen. Nach der Spezialseparation (Abb. 50) baute sich der Besitzer eines Doppelbauern-

hofes südlich von Thomsdorf ein neues Anwesen auf (s. H 4). Die kapitalistische H 2
Agrarentwicklung trug auch in diesem Dorf zur Besitzveränderung bei, und so
wohnten hier in der zweiten Hälfte des 19. Jh. zahlreiche Handwerker. Es gab eine
Ziegelei, um 1900 bereits 67 Häuser. 1907 bewirtschafteten ein Gutspächter
215 ha, 10 Bauern zwischen 31 und 88 ha, 2 Halbbauern 14 bzw. 28 ha, 2 Büdner
5 bzw. 14 ha, 2 Landwirte 5,5 bzw. 16 ha, der Pfarrpächter 35 ha Land. 1929 wurden Teile des Gutsbezirks Boitzenburg nach Thomsdorf eingemeindet, darunter
das Forsthaus Aalkasten (s. G 12), Charlottenthal (s. H 4), das Heckenhaus an der
Templiner Landstraße, die Meierei und das Thomsdorfer Heckenhaus.

1958 fanden sich immerhin 18 Landwirte mit 368 ha landwirtschaftlicher Nutzfläche zur Gründung einer ersten landwirtschaftlichen Genossenschaft bereit, der
1960 bereits 58 Mitglieder angehörten und die 606 ha umfaßte. Schließlich wurden 1960 auch die restlichen 13 Bauern mit 78 ha Nutzfläche genötigt, eine LPG
zu bilden, die dann 1968 an die erstere angeschlossen wurde. 1973 schließlich
gliederte man die hiesige LPG der in Funkenhagen (s. H 7) an. Deren nach 1990
entstandenen beiden Nachfolgebetriebe bewirtschaften auf der Feldmark Thomsdorf heute 570 ha Ackerfläche und halten in den Ställen Milchkühe, Färsen und
Mastbullen.

Mehrere frühere Wohnhäuser dienen seit einigen Jahren als Ferienunterkünfte,
so ein Haus mit Reeddach auf dem Anger. Denn aufgrund seiner günstigen Lage
am Südufer des Carwitzer Sees und unweit großer Wälder im S entwickelte sich
Thomsdorf in den letzten Jahrzehnten zu einem Ferienort. Auf der Landbrücke
zwischen Krüselinsee und Dreetzsee liegt ein großer Campingplatz. Nordwestlich
des Ortes errichtete ein Haßlebener Viehzuchtbetrieb am Weg nach Carwitz als Erholungsheim das Haus Thomsdorf, das nach 1990 als Hotel in Privathand überging. Nahebei hat sich ein privater Reiterhof etabliert. Außer dem genannten Campingplatz gehören eine Kindererholungsstätte und Ferienhäuser zur Vermietungsgesellschaft „Sommerland".

Da entlang der breiten Dorfstraße kleine ehemalige Büdneranwesen stehen,
hinterläßt Thomsdorf den Eindruck eines Angerdorfes. Aber die mittelalterliche
Feldsteinkirche mit dem Friedhof, auf dem sich eine Vielzahl von gußeisernen
Grabkreuzen aus dem 19. Jh. befindet, liegt wie bei einem Straßendorf in einer der
seitlichen Hofreihen. Sie besitzt an der Westseite einen querrechteckigen Turm.
Bei Erneuerungsarbeiten um 1700 wurden der Turmoberbau abgetragen, die breite
Spitzbogenöffnung zwischen Turm und Schiff bis auf eine Tür zugesetzt. Die
Fachwerkvorhalle auf der Südseite ist mit Ausnahme der Vorderseite verputzt. Der
Schnitzaltar vom Ende des 15. Jh. zeigt im Schrein eine Mondsichelmadonna, die
von 2 Heiligen flankiert wird. Bei der Restaurierung des Altars in den Jahren
1948–1950 legten Denkmalpfleger die ursprüngliche Farbigkeit wieder frei. Bei
Wiederherstellungsarbeiten nach einem Brand kamen an den Wänden stellenweise
mittelalterliche Wandgemälde zum Vorschein.

Auf dem alten Teil des Friedhofes haben sich Brauner Storchschnabel (*Geranium phaeum*) und Feinstrahl (*Erigeron annuus*), beides alte Bauerngartenblumen,
eingebürgert. Im artenreichen Gehölzbestand fallen einige Eschen und Robinien
durch besondere Größe auf. Vor dem benachbarten, 1827 erbauten Pfarrhaus befinden sich mehrere mächtige Eichen. Auf dem Anger stehen in der Nähe des alten
Spritzenhauses aus Feldsteinen eine Sommerlinde mit einem Umfang von etwa

161

H 2

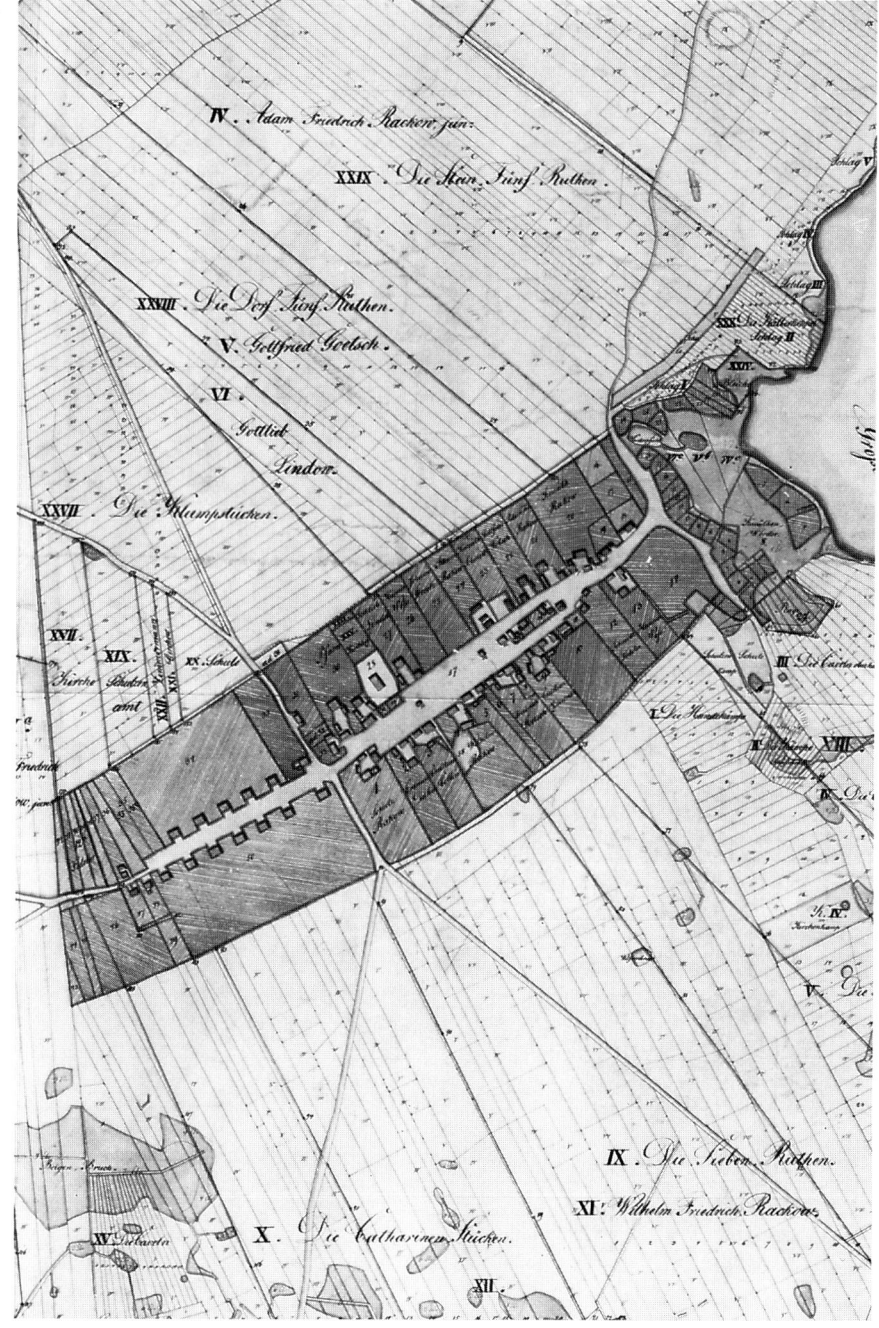

6 m sowie weitere Linden, Eichen und Eschen. Nahebei erhebt sich das Denkmal H 2
für die Gefallenen des Ersten Weltkrieges, und schräg gegenüber hat ein funktionsfähiger Backofen seinen Platz.

Ungeteilte Heide   H 3

Im N der Feldmark Brüsenwalde wurde der Wald während des Mittelalters nicht gerodet, weil dieses Gelände viele kleine nasse Senken enthält. Hier behielt die Buche stets die Vorherrschaft, so daß dieses Waldstück auf dem Urmeßtischblatt von 1825 als Buchheide bezeichnet wird. Kiefer und Birke sowie in den Brüchen die Erle besaßen nur geringe Anteile. Da der Wald bei der ersten Einteilung der Forsten im 18. Jh. nicht in Jagen gegliedert worden war, hieß er Brüsenwalder Uneingeteilte Heide, später Ungeteilte Heide. 1821 umfaßte er 800 Morgen Holzboden und 70,5 Morgen Nichtholzboden (zusammen etwa 222 ha). Der sich im NW bis zur Thomsdorfer Grenze anschließende 250–750 m breite Waldstreifen bis zum Oehlikensee zählte ehemals zur Funkenhagener Heide (s. H 7). Nach der Rodung von deren Hauptteil um 1850 bezog man die Restfläche ebenfalls in die Ungeteilte Heide ein, die nach der Einteilung von 1878 (s. F 4) die Jagen 50–60 des Reviers Brüsenwalde bildete.

Am Nordoststrand entstand zu Anfang des 19. Jh. in der Nähe eines Wildschweingeheges eine Heide- bzw. Waldwärterei, die anfangs zu Thomsdorf zählte. Für sie bürgerte sich der Name Saugarten ein, den schon das Urmeßtischblatt enthält. Dieses forstliche Einzelgehöft, bis 1991 Erholungsheim, gehörte seit 1929 zur Gemeinde Rosenow (s. H 11).

In der Ungeteilten Heide liegen zahlreiche bronzezeitliche Hügelgräber, vorwiegend beiderseits des Weges von Brüsenwalde nach Saugarten und südlich der Straße von Rosenow nach Thomsdorf. Die Grabhügel sind nicht immer leicht zu erkennen, da im gesamten Gelände zahlreiche fossile Flugsanddünen vorkommen.

Charlottenthal, Ortsteil von Funkenhagen   H 4

Infolge der Spezialseparation in Thomsdorf entstand 1845 ein Doppelbauernhof, dessen späterer Besitzer um 1855 weitere Thomsdorfer Grundstücke erwarb und auf der Feldmark südlich des Dorfes ein neues Ackergehöft mit einem Areal von 730 Morgen und 3 Feuerstellen errichten ließ. Es erhielt im Jahre 1855 den amtlichen Namen Charlottenthal. 1857 verschaffte sich der Besitzer die Konzession, eine Ziegelei anstelle der bestehenden Feldziegelei anlegen zu dürfen. Der spätere Besitzer von Charlottenthal mußte sein inzwischen 840 Morgen großes Gut schuldenhalber verkaufen. Es ging in den Besitz der Familie von Arnim zu Boitzenburg über und wurde in ein Vorwerk umgewandelt. Seit 1929 wieder Ortsteil von Thomsdorf, teilte es fortan dessen weiteres Schicksal (s. H 2).

◁

Abb. 50   Flurplan von Thomsdorf 1841 (Ausschnitt, aus Brandenburgisches Landeshauptarchiv Potsdam)

H 5 Ziestsee

Am Ostrand der Ungeteilten Heide, etwa 1 km westlich von Rosenow entfernt, erstreckt sich der 1,5 km lange und etwa 300 m breite Ziestsee. Sein Wasserspiegel liegt in 76,2 m ü. NN. Der See hat eine Fläche von etwa 32 ha und eine Tiefe von 2,5 m. Während sein West- und Südufer bewaldet sind, reicht im O die landwirtschaftliche Nutzfläche der Feldmark Rosenow bis an den von einem schmalen Gehölzgürtel gebildeten Ufersaum heran. Ein Graben aus dem nördlich anschließenden Großen Wolfsbruch stellt den einzigen oberirdischen Zufluß dar. Unterirdische Zuflüsse von NW her lassen sich nur vermuten. Der Abfluß erfolgt im SW durch die Düsterbeek, die einem im S steil eingeschnittenen Wiesentälchen folgt und dem Großen Baberowsee bei Mahlendorf und damit dem Haveleinzugsgebiet zuströmt. Südlich von Brüsenwalde erhält der Bach von W her Zufluß aus einer Moorniederung, in der der stark verlandete Hölzerne-Krug-See liegt. Sein Abfluß ist so intensiv, daß früher eine Wassermühle (s. H 6) angetrieben wurde und seit 1967 nahe der Straße Lychen – Boitzenburg ein Teich aufgestaut ist. In dem Bach leben zahlreiche Bachflohkrebse.

Der Seename – 1326 *Cyst-* gehört zu altpolabisch *cist* = rein, sauber. Heute ist die Transparenz seines Wassers infolge eines vermehrten Nährstoffeintrages durch den Zufluß aus einem landwirtschaftlich genutzten Gebiet abgesunken. Aufgrund seiner geringen Tiefe wird das Gewässer jedoch ständig durchmischt, so daß in allen Tiefen hohe Sauerstoffkonzentrationen auftreten.

Der Ziestsee fällt durch seine Massenbestände der Weißen Seerose (*Nymphae alba*) auf, die entlang dem Röhricht aus Schmalblättrigem Rohrkolben (*Typha angustifolia*) ein fast ununterbrochenes breites Band um das Ufer bilden. In den kraut- und gebüschreichen Uferzonen lebt der selten gewordene, unter Naturschutz stehende Laubfrosch.

H 6 Brüsenwalde, seit 1973 Ortsteil von Hardenbeck,

liegt 500 m nördlich der Chaussee Lychen–Boitzenburg an einem vom Ziestsee (s. H 5) südwärts zum Großen Baberowsee führenden Wasserlauf am Rande eines schmalen Wiesentälchens. An der Chaussee und aus dem Wald nordöstlich des Ortes sind mehrere Hügelgräber bekannt (s. H 3). Ausgrabungen an der Kirchenruine im Dorf 1911 erbrachten Münzen des 16./17. Jh. Außerdem kamen Reste des Kirchenbaus und seiner Einrichtung in Form eiserner Beschläge, von Türresten, Nägeln und Schlüsseln zum Vorschein. Auch Keramik trat zutage.

Auf dem Ackerland in der Umgebung des Ortes wurden frühdeutsche Scherben aufgelesen, die auf die Lage des einst größeren Dorfes hinweisen. Dieses hochmittelalterliche Dorf wurde unter brandenburgischer Landeshoheit angelegt. Sein Mischname aus dem slawischen Personennamen Brus (zu altpolabisch *brus* = Wetzstein) und dem deutschen Grundwort – walde weist auf das Zusammenwirken deutscher und slawischer Bauern bei Rodung und Besiedlung hin. 1290, im Jahr der ersten Erwähnung, vergab der markgräfliche Grundherr 6 Brüsenwalder Hufen an seine stargardische Klosterstiftung Wanzka. Schon 1299 übereignete er das ganze Dorf nebst Mühle dem von ihm neugestifteten Zisterzienserkloster

Himmelpfort (s. Bd. 25, D 2). Als Teil des Ländchens Lychen kamen Dorf und H 6
Mühle kurz danach an die mecklenburgischen Landesherren. 1330 wurden die
aufgebrachten Bauern in Mahlendorf verpflichtet, die von ihnen zerstörte Himmelpforter Scherpingsmühle wiederherzustellen und die Brüsenwalder Mühle
nebst Damm fortan instandzuhalten. Infolge der spätmittelalterlichen Grenzkriege
und Raubüberfälle lag der Ort 1528 wüst. Der Besitzer des säkularisierten Klostergutes Himmelpfort ließ hier ein Vorwerk errichten und siedelte Arbeitskräfte an.
1573 wohnten darin 7 Kossäten, also landarme Bauern ohne Hufenbesitz, die den
gutsherrlichen Acker bestellten. Einer von ihnen war der Vogt; ein Hirte und ein
Pachtschäfer versorgten das Vieh.

Im Jahre 1636 plünderten sächsische Soldaten Brüsenwalde; weitere Drangsale
veranlaßten die letzten Bewohner zur Flucht. Den Acker überzog allmählich
Strauchwerk. 1686 verlieh der Kurfürst den Rittersitz an die Refugiés, aus Frankreich geflohene Hugenotten, DE BRUCE und dann seinem Schwiegersohn DE REBEUR. Seit 1727 gehörte Brüsenwalde zur Herrschaft Boitzenburg. Doch schon zuvor hatte die Gutsherrschaft in diesem waldreichen Gebiet einen Teerofen angelegt,
der – 1716 bezeugt – noch Mitte des 19. Jh. in Gang war. Reste davon blieben bis
heute erhalten. Im 18. Jh. lebte die Gutssiedlung auf, mit Vorwerk und Familien-,
d. h. Tagelöhnerhäusern nahe der Kirchenruine, Mühle am Fließ sowie Teerofen
und einem Krug an der Lychen – Boitzenburger Straße. Doch hatte die Gaststätte
auch Konkurrenz: An einem Waldweg zwischen Thomsdorf und Mahlendorf bestand sommers an der Brücke über ein Fließ der sogenannte Hölzerne Krug, wo die
Schmuggler aus Mecklenburg beim illegalen Durchtrieb von Vieh Rast machten.

1929 wurde der Ort nach Rosenow eingemeindet, die Brüsenwalder Heide mit
anderen Forstteilen zum Gutsbezirk Boitzenburg vereinigt. Nach 1952 entwickelte
sich eine landwirtschaftliche Produktionsgenossenschaft, die sich 1963 mit der
von Rosenow (s. H. 11) zusammenschloß. Die Försterei in Brüsenwalde gehört
zum Amt für Forstwirtschaft Templin. Etwa 2 km südsüdwestlich vom Ort liegt an
dem oben genannten Wasserlauf die Brüsenwalder Mühle, auch Düstermühle genannt. Nachdem sie Ende des 19. Jh. abgebrannt war, errichtete man hier die Oberförsterei Mahlendorf.

Funkenhagen, Kreis Uckermark,

H 7

liegt am Südwestufer des Mellensees. Sein Name mit dem Grundwort *hagen* =
Buschwerk, Hain, Gehölz, deutet auf eine Rodungssiedlung mit besonderer Flureinteilung und mit Hagenrechtsverfassung hin. Das Bestimmungswort gehört zu
einem Familiennamen Vunke. Funkenhagen war mit Grenzschutzfunktion gegenüber dem märkischen Hoheitsgebiet der südwestlichen Uckermark von pommerscher Seite aus angelegt, wurde dadurch in die mecklenburgisch-brandenburgischen Territorial- und Grenzkämpfe im Spätmittelalter hineingezogen und ging
dabei zugrunde. Der brandenburgische Anspruch auf dieses Dorf der Uckermark
ergab sich aus der Jagdgerechtigkeit, die das 1528 den von Arnim überlassene kurfürstliche Haus Boitzenburg auf dieser und anderen Feldmarken innehatte. Die
mecklenburgische Grenzuntersuchungskommission stellte 1578 jedoch dahin
richtig, „das mehrer teill dieser feldtmarck, zusampt der wusten Dorffstede, liegen

H 7 in der Marck", das übrige aber in Mecklenburg. Der Streit um die Isernpurt (s. E 6) auf der Feldmark Funkenhagen, die die Entwässerung des Carwitzer Sees absichern sollte, beeinträchtigte zusätzlich Leben und Wirtschaft der Bauern.

Im 16. und 17. Jh. wurde die Feldmark extensiv genutzt, vor allem durch das von Arnimsche Vorwerk Krewitz (s. J 1). Erst im 18. Jh. entstand das freie Vorwerk Funkenhagen (1713 genannt), 1745 wird eine neuangelegte Wassermühle registriert, Ende des 18. Jh. eine Försterwohnung für das umfängliche Waldgebiet. Das inzwischen zum Rittergut erhobene Vorwerk umfaßte 1827 außer 16 Morgen Gartenland 967 Morgen Feldschläge, 308 Morgen Wiesen und Koppeln, 51 Morgen Brüche und 1191 Morgen Hütung in der Heide.

Die sich über den ganzen Südteil der alten Gemarkung Funkenhagen vom Oehlikensee im W bis zum Krewitzsee im O erstreckende, überwiegend mit Buchen bestandene Funkenhagener Heide (Abb. 51) umfaßte 1821 eine Größe von 2183 Morgen (557 ha), davon 1939 Morgen Holzfläche. Um 1850 wurde sie bis auf Restflächen an der Ungeteilten Heide (s. H 3) und am Mellen- und Krewitzsee gerodet und auf dem Neuland das Vorwerk Steinrode (s. H 10) errichtet.

Neben zahlreichen kleinen, von Erlenbrüchen oder Wiesen eingenommenen Moorsenken und Pfuhlen gab es in der Funkenhagener Heide ehemals den Griebensee – 1575 *Der Grieben* –, dessen Name auf slawisch *grib* = Pilz zurückgeht. Schon vor 1800 entwässerte ihn ein zum Strom (s. J 10) führender Graben. An seiner Stelle befindet sich heute das als Wiese und Weide genutzte Griepkenbruch.

Der Abfluß des Carwitzer Sees (Isernpurt, s. E 6) zum Mellensee durchquert westlich des Ortes eine langgestreckte schmale Grünlandsenke, das Lütsche Bruch. Es diente ehemals als Stauteich für die Funkenhagener Mühle.

1928 bildete sich die Gemeinde Funkenhagen aus den aufgelösten Gutsbezirken Funkenhagen und Steinrode, zu der 1929 noch Teile des Gutsbezirks Boitzenburg kamen. 1935 erwarb die Siedlungsgesellschaft Deutsch-Land das Gut Funkenhagen und siedelte es auf bis auf ein Restgut. Dabei wurden auch Gutsarbeiterhäuser baulich geteilt. Aus der zweiten Hälfte der dreißiger Jahre stammen einige Häuser im Ort, die durch ihre Fachwerkgiebel auffallen, so Nr. 5. Auch das Gebäude auf quadratischem Grundriß und mit Zeltdach, auf dem in der Wetterfahne 2 Kinder und die Jahreszahl 1937 zu erkennen sind, stammt aus dieser Zeit. Es diente bis etwa 1965 als Schule, seitdem ist der Kindergarten auch für die Kinder umliegender Orte darin untergebracht. Unweit davon erhebt sich unmittelbar an der Straße nach Conow eine Stieleiche mit etwa 5 m Umfang.

Bei der Bodenreform von 1945 wurden 139 ha Land enteignet und aufgeteilt. Im Zuge der Sozialisierung der Landwirtschaft 1957 gründete man eine LPG in Funkenhagen, die 1958 aus 22 Mitgliedern bestand und 161 ha Nutzfläche umfaßte. Ihr wurden 1966 eine weitere LPG in Funkenhagen, 1968 die Genossenschaften in Steinrode und Boisterfelde und 1973 die in Thomsdorf eingegliedert. 1978 erfolgte die Umwandlung in eine LPG Tierproduktion, während die Ackerbauabteilungen zu der LPG Pflanzenproduktion in Hardenbeck kamen. Für die erheblich ausgeweitete Tierhaltung wurden einige neue Ställe und Futterhallen errichtet, aber auch die im früheren Gut genutzt, wo auch eine lange mit Rohr bedeckte Fachwerkscheune erhalten geblieben war.

Nach 1990 entstanden aus der LPG Funkenhagen 2 Gesellschaften bürgerlichen Rechts (Zweckgemeinschaft für Pflanzenbau und Betriebszweckgemeinschaft),

denen auf der Gemarkung Funkenhagen 620 ha landwirtschaftliche Nutzflächen H 7
(einschließlich 120 ha Stillegungsflächen) gehören, auf denen Getreide, Öl- und
Hackfrüchte zum Anbau kommen. Daneben wird jedoch auch Milchwirtschaft betrieben. Auf dem früheren Gutshof, einem Dreiseithof, befindet sich jetzt ein Feriengut mit Gaststätte.

Die Siedlung Funkenhagen zählte 1724 erst 41 Einwohner. Nach 1945 entstand der Ausbau Neu Funkenhagen, eine Neubauernsiedlung. 1981 wohnten in der Gemeinde mit ihren Ortsteilen 410 Einwohner, von denen aber nur 90 im Hauptort lebten, 1991 noch 346.

Mellensee und Mellenau, seit 1956 Ortsteil von Buchenhain H 8

Zwischen Mellenau und Funkenhagen erstreckt sich mit einer Wasserspiegelhöhe von 77 m ü. NN der 2,5 km lange Mellensee von W nach O. Ihn trennt nur eine Entfernung von 1 km Luftlinie von dem 7 m höher gelegenen Carwitzer See. Die Wasserfläche des Mellensees umfaßt 75 ha, die maximale Tiefe beträgt 16 m. Seinen natürlichen Zulauf erhält er aus einer Niederung von N. Ein künstlicher Zufluß aus dem Carwitzer See wurde nach 1578 geschaffen. Außer dem oberirdischen Zufluß rechnet man mit etwa 30–60 l/s unterirdischer Durchsickerung vom Carwitzer See her (WEBER 1980). Der Auslauf des Mellensees zum unmittelbar anschließenden Krewitzsee läßt sich regulieren. Sein Name – 1299 *Melne* – geht auf altpolabisch *mel* = seichte Stelle, Untiefe in einem Gewässer zurück.

Der Mellensee gehört zu den mäßig eutrophen geschichteten Gewässern mit zufriedenstellender Sauerstoffversorgung (Abb. 3). Die Sichttiefen betragen weniger als 2 m. Der Röhrichtgürtel aus Schilf (*Phragmites australis*), Schmalblättrigem Rohrkolben (*Typha angustifolia*), Aufrechtem Igelkolben (*Sparganium erectum*), Uferampfer (*Rumex hydrolapathum*), Wasserschwaden (*Glyceria maxima*), Behaartem Weidenröschen (*Epilobium hirsutum*), Sumpfziest (*Stachys palustris*) und anderen Arten weist nur im flachen Westteil größere Breiten auf, bleibt im Ostteil dagegen oft nur schmal und kann hier stellenweise sogar ganz fehlen. Die Unterwasservegetation mit Spiegelndem und Durchwachsenem Laichkraut (*Potamogeton lucens* u. *perfoliatus*), Ährigem Tausendblatt (*Myriophyllum spicatum*), Spreizhahnenfuß (*Ranunculus circinatus*) und Hornblatt (*Ceratophyllum demersum*) zeigt nährstoffreiche Verhältnisse an.

Südlich des Mellensees wurde eine germanische Siedlung der jüngeren vorrömischen Eisenzeit angeschnitten. Eine Siedlungsgrube lieferte umfangreiche Keramikfunde mit 17 ganz oder teilweise rekonstruierbaren Gefäßen sowie Geräte aus Knochen und Geweih (SCHOKNECHT 1984).

Nördlich vom Mellensee wurde Mitte des 19. Jh. auf einem 1200 Morgen großen Areal der Krewitzer Heide das Vorwerk Mellenau gegründet (Abb. 51), das 1853 der Graf von Arnim zu Boitzenburg nach dem benachbarten Mellensee benennen ließ. 10 Jahre später entstand ein Herrenhaus. 1928 vereinigten sich die aufgelösten Gutsbezirke Boisterfelde, Fürstenau und Mellenau zur Gemeinde Mellenau. Im Jahre 1934 kaufte die Deutsche Gesellschaft für innere Kolonisation in Berlin-Dahlem Parzellen der 3 Güter im Umfang von 363 ha zur Besiedlung.

H 8   Von dem noch 378 ha umfassenden Besitz des Gutes Mellenau erhielten 1945 durch die Bodenreform 33 Landlose, Landarbeiter und Umsiedler Land zugewiesen. Den Mellensee übernahm damals die landeseigene Fischwirtschaftsverwaltung. Im Zuge der Sozialisierung kam es bereits 1953 gemeinsam mit Boisterfelde zur Bildung einer landwirtschaftlichen Produktionsgenossenschaft, die sich 4 Jahre später aber wieder auftrennte, nachdem die Gemeinde Mellenau 1956 aufgelöst und als Ortsteil, ebenso wie Fürstenau, nach Buchenhain eingemeindet worden war. 1968 schloß man dann die LPG in Mellenau der in Buchenhain (s. E 13) an. Nach 1990 entstand aus dieser die Agrargenossenschaft Buchenhain, die auch die Fluren von Mellenau bewirtschaftet. In den Ställen werden vorwiegend Mastschweine gehalten. Das frühere Herrenhaus, im Sommer 1945 von russischen Soldaten niedergebrannt und später wiederaufgebaut, befindet sich in ruinösem Zustand.

1853 wohnten in Mellenau 32, 1925 bereits 130 Einwohner. Die Bevölkerungszahl stieg infolge von Ansiedlung auf 280 (1939) bzw. 426 (1946) an (Anhang A). 1995 betrug die Einwohnerzahl 75 Personen.

H 9   Krewitzsee

Der Krewitzsee liegt 50 cm tiefer als der westlich anschließende Mellensee (s. H 8), von dem er durch eine 150 m breite bewaldete Landschwelle, über die die Straße von Buchenhain nach Hardenbeck führt, getrennt ist. Er hat eine Wasserfläche von 46 ha, eine maximale Tiefe von 15 m und ist ringsum von Wald umgeben. Sein regulierbarer Hauptzufluß kommt aus dem Mellensee; außerdem führt ein Bach von N aus Sumpf- und Moorniederungen zwischen Krewitz und Buchenhain Wasser heran. Der Abfluß erfolgt nach SO über den Strom (s. J 10) zum Schumellensee und von dort aus nach W in den Boitzenburger Haussee oder überwiegend nach O durch Boitzenburg weiter als Strom zur Ucker.

Der Krewitzsee zählt zu den schwach eutrophen geschichteten Gewässern (Abb. 3). In ihm gehen die Sichttiefen bis 1,5 m zurück, und der Sauerstoffvorrat des Tiefenwassers ist im August weitgehend verbraucht. Die Vegetation der Röhrichte und Unterwasserbestände entspricht der des Mellensees (s. H. 8). Da der See von Wald umgeben ist und die Ufer steil abfallen, ist der Röhrichtgürtel mit vorherrschendem Schilf (*Phragmites australis*) meist sehr schmal und nur in der Südostbucht großflächig ausgebildet. An geschützten Stellen gibt es kleine Bestände der Gelben Teichrose (*Nuphar lutea*).

Der rund 500 m breite Waldstreifen südlich des Sees stellt den Rest der alten Funkenhagener Heide dar (s. H 7). Es handelt sich überwiegend um Perlgras-Buchen-Wald, in dem unter anderen Zwiebeltragende Zahnwurz (*Dentaria bulbifera*), Goldnessel (*Galeobdolon luteum*) und Waldmeister (*Galium odoratum*) vorkommen.

Der Name des Sees, den auch das nordöstlich gelegene Dorf Krewitz (s. J 1) trägt, geht auf slawisch Krevica zurück, dem altpolabisch *ker'* = Strauch, Busch zugrundeliegt.

Steinrode, Ortsteil von Funkenhagen H 10

Im Jahre 1853 ließ die Herrschaft Boitzenburg zwischen Funkenhagen und Rosenow ein Vorwerk (Abb. 51) errichten und mit 1100 Morgen Land ausstatten, das vorher zur Funkenhagener Heide gehört hatte (s. H 7). Der Ortsname Steinrode soll offenbar an die Rodungsarbeit auf steinreichen Moränenstandorten erinnern.

Um 1900 war Steinrode ein selbständiger Gutsbezirk, wurde aber 1928 mit dem aufgelösten Gutsbezirk Funkenhagen zur Gemeinde Funkenhagen vereinigt. 1936 erwarb eine Siedlungsgesellschaft den Ort und siedelte ihn auf. Aus dieser Zeit blieben einige Häuser erhalten.

Einige Bauern in Steinrode traten bereits 1954 der landwirtschaftlichen Produktionsgenossenschaft in Funkenhagen bei, trennten sich aber 1957 von dieser und bildeten eine eigene Genossenschaft. 1958 bearbeiteten 18 Mitglieder 172 ha Nutzfläche. 1960 wurden auch die restlichen Bauern von Steinrode zur Bildung einer LPG genötigt, die sich 1967 mit der etwa gleich großen ersteren vereinigte. Schon ein Jahr später wurde sie, ebenso wie die Genossenschaft in Boisterfelde, der LPG Funkenhagen angegliedert.

1995 gab es in Steinrode neben den Nachfolgebetrieben von Funkenhagen (s. H 7) auch wieder einen privaten Landwirt, der auf seinen rund 43 ha Ackerflächen vor allem Grünfutter erzeugte und damit 50 Mutterkühe versorgte.

Rosenow, seit 1973 Ortsteil von Hardenbeck, H 11

liegt 1 km nordwestlich des Haussees in einer stark kuppigen, bis 100 m ü. NN erreichenden, von zahlreichen Söllen und vermoorten Senken durchsetzten Grundmoränenlandschaft. Der Ortsname – 1320 villa *Rosenow*, 1326 tu *Rosenowe* – kann sowohl deutscher als auch slawischer Herkunft sein. Im ersten Falle wäre die Grundform mittelniederdeutsch *Roseno(u) – w(e)* = Rosenaue. Im Mittelalter galt die damalige Gartenrose (*Rosa gallica*) als eine der beliebtesten Zierpflanzen und fand vielfach bei der Ortsnamengebung Verwendung. Andererseits ist aber auch eine slawische Grundform Roznow, zu altpolabisch *rozen* = Spieß, Bratspieß bzw. zu einem davon abgeleiteten Personennamen, möglich.

Um 1320 stand Rosenow unter mecklenburgischer Herrschaft. 1326 verkaufte es Fürst HEINRICH VON MECKLENBURG zusammen mit den Seen Ziest und Grieben an Frau LUTGARD in Prenzlau. 1333 veräußerten es die von Falkenberg und von Wuthenow an das Kloster Boitzenburg, das die Dorfherrschaft bis zur Säkularisation ausübte, während Schloß Boitzenburg über die Dienste verfügte. 1424 beklagten die Bauern Plünderungen durch mecklenburgische Raubritter. 1528 waren der Schulze, 5 Bauern, 4 mit Inventar versehene und 2 wüste Kossätenstellen vorhanden. Rosenow umfaßte damals 46 Hufen, von denen 4 der Pfarre und 2 der Kirche gehörten, etliche Hufen lagen wüst. 1539 kam Rosenow mit dem Kloster ganz in den Besitz der nunmehr von Arnimschen Herrschaft Boitzenburg (s. J 7).

Der Dreißigjährige Krieg legte das Dorf in Schutt und Asche. Noch 1698 scheint es unbewohnt gewesen zu sein; nur 116 Morgen (á 300 Quadratruten) Acker waren „rein", 658 Morgen bewachsenes Land. Die Herrschaft mußte einen Verwalter annehmen. Auch 1711 noch war nur das Verwalterhaus zu besteuern;

H 11 Bauern fehlten nach wie vor. 1734 wohnten endlich 2 Bauern, 6 Häuslinge, je ein Leinweber, Schäfer und Hirte, 6 Knechte und 2 Mägde im Ort. 1745 gab es dort nur 4 Häuslinge; es war zwar alles steuerbarer Acker, aber statt Bauern waren Einlieger angesetzt, und die Verwalter hatten das gesamte Land gepachtet. Erst seit 1747 wurde das Dorf wahrscheinlich von Hugenotten wieder aufgebaut. 1759 zählte man 20 Wohnhäuser, 1775 insgesamt 18 Bauern und 9 Einlieger. 1795 bestand eine Ziegelei, 1801 gab es Krug, Schmiede und Försterei.

Nach der Agrarreform im 19. Jh. trat eine starke Differenzierung in der Sozialstruktur ein. 1859 errichtete ein Bauerngutsbesitzer eine weitere Ziegelei, etliche Handwerker ließen sich nieder. Im Jahre 1907 gab es 12 Bauernstellen mit 18 bis 56 ha Land, ein Kossäte besaß 11 ha. 1929 wurden Teile der Gutsbezirke Boitzenburg und Brüsenwalde eingemeindet, das heißt außer Brüsenwalde auch Götzkendorf, die Oberförsterei Mahlendorf, die Forsthäuser Brüsenwalde und Saugarten.

1774 wohnten 148 Personen in Rosenow; 50 Jahre zuvor waren es erst 43. Den demographischen Höhepunkt gibt das Jahr 1858 mit 322 Einwohnern an. Infolge von Eingemeindung und Bodenreform stieg die Bevölkerungszahl 1946 auf 472, sank danach wieder und betrug 1971 noch 270.

Auf dem Anger steht die Kirche. Von dem ursprünglichen Feldsteinbau aus dem 13. Jh. blieben nur geringe Reste in den Umfassungsmauern des 1753 errichteten Neubaus erhalten. Der rechteckigen Saalkirche ist ein quadratischer, zweigeschossiger Westturm vorgelagert. Die Geschosse des Turmes sind durch kräftige, sich verkröpfende Profilgesimse unterteilt. Bekrönt wird der Turm durch eine flach geschweifte Haube. Der Kanzelaltar mit den rahmenden Pilastern und den beiden Putten entstand in den Jahren 1757/58. Das Gestühl und die Westemporen stammen aus dem Erbauungsjahr der Kirche.

1945 kamen durch die Bodenreform 438 ha zur Enteignung und Aufteilung an 31 Neubauern, 9 landarme Bauern und 5 nichtlandwirtschaftliche Arbeiter und Angestellte, 28 ha Wald an 8 Altbauern, der Rest an die Gemeinde. 1953 bildete sich aus dem Örtlichen Landwirtschaftsbetrieb eine LPG Typ III mit 24 Mitgliedern und 359 ha Nutzfläche (1958). Ihr wurden 1963 die LPG in Brüsenwalde und 1968 die 1960 entstandene LPG in Rosenow mit 27 Mitgliedern und 141 ha Nutzfläche angeschlossen, bis sie selbst 1973 in der LPG Hardenbeck aufging. 1995 wurden die Landwirtschaftsflächen auf der Rosenower Gemarkung von deren Nachfolgebetrieb, der Agrargenossenschaft Hardenbeck, bewirtschaftet, daneben gab es in einem der Rosenower Ausbaue einen kleinen privaten Landwirtschaftsbetrieb. Angebaut wurden außer Getreide und Kartoffeln noch Rüben, Luzerne und Klee-Gras-Gemisch.

H 12 **Hardenbeck,** Kreis Uckermark,

erstreckt sich mit einem 120 m breiten Anger an der Landstraße Lychen – Boitzenburg. Sein Name – 1271 *Hardenbeke,* 1281 *Hartbeke* – gehört zu mittelniederdeutsch *hart* = hart, rauh und *beke* = Bach. Da der Ort aber an keinem Bach liegt, ist eine Namenübertragung anzunehmen, eventuell von Hartbeke in der Provinz Brabant (Belgien), was auf Zuzug flämischer Siedler während des Mittelalters hindeuten würde.

Das planmäßig angelegte Angerdorf trat wohl die Nachfolge eines slawischen Ortes Zcapele an, der auf der Gemarkung Hardenbeck vermutet wird. 1271 erstmals urkundlich erwähnt, gehörte *Hardenbeke* zum landesherrlichen Haus Boitzenburg. Der Markgraf schenkte dem von ihm gestifteten Nonnenkloster Boitzenburg (s. J 7) in diesem Jahr das Patronatsrecht über die Hardenbecker Kirche. 1313 übereignete Markgraf WOLDEMAR das ganze Dorf mit der hohen und niederen Gerichtsbarkeit den Nonnen, seit 1330 verfügten diese auch über die Bede und weitere Einkünfte. Nur die Dienste blieben der Schloßherrschaft vorbehalten. Mit der Säkularisierung des Klosters 1539 ging auch der Besitz in Hardenbeck an die nunmehr von Arnimsche Herrschaft in Boitzenburg über.

H 12

Das 60 Hufen umfassende große Dorf war im Laufe des 13. Jh. wohlhabend geworden. So kaufte 1289 die Gemeinde vom Ritter von Schildberg auf Boitzenburg dessen Allod, das einst slawische Dorf Zapel, als Eigentum. Insgesamt erging es den Hardenbeckern erträglicher als den im 14./15. Jh. gänzlich verödenden Grenzdörfern (s. E 10, E 12, H 7). So waren 1375 nur 4 Hufen wüst, 6 neubesetzte Hufen noch abgabenfrei, von den 30 Kossätenstellen jedoch nur noch 16 besetzt. Wie in anderen Dörfern beklagten die Bauern 1424 Plünderungen durch mecklenburgische Raubritter. 1528 gab es neben dem Lehnschulzen mit 4 Lehnhufen auch 16 Bauern mit insgesamt 53 Hufen, 2 mit Inventar versehene und 4 wüste Kossätenhöfe. Jeder Bauer hatte im 16. Jh. 3 Hufen inne, 5 Kossäten je ½ Hufe Land. Das Dorf nutzte pachtweise Teile des Feldes Krewitz als Weide.

Im Verlauf des Dreißigjährigen Krieges erlitt Hardenbeck die völlige Vernichtung. Noch 1687 lagen Dorf und Kirche wüst, und auf der Feldmark wuchs Buschwerk. In der Zwischenzeit hatte der Gutsherr ein Vorwerk angelegt. Noch 1711 gab es nur ein Wohnhaus in Hardenbeck. Dann setzte rasch, infolge günstiger Hofübernahmebedingungen, Zuzug ein. Im Jahre 1724 wohnten 128 Leute im Dorf, 1734 waren es 28 Bauern (Erbpächter), 18 Häuslinge, je ein Schmied, Leinweber, Schneider und Hirte, 15 Knechte und 6 Mägde. Der Acker war in 55 steuerbare Hufen eingeteilt wie früher. Zu dieser Zeit oder später wurden die 30 Bauern gleichgestellt; 1825 hatte ein jeder 1 5/6 Hufen, das heißt 108 Morgen, von der Gesamtfeldmark inne. Die Größe des Ackerlandes betrug 735 Morgen und nahm nach der Agrarreform im 19. Jh. weiter zu. Ein Großbauer ließ sich auf seinem Ackerplan nieder (s. J 4), eine Bockwindmühle entstand Mitte des 19. Jh. Im Dorf siedelten sich zahlreiche Handwerker an, darunter 23 Maurer und 7 Zimmerleute, 5 Schuhmachermeister, 4 Schneidermeister und 2 Schneiderinnen, die vom Wohlstand der Bauern lebten. Eine starke Differenzierung und zugleich Konzentration des Grundbesitzes war Folge des Konkurrenzkampfes. Es gab 1907 nur noch halb so viel Bauern wie 100 Jahre zuvor: 4 Gutsbesitzer mit 47–94 ha Land, 9 Bauernhofbesitzer mit 20–56 ha und 2 Halbbauern mit 12 bzw. 13 ha. Das übrige Land wurde meist von Gewerbetreibenden bewirtschaftet, doch auch die Zahl der Handwerker war stark zurückgegangen.

Höhepunkt der demographischen Entwicklung Hardenbecks war, wie fast überall, das Jahr 1858 mit 706 Einwohnern, nur kurz nach dem Zweiten Weltkrieg mit 751 Personen infolge der Niederlassung von Umsiedlern noch übertroffen (1946). 1971 zählte Hardenbeck 441 Einwohner, 1981 zusammen mit Rosenow 616, 1991 noch 604 (Anhang A) und 1996 noch 556.

H 12   Im Zuge der Bodenreform von 1945 wurden 330 ha Land enteignet und aufgeteilt. 1955 entstand aus dem Örtlichen Landwirtschaftsbetrieb eine LPG mit 24 Mitgliedern. 1960 wurden auch die übrigen Landwirte genötigt, in diese Genossenschaft einzutreten, die dadurch auf 76 Mitglieder mit 682 ha Nutzfläche anwuchs, bzw. eine weitere LPG mit 16 Mitgliedern und 93 ha Nutzfläche zu bilden. Letztere gliederte man 1966 in die erstgenannte LPG ein, die wiederum 1973 mit der Genossenschaft in Rosenow (s. H 11) vereinigt wurde. Im Zuge der Spezialisierung der landwirtschaftlichen Produktionsgenossenschaften kam es zur Bildung der LPG Pflanzenproduktion Funkenhagen mit Verwaltungssitz in Hardenbeck und einer LPG Tierproduktion, die insgesamt etwa 2200 Rinder hielt und in Hardenbeck Ställe und Futterhallen hinter 2 neuerbauten Vierfamilienhäusern an der Funkenhagener Straße errichtete. Rings um die Ställe befanden sich auf dem kleinkuppigen Hügelland große Weideflächen. Der größte Teil der landwirtschaftlichen Nutzfläche diente jedoch als Ackerland. Auf etwa 49 % baute man Getreide an, auf 27 % Feldfutter und auf je 12 % Hackfrüchte und Raps. Aufgrund des kleinflächigen und häufigen Wechsels der Bodenverhältnisse schwanken die Ackerwertzahlen zwischen 12 und 51 (100 ist die beste). Neben hohem bis sehr hohem Gehalt an Steinen behindern die zahlreichen anmoorigen bis moorigen Geländevertiefungen und die vielen Sölle die Schlageinteilung und die rationelle Bewirtschaftung zum Teil erheblich. Um die Erträge zu erhöhen, wurden die in den Jahren 1923–1934 auf den Besitzungen der Herrschaft von Arnim durchgeführten Meliorationen zwischen 1975 und 1985 erneuert.

Nach 1990 entstand aus den landwirtschaftlichen Produktionsgenossenschaften die Agrargenossenschaft e. G. Hardenbeck. Sie bewirtschaftet etwa 984 ha landwirtschaftliche Nutzfläche, auf denen hauptsächlich Futterpflanzen wie Futtermais sowie Getreide angebaut werden. Der Viehbestand umfaßt etwa 500 Milchkühe, 300 Färsen und 100 Kälber (1994). Außer der Agrargenossenschaft arbeitet im Ort ein Wiedereinrichter mit einer landwirtschaftlichen Nutzfläche von 160 ha.

Zwischen der Funkenhagener und der Rosenower Straße blieben an der 1913 eingeweihten und 1945 demontierten Eisenbahnstrecke Fürstenwerder – Templin neben den früheren Bahnhofsgebäuden und einem Wasserturm noch verschiedene Lagergebäude erhalten, die heute von verschiedenen kleinen Gewerbebetrieben genutzt werden. Daneben hatte der frühere Kreisbetrieb für Landtechnik Werkstätten errichtet. Hier hatte man 1913 ein Sägewerk erbaut, das bis 1990 volkseigen war. 1992 wurde es als Sägewerk, Zimmerei und Holzhandel reprivatisiert und baulich erweitert.

Die Straßen, die den breiten Anger von Hardenbeck in der ganzen Länge durchmessen, heißen amtlich Hauptstraße und Nebenstraße. In der Mitte des Angers steht die Kirche am Dorfteich. An den rechteckigen Feldsteinbau aus der zweiten Hälfte des 13. Jh. fügte man im Jahre 1761 den quadratischen Westturm und an die südliche Längswand eine Fachwerkvorhalle an. Der verputzte Backsteinturm ist im Obergeschoß verbrettert und trägt eine offene Laterne. Die ursprünglichen Fensteröffnungen wurden vermauert bzw. durch Korbbogenfenster ersetzt. Der Kanzelaltar im Inneren der flachgedeckten Kirche weist in einer Inschrift die Jahreszahl 1790 auf. Empore und Gestühl stammen ebenfalls aus dem 18. Jh.

Außer der Kirche und dem Dorfteich haben mehrere Gebäude ihren Platz auf dem Anger, andere Teile werden gartenbaulich genutzt. Hier stehen der neue Kin-

dergarten, ein neues Vierfamilienhaus und das Spritzenhaus. An den Rändern des H 12
Angers reihen sich ehemalige Gehöfte und Zweifamilienhäuser aneinander. Am
Anger stehen auch einige sehr mächtige Linden. An fast allen Straßen, so an der
Hauptstraße, Funkenhagener Straße und Rosenower Straße sowie an den Ausfallstraßen von Hardenbeck, fallen Alleen aus alten Kastanien, Linden oder Ahorn
auf.

Die erste Schule stammte von etwa 1720 und befand sich vor dem Ostgiebel der
Kirche. Von den beiden Schulhäusern von 1822 und 1848 blieb durch die Kriegseinwirkungen 1945 nur eines erhalten, in dem bis 1980 – zuletzt nur Schüler der
1. Klasse – unterrichtet wurde. Seitdem besuchen die Schüler die Boitzenburger
Einrichtung.

Auf 2 botanische Besonderheiten sei noch hingewiesen: An der Innenseite der
Kirchhofsmauer wächst der Braunstielige Streifenfarn (*Asplenium trichomanes*),
und in dem in heißen Sommern regelmäßig austrocknenden Dorfteich besitzt der
Teichfaden (*Zannichellia palustris*), ein Verschmutzungsanzeiger, ein Massenvorkommen.

Boitzenburger Haussee H 13

Der Name des Sees (1528 der *Haussehe*), auch Hardenbecker Haussee genannt,
weist darauf hin, daß er sich einst im Besitz eines Schlosses oder Adelssitzes befand. Die Bezeichnung gehört zu mittelniederdeutsch *hus* = festes, befestigtes
Haus, Burg, Schloß und bezieht sich in diesem Fall auf das Schloß in Boitzenburg.

Der Haussee durchbricht in geknickter Form die Moräne der Angermünder
Staffel der Weichselkaltzeit. Diese Endmoräne schiebt sich südlich von Hardenbeck weit in das Gewässer hinein. Der Haussee stellt mit einer Länge von über
4 km, einer Wasserfläche von 170 ha und einer Tiefe von maximal 33 m, im
Durchschnitt 10,8 m, einen der größten Seen zwischen Boitzenburg und Feldberg
dar. Sein Wasserspiegel liegt in einer Höhe von 66,2 m ü. NN.

Die oberirdischen Zuläufe beschränken sich auf den Grenzbach zwischen Rosenow und Hardenbeck, den von der Feldmark Klaushagen kommenden und durch
den Ostteil der Jungfernheide weiterführenden Bullergraben und auf die erheblichen Wassermengen, die ihm über den Strom (s. J 10) vom Carwitzer See, Mellen-, Krewitz- und Schumellensee zufließen. An seinem Nordostende trennt ihn
ein 250 m breiter, von Röhricht und Erlenbruchwald bewachsener Sumpfstreifen,
durch den ein stark verkrauteter breiter Graben hindurchführt, vom etwa 1 m
höher gelegenen Schumellensee (s. J 5). Am Westufer des Haussees besteht ein
Schleusenbauwerk, das zu einem künstlichen Durchstich durch das Hausseebruch
zur Havel gehört (DRIESCHER 1986). Hier läßt sich steuern, ob Wasser aus den
Feldberger Seen ausschließlich der Ucker oder der Ucker und der Havel zufließen
soll.

Der Haussee gehörte noch Mitte der achtziger Jahre zu den mesotrophen Gewässern und zu den Armleuchteralgen-Seen. In 3–5 m Tiefe gab es damals vielfach Bestände der Stern-Armleuchteralge (*Nitellopsis obtusa*) und von Arten der
Gattung *Chara*. Zu Beginn der sommerlichen Schichtungsperiode war Sauerstoff
bis in 12 m Tiefe ausreichend vorhanden. Das Phytoplankton war nur mäßig ent-

H 13 wickelt (Sichttiefe 2,5 bis 3,5 m) und bestand vor allem aus Kieselalgen. Dann aber führte zunehmende Nährstoffzufuhr, vor allem von den mit Gülle gedüngten landwirtschaftlichen Nutzflächen nördlich des Sees, zu einer Verschlechterung. Gegenwärtig zählt der Haussee bereits zu den eutrophen Seen. An die Stelle der Armleuchtergewächse (*Characeae*) sind ausgedehnte, dichte und üppige Bestände des Hornblattes (*Ceratophyllum demersum*) getreten, die vielfach auch Ähriges Tausendblatt (*Myriophyllum spicatum*) und Spreizhahnenfuß (*Ranunculus circinatus*) enthalten. Selten geworden sind Quellmoos (*Fontinalis antipyretica*) und die untergetauchte Form der Krebsschere (*Stratiotes aloides f. submersa*), aber auch Spiegellaichkraut (*Potamogeton lucens*) und selbst Durchwachsenes Laichkraut (*P. perfoliatus*). Zu den Seltenheiten zählt auch das Mittlere Nixkraut (*Najas marina* subsp. *intermedia*) am Westufer. In den Buchten gibt es mitunter große Bestände von See- und Teichrosen, letztere ziehen sich stellenweise auch als schmales Band vor dem Röhricht entlang. Dieses besteht meist aus Schilf und Schmalblättrigem Rohrkolben, zu denen sich hier und da auch die Seesimse gesellt. Gelegentlich trifft man an flachen Ufern von Badestellen auf das niedrige Sumpfbinsen-Röhricht.

An Wasservögeln brüten im Röhrichtgürtel des Haussees vor allem Bläßhühner, Taucher und Höckerschwäne, während Fischreiher und Kormorane ihn nur zum Beutefang aufsuchen.

J 1 Buchenhain II, seit 1956 Ortsteil von Buchenhain,

hieß bis 1971 Krewitz (Namenerklärung s. H 9) und liegt 2 km nordöstlich des Krewitzsees, nach dem der Ort wohl benannt wurde, in einer Endmoränenlandschaft mit kleinen Weihern und Pfühlen. Seit 1991 hat der Ort seinen früheren Namen wieder zurückerhalten. Die Gutssiedlung entstand unmittelbar westlich der mittelalterlichen Dorfstelle, deren Zentrum die mitten im Acker gelegene Kirchenruine aus dem 13. Jh. kennzeichnet. In ihrem Bereich fand man zahlreiche blaugraue frühdeutsche Tonscherben, die erkennen lassen, daß Krewitz im Zuge des hochmittelalterlichen Landesausbaus angelegt wurde. Westlich des Ortes stieß man 1912 auf ein germanisches Urnenfeld mit einigen Bestattungen. 3 eiserne Lanzenspitzen sind der jüngeren römischen Kaiserzeit zuzurechnen (RADDATZ 1959).

Krewitz gehörte grundherrschaftlich, wie das Nachbardorf Hardenbeck (s. H 12), zum Schloß Boitzenburg. 1271 wurde dem dortigen neuen Nonnenkloster das Patronatsrecht über die Kirche und Pfarre in Krewitz übereignet. Später erhielt das Kloster weitere Rechte; um 1528 hatte es ein Drittel von Krewitz inne, während dem landesherrlichen Schloß 2 Drittel verblieben waren. Mit der Säkularisation des Klosters 1539 kam das ganze Dorf in den Besitz der Familie von Arnim zu Boitzenburg.

Krewitz teilte im Spätmittelalter das Schicksal zahlreicher Nachbardörfer: 1375 waren von den 56 Hufen – 2 davon gehörten zur Pfarre, 3 dem Lehnschulzen – nur 10 Bauernhufen besetzt, von den 24 Kossätenstellen sogar nur 2, deren Besitzer 6 Hufen nutzten. Als gegen Ende des 15. Jh. die Agrarwirtschaft neuen Auftrieb bekam, wurden die Felder von Krewitz nebst dem angrenzenden Zerwelin (s. J 2) von Bauern anderer Dörfer bewirtschaftet. Doch auch der neue Schloßherr auf Boitzenburg erkannte den Wert der beiden Feldmarken: Die Anlegung einer Schäferei mit 1000 Schafen würde zugleich dem Acker daselbst sehr nutze sein, eine Wiese von 30 Fuder Heu könne, wenn gerodet, 100 Fuder bringen. Auf beiden Feldern gab es Heiden mit Bienenstöcken in Form ausgehöhlter Baumstämme, sogenannte Beuten. 1533 bereits war eine Meierei vorhanden, 1541 wurde der Schäfer, 1553 das Vorwerk genannt. Der landwirtschaftlichen Nutzung unterlagen im 18. Jh. jedoch nur die zentralen Teile der Gemarkung, im SW, S und O der Feldmark blieben 500–1000 m breite Randstreifen als Wald erhalten. Die Taxation des Gutes von 1712 nennt ein zweistöckiges Wohnhaus von 17 Gebind (s. F 1), ein Viehhaus von 31, einen Schafstall von 26 Gebind; die Häker (Pflugknechte) wohnten in Tagelöhnerhäusern von 11 Gebind mit 4 und von 7 Gebind mit 2 Wohnungen, Häkerscheune und Hirtenhaus hatten je 7 Gebind, das Schmiedehaus 4; das kleinste Haus war die Schule von 3 Gebind. Im 18. Jh. lebten im Dorf nur Lohnarbeiter und Gesinde; um 1800 gab es auch einen Förster, der 4800 Morgen Holzung betreute. Nach 1800 wurde der Acker des aufgelassenen Vorwerks Petznick (s. F 3) zum Krewitzer Vorwerk gelegt. Es umfaßte 1827 rund 1200 Morgen Binnenschläge, 500 Morgen Außenschläge, 168 Morgen Wiese, 75 Morgen Brüche, 83 Morgen Koppeln und Hütung und 2188 Morgen Heidehütung. Später wurde der Krewitzer Forst zum neuen Rittergut Arnimshain geschlagen (s. E 13).

Im Jahre 1872 entstand ein Ziegelbrennofen nebst Zieglerwohnung auf der Gutsfeldmark Krewitz, die Ziegelei gab es noch 1907. Im Jahre 1928 wurden die aufgelösten Gutsbezirke Krewitz und Arnimshain zur Gemeinde Arnimshain vereinigt (s. E 13). Hier teilte man 1945 im Zuge der Bodenreform das Land auf. Später wurden auch die Krewitzer Bauern in die landwirtschaftliche Produktionsgenossenschaft in Buchenhain eingegliedert. Die aus dieser nach 1990 hervorgegangene Agrargenossenschaft bewirtschaftet heute den größtenTeil des Ackerlandes wie auch die hier vorhandenen Ställe, in denen Milchkühe, Mastrinder und Mastschweine gehalten werden. Daneben gibt es wieder einen privaten Landwirtschaftsbetrieb mit einer landwirtschaftlichen Nutzfläche von 105 ha. Das frühere Gutshaus enthält eine Küche und einen Laden.

Zerwelin, seit 1929 Ortsteil von Boitzenburg J 2

Am äußersten Nordrand der Boitzenburger Feldmark, 2,5 km vom Hauptort entfernt, tauchen vor der Waldkulisse der Zerweliner Heide die wenigen Häuser von Zerwelin auf. In deren Nähe befinden sich Pfühle und vermoorte Wiesensenken. Der Ortsname – 1340 *Cervelyn* – geht auf altpolabisch *Cirvlin* = Ort des Cirvla zurück. Der Personenname bezieht sich auf das altpolabische *cirv* = Made, Wurm.

Das 1340 erstmals schriftlich erwähnte Dorf Zerwelin gehörte zum Schloß Boitzenburg (s. J 7), dem dortigen Kloster standen bis zur Reformation Einkünfte zu. Von den 30 Hufen der Feldmark lagen 1375 bereits 50 % wüst, danach verödete Zerwelin völlig. 1528 erbrachte die Nutzung des wüsten Feldes 1½ Wispel (1 Wispel = 24 Scheffel) Kornmiete. Im 16. Jh. wurden die Flächen von den Vorwerken Krewitz und Kröchlendorf sowie vom Dorf Naugarten als Hütung genutzt.

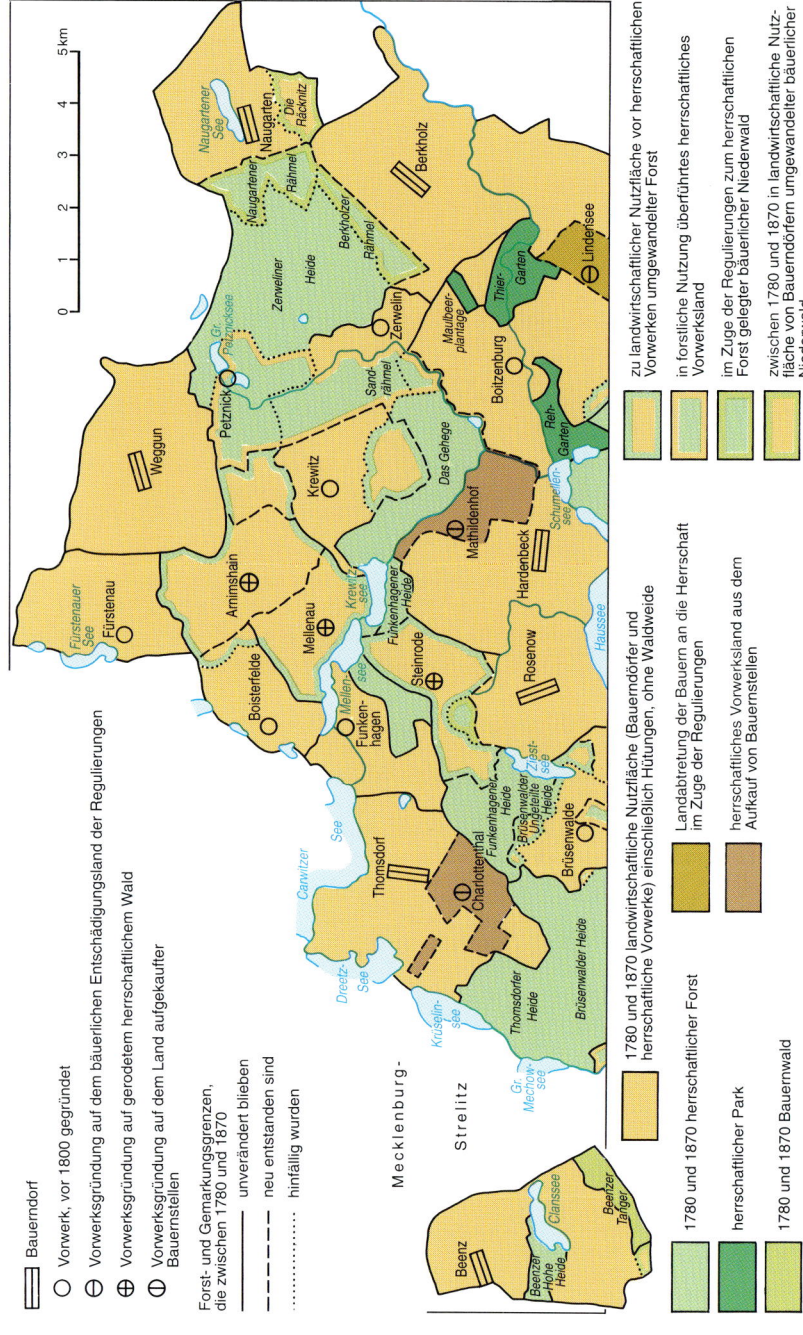

Erst Anfang des 18. Jh. bestand hier wieder eine Siedlung: ein Gutsvorwerk mit J 2
4 Häuslingen und Gesinde, dessen Acker mit 5 Wispel Aussaat dritter Klasse veranschlagt wurde (1756/57), also von minderer Qualität war.
    Gegenwärtig wohnen in Zerwelin hauptsächlich Forstarbeiterfamilien, auch sind Wirtschaftseinrichtungen des Amtes für Forstwirtschaft Templin vorhanden. Außerdem gibt es ein privates Gestüt.
    Aus der im 16. Jh. weitgehend bewaldeten wüsten Feldmark Zerwelin und der nördlich anschließenden gleichfalls wüsten Feldmark Petznick (s. F 3) entwickelte sich die Zerweliner Heide (Abb. 51). Sie umfaßte 1821 eine Fläche von rund 3778 Morgen (964 ha) und war überwiegend mit Kiefern bestanden. Außerdem gab es 2 kleine Eichenwäldchen von zusammen 127 Morgen Größe. Damals bildete die später durch forstwirtschaftliche Maßnahmen zurückgedrängte Birke noch auf etwa 330 Morgen Reinbestände. In 9 Morgen großen Moorsenken wuchs Erlenbruchwald. Dagegen war die Buche nicht bestandbildend, da ihr die Standorte und die umfangreiche Waldweide nicht zusagten. Der Forstortname Lindenberge im NO der Zerweliner Heide deutet auf ein früheres Vorkommen der Linde hin. Damals reichte die Heide im W bis an die von den Petznickseen herkommende Moorrinne. Ihre Fläche vergrößerte sich bis 1837 auf 5902 Morgen (1506 ha) durch Hinzunahme der 1112 Morgen (281 ha) umfassenden Krewitzer Außenschläge zwischen dieser Rinne und dem Wegguner Weg, die mit Kiefern aufgeforstet wurden, ferner des 562 Morgen (142 ha) großen, mit Kiefern und Birken bestandenen Sandrähmels westlich des Vorwerks Zerwelin sowie von bewaldeten Randstreifen der Gemarkungen Naugarten (Naugartener Rähmel) und Berkholz (Berkholzer Rähmel). 1847/48 wurde die Zerweliner Heide mit einem Wildzaun eingehegt, dessen Wartung mehreren Heckenhäuslern (s. J 3) oblag. Im Zuge einer Erbteilung gelangte 1868 die Osthälfte der Heide einschließlich einiger Flächen nördlich der Petznickseen an eine Arnimsche Seitenlinie im 10 km östlich von Boitzenburg gelegenen Groß Sperrenwalde. Dieser Forst Zerwelin umfaßte außer dem Ostteil der Zerweliner Heide (1033 ha) noch die 116 ha große Gollmitzer Heide und ein 38 ha großes Waldstück bei Groß Sperrenwalde sowie 58 ha große Waldstücke bei Parmen, die 1930 an eine Siedlungsgesellschaft verkauft wurden.
    In den Jahren 1929–1932 richteten Kiefernspanner in der Zerweliner Heide sehr starke Fraßschäden an. Die befallenen Baumbestände wurden verkauft, im Walde durch kleine Sägewerke aufgearbeitet und das Holz mittels einer Feldbahn zum Bahnhof Weggun-Arendsee transportiert. 1940 hatte der Forst eine Gesamtfläche von 1188 ha, von denen 884 ha mit einem Gatter versehen und mit 175–200 Stück Damwild besetzt waren. Das zuständige Forsthaus befand sich am Großen Petznicksee. Durch die Bodenreform 1945/46 wurden Teile der Zerweliner Heide parzelliert. Der Rest verblieb als Volkswald. Seit den sechziger Jahren des 20. Jh. waren große Teile der Zerweliner Heide militärisches Sperrgebiet und der Öffentlichkeit nicht zugänglich. Diese Flächen in Größe von etwa 788 ha unterstehen seit 1991 dem Bundesforstamt Uckermark. In der Heide liegt dicht nördlich des von Naugarten in westlicher Richtung verlaufenden Hauptweges ein Hügelgrab.

◁

Abb. 51   Veränderungen in der Kulturlandschaft der Herrschaft Boitzenburg zwischen 1780 und 1870 (nach HARNISCH 1968, Ausschnitt)

J 2 Der in einer vermoorten Senke östlich des früheren Heidewärterhauses gelegene Zerwelinsee besitzt eine Größe von 2 ha und ist ein flaches Restgewässer. Erlenbrüche mit viel Sumpffarn und Grauweidengebüsch dringen bis an sein Ufer vor, das von einem lockeren Röhricht aus Schilf, Schmalblättrigem Rohrkolben und Schneide (*Cladium mariscus*) gebildet wird. In Schlenken wachsen Großer und Mittlerer Wasserschlauch (*Utricularia vulgaris* u. *intermedia*), den Seegrund selbst überziehen *Chara*-Rasen.

Ein Torfmoosmoor nördlich vom Ortsteil Zerwelin enthält unter anderen Scheidiges und Schmalblättriges Wollgras (*Eriophorum vaginatum* u. *angustifolium*), Poleigränke (*Andromeda polifolia*), Moosbeere (*Oxycoccus palustris*), Rundblättrigen Sonnentau (*Drosera rotundifolia*), Fieberklee (*Menyanthes trifoliata*), Sumpfblutauge (*Potentilla palustris*) sowie Kleinen und Gemeinen Wasserschlauch (*Utricularia minor* u. *vulgaris*).

J 3 Berkholz, Kreis Uckermark,

liegt 4 km nordöstlich von Boitzenburg an der Landstraße nach Prenzlau. Zu dem Straßendorf gehören der Wohnplatz Neu Zerwelin westlich und Ausbauten südwestlich des Ortes.

Aus der Gemarkung Berkholz stammt einer der bedeutendsten germanischen Funde der Uckermark. Im Jahre 1928 wurde ein völkerwanderungszeitliches Grab geborgen, das als Beigabe eine bronzene Fibel mit halbrunder Kopfplatte und ehemals 5 Knöpfen daran enthielt, von denen nur noch einer erhalten ist. Außerdem kam eine blaue Glasperle zum Vorschein. Der Fibelform nach zu urteilen, ist der Fund dem südmährisch-norddonauländischen Raum zuzuordnen und läßt sich in die ersten Jahrzehnte des 6. Jh. datieren (SEYER 1982), also in die Zeit bis zur ersten slawischen Landnahme.

Berkholz wurde offensichtlich im Zuge des hochmittelalterlichen Landesausbaus angelegt. Sein Name – 1288 *Berkholte*, 1375 *Berkholt* – bedeutet Ansiedlung an einem Birkenwald, zu mittelniederdeutsch *berke* = Birke und *holt* = Gehölz, Wald. Das Dorf gehörte im Mittelalter dem auf der Halbinsel zwischen dem Ober- und Unteruckersee gelegenen Zisterzienserinnenkloster Seehausen, doch die Dienste leistete es, ebenso wie die Boitzenburger Klosterdörfer, zum landesherrlichen Schloß Boitzenburg. Von den 50 Bauernhufen lagen 1375 nur 4 Hufen wüst, von 28 Kossätenstellen waren 16 besetzt. Die Nonnen hatten den Bauern die Abgaben zur Hälfte erlassen, um sie zu halten. Die schlechte Marktlage veranlaßte damals viele zum Wegzug, denn es galt noch die in der Siedlungsperiode zugesicherte Freizügigkeit.

In dem gutsfreien Klosterdorf Berkholz blieb auch das Lehnschulzengericht unangetastet; der Dorfrichter besaß 4 Lehnhufen. Im Jahre 1573 gab es hier neben dem Schulzen 6 weitere Vierhufenbauern, 8 Dreihüfner, aber nur 3 Kossäten, von denen 2 je eine halbe Hufe bebauten und der dritte der Kirche unterstand, sowie einen Schmied und 2 Hirten. Wie üblich pachteten auch die Berkholzer Bauern zusätzlich Land auf benachbarten wüsten Feldmarken, so um 1530 eine Wiese auf Wichmannsdorfer, um 1570 Weideland auf Kröchlendorfer, um 1617 solches auf Petznicker Flur (s. F 3)

Durch die Auswirkungen des Dreißigjährigen Krieges lag Berkholz 1649 wüst. J 3 Noch 1687 war die halbe Feldmark unbebaut, außer dem Lehnschulzen wohnten nur 6 Bauern und 3 Kossäten im Ort. Im Jahre 1698 war erst wieder die Hälfte des Ackers „rein", dieser von mittelmäßiger Güte, der noch mit Buschwerk bewachsene, sehr sandige und steinige dagegen von minderer Güte. Als Weideland diente die wüste Feldmark Röckenitz. 1711 gab es dann wieder 15 Hüfner in Berkholz, je einen Kossäten, Schmied und Hirten, 1724 lebten hier 146 Einwohner. Um 1800 wird auch ein Krug genannt.

Wie vielerorts waren die Bauernstellen im Verlauf des 18. Jh. egalisiert worden. Zur Zeit der Agrarreformen im 19. Jh. besaßen der Lehnschulze 4 Hufen, 16 Bauern je 3 und ein Kossäte 2 Hufen (1825). In der Folgezeit vergrößerte sich das Dorf. Es ließen sich etliche Handwerker nieder, und auf dem 170 Morgen großen Ackerplan eines Bauern entstand 1866 eine Ziegelei. Die kapitalistische Agrarentwicklung beeinflußte die Besitzstruktur: Um 1900 gehörte den 13 Bauern Land zwischen 33 und 58 ha Umfang, der Gemeindevorsteher besaß 18 ha, der Pfarrpächter 59 ha; 2 Gastwirte, der Schmied und 5 Büdner verfügten über 2 bis 13 ha Nutzfläche.

Ein Großbauernbetrieb mit 161 ha wurde 1945 enteignet und aufgeteilt. In den fünfziger Jahren begann auch hier mit der Bildung einer ersten landwirtschaftlichen Produktionsgenossenschaft die Sozialisierung der Landwirtschaft. 1960 und 1970 bestanden 2 Genossenschaften nebeneinander, die 1970 vereinigt und 1975 an die LPG Boitzenburg (s. J 7) angeschlossen wurden. Die landwirtschaftlichen Nutzflächen von Berkholz bearbeitete später die LPG Pflanzenproduktion Wichmannsdorf (s. J 7), die im Ort einen Reparaturstützpunkt unterhielt. Ein Gebäude dient heute einer privaten Holz- und Metallbaufirma.

Nach 1990 lösten sich diese Genossenschaften auf. 1995 gab es in Berkholz einen privaten Landwirtschaftsbetrieb mit etwa 200 ha landwirtschaftlicher Nutzfläche sowie mehrere kleine landwirtschaftliche Betriebe. Milchviehhaltung und Jungrinderaufzucht sowie Anbau von Getreide und Futterpflanzen bestimmen das agrarische Profil, es findet ferner eine extensive Beweidung von Naturschutzflächen statt. Ein Ferienheim der Künstleragentur wurde 1991 geschlossen und als privates Wohnhaus ausgebaut.

Die Kirche, ein rechteckiger Feldsteinbau aus der zweiten Hälfte des 13. Jh., steht in der westlichen Häuserreihe des Dorfes. Der eingebundene querrechteckige Westturm in der Breite des Schiffes besitzt einen quadratischen Turmaufsatz in Fachwerk. Im Jahre 1713 erfuhr die Kirche zahlreiche Veränderungen, die das heutige Aussehen wesentlich mitbestimmen. Die ursprünglich schmalen Spitzbogenfenster mit Bogenleibungen aus Backstein wurden verbreitert bzw. zugesetzt. Auf dem Kirchhof blieb eine Reihe schmiedeeiserner Grabkreuze erhalten. Etwa drei Viertel des Kirchhofes sind von einer Feldsteinmauer umgeben.

Etwa 1 km westlich von Berkholz steht das Heckenhaus Berkholz, eines der Heckenhäuser am Rande der Zerweliner Heide. Das Vorwerk Neu Zerwelin, 3 km westlich vom Hauptort, ist seit Ende des 19. Jh. in der amtlichen Ortschaftsstatistik verzeichnet. Im Jahre 1858 zählte Berkholz 365 Einwohner, fast doppelt so viel wie 1734 und 1981 (je 184 Bewohner). Im Jahre 1994 betrug die Einwohnerzahl 165.

Nördlich des Dorfes ragen die Kuppen eines Endmoränenbogens der Gerswalder Staffel aus der umgebenden Ackerlandschaft heraus und prägen mit Wei-

J 3 derasen und Gebüschgruppen das Landschaftsbild. Auf einigen Erhebungen kommen Schillergras-Halbtrockenrasen mit einer Reihe von charakteristischen Trockenrasenpflanzen vor. In den von Großem Schillergras (*Koeleria pyramidata*), Fiederzwenke (*Brachypodium pinnatum*), Zittergras (*Briza media*), Aufrechter Trespe (*Bromus erectus*) beherrschten Rasen wachsen auch Kleiner Wiesenknopf (*Sanguisorba minor*), Rauher Löwenzahn (*Leontodon hispidus*), Purgierlein (*Linum catharticum*), Golddistel (*Carlina vulgaris*), Schopfkreuzblümchen (*Polygala comosa*), Taubenskabiose (*Scabiosa columbaria*), Thymian (*Thymus pulegioides*) sowie die in Mecklenburg vom Aussterben bedrohte Weiße Braunelle (*Prunella laciniata*). Der kontinentale Florencharakter des Gebietes kommt auch im sehr häufigen Auftreten der Östlichen Zackenschote (*Bunias orientalis*) an den Wegrändern nördlich von Berkholz zum Ausdruck.

J 4 **Mathildenhof,** Ortsteil von Hardenbeck,

liegt etwa 1,5 km nördlich von seinem Hauptort. Als Graf von Arnim zu Boitzenburg 1869 das Landgut Stabesfelde mit 346 Morgen Land erwarb, ließ er es auf den Namen Mathildenhof umbenennen. Im Jahre 1861 war es Stabesfelde benannt worden, nachdem der „Ökonom" Karl Stabe zu Hardenbeck das 1842 vom Bauern Johann Lüder am Weg nach Krewitz gegründete Ackergehöft in Besitz genommen hatte.

Durch die Bodenreform 1945 enteignet und aufgeteilt, bot der Grundbesitz Existenzgrundlage für eine Reihe von Neubauern, die sich später mit den Hardenbecker Bauern in einer landwirtschaftlichen Produktionsgenossenschaft wiederfanden (s. H 12). Heute leben in Mathildenhof etwa 25 Menschen.

J 5 **Schumellensee** und **Krienkowsee**

Die beiden Seen liegen in der kuppigen Grundmoräne zwischen Angermünder und Gerswalder Endmoränenstaffel 2 km südwestlich von Boitzenburg, weisen eine Wasserspiegelhöhe von 67,5 bzw. 67,3 m ü. NN auf und sind nur durch einen kleinen Landrücken und Damm voneinander getrennt. Der 13 ha große Krienkowsee ist maximal 7,1 m tief, der 26 ha umfassende Schumellensee 16 m. Beide Gewässer liegen an einem Knotenpunkt mehrerer Rinnensysteme. Der Krienkowsee erhält seinen Zulauf von SO aus der Seenkette des Kleinen, Mittleren und Großen Suckowsees. Sein Abfluß geht in den Schumellensee. Außer dem genannten Zufluß von S erhält dieser den starken Zufluß des Stroms (s. J 10) von N her aus Krewitzsee, Mellensee und Isernpurt. Der Strom durchfließt den Schumellensee in Richtung 0 zur Ucker und Ostsee. Nach W hin besteht eine Verbindung zu dem über 1 m tiefer gelegenen Haussee, dessen Abfluß nach W zur Havel künstlich gesteuert werden kann (s. H 13).

Der Schumellensee besitzt als schwach eutropher See eine noch gute Wasserqualität, wobei sein Wasser mitunter eine etwas bräunliche Färbung zeigt. Die salatartigen Unterwasserblätter der Teichrose bedecken stellenweise große Flächen des Seebodens. Unter den weiteren Unterwasserpflanzen sind Stumpfblättriges und Schmalblättriges Laichkraut (*Potamogeton obtusifolius, P. x zizii*) J 5 besonders bemerkenswert. In dem mäßig breiten geschlossenen Röhrichtgürtel herrschen Schilf und Schmalblättriger Rohrkolben vor. Im SO befindet sich eine Badestelle mit Liegewiese. Der rings von Wald umstandene Krienkowsee besitzt nur einen schmalen Röhrichtgürtel, vor dem sich stellenweise Bestände der See- und der Teichrose (*Nymphaea alba, Nuphar lutea*) erstrecken.

Während der Name Schumellensee (1685 *Schuchmölle*, 1735 *Schumellen*) sprachlich unklar bleibt, gehört die Bezeichnung Krienkow (1685 *Klinekcow*, wobei *l* statt *r* offensichtlich Schreibfehler, 1767/87 *Krinken See*) sicherlich zu altpolabisch *krina* = Schüssel, muldenförmige Vertiefung des Bodens.

Carolinenhain J 6

Der Carolinenhain, ein Waldgebiet, befand sich in der frühen Neuzeit im Besitz des Klosters von Boitzenburg und diente dem Vieh zur Waldweide. Eine Handzeichnung von der südwestlichen Uckermark von 1667 weist dem Carolinenhain die Nutzung als Schloßrevier zu. In den Karten des 18. Jh. wird das Gelände als Rehgarten bezeichnet. Nach der Errichtung des Tiergartens (s. J 8) im Jahre 1775 verlor der Rehgarten seine jagdliche Bedeutung und wurde 1827 in die gartenkünstlerische Gestaltung von PETER JOSEPH LENNÉ mit einbezogen (Abb. 58). Gruppen von Linden, Roßkastanien, Lärchen und anderen Baumarten „kanalisierten" die Sicht in dem mehr oder weniger strauchlosen Buchenwald. Zum einen rahmten die Anpflanzungen die Blickbeziehungen aus dem Carolinenhain heraus zum Schloß, zum anderen grenzten sie den Wald zur offenen Feldmark hin ab.

Das hügelige Gelände wird von einem Waldgersten-Buchen-Wald eingenommen, zu dessen Artbestand Waldbingelkraut (*Mercurialis perennis*), Frühlingsplatterbse (*Lathyrus vernus*), Leberblümchen (*Hepatica nobilis*), Ährige Teufelskralle (*Phyteuma spicatum*), Wolliger Hahnenfuß (*Ranunculus lanuginosus*) und Waldlabkraut (*Galium sylvaticum*) gehören. Um die Jahrhundertwende kam im Carolinenhain die aus Nordamerika stammende Felsenbirne (*Amelanchier spicata*) an ihrem bis dahin einzigen Fundort in Norddeutschland vor (VOIGTLÄNDER u. KNAPP 1979). Ausgelöst durch die Anpflanzungen des letzten Jahrhunderts, verändert sich heute in Verbindung mit der gestiegenen Nährstoffanreicherung die Vegetation zu einem Linden-Ahorn-Parkwald.

Boitzenburg, Landkreis Uckermark, J 7

erstreckt sich dort, wo der Strom (s. J 10) den Küchensee in Richtung nach O verläßt. Auf seiner Gemarkung kamen zahlreiche steinzeitliche Äxte, Beile und Dolche zum Vorschein. Südlich der Straße nach Hardenbeck liegt ein bronzezeitliches Hügelgrab mit dem Flurnamen Krähenhütte. Ebenfalls aus der Bronzezeit stammen ein bronzenes Tüllenbeil, eine Lanzenspitze sowie Pinzetten, Fingerringe und zahlreiche Tongefäße.

Die Gründung oder der Ausbau einer Burg und des Ortes stehen im Zusammenhang mit der Herausbildung der herzoglich-pommerschen Macht seit der zweiten

J 7 Hälfte des 12. Jh. über das Uckerland mit dem Hauptort Prenzlau. Boitzenburg markiert zusammen mit den weiteren Festungen Gerswalde, Fredenwalde und Biesenbrow auf pommerscher Seite einen Grenzgürtel gegenüber dem südwestlich, von den Askaniern eingenommenen Territorium um Lychen, Templin und Zehdenick.

Der Name des Ortes leitet sich von der Ritterfamilie Boitzenburg ab, die aus dem niedersächsischen Raum bzw. aus dem mecklenburgischen Boitzenburg an der Elbe stammte. Angehörige der Familie begaben sich, seit der ersten Hälfte des 13. Jh. nachweisbar, teils an den markgräflich brandenburgischen Hof, teils in die Dienste des Herzogs von Pommern-Stettin. Der Name des mecklenburgischen Ausgangsortes – 1158 in *Boyzeneburg* – enthält die Bezeichnung des dort in die Elbe mündenden Flüßchens Boize (1591 *Boitze*). Dieser Gewässername ist slawisch und als altpolabisch Bycina zu *byk* = Stier zu erklären.

Als das pommersche Uckerland 1250 an die Mark Brandenburg fiel, traten die Markgrafen die Besitznachfolge auch in Boitzenburg an, überließen es aber 1276 tauschweise einem Ritter von Kerkow für die Herrschaft Schildberg in der Neumark. Boitzenburg erlangte als Grenzfestung wieder an Bedeutung, als das Land Stargard und das Gebiet um Lychen um 1300 an Mecklenburg fielen. Der stete Geldmangel des Markgrafen verzögerte den Rückkauf.

Die Ritter von Lochen verfügten um 1365 über Haus, Städtchen und Land Boitzenburg. Der Markgraf nahm ihre Verkaufsbedingungen an, doch hütete er sich vor erneuter Preisgabe. Boitzenburg wurde seitdem „amtmannsweise" und somit personengebunden vergeben oder auf Zeit verpfändet. Als Geldgeber tauchten einige Vertreter des brandenburgischen Adels auf, Geschlechter, die im Verlauf der Zeit große Besitzungen erworben und Kapital angehäuft hatten. Erstmals im Jahre 1426 und dann immer häufiger läßt sich die Familie von Arnim als Pfandbesitzer von Boitzenburg nachweisen. In der Uckermark erwarb sie im Verlauf des 15. Jh. unter anderem die Herrschaften und Burgen Zehdenick, Zichow, Gerswalde und Steglitz. Als gegen Ende des 15. Jh. im N der Kurmark das Raubritterwesen und die verheerenden Grenzüberfälle langsam endeten und Frieden eintrat, tauschte der Kurfürst 1528 seine Burg und Herrschaft Boitzenburg gegen das der Familie von Arnim gehörende Schloß Zehdenick ein, das nahe seiner Werbellinschen Heide lag.

Die neuen Herren, allen voran Landvogt HANS VON ARNIM (1500–1553), machten Boitzenburg zu einem der mächtigsten Adelssitze der Uckermark, ja der Kurmark überhaupt. Der Landvogt war einer der stärksten Geldgeber des Kurfürsten, und dieser war ihm bereits so stark verschuldet, daß JOACHIM II. seinem Rat das säkularisierte Nonnenkloster bei Boitzenburg 1539 als Eigentum überlassen mußte. Dieses Zisterziensernonnenkloster wurde 1271 von den Markgrafen gestiftet. Es erwarb im Verlauf des späten Mittelalters, teils durch Schenkung, teils durch Kauf, ansehnlichen Feudalbesitz, den es nach und nach abrundete, so daß die Grundherrschaft der von Arnim zu Boitzenburg 1539 sich bedeutend erweiterte. Boitzenburg blieb bis zur Bodenreform 1945 im Besitz derer von Arnim.

Die Abtretung der von Arnimschen Herrschaft Biesenthal an den Kurfürsten 1577 brachte den einzelnen Familienangehörigen als Entschädigung einen insgesamt hohen Zuwachs an Grundbesitz vornehmlich in der Uckermark ein. Zu der engeren Herrschaft Boitzenburg zählten Mitte des 16. Jh. die Dörfer und Vorwerke

Beenz (s. G. 8), Berkholz (s. J 3), Bröddin, Fürstenau, Götzkendorf, Hardenbeck J 7 (s. H 12), Haßleben, Klaushagen, Klosterwalde (nur die Dienste), Krewitz (s. J 1), Kröchlendorf, Küstrinchen, Kuhz, Mahlendorf, Naugarten, Petznick bei Boitzenburg, Rosenow (s. H 11),Thomsdorf (s. H 2), Warthe, Weggun (s. F 1), Wichmannsdorf, Wuppgarten, Zerwelin (s. J 1) und Ziegelsdorf. Seit 1569 besaßen die von Arnim auch den Anteil von Sperrenwalde an Boitzenburg; vor 1570 hatten sie Netzow erworben.

Nach weiterem Besitzzuwachs in den kommenden Jahrzehnten erstreckte sich die Herrschaft Boitzenburg als ein fast geschlossenes Territorium von Lychen im W bis Feldberg und Fürstenwerder im N; im S und O verlief die Grenze etwa auf halbem Wege zwischen Templin und Prenzlau. Die Bedeutung des Herrschaftssitzes wurde noch durch die Funktion der uckermärkischen Landvogtei angehoben, die sich im Verlauf der frühen Neuzeit für die gesamte Uckermark auf Boitzenburg konzentrierte. Konnte sich auch keine selbständige Adelsdynastie mehr entfalten, wie es im 12./13. Jh. noch einigen Familien möglich gewesen war, so blieb das ständische Gewicht dieser Herrschaft seit dem 16. Jh. herausragend. Der Feldmarschall HANS-GEORG VON ARNIM verschuldete sich während des Dreißigjährigen Krieges so stark, daß die Finanzschwäche und die enormen Verwüstungen beinahe zur Aufgabe von Haus und Gut Boitzenburg führten. Der Versuch, die wirtschaftliche Notlage durch hohe bäuerliche Hand- und Spanndienste zu bewältigen, wirkte sich besiedlungshemmend auf die Region aus. Hinzu kam, daß die Familie von Arnim 1648 auf Boitzenburg ausstarb und das Erbe an 2 Brüder von Arnim aus Sachsendorf und einen Vetter aus Löhme gelangte und damit 3 Besitzteile nach Ober- und Unterhaus sowie das aus einem Vorwerk hervorgegangene Haus Krewitz zerfiel. Die Wiedervereinigung des Kernbesitzes Anfang des 18. Jh. sowie der Ausbau der Vorwerke und die Verpachtung des überwiegenden Teils der Güter ermöglichten eine Konsolidierung des Besitzes, der sich durch die auf dem Erbwege zustandegekommene gemeinsame Verwaltung der Häuser Boitzenburg und Gerswalde, desweiteren auch von Zichow jenseits der Ucker, Schönermark bei Prenzlau und anderen uckermärkischen Gütern beträchtlich erweiterte. Zusätzlich befähigte der seit dem 18. Jh. einsetzende Holzverkauf zu neuer Kapitalbildung und Grundbesitzerweiterungen. Die Agrarreformen in der ersten Hälfte des 19. Jh. fügten das ihre hinzu.

Der Ort Boitzenburg hatte sich bei der Burg als deren Versorgungszentrum entwickelt. 1271 wurden im Zusammenhang mit der Klosterausstattung nur Dorf und Mühle genannt, 1276 die Burg, 1365 Haus und Städtchen bzw. Stadt (1369). Das Karolinische Landbuch von 1375 (SCHULTZE 1940) unterscheidet ebenfalls die markgräfliche Burg mit dem Städtchen (oppidum), das Dorf Boitzenburg und das Kloster. Im Städtchen lag ein markgräflicher freier Hof beim sogenannten Hagentor; es gab 9 Fleischbänke, von denen allerdings nur 2 besetzt waren, und eine Mühle vor dem Städtchen. Von den 96 Hufen Land gehörten allein 18 zur Burg, 24 dem Kloster und weitere 14 freie Hufen zu anderen Höfen, der Schulze besaß 2 Hufen. Alle wurden bestellt, ebenso die 25 (Bauern-) Hufen, nur 10 lagen wüst. Von 71 Kossätenstellen, die Höchstzahl in uckermärkischen Kleinstädten und Dörfern, waren immerhin 36 besetzt, um die Zeit der Agrarkrise ein Stand, der sich aus der Existenz von Burg und Kloster erklären läßt.

Die Vogteifunktion der Burg wird 1420 erstmals faßbar. Die Aufgabe des Amtes bestand in der Bewahrung des Landfriedens, der Ausübung der oberen Gerichts-

J 7 barkeit, der lukrativen Steuereinnahmen, u. a. von den Städten Prenzlau, Strassburg und Templin, sowie der Verwaltung der Liegenschaften des Landesherrn. Im Jahre 1439 erhielt der Pfandinhaber von Arnim den markgräflichen Auftrag zum Bau eines festen Hauses und einer Küche sowie zur Ausbesserung der Ringmauer der Burg. Die Festung erfüllte ihre militärische Aufgabe, als der hohenzollernsche Kurfürst im Krieg gegen Mecklenburg 1440 das Land Lychen zurückerwarb. Viele Dörfer gingen dabei zugrunde. Die Burg war 1483 Sitz eines Amtes, das seine Eigenwirtschaft mit Viehhof, Schäferei, Brauhaus, Küche und Scheune ausbaute und 1528, beim endgültigen Erwerb durch die von Arnim, bereits ein ansehnliches Wirtschaftszentrum darstellte: In den Gutsgebäuden wurden 80 Stück Rindvieh – ohne die Zugochsen – gehalten; 2 Gärten für Küchenkräuter, Hopfen und Obst trugen zur Versorgung des großen Haushalts bei. Hofdienst verrichteten die 4 Bauern im Dorf Boitzenburg – zusammen besaßen sie 12 Hufen, einer der Bauern war der Schulze, dazu kamen der Krüger mit 2 Hufen und 8 Kossäten – und 12 Leute aus Sperrenwalde und Blankenburg, dazu Dorf Haßleben, unter anderem mit Holzfuhren zum Ziegelofen. Im Städtchen vor dem Schlosse wohnten 8 Fischer und ein Krüger, der Garnmeister, der Zeisener – der Steuereinnehmer – und der Koch. Es gab einen Jahrmarkt und vor dem Schloß eine Mühle. Im Jahre 1570 wurden Weinberg und Weinmeister erwähnt, eine Rebkultur, die wohl von den Zisterzienserinnen übernommen und fortgeführt wurde. 1606 bestanden in Boitzenburg ein Viehhof mit 54 Rindern, 127 Schweinen, 6 Ziegen und Geflügel sowie eine Schäferei mit 617 Schafen.

Bis zum Dreißigjährigen Krieg florierte der Ziegelofen immer noch, das Städtchen durfte inzwischen mindestens 2 Jahrmärkte abhalten, 4 Mühlen arbeiteten, darunter eine Schneidemühle. Die Schloßholzung umfaßte 1617 über 7000 große Morgen, die Größe des Gutsackers im Winterfeld entsprach einer Aussaatmenge von 28 und 29 Wispeln Korn (1 Wispel = 24 Scheffel). Lange wirkten auch hier die Verheerungen des Dreißigjährigen Krieges nach. Der herrschaftliche Viehhof war zwar um 1674 wieder mit Vieh bestückt, doch die Fischer- und Bauernstellen in Städtchen und Dorf Boitzenburg waren nur zum geringen Teil besetzt. Herrschaftliches Gesinde wohnte jetzt dort. Das Bauernland ließ von Arnim mit beackern. Lange Zeit wuchs auf der Feldmark nur Buschwerk, waren die Hufen unkenntlich geworden. Von den ehemals 83 Hufen beanspruchte das Schloß 58 ebenso wie die 2 zwischenzeitlich steuerbefreiten Hufen des Städtchens (1698).

Noch 1713 spürte man die Folgen der Kriege des 17. Jh., der Pest und anderer schwerer „Zufälle". Doch der Jahrmarkt fand wieder zweimal jährlich statt, und außer dem Müller, 4 Fischern und einem Koch, der zugleich Krüger war, arbeiteten im Städtchen 21 Handwerker, darunter ein Damastmacher. 1724 zählten die Hauswirte mit ihren Familien und dem Gesinde immerhin 446 Personen. Einen Rückschlag erlitt das Städtchen 1732 mit der von König FRIEDRICH WILHELM I. befohlenen Verlegung des Jahrmarktes nach Templin. Doch 1746 konnte GEORG DIETLOFF VON ARNIM FRIEDRICH II. dazu bewegen, die dem Ort entzogene Jahrmarktsbefugnis wiederherzustellen. Noch bewirtschafteten 11 Bauern die 23 steuerbaren Hufen. Die Herrschaft aber wollte ihren Landbesitz um Boitzenburg möglichst geschlossen nutzen, und so „transferierte" sie 15 Bauernhufen auf den schlechten Ritteracker bei Küstrinchen und Naugarten, so daß nur dem Müller und einem Bauern zusammen 8 Hufen verblieben (1799). 70 Feuerstellen zählte das

Städtchen 1775. 114 Büdner, Einlieger und andere Einwohner ernährten sich vorwiegend von Handwerk und Handarbeit. 21 von ihnen galten als Eigentümer, die sich durch 3 Stadtverordnete gemeinderechtlich vertreten ließen (1788/89). Der weitere Aufschwung des Gemeinwesens zeigte sich um die Wende zum 19. Jh. in der Existenz von nunmehr 58 Handwerkern, darunter 10 Leineweber und Maurer, 5 Schuhmacher und 6 Schneider. Des weiteren wohnten 2 Fischer im Ort. Die Herrschaft verfügte über 30 000 Morgen Wald (s. F 4), die seit Ende des 18. Jh. mit der ersten Forsteinrichtung in der Kurmark planmäßig bewirtschaftet und von 4 Förstern in verschiedenen Revieren verwaltet wurden. Das Boitzenburger Fließ (= Küstrinchenbach), das mit dem Durchstich der natürlichen Wasserscheide südöstlich des Hardenbecker Haussees im Zeitraum zwischen 1528 und 1653 den Gütertransport zur Havel ermöglichte, wurde im 19. Jh. insbesondere zum Flößen von Holz hergerichtet. Der beabsichtigte Ausbau des Stroms für den Wasserverkehr zur Ucker ließ sich aufgrund des starken Gefälles nicht durchsetzen.

In der Zeit der Ablösung und Separation wurde das Land neu vermessen: Die 8 steuerbaren Bauernhufen umfaßten 1825 zusammen 245 magdeburgische Morgen, dagegen besaß der Schloßherr auf Boitzenburg 2361 Morgen Binnenschläge, 450 Außenschläge (davon 75 Morgen Maulbeerplantage), 624 Morgen Wiese und 4018 Morgen Hütungs-Laubheide (1827). Mit der Einführung der Landgemeindeordnung von 1851 trennte sich das Rittergut kommunalrechtlich vom Flecken Boitzenburg: Außer den 5 bzw. 6 öffentlichen Gebäuden gehörten 1858 zum Rittergut 50 Wohn- und Wirtschaftsgebäude, zum Flecken 27 Wohn- und 30 Wirtschaftsgebäude. Handwerk und Gewerbe bestimmten zum Ende des 19. Jh. weiterhin das Sozialgefüge des Städtchens, das aber nur noch Landgemeindestatus hatte. Es gab 1907 Apotheke, Arzt- und Tierarztpraxis sowie Post und 2 Schulen; 1931 zählte der Ort 90 Wohnhäuser. Im Jahre 1856 hatte der Graf von Arnim-Boitzenburg seine Besitzungen zur Grafschaft Boitzenburg erheben lassen. Mit dem Gesetz über die Bodenreform 1945 endete deren Existenz. Enteignet wurden 7125 ha Land allein in Boitzenburg, von denen 888 ha an 129 Landarbeiter und Landlose, 200 ha an 23 Umsiedler, 17 ha an nicht in der Landwirtschaft tätige Arbeiter und Angestellte, 51 ha an die Gemeinde und 8 ha an die Vereinigung der gegenseitigen Bauernhilfe verteilt wurden; 5803 ha Wald kamen zu den landeseigenen Forsten.

1953 entstand die erste Genossenschaft. Damals brachten 5 Mitglieder 34 ha Nutzfläche ein. In den folgenden Jahren wurde die private landwirtschaftliche Betriebsform weitestgehend verdrängt, und 1960 bestanden 2 LPG: Typ III mit 111 Mitgliedern und 615 ha Nutzfläche, Typ I mit 9 Mitgliedern und 62 ha Nutzfläche. 1968 vereinigten sich beide und schlossen sich 1975 mit der Genossenschaft von Berkholz zusammen, die sich auf Viehhaltung spezialisierte. 1991 wurde die Genossenschaft aufgelöst. Einen weiteren Teil der landwirtschaftlichen Nutzfläche, einschließlich der 1991 aufgegebenen Baumschule südöstlich von Boitzenburg, bearbeitete die Genossenschaft Wichmannsdorf. Diese primär auf Pflanzenproduktion ausgerichtete LPG bewirtschaftete insgesamt 3355 ha, davon 3220 ha ackerbaulich und 99 ha als Grünland. Von der Ackerfläche entfielen 59,1 % auf Getreide- und 20,9 % auf Feldfutteranbau; die restlichen Flächen wurden mit Kartoffeln, Raps, Zuckerrüben und Sonderkulturen bestellt. Um die Erträge zu erhöhen, wurden auf 880 ha Fläche Beregnungs- und Entwässerungsanlagen ein-

J 7

Abb. 52   Frühere Beamtenhäuser in der Nähe des Schlosses Boitzenburg

Abb. 53   Schloß Boitzenburg

gerichtet. Zusätzlich spezialisierte sich die Genossenschaft mit einem seit 1979 eigenständigen Betriebsteil auf die Tierproduktion. Nach ihrer Auflösung übernahm seit Anfang 1992 die Landwirtschaftliche Erzeuger GmbH & Co. KG Wichmannsdorf die Bewirtschaftung der in die Rechtsträgerschaft der Treuhand übergegangenen Flächen. Der Feldfutteranteil verringerte sich zugunsten des Rapsanbaus; 250 ha wurden stillgelegt. Die Anzahl der Schafe ging von 1340 auf 500 zurück; hinzu kommen 1800 Rinder, 1400 Mastschweine und 680 Kühe, von denen 230 in Boitzenburg gehalten werden.

Nähert man sich Boitzenburg, so sieht man schon von weitem die auf der höchsten Erhebung im Ort errichtete Pfarrkirche St. Marien auf dem Berge, einen im Kern langgestreckten rechteckigen Feldsteinbau aus der zweiten Hälfte des 13. Jh. Ihre ursprüngliche Ausdehnung läßt sich mit den sichtbaren Feldsteinkanten gut nachvollziehen. Den polygonalen Chorschluß und den hochaufragenden viergeschossigen Westturm fügte man dem mittelalterlichen Bauwerk im 18. Jh. an. Die romanisierenden Flügelanbauten stammen aus dem 19. Jh. Im Innern der heute baufälligen Kirche befinden sich ein eindrucksvoller Altaraufbau und mehrere aufwendige Grabdenkmäler derer von Arnim aus dem 17. und 18. Jh. Vor der Kirche wurde neben einer großen Stieleiche eine Anlage zum Gedenken an die Gefallenen des Ersten Weltkrieges errichtet.

Westlich der Kirche steht das stattliche achtachsige Pfarrhaus, ein eingeschossiger Fachwerkbau mit Mansarddach. Auf der anderen Seite der Kirche befindet sich der Marktplatz, an dessen Südseite 5 eingeschossige Fachwerkhäuser Walm- und Krüppelwalmdächer tragen. Inschriften an den Häusern Nr. 36 und 38 weisen auf die Baujahre 1715 bzw. 1716 hin. Ungefähr zur selben Zeit entstanden die 3 früheren Beamtenhäuser, ebenfalls Fachwerkbauten mit Krüppelwalmdächern (Abb. 52), die sich traufständig vor dem Zugang zum Schloß befinden. Ihnen gegenüberliegend erhebt sich der ehemalige Marstall. Der langgestreckte eingeschossige Putzbau mit dem die Hauptfront gliedernden Mittelrisalit stammt aus der zweiten Hälfte des 18. Jh. Im Rahmen der Nutzung des Schloßbereiches als Erholungsheim der Nationalen Volksarmee wurde 1965 das Gebäude zu Speisesaal und Großküche umgebaut; ein Teil dient seit 1991 als Café.

Die umfangreiche Anlage des Schlosses (Abb. 53) geht auf die Burg aus dem 13. Jh. zurück, die, auf einer Insel gelegen, günstig zu verteidigen war. Die Festung bestand aus einer zur Ortslage hin gelegenen Vorburg und einer nach S anschließenden Hauptburg.

Der Landvogt HANS VON ARNIM ließ wahrscheinlich erst nach dem Erwerb des Klostereigentums 1539 auf der Hauptburg einen zweigeschossigen Rechteckbau mit Zwerchgiebeln im Stil der Renaissance errichten. Zur Hofseite schloß sich ein achteckiger Treppenturm an, der ebenso wie der Rechteckbau spätgotische Vorhangbogenfenster erhielt. Heute zählt das Gebäude zu den wenigen Überresten der Renaissancebaukunst in der Uckermark. Die Erbteilung nach dem Tode des Landvogts führte mit dem Ausbau der Vorburg zu 2 getrennten Wohnsitzen auf der Insel. Neben der Hauptburg, nunmehr als Oberhaus bezeichnet, entstand das Unterhaus, das sich in seiner Gestalt an das Oberhaus anlehnte. Den beiden Schloßbereichen waren 2 getrennte Wirtschaftshöfe zugeordnet, die, wie es der Merian-Stich von 1652 zeigt, separate Brückenzugänge erhielten.

Nach der Wiedervereinigung des Besitzes veranlaßte GEORG DIETLOFF VON ARNIM 1735 den Umbau des vom Verfall bedrohten Unterhauses im Stil des Spätbarocks. Die Nordwand der Wirtschaftshöfe ging in einem Gebäudetrakt auf, so daß mit dem Küchen- bzw. Kastellanflügel auf der anderen Seite des neu gebildeten, unteren Schloßhofes eine zum Carolinenhain ausgerichtete Dreiflügelanlage entstand. Rund 100 Jahre später erfolgte nach den Entwürfen von FRIEDRICH AUGUST STÜLER ein zweiter Umbau des Unterhauses, bei dem die Anlage einen zinnenbekrönten Dachabschluß erhielt. 1881 befreite der Berliner Architekt CARL DOFLEIN das Unterhaus von diesen Formen der Neugotik und griff bei der Umgestaltung zum zweiten Mal in der Baugeschichte des Schlosses die Renaissanceformen des Oberhauses auf.

Nach 1945 wurde das Schloß von Plünderungen und Bauschäden heimgesucht. Von 1955 bis 1989 diente es der Nationalen Volksarmee als Erholungsheim und Archiv. Diese Nutzung prägte fast die gesamte Inneneinrichtung. Im Jahre 1996 stand das Schloß ohne Nutzung, der umgebende Park war zugänglich.

Im Jagdzimmer des Unterhauses sind Decke und Kamin mit reichem Stuckdekor versehen. Frucht- und Blütengirlanden rahmen die 4 Elemente und eine sich

Abb. 54
Schloß Boitzenburg,
Wendeltreppe
mit Eichengeländer

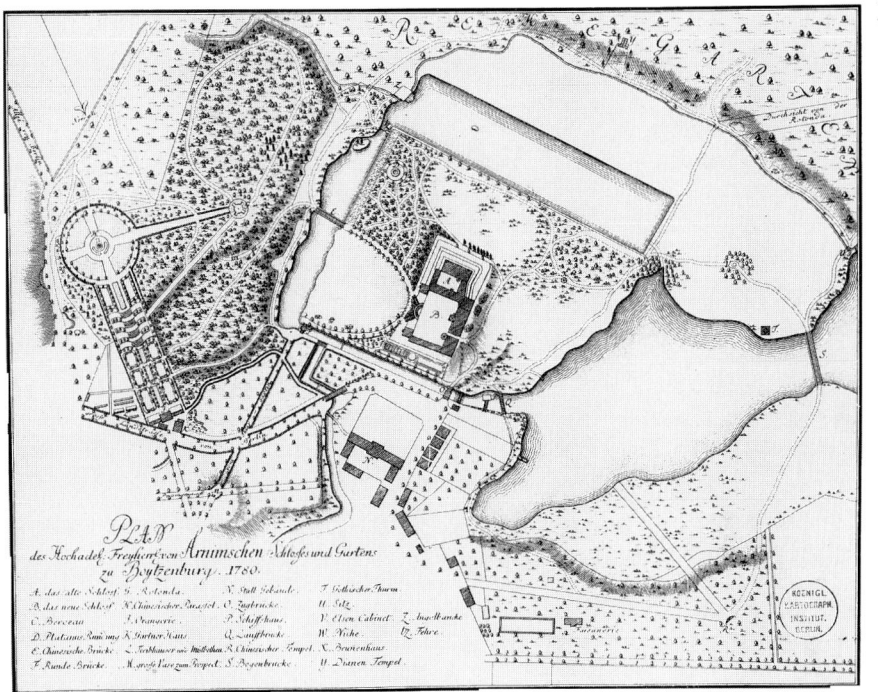

Abb. 55 Plan des Schlosses und Gartens zu Boitzenburg 1780 (Deutsche Staatsbibliothek Berlin, Kartenabteilung)

freiplastisch vom Grund lösende, exotische Jagdszene. Sie zählt zu den bemerkenswerten Beispielen norddeutscher Stukkateurkunst. Inmitten des Dreißigjährigen Krieges, wohl um 1630, ließ sie HANS-GEORG VON ARNIM, ein Vertrauter WALLENSTEINS, wahrscheinlich von demselben Stukkateur anfertigen, der zuvor für WALLENSTEIN die Festsaaldekoration des Güstrower Schlosses vollendet hatte. Im Inneren blieb ein geschnitztes Eichengeländer an der Wendeltreppe erhalten (Abb. 54).

Eine barocke Gartenanlage folgte dem Schloßumbau von 1735. Sie beschränkte sich mit ihren regelmäßig ausgerichteten Wegen, Beeten und Laubengängen zunächst auf die Süd- und Ostseite der Insel. Nordöstlich, abseits der Insel, entstand einige Jahre später eine spätbarocke Terrassenanlage, die sich nach N zur Kirche hin ausrichtete. Am Hangfuß schloß eine Orangerie den eigenständigen Gartenteil ab. Von dem Garten hielt sich bis heute der Nickende Milchstern (*Ornithogalum nutans*), eine typische Zierpflanze des Barocks. Er blüht im Frühjahr zusammen mit anderen Zwiebelpflanzen unter den alten Parkbäumen auf der Insel.

Fast zeitgleich mit der Entstehung der Wörlitzer Parkanlagen begann der Graf FRIEDRICH WILHELM VON ARNIM in den sechziger Jahren des 18. Jh. den barocken

J 7 Garten auf der Schloßinsel umzugestalten und zu erweitern. Die Reisebeschreibungen von BERNOULLI 1781 enthalten einen Grundriß des Parkes. Der Plan zeigt einen der frühesten Landschaftsgärten (Abb. 55) in Brandenburg. Die vorhandenen Alleen wurden zu einem in der damaligen Uckermark einzigartigen Alleenstern vervollständigt, dessen Zentrum im Ort die Marienkirche bildete.

Gegenüber der Südecke der Schloßinsel entstand nach Entwürfen von CARL GOTTHARD LANGHANS 1804 der sogenannte Schlangentempel zum Gedächtnis an den 3 Jahre zuvor verstorbenen Grafen. Die Schauseite des im schlichten neopallidianischen Stil errichteten Putzbaus ziert eine von Säulen flankierte Nische. Im Giebeldreieck symbolisiert eine sich in den eigenen Schwanz beißende Schlange die Ewigkeit. Die einst in der Nische aufgestellte Marmorfigur der Frau des Verstorbenen, ein Werk JOHANN GOTTFRIED SCHADOWS, steht heute in der Friedrich-Werderschen Kirche in Berlin. Der Bau befindet sich gegenwärtig in einem ruinösen Zustand.

Im Jahre 1827 begann PETER JOSEPH LENNÉ mit der Umgestaltung des Boitzenburger Parkes. Er veränderte unter der Berücksichtigung des Vorhandenen die räumliche Struktur und vereinfachte das Wegenetz. Die mit Einzelbäumen und Gehölzgruppen malerisch ausgestaltete und in ihrer Geländeoberfläche feinmodulierte Schloßinsel ging in einen weitläufigen Park über. Die im Sinne der Landschaftsverschönerung von LENNÉ angeregten Gehölzpflanzungen erstreckten sich auf die gesamte Ortslage, Carolinenhain (s. J 6), Tiergarten (s. J 8) und Boitzenburger Feldmark. Sie umgeben z. T. noch heute die Sölle, säumen die Entwässerungsgräben und bereichern auf den ertragsarmen Kuppen das Landschaftsbild.

MARTIN GROPIUS entwarf 1875 eine im roten Backstein erbaute neugotische Gedächtniskapelle für eine früh verstorbene Gräfin. Das im S der Schloßinsel gelegene Gebäude wurde von einer umgestürzten Buche schwer beschädigt. 1889 entstand in neuromanischer Bauweise das monumentale Erbbegräbnis der Familie von Arnim am oberen Abschluß der zuvor eingeebneten Terrassenanlage. Mit der engen Verbindung zwischen dem zentralen Bereich um das Schloß und der umgebenden Wirtschaftslandschaft entstand eine der bedeutendsten Parkanlagen LENNÉS, die heute in ihren Grundzügen nur noch schwer erkennbar ist, da das gartenkünstlerische Erbe bei den Nutzungen nur selten berücksichtigt wurde.

Am Strom östlich von Boitzenburg befindet sich die 1271 erstmals genannte Klostermühle (Abb. 56). Das eingeschossige Fachwerktraufenhaus besitzt einen hohen Feldsteinsockel. Im Innern ist links der Wohnteil, rechts das funktionsfähige Mahlwerk angeordnet. Das Gebäude aus der zweiten Hälfte des 17. Jh. dient seit Aufgabe des Mahlbetriebes 1978 als Museum. Hier hat der Mühlenmeister WILLI WITTE eine umfangreiche Sammlung historischer Sachzeugen der Müllerei und Landwirtschaft in der Uckermark zusammengetragen. Das Mühlenmuseum nebst benachbarter Gaststätte sind seitdem ein lohnenswertes Ausflugsziel. In der Nähe der Mühle wurden blaugraue Scherben und 2 Armbrustbolzen als Zeugnisse mittelalterlicher Besiedlung geborgen.

Nahe der Mühle erhebt sich die Ruine des Zisterziensernonnenklosters (Abb. 57). Nach 1539 wurde es zum sogenannten Festen Haus umgebaut. Der Verfall der Gebäude setzte nach dem Dreißigjährigen Krieg ein, wobei einige Ziegel in den Fundamentmauern der Klostermühle wiederverwendet wurden. Von der Kirche blieb die Nordwand mit einem Teil des Chorpolygons erhalten, von dem

Abb. 56 Blick über den Klosterteich zur Klostermühle in Boitzenburg

Abb. 57 Klosterruine bei Boitzenburg

J 7

Abb. 58 Gebiet um Boitzenburg (Ausschnitt aus dem Urmeßtischblatt 1839, Deutsche Staatsbibliothek Berlin, Kartenabteilung)

Konventshaus stehen noch die Westwand und der Südgiebel. Die Backsteinbauten ähneln in vielen Details dem Kloster Chorin, Kreis Barnim (s. Bd. 34, B 18). Die Gebäude müssen Bauleute errichtet haben, die zuvor am Choriner Ostbau tätig waren. Von den früh eingeführten Nutzpflanzen zeugt bis heute die Rosenmalve (*Malva alcea*) an der Klosterruine, die offizinell gegen Magen- und Darmkatarrhe, zur Schwangerschaftsdiagnose und als magisch-sakrale Zauberpflanze Verwendung fand.

Boitzenburg, ein ländliches Siedlungs- und Verwaltungszentrum, besitzt in Ansätzen einen kleinstädtischen Charakter, der unter anderen durch eine Vielzahl von

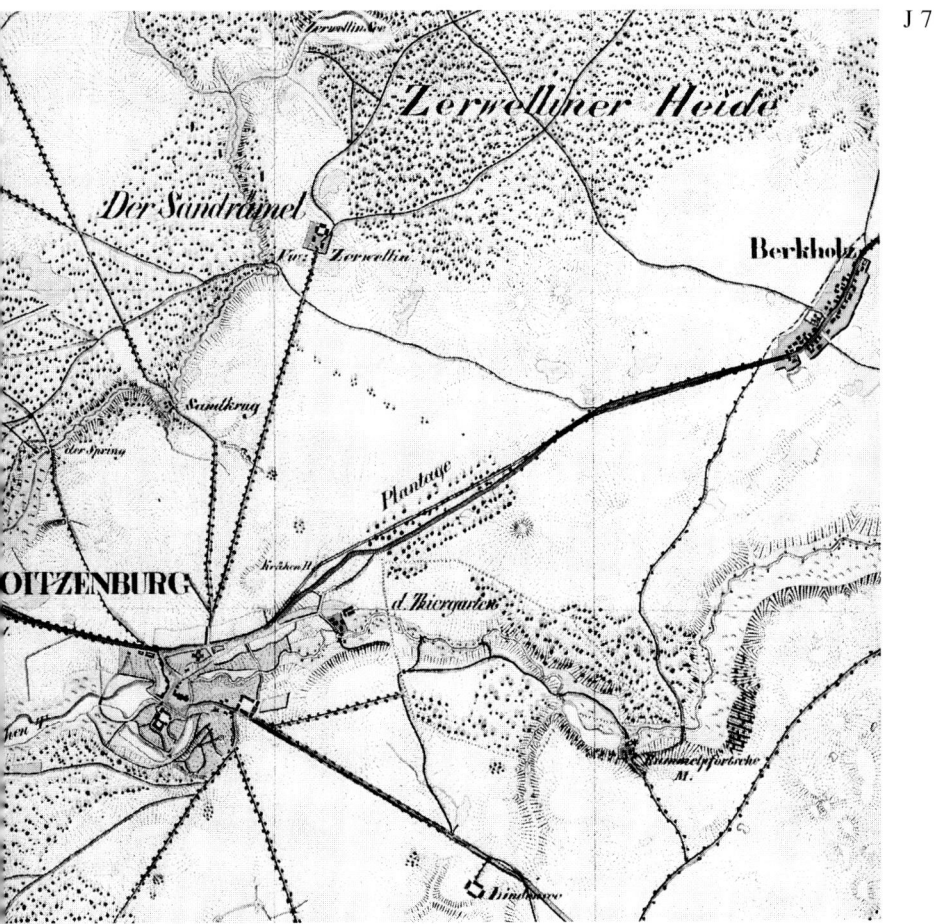

Versorgungseinrichtungen für die umgebenden Dörfer zum Ausdruck kommt. Außer Apotheke und Ärztehaus gibt es Kindergarten und -krippe sowie eine Gesamtschule mit Turnhalle. Der Ort besaß schon recht früh kleinstädtisch anmutende Gebäudeformen. Darüber hinaus ragen im N des Ortskerns fünfstöckige Wohnblocks, die Ende der siebziger Jahre entstanden und sich vom ortsüblichen Baustil abheben. Ehemals im Kreis Templin, seit 1994 im Landkreis Uckermark gelegen, verwaltet das 1992 gegründete Amt Boitzenburg/Uckermark 10 Gemeinden: Berkholz, Boitzenburg, Buchenhain, Funkenhagen, Hardenbeck, Haßleben, Jakobshagen, Klaushagen, Warthe und Wichmannsdorf. Des weiteren ist Boitzen-

J 7 burg Sitz der Oberförsterei Birkenhain, von deren 7 Revierförstereien die Förstereien Buchenhain und Boitzenburg die umgebenden Wälder und Forste verwalten. Mehrere Wirtschaftsbetriebe wurden in den letzten Jahren aufgelöst. So mußten unter anderen das Erholungsheim, die LPG Tierproduktion Philipp Müller und die 1905 gegründete Molkerei, seit 1978 ein Zweigbetrieb des volkseigenen Uckermärkischen Milchhofs in Prenzlau, geschlossen werden. Nach Umwandlung der Betriebsstruktur konnten sich jedoch die Boitzenburger Bau GmbH und die Uckermärkische Fisch GmbH halten. Letztere bewirtschaftet etwa 90 Gewässer mit einer Fläche von 3650 ha und liefert vor allem Hecht, Zander sowie Schleie und Forelle. Westlich des Ortes entstand eine neue Baumschule. 1981 zählte man in Boitzenburg selbst 1303 ständige Bewohner, 1991 waren es 1531.

J 8 Tiergarten

heißt das Geländestück (Abb. 58) am Strom zwischen der Klostermühle (s. J 7) und der Rummelpforter Mühle. Der Name *Thiergarten* wird 1775 erstmals erwähnt. Es handelt sich um Reste früherer Hutewälder, die durch jahrhundertelange Beweidung stark aufgelichtet waren und aus freistehenden alten Eichen bestanden. Für den Viehhof in Boitzenburg (s. J 7) sind schon Anfang des 17. Jh. bedeutende Tierbestände, vor allem Schafe und Schweine, belegt, und Waldweide war in den Boitzenburger Forsten bis in die erste Hälfte des 19. Jh. üblich. So werden 1827 für Boitzenburg 4018 Morgen „Hütung Laubheide" angegeben (s. F 4).

Das Gelände des Tiergartens wurde um 1780 als „offenes Land" dargestellt (HARNISCH 1968), es trug also nur noch stark heruntergewirtschafteten Wald. Seit dieser Zeit wurde es als herrschaftlicher Park geführt. Durch die Haltung von Damwild blieb der Charakter einer offenen Weidelandschaft mit parkartigem Baumbestand bis Anfang des 20. Jh. erhalten, wie Fotos von 1890 im Templiner Kreiskalender von 1929 zeigen. Von 1921 bis 1945 gab es hier auch bis zu 20 Wisente sowie 10 Mufflons.

Nach dem Zweiten Weltkrieg verfiel das Wildgatter, und aufwachsender Baumjungwuchs brachte einen Teil des früheren Hutewaldes zum Absterben. Der heutige Bestand setzt sich aus einer bedeutenden Anzahl prächtiger Eichen und Hainbuchen sowie aus im 19. Jh. gepflanzten Einzelbäumen, Baumgruppen und -reihen (Eiche, Roßkastanie, Linde) und aus Baumjungwuchs zusammen. Der Tiergarten wurde unter Naturschutz gestellt mit dem Ziel, den Charakter einer historischen Parklandschaft wiederherzustellen.

An den Hängen des Stromtales kommen auf nährstoffreichen Geschiebeböden Buchenhangwälder mit Leberblümchen (*Hepatica nobilis*), Lungenkraut (*Pulmonaria obscura*), Himmelschlüssel (*Primula veris*), Wald- und Hainveilchen (*Viola reichenbachiana* u. *riviniana*), Teufelskralle (*Phyteuma spicatum*), Christophskraut (*Actaea spicata*) und Waldsanikel (*Sanicula europaea*) vor. Den Strom säumt ein quellreicher Erlenbruchwald mit Wechselblättrigem Milzkraut (*Chrysosplenium alternifolium*) und Bitterem Schaumkraut (*Cardamine amara*). Auch das Entferntblütige Rispengras (*Poa remota*) kommt hier vor.

Rummelpforter Mühle, seit 1928 Ortsteil von Wichmannsdorf, J 9

liegt am Strom (s. J 10) etwa 2 km nördlich von ihrem Hauptort. Sie erscheint 1731 als *Rummelsfurthsche Mühle* zum ersten Mal in den Registern. Doch der Name kann jüngeren Datums, die Mühle weit älter sein. 1731 gehörte sie zum Besitz des Hauses Boitzenburg und arbeitete als Wassermühle. Im Jahre 1745 war sie unter Wichmannsdorf registriert, 1624 namenlos unter Berkholz. Vielleicht ist sie identisch mit der 1288 genannten markgräflichen Mühle an der Ükaritz (Strom) zwischen Berkholz und Kröchlendorf. Um 1900 gehörte die Rummelpforter, im Volksmund Rummelmühle genannte Mühle zum Gut Lindensee.

An der ehemaligen Mühle bestand eine Forellenmastanlage des VEB Binnenfischerei Neubrandenburg. Südlich davon befinden sich auf der Anhöhe am Waldrand mehrere Einfamilienhäuser.

Das Bestimmungswort Rummel ist möglicherweise ein Gewässername, der zu *Rummel* = Lärm, Gerassel bzw. *rummeln* = rumpeln, poltern gehören kann. Das Grundwort bezieht sich auf mittelniederdeutsch *vort* = Furt, Durchgang.

Strom J 10

Der Strom ist ein in mehrere Abschnitte gegliederter, größtenteils natürlicher Wasserlauf, der ursprünglich im Mellensee seinen Anfang nahm, aber durch menschliche Eingriffe bis zu den Feldberger Seen verlängert wurde. Seitdem beginnt er am Carwitzer See, passiert einen künstlichen Durchstich, die Isernpurt (s. E 6), und fließt als Wiesengraben und durch einen weiteren künstlichen Durchstich bei Funkenhagen (s. H 7) in den Mellensee (s. H 8). Über den Krewitzsee (s. H 9) und weiter in einem nach SO bis S verlaufenden Tälchen gelangt der Strom dann in den Schumellensee (s. J 5), wo er scharf nach O abbiegt und – über Boitzenburg nach NO weiterfließend – nach etwa 30 km langem Lauf in Prenzlau in die Ucker mündet. Das Gefälle des Stroms beträgt rund 66 m, also 2,2 m/km. Das Einzugsgebiet liegt über 100 m ü. NN hoch und liefert große Abflüsse. Außerdem vermutet man starke Grundwasserzutritte von N her.

Im Mittelalter trug der Strom den Namen Ükaritz (1288), der eine slawisch/altpolabische Bildung vom vorslawischen Flußnamen Ucker darstellt und etwa Kleine Ucker bedeutet. Seit langem ist für ihn jedoch die deutsche Bezeichnung Strom üblich. Daneben gab es früher noch den Namen Die Prentzlowsche Mühlenbache.

Wo der Strom zwischen der Isernpurt und Funkenhagen eine schmale Grünlandsenke durchfließt, wachsen in dem klaren, nährstoffreichen Wasser üppige Polster von Wasserpflanzen. Meist herrschen Spreizhahnenfuß (*Ranunculus circinatus*) und Krauses Laichkraut (*Potamogeton crispus*) vor, daneben gedeihen Kanadische Wasserpest (*Elodea canadensis*), Ähriges Tausendblatt (*Myriophyllum spicatum*), Kammlaichkraut (*Potamogeton pectinatus*) und Hornblatt (*Ceratophyllum demersum*). Bei Zufluß verunreinigten Wassers aus Seitengräben entwickeln sich dichte Algenwatten (*Cladophora fracta*).

Auf seinem weiteren Lauf treten Wasserpflanzen überall dort ganz zurück, wo der Strom durch Wälder und Ufergehölze fließt und dadurch stark beschattet wird. An besonnten Abschnitten hingegen gibt es mehr oder weniger dichte Fließ-

J 10 wassergesellschaften mit flutenden Formen des Einfachen Igelkolbens (*Sparganium emersum* subsp. *emersum*), mit Wasserstern (*Callitriche*), Kanadischer Wasserpest und untergetauchten Formen des Wassermerks (*Sium erectum*). Bei starker Abwasserbelastung, so unterhalb von Boitzenburg, treten auch die obengenannten Nährstoff- und Verschmutzungszeiger streckenweise wieder in den Vordergrund.

Sowohl bei Mathildenhof als auch hinter der Gollmitzer Mühle kann man im Strom die seltene Süßwasser-Rotalge *Hildenbrandia rivularis* finden. Die schattenliebende Art bildet auf Steinen und Molluskenschalen karminrote Krusten und ist charakteristisch für nicht bis wenig verschmutzte schnell fließende Bäche und Brandungsufer.

Bei Boitzenburg wird der Strom mehrfach aufgestaut. Oberhalb vom Ort liegt der Küchenteich. Wie schon 1575, als er *Küchendieck* hieß, umrahmen ihn auch heute noch Ufergehölze aus Erlen. Das flache Gewässer enthält breite und artenreiche Röhrichtbestände sowie zahlreiche Wasserpflanzen, darunter auch einige seltene Laichkrautarten: Stumpfblättriges (*Potamogeton obtusifolius*), Stachelspitziges (*P. mucronatus*) und Haarblättriges Laichkraut (*P. trichoides*).

Der unterhalb von Boitzenburg gelegene Klostermühlteich weist infolge starker Abwasserbelastung nicht nur üppige Röhrichte mit Wasserschwaden (*Glyceria maxima*) und Breitblättrigem Rohrkolben (*Typha latifolia*) auf, sondern auch ausgedehnte Wasserlinsendecken. In ihnen tritt die Bucklige Wasserlinse (*Lemna gibba*), ein Verschmutzungsanzeiger, reichlich auf. Innerhalb des Tiergartens (s. J 8) staute man 1949 nach Abholzung früherer Erlenbestände den Strom zu 2 Fischteichen an, in denen Graskarpfen eingesetzt sind. Älteren Datums ist der Mühlteich der ehemaligen Rummelpforter Mühle (s. J 9), in dem viele Gelbe Teichrosen (*Nuphar lutea*), hier Mummeln genannt, wachsen. Im Uferröhricht gibt es unter anderem Kalmus (*Acorus calamus*) und Ufersegge (*Carex riparia*).

Zwischen der Rummelpforter Mühle und Berkholz durchbricht der Strom in einem tiefeingeschnittenen, steilhängigen Kerbsohlental die Endmoränen der Gerswalder Staffel. Aufgrund der unzugänglichen Lage konnte sich hier eine Pflanzendecke erhalten, die vielgestaltig ist und eine große Anzahl selten gewordener und gefährdeter Arten enthält. Aufgrund der außerordentlich reichen Naturausstattung wurde das Stromtal 1989 als Naturschutzgebiet gesichert. Die Ufer des stark mäandrierenden Baches werden vom Schwertlilien-Erlen-Wald gesäumt. An quelligen Standorten kommen auch Quellerlenwälder mit Bitterem Schaumkraut (*Cardamine amara*) vor. Infolge starken Einflusses von Quellwasser von den Talrändern her nehmen Quellmoore den größten Teil des ansteigenden Talgrundes ein. Ausgedehnte und hoch aufgewölbte Quellkuppen sind mit mächtigen Bulten der Rispensegge (*Carex paniculata*), mit Schilf (*Phragmites australis*) und Grauweidengebüsch bewachsen. Auf ehemals extensiv genutzten Standorten gedeihen großflächig Quellriede der Stumpfblütigen Binse (*Juncus subnodulosus*). Als vorherrschender Feuchtwiesentyp nichtquelliger Moorstandorte im Tal tritt die Schlangenknöterich-Trollblumen-Kohldistel-Wiese auf, deren Auflassungsstadien heute große Flächen einnehmen.

Das Vegetationsmosaik an den südexponierten Steilhängen setzt sich aus Zittergras-Weiderasen, Fiederzwenken-Schillergras-Weiderasen, Rosen- und Schlehengebüsch sowie Resten eines Himmelschlüssel-Feldahorn-Buchen-Steilhangwaldes zusammen. Besonders reich an seltenen und zum Teil vom Aussterben bedroh-

ten Pflanzenarten sind die quelligen Feuchtwiesen. Hier wurden unter anderen J 10
festgestellt: Abbißpippau (*Crepis praemorsa*), Trollblume (*Trollius europaeus*), Fleischfarbene und Breitblättrige Kuckucksblume (*Dactylorrhiza incarnata* u. *majalis*), Sumpfherzblatt (*Parnassia palustris*), Prachtnelke (*Dianthus superbus*), Breitblättriges Wollgras (*Eriophorum latifolium*), Sumpfläusekraut (*Pedicularis palustris*), Zweihäusige und Drahtsegge (*Carex dioica* u. *diandra*) sowie die Natternzunge (*Ophioglossum vulgatum*). An den trockenen Hängen kommen Trugdoldiges Habichtskraut (*Hieracium cymosum*), Schopfige Kreuzblume (*Polygala comosa*), Aufrechter Ziest (*Stachys recta*), Kleines Mädesüß (*Filipendula vulgaris*) und Knäuelglockenblume (*Campanula glomerata*) vor. Auf angrenzenden kalkreichen Äckern wachsen unter anderen Ackerrittersporn (*Consolida regalis*), Gezähnter Feldsalat (*Valerianella dentata*), Ackerlichtnelke (*Melandrium noctiflorum*) und Ackerröte (*Sherardia arvensis*).

Der Strom und seine Zuflüsse stellen Refugien für gefährdete Fischarten im Flachland dar. Hier vermehrt sich die Bachforelle auf natürliche Art, hier leben auch die geschützten Arten Schmerle und Bachneunauge. Für den Bachabschnitt bei Mathildenhof liegt sogar die Meldung über das Vorkommen des Steinbeißers vor, einer ebenfalls geschützten Art. Weitere Fischarten sind Dreistachliger Stichling, Gründling, Hecht und Regenbogenforelle.

Lindensee, seit 1928 Ortsteil von Wichmannsdorf, J 11

liegt etwa 1 km nordwestlich von seinem Hauptort und wurde 1822 erstmals genannt. Sein Name nimmt wohl auf eine damalige Lindengruppe an der Nordseite des Krummen Sees Bezug. Dieser beginnt unmittelbar östlich des Ortsteiles und erstreckt sich, rund 100 m breit, 700 m weit nach S. Seine Wasseroberfläche liegt bei 71,5 m ü. NN. Oberirdische Zu- und Abläufe sind nicht vorhanden.

Das Vorwerk Lindensee entstand 1822 auf dem Wichmannsdorfer Feld, nachdem die Bauern der Gutsherrschaft zu Boitzenburg zum Zwecke der Dienstregulierung 17¼ Hufen (= 1331 Morgen), das heißt knapp ein Drittel ihrer Feldmark, abtreten mußten. 149 Morgen wurden dem Müller der Rummelpforter Mühle verpachtet. Das Vorwerk bewirtschaftete den Acker in 7 Schlägen á 98 Morgen. Zum Gutsbezirk Lindensee gehörte außerdem das ebenfalls auf Wichmannsdorfer Feldmark 1824 aus dem Areal von 2 separierten und zusammengelegten Bauernhöfen mit 416 Morgen Acker, 41 Morgen Wiese und Brüche gegründete Vorwerk Sternthal des Hauses Boitzenburg. In Lindensee gab es um 1860 auch eine Ziegelei.

1945 wurde das Vorwerk im Zuge der Bodenreform enteignet und aufgeteilt. Die Lindenseer Bauern wurden nach 1952 bzw. 1960 mit denen von Wichmannsdorf (s. J 7) und Sternthal genossenschaftlich zusammengeschlossen. Heute leben in diesem Ortsteil etwa 50 Einwohner.

ANHANG

A. Einwohnerzahlen im 19. und 20. Jahrhundert[1]

Ortsname	1840[2]	1871/75[3]	1910[4]	1939[5]	1950[6]	1964[7]	1971[8]	1981[9]	1989[10]	1991[11]	1994[12]
Arendsee	198	279	266	343	606	398	393	310	284	292	252
Arnimshain	10	97		280	576	siehe Buchenhain					
Beenz	163	234	197	190	301	229	196	178	164	157	286
Berkholz	223	338	229	228	383	241	251	184	148	146	143
Boisterfelde	55	71	zu Mellenau								
Boitzenburg	938	977	886	783	1062	1017	932	1303	1543	1531	1526
Brüsenwalde	134	92	zu Rosenow								
Buchenhain	siehe Arnimshain					670	623	442	386	379	358
Buchenhain II	siehe Krewitz					zu Buchenhain					
Cantnitz		320	312	268	413	283	282	zu Lüttenhagen			
Carwitz		333	262	247	435	298	zu Feldberg				
Conow		136	136	255	884	667	661	562	543	548	528
Dolgen		271	243	208	346	463	476	959	956	956	898
Feldberg	715[13]	1042	1426	1588	2849	3120	3012	3068	3009	2944	2798
Ferdinandshorst	115	112	102	257	431	244	244	176	148	143	129
Funkenhagen	54	61	92	194	261	313	320	410	352	346	320
Fürstenau	69	88	zu Mellenau								
Fürstenhagen		312	248	215	202	zu Conow					
Fürstenwerder	1244	1433	1322	1394	1602	1241	1190	1004	1041	1035	917
Hardenbeck	470	673	547	528	764	464	453	616	593	604	551
Koldenhof		183	159	190	355	zu Dolgen					
Kraatz	164	129	103	399	515	325	298	186	132	127	109
Krewitz	141	173	zu Armimshain								
Krüselin		50	zu Dolgen								
Laeven		139	114	95	247	162	zu Feldberg				
Lichtenberg		172	143	229	402	695	683	714	676	659	602
Lindensee	24	64	zu Wichmannsdorf								
Lüttenhagen		121	153	204	420	272	252	392	336	346	323
Mathildenhof		15	zu Hardenbeck								
Mechow		226				178	zu Dolgen				
Mellenau		52	112	280	488	zu Buchenhain					
Möllenbeck		173	153	283	581	418	387	955	913	894	872

198

Ortsname	1840[2]	1871/75[3]	1910[4]	1939[5]	1950[6]	1964[7]	1971[8]	1981[9]	1989[10]	1991[11]	1994[12]
Neuhof			102	116	zu Feldberg						
Parmen	243	147	240	407	540	806	757	589	528	513	491
Parmen-Weggun		231				zu Parmen-Weggun					
Raakow	111	89	zu Arendsee								
Rosenow	208	304	233	309	471	305	266	zu Hardenbeck			
Rummelpforter Mühle	11	zu Wichmannsdorf									
Schlicht		156	132	95	253	187	167	zu Feldberg			
Steinrode		81	zu Funkenhagen								
Thomsdorf	433	500	394	313	439	271	235	zu Funkenhagen			
Tornowhof		62	zu Wittenhagen								
Triepkendorf		438	920	720	1065	785	765	zu Dolgen			
Warbende	81	85	zu Parmen								
Weggun	350	467	310	321	427	zu Parmen-Weggun					
Weitendorf		98	zu Lüttenhagen								
Wendorf		57	93	83	zu Lichtenberg						
Wilhelmshayn	61	64	zu Fürstenwerder								
Wittenhagen		101				245	zu Conow				
Wrechen		180				195	zu Lichtenberg				
Zerwelin	39	43	zu Boitzenburg								

1) Von Dr. GERHARD NARWELEIT und von Frau Dr. LIESELOTT ENDERS
2) Nach ENDERS 1986 a
3) Nach Die Gemeinden und Gutsbezirke der Provinz Brandenburg 1873 (betr. brandenburgische Orte) und Ortschafts-Verzeichniß des Großherzogthums Mecklenburg-Strelitz 1875 (betr. mecklenburgische Orte)
4) Nach ENDERS 1986a
5) Nach ENDERS 1986a
6) Material Eingemeindungskartei des ehemaligen Instituts für Geographie und Geoökologie Leipzig
7) Nach ENDERS 1986a
8) Nach ENDERS 1986a
9) Staatliche Zentralverwaltung für Statistik.Ergebnisse der Volks-, Berufs-, Wohnraum- und Gebäudezählung
10) Bauakademie der Deutschen Demokratischen Republik. Gemeindekatalog zum Zentralspeicher Städtebau. Berlin 1989.
11) Nach Ortsbuch der Bundesrepublik Deutschland, hg. von WILLY WEBER, Frankfurt am Main, 13. Ausgabe 1993.
12) Nach Unterlagen der Wirtschaftsförderung Mecklenburg-Strelitz und Uckermark
13) 1839, nach Großherzoglich Mecklenburg-Strelitzscher Staatskalender auf das Jahr 1841

B. Forst Boitzenburg im Jahre 1828

(nach Brandenburgisches Landeshauptarchiv Potsdam, Rep. 37, Herrschaft Boitzenburg, Nr. 2508 und 2514)

Forstort	Eichen	Buchen	Birken	Erlen	Kiefern	Blößen	Holzboden	Nichtholz-boden	Gesamtfläche
Beenzer Hohe Heide	–	–	–	–	181/38	–	181/38	9/164	191/22
Beenzer Tanger	–	–	–	–	318/4	27/46	345/50	14/74	359/124
Brüsenwalder Eingeteilte Heide	–	531/92	–	–	3160/13	2/74	36/179	388/40	4082/39
Brüsenwalder Uneingeteilte Heide	–	623/26	–	57/126	119/51	–	800/23	70/75	870/98
Crewitzer Außenländereien	–	–	–	–	–	1112/88	1112/88	–	1112/88
Crewitzer Heide	1526/14	1404/173	81/86	71/46	178/2	74/135	3336/96	602/120	3939/36
Funkenhagensche Heide	6/78	1764/124	–	91/51	47/13	29/177	1939/83	244/32	2183/115
Gehege	–	1410/154	49/121	–	20/36	4/22	1484/153	169/36	1654/29
Götzkendorfer Heide	1/108	82/150	–	11/120	1377/94	1/156	1475/48	139/140	1615/48
Große Warthe Heide	–	–	–	–	2536	-2536	115/65	2651/65	–
Haßlebener Saugartenholz	114/126	–	–	–	174/144	–	289/90	45/18	334/108
Haßlebener Tanger	–	–	–	–	300/105	–	300/105	4/143	305/68
Jungfernheide	211/74	3477/179	6/121	25/60	1056/33	169/2	4946/109	999/11	5946/40
Kleine Warthe Heide	–	–	–	–	317/170	12/161	330/151	–	330/151
Mahlendorfer Hohe Heide	138/117	160/132	–	13/59	8839/117	50/175	9203/60	236/135	9440/15
Sand-Rähmel	–	–	149/146	–	392/36	–	542/2	20/86	562/88
Thomsdorfer Tanger	–	–	–	–	565/72	–	565/72	30/27	595/99
Trebowsches Holz	270/29	–	–	–	53/3	19/73	341/105	47/68	388/173
Wichmannsdorfer Tanger	–	–	–	–	309/65	–	309/65	24/78	333/143
Zerweliner Heide	127/30	–	329/145	9/76	3189/120	–	3656/111	121/58	3777/169
Insgesamt:	1912/74	9418/1	617/79	277/17	23206/41	1489/105	36920/137	3185/88	40106/45

Anm.: Angaben in Morgen/Quadratruten   1 Morgen = 180 Quadratruten = 0,2553 ha

C. Bettenplätze, Bungalows und Campingplätze in Orten des Kreises Neustrelitz. Stand 1989

(nach Unterlagen der ehemaligen Kreisplankommission des Rates des Kreises)

Ort/Ortsteil	Jahr	Anzahl der Bettenplätze (FDGB, Betriebe)	Bungalows gesamt	davon Betriebe	Campingplätze Anzahl	Kapazität
Feldberg	vor 1960	25	–	–	1	400
	um 1970	930	51	42	2	1080
	1988	1470	149	87	2	1080
Stadtteil Carwitz	vor 1960	–	–	–	1	400
	um 1970	40	7	–	1	400
	1988	85	38	31	1	400
Conow	vor 1960	–	–	–	–	–
	um 1970	–	–	–	1	120
	1988	–	–	–	1	120
Ortsteil Wittenhagen	vor 1960	–	–	–	–	–
	um 1970	16	–	–	–	–
	1988	76	–	–	–	–
Lichtenberg, Ortsteil Wrechen	vor 1960	–	–	–	–	–
	um 1970	40	–	–	–	–
	1988	40	–	–	–	–
Lüttenhagen, Ortsteil Cantnitz	vor 1960	–	–	–	–	–
	um 1970	10	–	–	–	–
	1988	10	–	–	–	–

D. Literaturverzeichnis

I. Karten

Abriß von der Grenze zu der Mark Brandenburg zwischen Fürstenwerder und Klein Mechow. T. STELLA, 1578. Mecklenburgisches Landeshauptarchiv Schwerin, Kartenbestand, Nr. 370
Atlas der Bezirke Rostock, Schwerin und Neubrandenburg. Textheft zum Bd. I: Natur des Landes. Schwerin 1962
BECKER: Plan von der Großherzoglichen Bauerdorf Feldmark Fürstenhagen, Amts Feldberg. 1824, Nr. I. Mecklenburgisches Landeshauptarchiv Schwerin, Kartenbestand
ENGEL, F. (Hrsg.): Historischer Atlas von Mecklenburg. Köln/Wien 1969
Feldberg mit sämtlichen Flurbezeichnungen. O. J., Nr. X. Mecklenburgisches Landeshauptarchiv Schwerin, Kartenbestand
Feldberger Seenlandschaft 1 : 25000. Nordland Kartenverlag GmbH Schwerin-Hannover o.J.
Feldberger Landschaft 1 : 25 000. Tourist Verlag, Kümmerly & Frey, 1992–1994
Geometrische Delineation vom Amt Feldberg, Neuhof und Läwenn. Vor 1756. Mecklenburgisches Landeshauptarchiv Schwerin, Kartenbestand
Geometrische Delineation von Schlicht. O. J., Nr. I. Mecklenburgisches Landeshauptarchiv Schwerin, Kartenbestand
Geometrische Delineation von Carwitz. O. J., Nr. I. Mecklenburgisches Landeshauptarchiv Schwerin, Kartenbestand
GÜSSEFELD, F. L.: Karte von der Uckermark. 1792. Brandenburgisches Landeshauptarchiv Potsdam, Allgemeine Kartensammlung 348
Historischer Atlas der Provinz Brandenburg 1 : 350000. Hrsg. von der Historischen Kommission für die Provinz Brandenburg und die Reichshauptstadt Berlin. Berlin 1933–1939
Historischer Handatlas von Brandenburg und Berlin. Berlin 1963 ff.
JUNGE, A. (Hrsg.): Deine deutsche Heimat. Erläuterungen und Deckblätter zur Karte des Deutschen Reiches 1 : 100000 des Reichsamtes für Landesaufnahme. Erste Folge: Die Mark Brandenburg in 45 Blättern. Blatt 185 Woldeck. Potsdam 1939
Karte vom Amt und Flecken Feldberg. 1821/22. Mecklenburgisches Landeshauptarchiv Schwerin, Kartenbestand
Karte des Kreises Prenzlau. Um 1867. Brandenburgisches Landeshauptarchiv Potsdam. Pr. Br. Rep. 2A, Plankammer der Regierung Potsdam, Domänen, Kreis Prenzlau 102
Karte des Kreises Templin. Um 1867. Brandenburgisches Landeshauptarchiv Potsdam. Pr. Br. 2A, Plankammer der Regierung Potsdam, Domänen, Kreis Templin 279
Land Brandenburg 1 : 300000. 4. Aufl. Potsdam 1995
MENDE: Charte von dem Atelschen Gute Lichtenberg. 1756, Nr. I. Mecklenburgisches Landeshauptarchiv Schwerin, Kartenbestand
Plan von dem Feldberger Glashütten Platz nebst Zubehörde. 1806, Nr. I a. Mecklenburgisches Landeshauptarchiv Schwerin, Kartenbestand

Ruppiner Land 1:100 000. 2. Aufl. Potsdam 1992
SCHMETTAU, F. W. C. VON: Carte Chorographique et Militaire du Duché de Mecklenburg-Strehlitz, 9 Sections. Berlin 1780. Nr. 1. Mecklenburgisches Landeshauptarchiv Schwerin, Kartenbestand
SOTZMANN, D. F.: Spezialkarte der Uckermark. 1796. Brandenburgisches Landeshauptarchiv Potsdam, Allg. Kartensammlung 340
Topographische Karte 1:25 000 (Normalausgabe), Nr. 2646 Feldberg. 1995
Topographische Karte (Meßtischblätter) 1:25 000, Nr. 2646 Feldberg, Nr. 2647 Fürstenwerder, Nr. 2746 Thomsdorf, Nr. 2747 Boitzenburg, alle Karten Ausgabe 1884 (Nachträge 1932)
Urmeßtischblätter. Um 1825. Staatsbibliothek Berlin, Kartenabteilung
Wanderkarte Feldberg–Mecklenburg 1:25 000. VEB Landkartenverlag Berlin o. J. (1957)
Wanderkarte Feldberger Landschaft 1:30 000. VEB Tourist Verlag Berlin 1977
Wasserwanderatlas der Deutschen Demokratischen Republik. Teil: Mecklenburger Gewässer. Berlin u. Leipzig 1978

II. Archivalische Quellen

Brandenburgisches Landeshauptarchiv
  Pr. Br. Rep. 2 Kurmärkische Kriegs- und Domänenkammer
  Pr. Br. Rep. 2 A Regierung Potsdam, Abt. I Kommunal-S., Kataster, Abt. II Kirchen und Schulen, Abt. III Domänen und Forsten
  Pr. Br. Rep. 4 A Kurmärkisches Kammergericht
  Pr. Br. Rep. 6 B Landratsämter Templin und Prenzlau
  Pr. Br. Rep. 7 Domänenamt Badingen
  Pr. Br. Rep. 10 B Zisterziensernonnenkloster Boitzenburg
  Pr. Br. Rep. 16 Nachlaß BRATRING, Nachlaß BERGHAUS
  Pr. Br. Rep. 23 A Kurmärkische Stände, u. a. B. Ritterschaftliche Hypothekendirektion
  Pr. Br. Rep. 24 Landeskulturamt
  Pr. Br. Rep. 37 Herrschaft Boitzenburg
  Pr. Br. Rep. 78 Kurmärkische Lehnskanzlei
  Pr. Br. Rep. 250 Landratsämter Templin und Prenzlau
Geheimes Staatsarchiv, Preußischer Kulturbesitz Berlin
  Rep. 21 Brandenburgische Städte, Ämter und Kreise
  Rep. 22 Adlige Familien und Schulzengerichte der Mark Brandenburg
  Rep. 54 Uckermark und Ländchen Stolp
  Rep. 78 Kurmärkische Lehnskanzlei (bis gegen 1550)
  Rep. 92 Nachlaß BECKMANN
  Generaldirektorium, Kurmark
Mecklenburgisches Landeshauptarchiv Schwerin:
  Archivsammlung der Arbeitsgemeinschaft für uckermärkische Kirchengeschichte. Z. Z. Greiffenberg/Uckermark
  Landesgrenzsachen
  STELLA, T.: Designation und notwendiger Bericht von den Landesgrenzen zwischen den Kur- und Fürstlichen Häusern Mark und Mecklenburg gegen die

Uckermark im Bereich der Güter derer von Blankenburg zu Wolfshagen und derer von Arnim zu Boitzenburg in den Ämtern Stargard, Feldberg und Fürstenberg. 1578. Nr. 370 der Landesgrenzakten.

III. Literatur

ALBRECHT, W.: Erfahrungen und Ergebnisse analytischer Untersuchungen zur Naherholung im Bezirk Neubrandenburg. In: Gesellschaftliche Determination der Rekreationsgeographie. Greifswald 1987, S. 92–104

Anonym: Aus dem Boitzenburger Park. Templiner Kreiskalender 2 (1929), S. 50–53

ARENDT, K.: Die Ergebnisse der floristischen Rasterkartierung gefährdeter Arten im Kreis Templin. Bot. Rundbrief Bezirk Neubrandenburg 18 (1986), S. 25–29

ARENDT, K.; GERHARDT, W.; HEINRICH, D.: Bericht über das 2. Arbeitstreffen Mecklenburger Floristen vom 18. bis 23. August 1980 in Templin. Bot. Rundbrief Bezirk Neubrandenburg 12 (1981), S. 85–94

ARNDT, C.: Sprockfitz und die Seen bei Feldberg. Archiv d. Vereins d. Freunde d. Naturgeschichte in Mecklenb. 34 (1880), S. 253–263

ARNDT, C.: Flora von Feldberg. Archiv d. Vereins d. Freunde d. Naturgeschichte in Mecklenb. 35 (1882), S. 54–87

ARNIM, W.-W., Graf v.: Schloß Boitzenburg in der Uckermark. Beiträge zur uckermärkischen Kirchengeschichte 4 (1979), S. 23–30

ARNSWALD, W. V.; DEVRIENT, E.: Das Geschlecht von Arnim, Teil 2, Geschichte der Familie. Prenzlau 1923

BARBY, R.: Der Abfluß der Feldberger Seen. Archiv d. Freunde d. Naturgeschichte Mecklenb. 1 (1955), S. 29–35

BARBY, R.: Die Feldberger Seen- und Endmoränenlandschaft. Leipzig 1956 (Heimat- und Wanderbuch 4)

BARBY, R.: 700 Jahre Feldberg. Festschrift. Neustrelitz 1956

BARBY, R.: Der Sprockfitz und der Weitendorfer Haussee. Natur u. Heimat 3 (1961), S. 121–124

BARBY, R.: Das Scharteisen. Naturschutzarbeit in Mecklenb. 4 (1961), S. 65–69

BARBY, R.: Die „Wüste Dorfstelle" in Abteilung 72 vom Forst Lüttenhagen. Mitt. d. Bezirksfachausschusses f. Ur- u. Frühgeschichte Neubrandenburg 12 (1965), S. 15–22

BARBY, R.: Neue glazialmorphologische Erkenntnisse aus dem Feldberger Gebiet. Geogr. Ber. 11 (1966) 1, S. 12–34

BARBY, R.: Der Bisam (Ondatra zibethicus), ein Schädling im Feldberger Landschaftsschutzgebiet. Naturschutzarbeit in Mecklenb. 10 (1967) 1, S. 45–46

BARBY, R.: Verweilzeit des Wassers in den Feldberger Seen. Archiv d. Freunde d. Naturgeschichte Mecklenb. 13 (1967), S. 121–126

BARBY, R.: Die Bisamratte im Feldberger Gebiet. Naturschutzarbeit in Mecklenb. 12 (1969) 2/3, S. 49

BARBY, R.: Besonderheiten der Pflanzenwelt im Naturschutzgebiet Sprockfitz. Labus 1 (1973), S. 9–16.

BARBY, R.: Feldberger Seen. 7. Aufl., aktualisiert durch U. VOIGTLÄNDER. Berlin u. Leipzig 1985 (Wanderheft 15)

BARBY, R.: Zum Wasserhaushalt der Feldberger Seen. Natur u. Naturschutz in Mecklenb. 23 (1986), S. 42–49

BECHTOLD, H.: Templiner Dorfkirchen. Templiner Heimatkalender 2 (1929), S. 103–106

BENTHIEN, B.: Neustrelitzer Kleinseenlandschaft. In: Handbuch der naturräumlichen Gliederung Deutschlands. 7. Lief. Bad Godesberg 1961, S. 1082–1083

BERGHAUS, H.: Landbuch der Mark Brandenburg und des Markgrafthums Niederlausitz in der Mitte des 19. Jahrhunderts. 3 Bände. Brandenburg 1854, 1855, 1856

BERNOULLI, J.: Sammlung kurzer Reisebeschreibungen. Berlin u. Altenburg 1781

BEYER, W. G.: Die Landwehren und die Grenzheiligthümer des Landes der Redarier. Jb. d. Vereins f. mecklenb. Geschichte u. Altertumskunde 37 (1872), S. 42–171

Bezirk Neubrandenburg. Berlin 1982 (Die Bau- und Kunstdenkmale in der DDR)

Die Bezirke Neubrandenburg, Rostock, Schwerin. 2. Aufl. Berlin 1980 (Handbuch der deutschen Kunstdenkmäler)

BLIETSCHAU, E.: Stadtbefestigung und Stadttore von Fürstenwerder. Heimatkalender für d. Kreis Prenzlau 11 (1968), S. 108–114

BOLL, F.: Geschichte des Landes Stargard bis zum Jahre 1471. Teil I u. II Neustrelitz 1846 u. 1847

BORRMANN, K.: Der Flußregenpfeifer als Brutvogel im Kreis Neustrelitz. Labus 3 (1973), S. 23–24

BORRMANN, K.: Elch bei Feldberg. Labus 5 (1975), S. 5–7

BORRMANN, K.: Eine Schnee-Eulenbeobachtung bei Feldberg. Labus 6 (1976), S. 4–5

BORRMANN, K.: Der Cantnitzer Wacholderberg. Labus 7 (1977), S. 48–54

BORRMANN, K.: Der Park Hullerbusch. Naturkundl. Forsch. u. Ber. aus d. Kreis Neustrelitz 1 (1978), S. 19–24

BORRMANN, K.: Der Waschbär – eine neue Tierart im Kreis Neustrelitz. Naturkundl. Forsch. u. Ber. aus d. Kreis Neustrelitz 2 (1979), S. 11–15

BORRMANN, K.: Zum Vorkommen von Kleinsäugern im NSG „Heilige Hallen". Naturkundl. Forsch. u. Ber. aus d. Kreis Neustrelitz 2 (1979), S. 33–36

BORRMANN, K. u. S.: Zur Kleinsäugerfauna des FND Wacholderberg und NSG Hauptmannsberg bei Feldberg. Zool. Rundbrief Bezirk Neubrandenburg 3 (1983), S. 55–57

BORRMANN, K.: Einbürgerung, Ausbreitung und Vorkommen der Späten Traubenkirsche (Padus serotina BORKH.) in der Oberförsterei Lüttenhagen (Kreis Neustrelitz). Botan. Rundbrief f. d. Bez. Neubrandenburg 19 (1987), S. 13–18

BORRMANN, K.: Ergänzung zur Einbürgerung der Späten Traubenkirsche (Padus serotina BORKH.) in Mecklenburg. Botan. Rundbrief f. d. Bez. Neubrandenburg 21 (1989), S. 23–24

BORRMANN, K.: Der historische Forstgarten Lüttenhagen. Forst und Holz 51 (1996), Nr. 13, S. 437–438

BORRMANN, K.: Förster- und andere Waldläufersteine im Forstamt Lüttenhagen. Informationsblatt der Forstdirekton Mecklenburg-Ost 1993. Ausgabe 2. S. 18–19

BRAMER, H.: Oberes Tollensegebiet, Woldegk-Feldberger Hügelland und Ucker-

märkisches Hügelland. In: Handbuch der naturräumlichen Gliederung Deutschlands. 7. Lief. Bad Godesberg 1961, S. 1067–1072
Brandenburgische Geschichte, hrsg. von I. MATERNA und W. RIBBE. Berlin 1995
BRATRING, F. W. A.: Statistisch-topographische Beschreibung der gesamten Mark Brandenburg. Bd. II. Berlin 1805; verbesserte Neuausgabe von O. BÜSCH u. G. HEINRICH. Berlin (West) 1968 (Veröffentl. d. Histor. Kommission zu Berlin [West] 22)
BRETSCHNEIDER, A. (Begründer): Brandenburg-Berlinisches Wörterbuch. Berlin 1976 ff. Bd. 1 ff.
BRUNS-WÜSTEFELD, K.: Die Uckermark in slawischer Zeit, ihre Kolonisation und Germanisierung. Prenzlau 1919 (Arbeiten d. Uckermärk. Museums- u. Geschichts-Vereins zu Prenzlau 5)
Corpus archäologischer Quellen zur Frühgeschichte auf dem Gebiet der Deutschen Demokratischen Republik (6. bis 12. Jahrhundert), 2. Lief. Berlin 1979
CURSCHMANN, F.: Die Diözese Brandenburg. Leipzig 1906
CZEPA, O.; SCHELLENBERGER, G.: Über den Wärmehaushalt des Breiten Luzin und Haussees bei Feldberg (Mecklenburg) Acta Hydrophysica 3 (1956), S. 161–162
DEVRIENT, E. (Bearb.): Das Geschlecht von Arnim. 1. Teil: Urkundenbuch. Leipzig 1914
DITTRICH, F.: Zum Vorkommen der Uferschwalbe. Labus 5 (1975), S. 20–23
DOLL, R.: Der Waschsee bei Mechow. Natur u. Naturschutz in Mecklenb. 15 (1979), S. 81–89
DORNBUSCH, M.: Zur Vogelbesiedlung norddeutscher Buchenwaldgesellschaften. Vogelschutz u. Vogelkunde 3 (1969), S. 41–46
DRIESCHER, E.: Historisch-geographische Veränderungen von Gewässereinzugsgebieten im Jungmoränengebiet der DDR. Geogr. Ber. 28 (1983) 2, S. 103–118
DRIESCHER, E.: Historische Schwankungen des Wasserstandes von Seen im Tiefland der DDR. Geogr. Ber. 31 (1986) 3, S. 159–171
DUNCKER, A. (Hrsg.): Die ländlichen Wohnsitze, Schlösser und Residenzen ritterschaftlicher Grundbesitzer in der preußischen Monarchie nebst den königlichen Familien-Haus-Fideikommiß-Schatullen-Gütern. Bde 1–16. Berlin 1857–1881
Um Eberswalde, Chorin und den Werbellin-See. Berlin 1981 (Werte unserer Heimat 34)
ENDERS, L.: Hochmittelalterliche Herrschaftsbildung im Norden der Mark Brandenburg. Jb. f. Geschichte d. Feudalismus 9 (1985), S. 19–52 (betr. Uckermark)
ENDERS, L. (Bearb.): Historisches Ortslexikon für Brandenburg. Teil VIII: Uckermark. Weimar 1986a (Veröffentl. d. Staatsarchivs Potsdam 21)
ENDERS, L.: Entstehung und Entwicklung der uckermärkischen Städte im hohen Mittelalter. Jb. f. Regionalgeschichte 13 (1986b), S. 24–59 (betr. Boitzenburg, Fürstenwerder)
ENDERS, L.: Siedlung und Herrschaft in Grenzgebieten der Mark und Pommern seit der zweiten Hälfte des 12. bis zum Beginn des 14. Jahrhunderts am Beispiel der Uckermark. Jb. f. Wirtschaftsgeschichte 2(1987), S. 73–128
ENDERS, L.: Die spätmittelalterliche Grundherrschaft in der Uckermark. Jb. f. Regionalgeschichte 15/I (1988), S. 56–74

ENDERS, L.: Die Uckermark. Geschichte einer kurmärkischen Landschaft vom 12. bis zum 18. Jahrhundert. Weimar 1992 (Veröffentlichungen des Brandenburgischen Landeshauptarchivs Potsdam, Bd. 28)
ENDERS, L.; BECK, F.: Zur Geschichte des Nonnenklosters in Prenzlau und seiner Überlieferung. Jb. f. Geschichte d. Feudalismus 8 (1984), S. 158–190
ENDLER, C. A.: Die Geschichte des Landes Mecklenburg-Strelitz (1701–1933). Hamburg 1935
ENDLER, C. A.: Mecklenburgische Bauernlisten des 15. und 16. Jahrhunderts. H. 3: Die Ämter Feldberg, Fürstenberg, Strelitz und Wesenberg mit den Komtureien Mirow und Nemerow und dem Kloster Wanzka. Schwerin 1941
Ergebnisse der Volks-, Berufs- und landwirtschaftlichen Betriebszählung 1939 in den Gemeinden. 3: Provinz Brandenburg. Berlin 1943 (Statistik d. Deutschen Reiches 559/3)
Erläuterungsbericht zum Flächennutzungsplan der Stadt Feldberg, Amt Feldberger Seenlandschaft. Aufgestellt Ingenieurbüro Bentrup & Travar Osnabrück 1991–1995 (unveröffentlicht)
Feldberg – Geschichte der Stadt 1256–1981. hrsg. vom Rat der Stadt. Waren 1981
FESTERSEN, O.; RELLIG, R.: Territoriale Entwicklungskonzeption Landschaftsplan Feldberg. Beschluß des Rates des Bezirkes Neubrandenburg. 1977
FIDICIN, E.: Die Territorien der Mark Brandenburg. Bd. IV. Berlin 1864
Freundeskreis Schlösser und Gärten der Mark (Hrsg.): Boitzenburg. Berlin 1993
FRIESE, G. und K.: Gesamtverzeichnis der Glashütten in Brandenburg (16. bis 20. Jahrhundert). Jb. d. Märk. Museums 10, 1984 (erschienen 1987), S. 73–102.
FISCHER, O. (Bearb.): Evangelisches Pfarrerbuch für die Mark Brandenburg seit der Reformation. Berlin 1941
FUKAREK, F.: Ein Beitrag zur Entwicklungsgeschichte des Kernbruchs bei Feldberg. Naturschutzarbeit in Mecklenb. 15 (1972) 1/3, S. 55–61
FUKAREK, F.: Über die Verbreitung einiger kontinentaler Arten im Norden der DDR. Mitt. Arbeitsgemeinschaft Geobot. Schleswig-Holstein u. Hamburg 33 (1984), S. 63–76
FUKAREK, F.: Ein Beitrag zur Verbreitung kontinentaler Florenelemente im Norden der DDR. Flora 176 (1985), S. 289–308
GEINITZ, E.: Feldberg. Zschr. Mecklenb. 1 (1907), S. 2–9
Die Gemeinden und Gutsbezirke der Provinz Brandenburg und ihre Bevölkerung. Nach den Urmaterialien der allgemeinen Volkszählung am 1. December 1871 bearb. und zusammengestellt vom Königlichen Statistischen Bureau. Berlin 1873 (Die Gemeinden und Gutsbezirke des Preussischen Staates und ihre Bevölkerung II)
GERHARDT, H.: Flora von Prenzlau und der nördlichen Uckermark. Gymnasialprogramm Prenzlau 1856, S. 1–28
GILSENBACH, R.: Schönheit der Flüsse und Seen. 3. Aufl. Rudolstadt 1985
GOMOLKA, A.: Genese und natürliche Ausstattung des Feldberger Gebietes und seine Nutzung. In: Die Entwicklung der Territorialstruktur im Nordgebiet der DDR. Geographen-Kongreß der DDR 1975. Exkursionsführer Teil I. Neubrandenburg 1975, S. 74–81
GOTSMANN; W.: Der Sprockwitz – ein rätselhafter See. Archiv d. Freunde d. Naturgeschichte Mecklenb. 1 (1955), S. 50–56

GRANTZKOW, C.: Flora der Uckermark. Prenzlau 1880

GRIENITZ, H.: BONITO's in Feldberger Himmelseen. Spectrum 19 (1988) 6, S. 10–13

GRINGMUTH-DALLMER, E.: Vorformen der Stadtentwicklung im östlichen Mecklenburg und in der Uckermark. ZfA 23 (1989), S. 61–77

Großherzoglich Mecklenburg-Strelitzischer Staatskalender auf das Jahr 1841. Neustrelitz o. J. (betr. Einwohnerzahl von Feldberg 1839)

GRUNDMANN, C. W.: Versuch einer Ucker-Märckischen Adels-Historie. Aus Lehn-Briefen und anderen glaubwürdigen Urkunden zusammen getragen. Prenzlau 1744 (zahlreiche Druckfehler)

GÜNTHER, H.: Peter Joseph Lenné. Gärten/Parks/Landschaften. Berlin 1985

GUNDLACH, A.: Die Verbreitung des Hamsters in Mecklenburg und den Nachbargebieten. Archiv d. Vereins d. Freunde d. Naturgeschichte Mecklenb. 62 (1908), S. 157–162

HAHN, R.: Zum Vorkommen der Sumpfschildkröte (Emys orbicularis) in Mecklenburg-Strelitz. Archiv d. Vereins d. Freunde d. Naturgeschichte Mecklenb. 64 (1910), S. 149–151

HAHN, S.: Die Entwicklung der Bewaldung und Entwaldung im Land Stargard. Offenbach/Main 1937

HARNISCH, H.: Die Herrschaft Boitzenburg. Untersuchungen zur Entwicklung der sozialökonomischen Struktur ländlicher Gebiete in der Mark Brandenburg vom 14. bis zum 19. Jahrhundert. Weimar 1968 (Veröffentl. d. Staatsarchivs Potsdam 6)

HEINRICH, D.: Zur einstigen und derzeitigen Verbreitung von Pflanzenarten im Kreis Templin, die für Mecklenburg als verschwunden oder vom Aussterben bedroht gelten. Bot. Rundbrief Bezirk Neubrandenburg 12 (1981), S. 11–21

HEINRICH, G. (Hrsg.): Berlin und Brandenburg. Stuttgart 1973 (Handbuch d. historischen Stätten Deutschlands 10)

HEMKE, E.: In memoriam Reinhard Barby. Naturschutzarbeit in Mecklenb. 18 (1975), S. 55

HEMKE, E.: Zum früheren Vorkommen des Kolkrabens um Feldberg. Naturkundl. Forsch. u. Ber. aus d. Kreis Neustrelitz 2 (1979), S. 49–50

HEMKE, E.: Die Tafel- und Reiherente als Brutvogel bei uns. Naturkundl. Forsch. u. Ber. aus dem Kreis Neustrelitz 2 (1979), S. 61–64

HEMKE, E.: Vom Werden der Feldberger Schutzgebiete. Beitr. z. Geschichte des Naturschutzes in Mecklenburg-Vorpommern 1. Neustrelitz 1994

HEMKE, E.; STÖCKEL, G.: Über die Flußkrebse (Astacidae) im Kreis Neustrelitz. Zoolog. Rundbrief Bezirk Neubrandenburg 4 (1985), S. 11–14

HERRMANN, J.: Feldberg, Rethra und das Problem der wilzischen Höhenburgen. Slavia Antiqua 16 (1969), S. 33–69

HERRMANN, J. (Hrsg.): Die Slawen in Deutschland. Geschichte und Kultur der slawischen Stämme westlich von Oder und Neiße vom 6. bis 12. Jahrhundert. 4. Aufl. Berlin 1985

HERRMANN, J.; DONAT, P. (Hrsg.): Corpus archäologischer Quellen zur Frühgeschichte auf dem Gebiet der Deutschen Demokratischen Republik (7. bis 12. Jahrhundert). 2. Lief.: Bezirke Rostock (Ostteil), Neubrandenburg. Textband. Berlin 1979

HEYDEBRAND, D. V.: Historische und vegetationskundlich/floristische Analysen im Landschaftspark Boitzenburg als Beitrag zur Gartendenkmalpflege. Diplomarbeit TU Berlin, Institut für Ökologie. 1994

HEYER, E.: Das Klima des Landes Brandenburg. Berlin 1962 (Abh. d. Met.-Hydrol. Dienstes der DDR Nr. 64)

HINRICHS, A.: Verschwundene Ortslagen im Kreise Prenzlau und Randgebiet. Teil II. Mitt. d. Bezirksfachausschusses f. Ur- u. Frühgeschichte Neubrandenburg 6 (1962), S. 7–16

HINZ, G.: Peter Josef Lennés märkische Parkanlagen. In: RAVE, P.O.: Die alten Gärten und ländlichen Parke in der Mark Brandenburg. Potsdam und Berlin 1939, S. 68–100 (Brandenburg. Jb. 14/15)

HOLLNAGEL, A.: Kulturreliktpflanzen auf slawischen Inselsiedlungen im Kreis Neustrelitz. Bodendenkmalpflege in Mecklenb. Jb. 1953 (1955), S. 151–164

HOLLNAGEL, A.: Einige Streitäxte aus dem östlichen Mecklenburg. Bodendenkmalpflege in Mecklenb. Jb. 1955 (1957), S. 63–67

HOLLNAGEL, A.: Die vor- und frühgeschichtlichen Denkmäler und Funde des Kreises Neustrelitz. Schwerin 1958

HOLLNAGEL, A.: Die Steinhügelgräber am Breiten Luzin bei Feldberg, Kreis Neustrelitz. Bodendenkmalpflege in Mecklenb. Jb. 1957 (1959), S. 31–42

HOPP, G.: Mit dem Fahrrad durch die Feldberger Seenlandschaft. Hrsg. Fremdenverkehrsverein Feldberger Seenlandschaft e.V. u. Kunstverein Feldberger Land e.V. 1996

HURTIG, T.: Physische Geographie von Mecklenburg. Berlin 1957

HUTSTEDT, F.: Die Diatomeenflora norddeutscher Seen mit besonderer Berücksichtigung des holsteinischen Seengebietes. V.–VII. Seen in Mecklenburg, Lauenburg und Nordostdeutschland. Archiv Hydrobiol. 43 (1950), S. 329–458

IHRKE, K.: Beobachtungen über das Vorkommen der Europäischen Sumpfschildkröte. Naturkundl. Forsch. u. Ber. aus d. Kreis Neustrelitz 1 (1978), S. 45

JAECKEL, S.: Zur Kenntnis der Molluskenfauna von Feldberg in Mecklenburg. Archiv d. Freunde d. Naturgeschichte Mecklenb. 2 (1955/56), S. 273–280

JÄHNKE, P.; LOMPSCHER, K.: Tendenzen des siedlungsstrukturellen Wandels in den dünn besiedelten Räumen Brandenburgs. Berichte zur deutschen Landeskunde 69 (1995) 2, S. 327–363

JAHNKE, E.; EINECKE, E.; TÖWE, H.: Ein Beitrag zur Kenntnis der Algenflora des Feldberger und des Templiner Seengebietes. Wiss. Ztschr. Univ. Rostock, math.-nat. Reihe 14 (1965) 5/6, S. 533–563

JERCHEL, H.: Die Kunstdenkmäler des Kreises Templin. Berlin 1937

JESCHKE, L.: Pflanzengesellschaften einiger Seen bei Feldberg in Mecklenburg. Feddes Repertorium 138 (1959), S. 161–214

JESCHKE, L.: Das Quellgebiet am Nordufer des Krüselinsees. Naturschutzarbeit Mecklenb. 5 (1962) 1/3, S. 66–73

JORDAN, H.-J.; PÄSLER, H.-S.; RICHTER, W. M.: Hydrofloristische Beobachtungen am Scharteisensee bei Wittenhagen, Kr. Neustrelitz. Naturschutzarbeit Mecklenb. 14 (1971) 2/3, S.15–19

JORDAN, H.-J.; JORDAN, M.; RICHTER, W. M.: Topographisch-morphometrische Erfassung der Gewässer der Feldberger Seenlandschaft unter limnologischen Aspekten. Natur u. Naturschutz in Mecklenb. 23 (1986), S. 28–41, 77–83

Kant, U.; Meissner, P.: Feldberger Seen. Leipzig 1988

Kasprzak, P.: Eutrophierung der Gewässer – natürliches Phänomen oder gesellschaftlicher Wertebegriff? Wissenschaft u. Fortschritt 32 (1982) 7, S. 256–259

Kasprzak, P.: Klare Seen durch Eingriff in die Nahrungskette. Wissenschaft u. Fortschritt 38 (1988) 2, S. 37–40 (betr. Feldberger Haussee).

Kirchner, E. D. M.: Das Schloß Boitzenburg und seine Besitzer, insonderheit aus dem von Arnimschen Geschlechte. Berlin 1860

Kliewe, H.; Jahnke, W.: Verlauf und System der Marginalzonen der letzten Vereisung auf dem Territorium der DDR. Wiss. Ztschr. Univ. Greifswald, math.-nat. Reihe 21 (1972), S. 31–37

Knapp, H. D.: Waldvegetationsformen auf Mineralbodenstandorten im pleistozänen Tiefland der DDR. Wiss. Mitt. Institut f. Geogr. und Geoökologie Akad. d. Wiss. d. DDR (1986) 24, S. 19–104

Knapp, H. D.; Jeschke; L.; Succow, M.: Gefährdete Pflanzengesellschaften auf dem Territorium der DDR. Berlin 1986

Körnig, G.: Die Landschneckenfauna Mecklenburgs (Gastropoda). Teil I: Zielstellung, Landschaft und Klima, Vegetation. Verzeichnis der Landschneckenarten mit ihren Fundorten. Malakologische Abh. Museum f. Tierkunde Dresden 13 (1988), S. 63–81

Konow, F. W.: Conchologisches. Archiv d. Vereins d. Freunde d. Naturgeschichte Mecklenb. 30 (1876), S. 283–284

Koppe, K.: Ein Beitrag zur Moosflora Mecklenburgs unter besonderer Berücksichtigung von Feldberg. Archiv d. Freunde d. Naturgeschichte Mecklenb. 11 (1965), S. 55–71

Koppmann, K.: Die Erwerbung des Landes Stargard durch Fürst Heinrich II. Mecklenb. Jb. 55 (1890), S. 197–236

Koschel, R.: Das Feldberger Seengebiet. Natur u. Umwelt Bezirk Neubrandenburg 3 (1985), S. 1–96

Koschel, R.; Haubold, G.; Kasprzak, P.; Küchler, L.; Proft, G.; Ronneberger, D.: Eine limnologische Zustandsanalyse des Feldberger Haussees. Acta hydrochim. hydrobiol. 9 (1981) 3, S. 255–279

Koschel, R.; Proft, G.; Raidt, H.: Autochthone Kalkfällung in Hartwasserseen der Mecklenburger Seenplatte. Limnologica 18 (1987) 2, S. 317–338

Koschel, R.; Raidt, H.: Morphologische Merkmale der Phacatushüllen in Hartwasserseen der Mecklenburgischen Seenplatte. Limnologica 19 (1988) 2, S. 13–25

Krabbo, H.; Winter, G.: (Bearb.): Regesten der Markgrafen von Brandenburg aus askanischem Hause. Berlin-Dahlem 1955

Krausch, H.-D.: Bauerngärten in der Uckermark. Schwedter Jahresblätter 14 (1993), S. 5–15.

Kreisel, H.: Zusammenstellung der während der Exkursionstagung bei Wesenberg und Feldberg bestimmten Pilze. Mykologische Mitt. Blatt 21 (1977), S. 13–21

Krisch, H.: Bericht über die 27. Jahresversammlung der Arbeitsgemeinschaft Mecklenburgischer Floristen vom 21. bis 23. Juni 1986 in Mechow, Kreis Neustrelitz. Bot. Rundbrief Bezirk Neubrandenburg 18 (1986), S. 85–86

KRÜGER, G. (Bearb.): Kunst- und Geschichts-Denkmäler des Freistaates Mecklenburg-Strelitz. I. Bd.: Das Land Stargard. Neubrandenburg 1925
Die Kunstdenkmäler der Provinz Brandenburg, Bd. III, Teil 1: Kreis Prenzlau. Berlin 1921; Teil 2: Kreis Templin. Berlin 1937
LANGE, E.: Ergebnisse der pollenanalytischen Untersuchungen zur Ausgrabung am Schloßberg von Feldberg. Slavia Antiqua 16/1969 (1970), S. 85–94
LANGE, E.: Wandlungen des Waldbildes während der letzten 2000 Jahre. Labus 7 (1977), S. 33–37
LASER, R.: Die römischen und frühbyzantinischen Fundmünzen auf dem Gebiet der DDR. Berlin 1980 (Schriften zur Ur- u. Frühgeschichte 28; betr. Warbende)
LEMBKE, H.; MARCINEK, J.: Die Entwicklung des Flußnetzes im Gebiet der weichseleiszeitlichen Vergletscherung. In: Die Weichsel-Eiszeit im Gebiet der Deutschen Demokratischen Republik. Berlin 1965, S. 114–131
LIPPERT, W.: Geschichte der 110 Bauerndörfer in der nördlichen Uckermark. Ein Beitrag zur Wirtschafts- und Sozialgeschichte der Mark Brandenburg. Köln/Wien 1968 (Mitteldeutsche Forsch. 57)
LIPPERT, W.: Die Flurnamen der Uckermark. Bearb. von J. GÖSCHEL. Gießen 1970 (Beiträge zur deutschen Philologie 8)
LOUDWIN, G.: Fürstenwerder. Heimatkalender f. d. Kreis Prenzlau 10 (1967), S. 23–26
Luzin-Report siehe THÜRNAGEL, J. (1986)
MARCINEK, J.: Das Wasser des Festlandes. Gotha/Leipzig 1975
MARCINEK, J.; NITZ, B.: Das Tiefland der DDR. Gotha/Leipzig 1973
MARTENS, W.: Geologische Beschreibung des Kreises Templin. Templin 1955 (Heimatschriften d. Kreises Templin 1)
Mecklenburgisches Urkundenbuch. Bde. 1–25. Schwerin/Leipzig 1863–1977
MIETHE, A. D.: Gedenkstätten. Arbeiterbewegung, Antifaschistischer Widerstand, Aufbau des Sozialismus. Leipzig/Jena/Berlin 1974
MÖSCH, W.: Der Weißstorch im Kreis Neustrelitz. Labus 2 (1973), S. 19–22
NAGEL, C.: Die Dorfkirchen der Uckermark. Prenzlau 1914
NAGEL, E.: Die Erscheinungen der Kugelamphorenkultur im Norden der DDR. Berlin 1985 (Beitr. zur Ur- und Frühgeschichte d. Bezirke Rostock, Schwerin u. Neubrandenburg 18; betr. Forst Boitzenburg)
Die Naturschutzgebiete Rostock, Schwerin und Neubrandenburg. 2. Aufl. Leipzig/Jena/Berlin 1980 (Handbuch d. Naturschutzgebiete d. DDR 1)
OHLE, R.: Die Besiedlung der Uckermark und die Geschichte ihrer Dorfkirchen. Ein Beitrag zur Heimatkunde. Prenzlau 1913 u. 1915 (Arbeiten d. Uckermärk. Museums- u. Geschichtsvereins zu Prenzlau 5)
OHLE, W.: Chemische und physikalische Untersuchungen norddeutscher Seen. Archiv Hydrobiol. 26 (1934), S. 186–464 u. 583–658
OLBERG, A.: Die Lärchenanbauten in der Grafschaft Boitzenburg im 18. Jahrhundert. Forstwiss. Zentralblatt 1944, S. 191–199
Ortschafts-Verzeichnis des Großherzogthums Mecklenburg-Strelitz auf Grund der Volkszählung vom 1. December 1875. Neustrelitz o.J.
PÄSLER, H. G.; RICHTER, W. M.: „Garnelen" in den Feldberger Seen. Naturschutzarbeit Mecklenb. 18 (1975), S. 50–52

PLÜMECKE, O.: Zur Biologie mecklenburgischer Gewässer. Archiv Hydrobiol. 9 (1914), S. 439–494
Pommersches Urkundenbuch. hrsg. vom Staatsarchiv zu Stettin. Bd. I-VI. Stettin 1868–1907; Bd. VII, 1958; Bd. VIII, 1961; Bd. 1, 2. Aufl., bearb. v. K. CONRAD. Köln/Wien 1970
RADDATZ, K.: Vernichtete ur- und frühgeschichtliche Funde aus der Uckermark. Bodendenkmalpflege Mecklenb. Jb. 1957 (1959), S. 203–271 (betr. Kraatz, Parmen, Weggun, Fürstenwerder, Boisterfelde, Beenz, Wilhelmshayn, Thomsdorf)
RADDATZ, K.: Unerkannte kaiserzeitliche Funde aus dem Museum Prenzlau. Gandert-Festschrift. Berlin 1959, S. 143–147
RAUMER, G. W. VON (Bearb.): Codex diplomaticus Brandenburgensis continuatus. I. u. II. Teil. Berlin/Stettin/Elbing 1831 u. 1833
RELLIG, R.: Die Nutzung der natürlichen Ressourcen für die Entwicklung der Landwirtschaft in Erholungsgebieten des Bezirkes Neubrandenburg, dargelegt am Beispiel der Territorialen Entwicklungskonzeption Landschaftsplan Feldberg. Mitteilungsblatt Nr. 18 Fachverband d. Berufsgeographen 1981, S. 6–9
Das Rheinsberg-Fürstenberger Seengebiet. Berlin 1974 (Werte unserer Heimat 25)
RICHTER, H.: Eine naturräumliche Gliederung der DDR auf der Grundlage von Naturraumtypen (mit einer Karte 1 : 500 000). Beitr. zur Geogr. 29 (1978), S. 323–340
RICHTER, W. M.: Totenscheine für oligotrophe Seen? Bedenkliche Veränderungen der Wasserqualität der Feldberger Seen. Naturschutzarbeit Mecklenb. 14 (1971) 1, S. 29–36
RICHTER, W. M.: Sinnlose Verschmutzung kleiner Gewässer. Naturschutzarbeit Mecklenb. 16 (1973) 1/2, S. 58–61 (betr. Weitendorfer Haussee und Hechtsee)
RICHTER, W. M.: Ein erster Schritt auf dem Wege zur Sanierung der Feldberger Seen. Naturschutzarbeit Mecklenb. 20 (1977) 3, S. 49–52
RICHTER, W. M.: Zum Sauerstoffgehalt der Gewässer der Feldberger Seenplatte an Hand ausgewählter sommerlicher Tiefenprofile seit 1924–1962. Teil 1: Haussee, Breiter Luzin, Lütter See, Schmaler Luzin. Acta hydrochim. hydrobiol. 10 (1982) 6, S. 611–622
RICHTER, W. M.: Versuch einer Gesamtschau zur limnologischen Arbeit und ihren möglichen Ergebnissen durch die BONITO-AG am Breiten Luzin bei Feldberg (Meckl.) in den Jahren 1982–1985, Natur u. Naturschutz in Mecklenb. 23 (1986), S. 60–73
RICHTER, W. M.; RICHTER, I.: Zeittafel zur Entwicklung der Feldberger Seenlandschaft. Natur u. Naturschutz in Mecklenb. 23 (1986), S. 12–26
RIEDEL, A. F. (Bearb.): Codex diplomaticus Brandenburgensis. 4 Hauptteile und Supplement, Chronologisches Register, Namenverzeichnis. 41 Bde. Berlin 1838–1869
RÖDER, H.: Der Quillow. Heimatkalender f. d. Kreis Prenzlau 12 (1969), S. 125–129
RUDOLPH, M.: Uckermärkische Glashütten. Mitt. d. Uckermärk. Museums- u. Geschichtsvereins zu Prenzlau 8 (1923), S. 68–89
SAMMLER, P.: Beitrag zur Kenntnis der Pilzflora in Naturschutzgebieten bei Feldberg. Natur u. Naturschutz in Mecklenb. 21 (1985), S. 95–100
SAMTER, M.: Statistik der märkischen stehenden Gewässer. Berlin 1912 (Jb. f. d. Gewässerkunde Norddeutschlands, Besondere Mitt. Bd. 2, Nr. 4)

SCAMONI, A.: Die Waldschutzgebiete im Feldberger Landschaftsschutzgebiet. Naturschutzarbeit Mecklenb. 4 (1961) 2/3, S. 74–80

SCAMONI, A.: Vegetationskundliche und standortkundliche Untersuchungen in mecklenburgischen Waldschutzgebieten. Natur u. Naturschutz Mecklenb. 3 (1965), S. 15–142

SCHIEMENZ, H.: Bemerkenswerte Heuschreckenfunde (Saltatoria) in Naturschutzgebieten. Faunistische Abh. u. Ber. Museum f. Tierkunde Dresden 22 (1954), S. 22–46

SCHLIMPERT, G.; WITKOWSKI, T.: Namenkundliches zum Rethra-Problem. Ztschr. f. Slawistik 14 (1969), S. 529–544

SCHMALTZ, K.: Die Begründung und Entwicklung der kirchlichen Organisation Mecklenburgs im Mittelalter. Mecklenb. Jb. 73 (1908). S. 31–176

SCHMIDT, H.: Die Landschaftsschutzgebiete des Bezirkes Neubrandenburg. Naturschutzarbeit Mecklenb. 6 (1963) 1, S. 4–14 (betr. LSG Lychen-Boitzenburg, Feldberger Seenlandschaft, Großer See bei Fürstenwerder)

SCHMIDT, R.: Die Nonnen von Marienpforte. Templiner Kreiskalender 9 (1936), S. 34–40

SCHMIDT, R.: Boitzenburg – Dorf, Marktflecken, Stadt. Templiner Kreiskalender 10 (1937), S. 77–81

SCHMIDT, R.: Beenz bei Lychen. Templiner Kreiskalender 14 (1941a), S. 58–61

SCHMIDT, R.: Schwere Zeiten im Kreis Templin. Was eine Ortsrevision im Jahre 1687 ergab. Templiner Kreiskalender 14 (1941b), S. 84–87

SCHOKNECHT, U.: Die staatlich geschützten Bodendenkmäler des Bezirkes Neubrandenburg. Schwerin 1973

SCHOKNECHT, U.: Neolithische Flachgräber im Bezirk Neubrandenburg. Bodendenkmalpflege Mecklenb. Jb. 1976 (1977), S. 23–48

SCHOKNECHT, U.: Siedlungsfunde der vorrömischen Eisenzeit aus Funkenhagen, Kreis Templin. Bodendenkmalpflege Mecklenb. Jb. 1983 (1984), S. 199–213

SCHOLZ, E.: Die naturräumliche Gliederung Brandenburgs. Potsdam o. J. (1962)

SCHOLZ, E.: Bemerkungen zur Geomorphologischen Übersichtskarte der Bezirke Potsdam, Frankfurt a. d. Oder und Cottbus im Maßstab 1:500000. Geogr. Ber. 16 (1971) 3, S. 203–216

SCHRECKENBACH, H.-J. (Bearb.): Bibliographie zur Geschichte der Mark Brandenburg. Teile I–IV. Weimar 1970–1974 (Veröffentl. d. Staatsarchivs Potsdam)

SCHUCHARDT, C.: Arkona, Rethra, Vineta. Berlin 1926

SCHÜBLER, H.: Die wüste Kirche bei Brüsenwalde. Templiner Kreiskalender 2 (1929), S. 45–47

SCHULDT, E.: Slawische Töpferei in Mecklenburg. Schwerin o. J. (1964) (betr. Keramik der Feldberger Gruppe)

SCHULTZE, J. (Hrsg.): Das Landbuch der Mark Brandenburg von 1375. Berlin 1940 (Veröffentl. d. Historischen Kommission f. d. Provinz Brandenburg u. d. Reichshauptstadt Berlin 8. Brandenburgische Landbücher, Serie 8, Bd. 2)

SCHULTZE, J.: Die Mark Brandenburg. Bde I–V. Berlin(West) 1961–1969

SCHULTZE, J.: Das Kloster Boitzenburg hieß niemals Marienpforte. Jb. f. d. Geschichte Mittel- u. Ostdeutschlands 16/17 (1968), S. 297–306

SCHULZE, B.: Neue Siedlungen in Brandenburg 1500–1800. Berlin 1939 (Einzelschriften d. Historischen Kommission f. d. Mark Brandenburg u. d. Reichshauptstadt Berlin 8)

SCHULZE, E.: Glashütten im Bezirk Neubrandenburg. Mitt. d. Bezirksfachausschusses f. Ur- u. Frühgeschichte Neubrandenburg d. Ges. f. Heimatgeschichte im Kulturbund d. DDR 28 (1981), S. 75–86

SCHWARZ, U.: Die niederadligen Befestigungen des 13. bis 16. Jahrhunderts im Bezirk Neubrandenburg. Berlin 1987 (Beitr. zur Ur- u. Frühgeschichte d. Bezirke Rostock, Schwerin u. Neubrandenburg 20)

SEYER, R.: Zur völkerwanderungszeitlichen Fibel von Berkholz, Kr. Templin. Zschr. f. Archäologie 16 (1982), S. 249–252

SIEFKA, A.: Fischotter in Gefahr? Naturschutzarbeit Mecklenb. 6 (1963) 2/3, S. 4–12

SORG, W.: Wüstungen in den Kreisen Ruppin und Templin und deren Ursachen. Berlin 1936

SORG, W.: Wüstungen in den brandenburgischen Kreisen Ruppin und Templin. Berlin 1937

TEGGE, H.: Fürstenwerder und die Blankenburgs-Wolfshagen. Heimatkalender f. d. Kreis Prenzlau 9 (1966), S. 101–103

THIENEMANN, A.: Mysis relicta. Zschr. f. Morphologie u. Ökologie d. Tiere 3 (1925)

THIENEMANN, A.: Die Reliktkrebse Mysis relicta, Pallasea quadrispinosa, Pontoporeia affinie und die von ihnen bewohnten norddeutschen Seen. Archiv Hydrobiol. 19 (1928), S. 521–582

THIENEMANN, A.: Coregonus albula lucinensis, eine Tiefenform der Kleinen Maräne aus einem norddeutschen See. Zschr. Morphologie u. Ökologie d. Tiere 27 (1933) 4, S. 654–683

THÜRNAGEL, J.: Inhaltsverzeichnis zu den bisher erschienenen Lieferungen der Feldberg-Monographie (Luzin-Report). Natur u. Naturschutz Mecklenb. 23 (1986), S. 74–76 (1974–1985 umfaßt die Monographie in 10 erfolgten Lieferungen 66 Artikel und Beiträge auf etwa 430 Seiten, dazu Kartenmaterial als Lichtpausen in 7 Anlagen; Gemeinschaftsarbeit der Mitarbeiter der Arbeitsgemeinschaft BONITO)

TREICHEL, F.: Über den Abfluß der Feldberger Seen. Naturschutzarbeit in Mecklenb. 4 (1961) 2/3, S. 70–74

UDLUFT, H.: Erläuterungen zu Blatt Feldberg (Nr. 1233). Lief. 311 der Geologischen Karte von Preußen. Berlin 1931

UHLMANN, D.: Wissenschaftliche Bedeutung und gegenwärtiger Zustand der Feldberger Seen. Naturschutzarbeit Mecklenb. 4 (1961) 2/3, S. 52–65

UHLMANN, D.: Die anthropogene Eutrophierung der Gewässer – ein umkehrbarer Prozeß? Sitzungs-Ber. Sächs. Akad. d. Wiss. Leipzig 118 (1985) 5, S. 1–32

VOIGTLÄNDER, U.: Ackerunkrautgesellschaften im Gebiet um Feldberg. Archiv d. Freunde d. Naturgeschichte Mecklenb. 12 (1966), S. 89–126

VOIGTLÄNDER, U.: Die Verbreitung von Pflanzen trockenwarmer Standorte in der Uckermark. Naturschutzarbeit Mecklenb. 13 (1970) 1/2, S. 51–91

VOIGTLÄNDER, U.; KNAPP, H. D.: Bemerkenswerte Funde aus dem Bezirk Neubrandenburg 1977/78. Bot. Rundbrief Bezirk Neubrandenburg 10 (1979), S. 101–106

VOIGTLÄNDER, U.; WIEHLE, W.: Ergebnisse des VII. floristischen Arbeits- und Exkursionstreffens des Bezirksfachausschusses Botanik Neubrandenburg vom 20. bis 25. August 1986 in Prenzlau. Bot. Rundbrief Bezirk Neubrandenburg 18 (1986), S. 87–96

WARMBIER, N.: Zur Vogelwelt des Naturschutzgebietes „Feldberger Hütte". Ornithologischer Rundbrief N. F. 21 (1979), S. 31–38

WARMBIER, N.: Ein Beitrag zur Vogelwelt des NSG „Conower Werder". Ornithologischer Rundbrief N. F. 21 (1979), S. 39–44

WARNSTORF, C.: Ein Ausflug nach der Uckermark (Umgegend von Brüsenwalde). Verhandl. bot. Vereins Provinz Brandenburg 30, 1888 (1889), S. 288–298

WARNSTORF, C.: Weitere Beiträge zur Flora der Uckermark. Verhandl. bot. Vereins Provinz Brandenburg 32, 1890 (1891), S. 255–271

WATERSTRAAT, A.: Aktuelle Aufgaben zum Schutz gefährdeter Rundmäuler und Fische in Mecklenburg in Auswertung der Artenschutzbestimmung von 1984. Naturschutzarbeit Mecklenb. 29 (1986), S. 7–92

WATERSTRAAT, A.: Zur Verbreitung und Ökologie der Reliktkrebse Mysis relicta (Loven), Pallasea quadrispinosa (Sars) und Pontoporeia affinis (Lindstrom). Archiv f. Naturschutz u. Landschaftsforsch. 28 (1988), S. 121–138

WAUER, S.: Brandenburgisches Namenbuch. Teil 9: Die Ortsnamen der Uckermark, mit einem siedlungsgeschichtlichen Beitrag von L. ENDERS. Weimar 1996

WEBER, J.: Beiträge zur Hydrogeographie des Ucker-, Randow-Zarowgebietes auf der Grundlage einer quantitativen Analyse von Flußgebietskenngrößen und Untersuchungen zum hydrologischen Gebietscharakter und Wasserhaushalt. Diss. Greifswald 1980

Die Weichsel-Eiszeit im Gebiet der Deutschen Demokratischen Republik. Berlin 1965

WENDT, R.: Glashütten in Mecklenburg. Neustrelitz 1977 (Schriftenreihe d. Karbe-Wagner-Archivs 15)

WILLIGES, F.: Flußkrebse in der DDR. Naturschutzarbeit Mecklenb. 16 (1973), S. 46

WILS, P.: Amtlicher Führer durch Feldberg/Mecklenburg und Umgebung. Feldberg o. J. (dreißiger Jahre des 20. Jh.)

WÖHNER, P.G.: Steuerverfassung des platten Landes der Kurmark Brandenburg. II. Teil. Berlin 1805 (betr. u. a. Angaben zu 1624 und 1718)

WOHLBRÜCK, R.: Wanderung nach Boitzenburg. Templiner Kreiskalender 1928, S. 27–30

WOSSIDLO, R.; TEUCHERT, H. (Hrsg.): Mecklenburgisches Wörterbuch. Neumünster u. Berlin 1937 ff.

WULFF, E.: Führer durch Feldberger Gebiet mit einem Anhang von Sagen und Märchen. 3. Aufl. Schwerin o. J. (1911)

ZANDER, D.: Stoff zur Landeskunde von Mecklenburg-Strelitz. Neustrelitz 1889

ZEISE, O.: Erläuterungen zum Blatt Thomsdorf (Nr. 1318) der Geologischen Karte von Preußen. Berlin 1903

ZIENTARA, B.: Die Agrarkrise in der Uckermark im 14. Jahrhundert. In: ENGEL, E.;

ZIENTARA, B.: Feudalstruktur, Lehnbürgertum und Fernhandel im spätmittelalterlichen Brandenburg. Weimar 1967, S. 221–396 (Abh. zur Handels- u. Sozialgeschichte 7)

IV. Periodica

Arbeiten des Uckermärkischen Museums- und Geschichts-Vereins zu Prenzlau. Bd. 1–15, 1901–1936

Beiträge zur Uckermärkischen Kirchengeschichte. H. 1 ff. Criewen 1975 ff. Hrsg. von der Arbeitsgemeinschaft für uckermärkische Kirchengeschichte (Manuskript)

Heimatkalender für den Kreis Prenzlau. 1926 – neu seit 1958

Mitteilungen des Uckermärkischen Museums- und Geschichts-Vereins zu Prenzlau. Prenzlau. Bd. I–IX, 1901–1935

Mitteilungen des Uckermärkischen Geschichtsvereins zu Prenzlau, Heft 1 ff., 1922 ff.

Mitteilungen des Bezirksfachausschusses für Ur- und Frühgeschichte Neubrandenburg, Nr. 1 ff., 1954 ff.

Templiner Kreiskalender. Jg. 1–15, 1928–1942

Uckermärkische Hefte, hrsg. vom Heimatkreis Prenzlau, Barendorf 1989 ff.

E. Abbildungsverzeichnis

Abb. 1	Schematische Darstellung der glazialen Serie	2
Abb. 2	Weichselkaltzeitliche Oberflächenformen	3
Abb. 3	Wesentliche Merkmale des oligotrophen und eutrophen Sees	6
Abb. 4	Abhängigkeit der Konzentration der Planktonalgen während des Sommers von der maximalen Frühjahrskonzentration des Gesamtphosphats in Seen des Feldberger Gebietes	7
Abb. 5	Schema des Energie- und Stoffflusses in der Freiwasserregion eines Sees	8
Abb. 6	Ur- und frühgeschichtliche Funde	18/19
Abb. 7	Mittelalterliche Wüstungen und Waldflächenveränderungen zwischen 1780 und 1980	24
Abb. 8	Besitz und Verwaltung um 1800	25
Abb. 9	Sprachkarte	33
Abb. 10	Kirche in Cantnitz	38
Abb. 11	Flächennaturdenkmal Cantnitzer Wacholderberg	39
Abb. 12	Sprockfitz	43
Abb. 13	Turmhügel bei Schlicht	46
Abb. 14	Die Umgestaltung der Siedlungskammer von Feldberg nach dem Zerfall der befestigten Großsiedlung	50
Abb. 15	Breiter Luzin	51
Abb. 16	Grundmoränenlandschaft mit Söllen zwischen dem Breiten Luzin und Wittenhagen	52
Abb. 17	Licht- und rasterelektronenmikroskopische Aufnahme von Kieselalgen im Breiten Luzin	53
Abb. 18	Rasterelektronenmikroskopische Aufnahmen von Kalzitkristallen und -hüllen in Hartwasserseen	54
Abb. 19	Karte des Atelschen Gutes Lichtenberg 1756	59
Abb. 20	Blick von Süden auf den Wrechener See und auf Wrechen	63
Abb. 21	Burgstelle auf der Insel im Wrechener See, Schloßwerder	64
Abb. 22	Großer See bei Fürstenwerder	68
Abb. 23	Fürstenwerder mit Großem See (links) und Dammsee	70
Abb. 24	Woldegker Tor in Fürstenwerder	73
Abb. 25	Ehemalige Gutsarbeiterhäuser in Lüttenhagen	84
Abb. 26	Naturschutzgebiet Heilige Hallen	88
Abb. 27	Karte von Feldberg 1821	89
Abb. 28	Denkmalkarte von Feldberg 1995	90
Abb. 29	Gebiet um Feldberg 1782	92
Abb. 30	Feldberg und seine Gemarkung mit Flurbezeichnungen	94
Abb. 31	Naturdenkmal Eschenahorn am Amtsplatz in Feldberg	96
Abb. 32	Kirche in Feldberg	97
Abb. 33	Blick vom Reiherberg über den Haussee nach Feldberg	100
Abb. 34	Typische Formen des pflanzlichen und tierischen Planktons der Feldberger Seen	101

Abb. 35	Schema über die Zusammenhänge bei der Biomanipulation und ihre Auswirkungen auf die Wasserqualität eines Sees	103
Abb. 36	Gebüsche an den Rosenbergen bei Neuhof	105
Abb. 37	Pleistozäne Blockpackungen am Schmalen Luzin	107
Abb. 38	Reliktkrebs, Kleine Maräne und Ostgroppe	109
Abb. 39	Gebiet um Feldberg 1578	110
Abb. 40	Flurplan von Carwitz	113
Abb. 41	Kirche und Glockenstuhl in Carwitz	115
Abb. 42	Blick von Süden auf Carwitz und den Carwitzer See	122
Abb. 43	Schloß Arendsee	135
Abb. 44	Dorfplan Triepkendorf 1769	141
Abb. 45	Vegetationskarte vom Dreetzsee 1956 und 1985	143/144
Abb. 46	Halbschematische Vegetationsprofile durch das Nordost- und Nordufer des Krüselinsees	147
Abb. 47	Pollendiagramm des Kernbruches bei Feldberg	150
Abb. 48	Kirche in Beenz	153
Abb. 49	Naturschutzgebiet Mechowsee-Krüselinsee	157
Abb. 50	Flurplan von Thomsdorf 1841	162
Abb. 51	Veränderungen in der Kulturlandschaft der Herrschaft Boitzenburg zwischen 1780 und 1870	176
Abb. 52	Frühere Beamtenhäuser in der Nähe des Schlosses Boitzenburg	186
Abb. 53	Schloß Boitzenburg	186
Abb. 54	Schloß Boitzenburg, Wendeltreppe mit Eichengeländer	188
Abb. 55	Plan des Schlosses und Gartens zu Boitzenburg 1780	189
Abb. 56	Blick über den Klosterteich zur Klostermühle in Boitzenburg	191
Abb. 57	Klosterruine bei Boitzenburg	191
Abb. 58	Gebiet um Boitzenburg 1839	192/193

Gestaltung der Abbildungsunterlagen und Bildnachweise:
Jens Borleis, Leipzig (6, 7, 51); fortag GmbH, Berlin (53, 54); Foto C.-L. Köller, Feldberg (15, 31, 36); Foto Rittwagen, Feldberg (32, 33, 41); Ernst Halwaß, Nossen (34, 35, 38); Dr. Jochen Helbig, Dresden (Titelvignette); Detlev von Heydebrand, Berlin (56, 57); Institut für Länderkunde, Abt. Kartographie (28, Standortkarte); Dr. Heinz-Dieter Krausch, Potsdam (12, 25, 48); Neomedia, Reken (23); Günter Oehmigen und Werner Zschocke, Dresden (3, 13, 19, 21, 30, 40, 46); Siegfried Pertzsch, Dresden (2, 8, 9); H. Raidt (teilweise 17,18);Wolfgang Scheffler (teilweise 17); Dr.Werner Schmidt, Dresden (52); Heinz Schulze, Dresden (1, 5, 45, 47); Dr. Peter Wernicke,Seerahn (11, 16, 20, 26, 37, 42, 49); Dr. Georg Zimmermann, Dresden (27, 44)

Autorenverzeichnis

Dr. Lieselott Enders, Potsdam (historische Ortsbeschreibungen Landkreis Uckermark)
Dr. Jürgen Gundlach, Rostock (Mundart)
Dipl.-Landwirt Erwin Hemke, Neustrelitz (Naturschutz; Tierwelt Landkreis Mecklenburg-Strelitz)
Dr. Peter Kasprzak und Dr. sc. Rainer Koschel, Neuglobsow (Limnologie)
Dr. Hans Dieter Knapp, Waren (Beiträge zur physischen Geographie; Pflanzenwelt Blätter Fürstenwerder und Boitzenburg)
Dr. habil. Heinz-Dieter Krausch, Potsdam (Beiträge zur Wald- und Landschaftsgeschichte; Pflanzenwelt der Gewässer; Vorschläge für landeskundliche Exkursionen)
Dr. Ludwig Krey, Jena (Geologie, Glazialmorphologie)
Prof. Dr. Gerhard Schlimpert (†), Berlin (Namenkunde)
Dr. Werner Schmidt, Dresden (Beiträge zum Siedlungsbild und zur Wirtschaft)
Dr. Ulrich Schoknecht, Waren (Ur- und Frühgeschichte)
Dipl.-Phil. Fritz Schwarzer, Schwerin (Kunstgeschichte)
Dr. Ulrich Voigtländer, Waren (historische Ortsbeschreibungen Landkreis Mecklenburg-Strelitz; Pflanzenwelt Blätter Feldberg und Thomsdorf; Beiträge zur Wald- und Landschaftsgeschichte sowie zur Tierwelt Landkreis Mecklenburg-Strelitz)

Bei der Überarbeitung und Aktualisierung 1994-1996 haben mitgewirkt: Dr. Lieselott Enders, Potsdam; Dipl.-Ing.Detlev v. Heydebrand, Berlin; Dr. Peter Kasprzak, Neuglobsow; Dr. sc. Rainer Koschel, Neuglobsow; Dr. habil. Heinz-Dieter Krausch, Potsdam; Günter Markert, Fürstenwerder; Dipl.-Landwirt Fritz Meschzahn, Storkow/Uckermark; Albert Pfitzner, Feldberg; Dr.Werner Schmidt, Dresden; Dr. Lothar Täuscher, Berlin; Th. Volpers,Templin; Dr. Sophie Wauer, Berlin; Dr. Peter Wernicke, Serrahn; Dr. Cornelia Willich, Berlin

Redaktion und Bearbeitung: Dr. habil. Heinz-Dieter Krausch und Dr. Werner Schmidt

Manuskript zu diesem Band abgeschlossen am 30. Juli 1989

Abschluß der Aktualisierung am 31. Juli 1996

G. Vorschläge für landeskundliche Exkursionen

1. Ausgangspunkt Feldberg (D 6)

1.1 Wanderung zum NSG Heilige Hallen (etwa 6 km)

Von Feldberg südwärts in Richtung Neuhof – auf der Bahnhofstraße vorbei am Bahnhof Feldberg – Rosenberge (D 8; Endmoräne, Aussichtspunkt; Funkturm; Wüstung Rosenberge nordwestlich der Rosenberge) – Neuhof (D 9); an der Straßenkreuzung im Ort abbiegen in Richtung Westen – vorbei am Friedhof auf die alte Landstraße nach Neustrelitz – zwischen Friedhof und Waldrand Allee (Naturdenkmal Herrenweg) – Forst Lüttenhagen (D 4; natürliches Buchenwaldgebiet auf Moränenstandorten) – Naturschutzgebiet Heilige Hallen (D 5) im Forst Lüttenhagen – Abstecher zum Paradies (1,7 km).

1.2 Wanderung nach Carwitz – Hauptmannsberg – Hullerbusch (etwa 10 km)

Von Feldberg südostwärts – vorbei am Plattenberg zum Schmalen Luzin (D 10; langgestreckter schmaler, tief eingesenkter Rinnensee) – am Westufer des Schmalen Luzin südwärts bis Carwitz (D 14; Hans-Fallada-Haus, Grab von Fallada auf dem Friedhof) – hinter der Brücke über die Bäk (Graben zwischen Carwitzer See und Schmalem Luzin) nordwärts zum Hauptmannsberg (E 4; ehemalige Schafhutung, heute artenreiche Gebüsche und Trockenwälder), von der Spitze Aussicht u.a. über den Carwitzer See (E 6) mit anschließendem Rinnensee Zansen (E 5) – nordwärts auf Fußweg durch das geschiebereiche Moränengelände zum Hullerbusch (E 4; naturnahes Laubwaldstück) – am Südweststrand Hotel mit Restaurant – von hier in nordwestlicher Richtung Fußweg abwärts zum Schmalen Luzin – Überfahrt mit Fähre – Aufstieg zum Plattenberg – Feldberg.

1.3 Wanderung zum Krüselinsee (etwa 15 km)

Von Feldberg auf Route 1.2 oder über Neuhof (D 9) zum westlichen Ortsausgang Carwitz – von dort aus südwärts auf Fahrweg zum Zeltplatz am Südwestufer des Dreetzsees (G 2; mesotropher Klarwassersee) – südwärts durch Kiefernforsten über die Landenge zum rund 10 m tiefer gelegenen Krüselinsee – auf der Landenge (Landesgrenze zwischen Brandenburg und Mecklenburg-Vorpommern) Landgraben (alte grabenartige Einschnitte) – am Nordende des Krüselinsees (G 3; mesotropher Klarwassersee) Durchsickerung vom Dreetzsee her (Quellen und Quell-Erlenbrüche) – am Ostufer des Krüselinsees südwärts – 250 m ostwärts des Südendes des Krüselinsees das kerbtalartig tief eingeschnittene Große Kernbruch (G 6; oligotrophes Torfmoosmoor mit Hochmoorvegetation, Sumpfporst, Moorkiefer und Moorbirke) – an der Südspitze des Krüselinsees die ehemalige Krüseliner Mühle (G 5; Mühlenwehr, Abfluß südwärts zum Havelsystem) – westlich der Krüseliner Mühle nordwärts auf Landweg abbiegen – zwischen Krüselinsee und Moorgebiet Made (G 7) und dann durch Kiefernforste hindurch nach Rosenhof (D 13) – über Neuhof oder auf dem am Ausbau Neuhof abzweigenden Küstersteig, vorbei an den ehemaligen Schotterschächten (Abbau von Glazialgeschieben) nach Feldberg.

1.4 Wanderung zur Nordseite des Haussees und zum Reiherberg (etwa 8 km)

Von Feldberg zunächst auf der Landstraße nach Fürstenwerder zwischen Haussee (D 7; links) und Schmalem Luzin (hinter Landrücken mit Kleingärten rechts) hindurch nordwärts – hinter dem Seerosenkanal links abbiegen – über den Scholverberg (E 1; mit dem Waldstück Eichholz) westwärts zur Landenge zwischen Haussee (links) und Breitem Luzin (B 3; rechts) über den Luzinkanal hinweg zur Feldberger Hütte (B 1; ehemalige Glashütte, heute Försterei) – auf dem links abbiegenden Weg bis Nordende Haussee (D 7) – Aufstieg auf Fußpfad zum Reiherberg (von dort großartiger Ausblick auf die Feldberger Seenlandschaft) – durch naturnahen Buchenwald südwärts in Richtung Feldberg (Hotel und Gaststätte Stieglitzenkrug) – auch Abstieg auf Fußweg zum Seeufer und Weitermarsch auf Uferweg direkt am Wasser entlang möglich – über die nordwestlichen Ortsteile Feldbergs (D 6) zurück zum Stadtzentrum.

1.5 Wanderung über den Schloßberg nach Schlicht (etwa 8 km)

Auf der Route 1.4 bis Feldberger Hütte (B 1) – von dort nordwärts am Westufer des Breiten Luzin (B 3) entlang nordwärts – links zunächst der Hüttenberg (ehemaliger Zeltplatz mit Bodenerosionserscheinungen, jetzt Trockenrasen) – an den Abhängen und dem dahinter gelegenen Moränengelände dann naturnaher, artenreicher Buchenwald (Begang Feldberger Hütte) – oberhalb des ersten Landvorsprunges der Schloßberg (B 2; von großem slawischen Burgwall Wallspuren schwach zu erkennen) – weiter am See entlang zum Schapwaschberg am nächsten Landvorsprung – von hier auf Waldweg nordwärts bis zur Straße Rothehaus – Schlicht – westwärts durch die an Söllen reiche, ackerbaulich genutzte Moränenlandschaft nach Schlicht (A 6; ehemaliges Gutsdorf mit mittelalterlicher Kirchenruine und der nordwestlich in einer Wiesensenke gelegenen ehemaligen Wasserburg Maledei) – von hier über Feldberger Hütte (Landweg) oder auf dem Schlichter Damm zurück nach Feldberg.

1.6 Fahrt nach Wittenhagen – Conow – Funkenhagen – Thomsdorf (etwa 28 km)

Feldberg – Strelitzer Chaussee nach Fürstenwerder über den Erddamm zwischen Schmalem und Breitem Luzin (E 1; Gaststätte und Pension Dammzollhaus bzw. Erddamm, Nordende des Schmalen Luzin) nach Wittenhagen (E 2; Kirche) – weiter auf Landstraße zunächst ostwärts, dann südwärts über die Floot (Abfluß des Wootzensees zum Zansen/Carwitzer See) durch bewegte Grundmoränenlandschaft nach Conow (E 7) – vom ehemaligen Gutshof im Südteil des Ortes zu Fuß an das Nordostufer des Carwitzer Sees (E 6; Campingplatz) – von dort nordwestwärts etwa 250 m über Ackerland zu der in einem kleinen Gehölz befindlichen mittelalterlichen Kirchenruine von Conow – auf Feldweg zurück zum Gutshof – weiter auf Landstraße nach Funkenhagen – in Höhe des in den Carwitzer See hineinragenden bewaldeten Conower Werders (H 1; artenreiches Naturschutzgebiet) befindet sich die Wasserscheide zwischen Nord- und Ostsee – in Funkenhagen (H 7; ehemaliges Gutsdorf am Südwestende des Mellensees, H 8) rechts abbiegen – auf der zunächst an einer lang gestreckten Wiesensenke mit dem Abfluß des Carwitzer Sees zum Mellensee entlangführenden Landstraße westwärts nach Thomsdorf – am Ende der Wiesensenke der Abfluß heute verrohrt, an der Stelle der früheren Isernpurt ein Wehr zur Abflußregulierung – Thomsdorf (H 2; regelmäßig angelegtes mittelalterliches Straßendorf mit angerartiger Erweiterung, Feldsteinkirche mit spätmittelalterlichem Altar und Resten von Wandmalereien an der Westseite der Dorfstraße) – Rückfahrt per Fahrzeug auf dem gleichen Wege nach Feldberg wie Herfahrt.

1.7 Fahrt und Wanderung zum Sprockfitz und Weitendorfer Haussee (etwa 10 km Fahrt, 3 km Wanderung)

Fahrt von Feldberg in nordwestlicher Richtung auf der Verbindungsstraße zur B 198 bis Nordende Sprockfitz (A 5) – von dort zu Fuß auf Feldweg auf den Moränenrücken nördlich des Seebeckens, Überblick über den durch seine periodischen Wasserspiegelschwankungen bekannten Sprockfitz – an Viehkoppeln vorbei Zugang zum Seeufer (mit bei niedrigem Wasserstand spätsommerlicher Schlammbodenvegetation) und auf Fußpfad Umwanderung des Sees möglich – Weiterfahrt zum 500 m entfernten, ebenfalls dicht neben der Straße gelegenen Weitendorfer Haussee mit ähnlichen Wasserstandsschwankungen – am Südende des Sees einbiegen auf den nach Weitendorf (A 4) führenden Weg, Zugang zum See – Rückfahrt nach Feldberg auf der Landstraße wie Herfahrt.

1.8 Fahrt nach Fürstenwerder (etwa 12 km)

Von Feldberg auf der Landstraße nach Fürstenwerder über den Erddamm (E 1) nach Wittenhagen (E 2) – dort links abbiegen und weiter, östlich vom Breiten Luzin (B 3) entlang über Tornowhof (B 9) – Wrechen (B 7) zum Südende des Großen Sees (C 1) – Fibigershof (Gaststätte) zwischen Wrechen und Fürstenwerder – von hier Rundblick über den in die ackerbaulich genutzte Grundmoränenlandschaft eingebetteten See – Weiterfahrt auf der Landstraße, entlang dem Ostufer des Sees, nach Fürstenwerder (C 2; ehemalige mittelalterliche Grenzstadt mit regelmäßig angelegtem Straßennetz innerhalb der Stadtmauern, heute Landgemeinde) – Rundgang durch den Ort – Besichtigung der Uckermärkischen Heimatstube (reichhaltige Sammlung von Sachzeugen, Museumsgarten an der Stadtmauer) – vom Woldegker Tor aus Wanderung auf der Seepromenade zwischen Stadtmauer und Großem See – Rückfahrt nach Feldberg wie Herfahrt.

2. Ausgangspunkt Boitzenburg (J 7)

2.1 Wanderung durch Schloßpark und Carolinenhain zum Schumellensee (etwa 1,5 km)

Durch den Haupteingang in den Schloßpark – Rundgang um den Schloßkomplex – durch den Landschaftspark westwärts in den Carolinenhain (J 6; parkartig gestalteter naturnaher artenreicher Buchenwald) bis zum Schumellensee (J 5; mäßig nährstoffreicher See, Freibad).

2.2 Wanderung Klostermühle – Klosterruine – Tiergarten – Rummelpforter Mühle (ca. 2 km)

Am Ostrand von Boitzenburg rechts auf Fahrweg zur Klostermühle (J 7) abbiegen – ehemalige Klostermühle (heute Museum mit reichhaltigen Sachzeugen zu Müllerei, Landwirtschaft und früherer ländlicher Wohnkultur der Uckermark) – oberhalb der Mühle der Klosterteich, neben der Klostermühle Gaststätte – von der Klostermühle am Strom (J 10; am Strom vielfach Quellfluren) entlang 100 m ostwärts zur Klosterruine – von dort aus auf Waldwegen durch den Tiergarten (J 8; ehemaliges eingezäuntes Wildgehege; artenreiche Waldbestände) bis zur Rummelpforter Mühle (J 9) – von hier Rückweg über Waldwege südlich des Stromes nach Boitzenburg.

2.3 Wanderung Boitzenburg – Wüste Kirche Krewitz (etwa 2 km)

Von Ortsmitte Boitzenburg auf der alten Landstraße nach Fürstenwerder nordwärts durch das Boitzenburger Gehege (F 4) hindurch zum Südwestrand der Zerweliner Heide (J 2) – an Wegekreuzung links auf den Weg nach Krewitz einbiegen – nach 1 km rechts des Weges im Felde die Reste der mittelalterlichen Kirche von Krewitz – weiter über Krewitz (J 1; ehemaliges Gutsdorf) und dann auf altem Landwege nach Boitzenburg.

2.4 Fahrt nach Hardenbeck – Haussee – Brüsenwalde (ca. 10 km)

Von Boitzenburg aus westwärts auf der Landstraße nach Lychen über den Strom (J 10) nach Hardenbeck (H 12; regelmäßig angelegtes mittelalterliches Angerdorf) – in der Umgebung alte Alleen entlang von Landwegen und Landstraßen – weiter auf der Landstraße parallel zum Nordufer des Haussees (H 13) – unterhalb von Rosenow (H 11) Zugang zum See (Badestelle) – weiter auf der Straße über die Trasse der ehemaligen Nebeneisenbahnstrecke Templin – Fürstenwerder (von hier aus Rundblick über die Landschaft) in die Brüsenwalder Heide (F 4; Lärchenanbaugebiet, unter Naturschutz stehende Allee alter Lärchen links der Landstraße) – weiter bis zur Abfahrt Brüsenwalde – rechts abbiegen nach Brüsenwalde (H 6; ehemalige Gutssiedlung auf mittelalterlicher Dorfstelle mit mittelalterlicher Kirchenruine), an einem schmalen Wiesentälchen entlang dem vom nahen Ziestsee (N 5) kommenden und zum Küstrinbach abfließenden Bach – Rückfahrt nach Boitzenburg wie Herfahrt oder Weiterfahrt nach Lychen.

H. Namenverzeichnis

Aalkasten 139, 140, 152, **158**, 161
Acker-Bürger-Heide 77
ADOLF FRIEDRICH III. 124
ADOLF FRIEDRICH IV. 23
ALBRECHT, Fürst 35
Alter Hof (Roter Hof) 62
Alt Wrechen 63, 64
Amt Boitzenburg/Uckermark 28,193
Amt Feldberg 22, 23, 37, 111, 114, 148
Amt Feldberger Seenlandschaft 28, 99
Amt Fürstenberg 111
Amt Lychen 28
Amt Neustrelitz-Land 28, 36
Amt Nordwestuckermark 28, 80
Amtswerder 88, 89, 91, 93, 96, 97, 98, 99
Arendsee 17, 20, 21, 28, 81, 127, **133–136**
ARNIM, FRIEDRICH WILHELM VON 189
ARNIM, GEORG VON 183
ARNIM, GEORG DIETLOFF VON 184, 188
ARNIM, HANS VON 125, 126, 160, 182, 187
ARNIM, HANS-GEORG VON 189
Arnimshain 128, 130, 131, 139, 175
Askanier 17, 69, 134, 182

Bäk 108, 112, 114, 121
BARBY, REINHARD 16, 116
BARTSCH, Hofrat 124
Bauersee (Verwaltersee) 131, 133
BEATRIX, Prinzessin 22, 23
Beenz 20, 28, **151–154**, 155, 183
Beenzer (Hohe) Heide 138, 153
Beenzer Tanger 138, 153
BEHR, BERTRAM VON 35
BEHR, HENNING 35
BENTZ, HEINRICH VON 134
Berkholz 17, 28, 177, **178–180**, 183, 195
Berkholzer Rähmel 139
Bibelsee 116, 130
BIELENFELD, J. 38
Birkenhain 194
BLANK, CARL 62
Blanke Pöhlen 16
BLÜCHER, GEBHART LEBERECHT VON 61
Blüchereiche 61
Bohnenwerder 112, 121
Boisterfelde (Biesterfelde) 126, 127, 128, **129–130**, 140, 167

Boitzenburg 3, 5, 20, 21, 27, 28, 29, 31, 70, 127, 129, 132, 138, 139, 140, 152, 158, 160, 165, 166, 168, 169, 170, 171, 174, 175, 178, **181–194**, 195, 196, 197
Boitzenburger Haussee 5, 10, 168, **173–174**, 180
Bollenwerder 121
BORK, KARL AUGUST VON 35
Breiter Luzin 3, 4, 5, 6, 14, 23, 47, 48, 49, **51–57**, 58, 61, 100, 102, 108, 116
Brisensee 65
Brüsenwalde 30, 139, 163, **164–165**, 170
Brüsenwalder Heide 138, 139, 140, 156, 165
Brüsenwalder Mühle 165
Buchenhain 17, 28, **130–131**, 139, 168, 194
Buchenhain II **174–175**
Büdner-Bürger-Heide 77
Bullergraben 173
BUTTEL, FRIEDRICH WILHELM 60, 65, 124, 126

Cantnitz 22, 23, 27, 35, **37–40**, 42
Cantnitzer See 37, 38, 39, 40, 43, 106
Cantnitzer Wacholderberg 15, 39, 40
CARL LUDWIG FRIEDRICH, Herzog 37
Carolinenhain 138, **181**, 190
Carwitz 22, 42, 51, 83, 85, 98, 108, 111, **112–115**, 117, 124
Carwitzer Halbinsel 121
Carwitzer See 4, 5, 7, 105, 112, 113, 114, 115, 118, 120, **121–123**, 142, 145, 158, 159, 160, 161, 166, 167, 173, 195
CHAMISSO, ADALBERT VON 136
Charlottenthal 21, 160, 161, **163**
Christianenhof 77, 81
Clansee 6, 152, 153, **154–155**
Conow 22, 23, 26, 27, 99, 120, **123–125**, 126, 127, 128, 158
Conower Bach 121, 123
Conower Insel 121
Conower Werder 10, 30, 121, **158–159**

DAMEROW, CLAUS 42
Damerow 75, 76, 81
Damerower Heide 76
Damerower Wald 75

224

Dammsee 5, 67, 69
DE BRUCE, Hugenotte 165
DE REBEUR, Hugenotte 165
DÖREN, OSWALD VON 63
DOFLEIN, CARL 188
Dolgen 23, 37, **40–41**, 51, 99
Dolgener See 4, 40, **81–82**, 111
Dolgener Teerofen 82, 85, 142
Dreetzsee 4, 6, 105, 112, 115, 121, **142–145**, 146, 147, 160, 161
DREWITZ, ALBRECHT VON 116
Drimmelbruch 77
DUNKELBERG, FRIEDRICH WILHELM 40

Eichberg 127
Eichholz 116
Eichwerder 67
Elswerder 121
Emmaquelle 100
Erddamm 52, 61, 93, 108
ERFURTH, Dr. 97

FALLADA, HANS 115
Fauler See 45, 134
Feldberg 1, 5, 14, 16, 20, 22, 23, 27, 28, 29, 31, 35, 49, 52, 60, 61, **88–99**, 102, 104, 106, 114, 115, 118, 124
Feldberger Haussee 4, 6, 7, 31, 43, 45, 47, 55, 56, 58, 88, 89, 97, **99–104**, 108, 116
Feldberger Hütte 10, 16, 26, 45, **47–48**, 86, 106
Feldberger Seen, Seengebiet 1, 4, 5, 9, 15, 30, 35, 146, 173, 195
Feldberger Wiesenpark 16
Ferdinandshorst 21, 28, **76–77**
Feuchtwiesenpark 99
Fiebigershof 69, 72
Flacher Clöwen 138
Floot 120, 125, 128
Forst Boitzenburg 10, **138–140**, 153
Forst Lüttenhagen 12, 29, 43, 82, **84–86**, 87, 111, 159
Frauenhagener Cavelheide 138
Frauenhagener Tanger 138
Freischulzenhof (Carwitz) 114
Freischulzenhof (Triepkendorf) 141
Frieden 72
FRIEDRICH II., König von Preußen 184
FRIEDRICH VON BRANDENBURG, Markgraf 23
FRIEDRICH WILHELM I., König von Preußen 184

Fuchsberg 66
Fürstenau 23, 65, 126, **127–128**, 130, 167, 168, 183
Fürstenauer Heide 128, 130
Fürstenauer See 127, 128
Fürstenhagen 5, 22, 23, 52, **125–127**, 128
Fürstenwerder 5, 20, 28, 29, 67, **69–74**, 77, 81, 127
Fürstenwerdersche Heide 77
Funkenhagen 27, 28, 65, 122, 130, 158, **165–167**, 169, 195
Funkenhagener Heide 138, 139, 163, 166, 168, 169
Funkenhagener Mühle 166

Gänsewerder 120, 121
Galgenbruch 99
GALLAS, MATTHIAS 37, 91
Gantzker Mühle (Kolbatzer Mühle) 160
Gaschsee 149, 151
Gehege 138, 139
GEORG, Herzog 26
Glasofen 80
GLEDITSCH, JOHANN GOTTLIEB 96
Götzkendorf 139, 140, 152, 158, 160, 170, 183
Götzkendorfer Heide 138, 139
Goldenbaum 86
Gollmitzer Heide 177
Gollmitzer Mühle 196
Grabenwerder 99, 116
Gräpkenteich **111**
GRAPOW, JOHANNES 86
Griebchenbruch 65
Griebchensee 140
Griebensee 166, 169
Griepkenbruch 166
Gröpkendorf 111
GROPIUS, MARTIN 190
Große Warthesche Heide 138
Großer Baberowsee 164
Großer Gräpkenteich 81, 111
Großer Karpfensee **128–129**
Großer Küstrinsee 157
Großer Mechowsee 156, 157, 158
Großer Parmensee 5, 65, 69, 77, **78–79**
Großer Petznicksee **136–137**
Großer Plötzensee 61
Großer Salzbruch 130
Großer See (Großer Wahrensee) 5, 6, 7, **67–69**
Großer Suckowsee 180

Großer Warbendesee 61, 65
Großer Torfbruch 45
Großes Wolfsbruch 164
Grote Urt (Bucht) 142
Grünow 86, 111
GÜNTHER, Maurermeister 97
GUNDLACH, HANS HEINRICH 124
GUNDLACH, JOHANN FRIEDRICH 106

Hanow 22, 23, 114, 118
Hans-Fallada-Siedlung 95, 99
Hardenbeck 3, 21, 28, 134, 168, **170–173**, 174, 183
Hardenbecker Haussee 173, 185
Hasselförde 142
Haßlebener Schulzenholz 138
Haßlebener Tanger 138
Hauptmannsberg 1, 3, 15, 16, 105, 106, 114, **118–120**
Haussee bei Arendsee 79, 133, 134
Haussee bei Hardenbeck 5, 169
Hechtsee 14, 43, 44, 106
Heckenhaus Berkholz 179
Heckenhaus Thomsdorf 161
Heideseen 155
Heilige Hallen 10, 15, 16, 30, **87–88**
HEINRICH, Fürst 46
HEINRICH II., Herzog 22
HEINRICH VON MECKLENBURG 116, 169
Hölzerner-Krug-See 164
Hohe Heide 138
Hohenwippel 41
Hohle Eiche 15, 107
Hollenwerder 123
HOSÄUS, FRIEDRICH WILHELM 136
Hünenkirchhof 119
Hüttenberg 31, 48, 51, 57
Hullerbusch 1, 3, 105, 107, **118–120**

Isernpurt 5, 122, 166, 180, 195

Jägerwerder 120, 121
JOACHIM II., Kurfürst 182
JOHANN VON MECKLENBURG, Herzog 40, 124
JOHANNES VON ARENDSEE 134
Jungfernheide 138, 173

Kätelkuhl 142
KAPP, WOLFGANG 47
KARL LUDWIG FRIEDRICH, Herzog 26
Karpfensee 124

Karrengrund 105
KAUFFELD, HANS JÜRGEN 124
KAUSCH, Dr., Sanitätsrat 97
KERKOW, BALTZER 42
KERKOW, JASPER 111
Kernbruch 9, 146, **148**
Kessel 129
Kiecker 76, **77–78**
Kirchensee 154
Kirchhofsbrüche 82
Klaushagen 173
Kleine Warthesche Heide 138
Kleiner Gräpkenteich 81, 111
Kleiner Haussee 99
Kleiner Karpfensee **128–129**
Kleiner Kronsee 153
Kleiner Mechowsee 156, 157, 158
Kleiner Parmensee 5, 62, 65, 67, **78–79**
Kleiner Petznicksee **136–137**
Kleiner Suckowsee 180
Kleiner Warbendesee 61, 65
Klostermühle Boitzenburg 31, 190, 194
Klostermühlteich 196
Klützowsches Gut 81
Kniebusch 138
Köllershof 40
Kohlwerder 121, 123
Kolbatzhof 40
Koldenhof 41, **82–83**
Kraatz 21, 28, **75–76**, 81
Krähenhütte 181
Krebssee 133
Krewitz, s. a. Buchenhain II, 20, 129, 130, 131, 137, 139, 166, 171, 174, 175, 183
Krewitzer Forst (Krewitzer Heide) 130, 138, 139, 167
Krewitzsee 5, 166, 167, **168**, 173, 174, 180, 195
Krickelmühle 80
Krienkowsee **180–181**
Kröchlendorf 137, 175, 178, 183, 195
Krüselin 23, 26, 85, **145–146**, 155
Krüselinbach 157
Krüseliner Mühle 95, 126, 142, 146, **148**, 160
Krüselinsee 6, 15, 121, 142, 145, **146–148**, 149, 151, 154, 157, 158, 161
Krumme Hecken 139
Krummer See 197
Küchensee 181
Küchenteich 196
Küstrinchen 139, 140, 183, 184

Küstrinchenbach (Boitzenburger Fließ) 10, 140, 185
Küstrinsee 155
KUHLE, VINZENT 125

Labes 141, 142
Ländchen Lychen 165, 184
Laeven 16, 22, 23, 26, 85, 98, **111–112**, 114, 124, 142
Landgraben 146
Land Stargard 1, 17, 22, 23, 25, 27, 35, 79, 129, 155, 182
LANGHANS, CARL GOTTHARD 190
LASIZA, IWAN 115
LENNÉ, PETER JOSEPH 181, 190
Lichtenberg 15, 17, 23, 26, 27, 57, **58–61**, 99
Lindenberge 177
Lindengarten 139
Lindensee 195, **197**
Lindwerder 99, 100
Lüdenhagen 23
LÜDER, JOHANN 180
Lütsches Bruch 166
Lüttenhagen 3, 15, 22, 38, **83–84**, 86, 99
Lütte Urt (Bucht) 142
Lütter See 51, 56, 58, 61, 62
LUTGARD, Frau in Prenzlau 169
Luzinkanal 100
Luzinstein 16

Made 146, **149–151**
Mahlendorf 139, 140, 165, 170, 183
Marienheim 152
Marienquelle 100
Marodei (Maledei) 45, 47
Marthaquelle 100
Mathildenhof **180**, 196, 197
Mechow 5, 22, 86, 126, 142, 151, **155–156**
Mechowseen 15, 151, **156–158**
MEINKE, F. 57
Mellenau 128, 130, 139, **167–168**
Mellensee 5, 17, 121, 122, 129, 165, 166, **167–168**, 173, 180, 195
MENTZEL, CHRISTOPH 35
MEYKE, E. 120
Mittlerer Suckowsee 180
Möllenbeck 23, 27, 28, 31, **35–36**
Möllenbecker Haussee 35, 42
Mönchswerder 58
Mühlberg 124

Mühlenbach 64
Mühlenberg 61
Mühlenfließ 35
Mühlengrund 35
MÜLLER-STAVENHAGEN, Rat 58

Naugarten 137, 175, 177, 183, 184
Naugartener Rähmel 139
Netzowsche Heide 138
Neuhof 26, 47, 98, 105, **106–107**, 112
Neu Wrechen 64
Neu Zerwelin 178, 179
Nymphenquelle 100

Obere Feldberger Seen 4, 51, 55, 57, 99, 108, 112, 113, 121
Oehlikensee 163, 166
OERTZEN, CLAUS VON 37

Parmen 21, 27, 66, **79–80**, 177
Parmener Heide 138, 139
Parmener Mühle (Kiecker Mühle) 79
Parmen-Weggun 28
PARSENOW, HENNING 42, 111, 114, 146
PARSENOW, HERMANN 124
Petznick 22, 132, 137, 139, 177, 178, 183
Petznicksee 140, 177
PFEIL, FRIEDRICH WILHELM LEOPOLD 140
Pfingstberg 76
PIUS, ANTONINUS 65
Plattenberg 97
PLOTE, WEDEKIND und VICKE VON 46
Postbruch 128
Postmoor 61
Prentzlowsche Mühlenbache 195
Priestersee 133

Quillow 79

Raakow 21, 79, **80–81**, 133, 134, 136
Räcknitz 138
RAVEN, CASPER VON 63
Rehgarten 138, 139, 181
Reiherberg 1, 4, 45, 48, 97
Rethra 49
RIEBEN, HEINRICH 42
Röckenitz 179
Rötberg 155
Rohrpöhle **149–151**
Rollberge 82
Rosenberg 23
Rosenberge 3, 4, 95, **104–106**

227

Rosenbergmühle 95
Rosenbergsches Feld 106
Rosenbergsches Holz 106
Rosenhof **112**
Rosenkunkel 142
Rosenow 20, 21, 132, 160, 163, 164, 165, **169–170**, 171, 173, 183
Roßbauersee 60, 62, 64
Rothehaus **61–62**
Rummelspforter Mühle 194, **195**, 196, 197
Rummelspforter Mühlenbusch 138

Säfkow, Kaufmann 97
Sandrähmel 138
Saugarten 163, 170
Saumoelbach 52
Schadow, Johann Gottfried 190
Schapwasch (Bucht) 142
Schapwaschberg 48, 51
Scharteisen **117–118**, 120
Schaue (wüste Feldmark) 23, 61, 63, 116
Scheunenwerder 67
Schildberg, Ludwig von 134
Schlicht 9, 26, 37, **45–47**, 48, 61, 98
Schlichter Moor 45
Schlippenbach, Albert von 135, 136
Schlippenbach, Christoph von 81
Schlippenbach, Ferdinand von 77
Schloßberg 9, 17, 30, **48–51**, 88
Schloßwerder 62
Schmaler Luzin 1, 4, 5, 6, 15, 16, 52, 56, 61, 97, 100, 102, 105, **107–110**, 112, 114, 115, 116, 117, 118
Schönhof 26, **61–62**, 65
Scholverberg 13, 16, 31, **116**
Schulzensee 133
Schumellensee 5, 168, 173, **180–181**, 195
Schwanepfuhl 77, 81
Schwarzer See 81, 82, 83
Schwedenschanze 137
Seerosenkanal 100, 108
Springefeld, Carl von 66
Sprockfitz 15, 42, **43–45**, 85, 100, 106
Stabe, Karl 180
Stabesfelde 180
Stabeshorst 152
Staugraben 43
Steinrode 166, **169**
Steinsee 133, 136
Steinwerder 120, 121, 123
Stille Föhrde 76, 79

Streitsee 133
Strom 5, 122, 137, 166, 168, 173, 180, 181, 185, 190, 194, **195–197**
Stüler, Friedrich August 135, 188

Teufelsstein 10, 119
Thomsdorf 3, 20, 22, 112, 121, 158, **159–163**, 183
Thomsdorfer Tanger 138
Tiefer Clöwen 138
Tiergarten 138, 190, **194**
Tilly, Johann Graf von 35, 91
Torgelowsee 149, 153
Tornowhof 49, 52, **66**, 117, 125
Trebower Holz 138
Triepkendorf 22, 93, 124, **140–142**, 156

Ulrich von Mecklenburg, Herzog 35, 124
Ungeteilte Heide 138, 139, **163**, 164, 166
Untere Feldberger Seen 4, 108, 112, 113, 125, 142

Vossenhagen 22

Waldemar, Markgraf 125
Waldsee 86
Wallenstein 91, 189
Warbende 23, 36, 63, **65–66**, 80, 81
Warburg, Heinrich 40
Warburger Mühle (Sau-Möl) 58
Waschsee 6, 149, 151, 156
Weggun 126, **131–133**, 134, 183
Weitendorf 22, 23, 38, **41–42**, 84
Weitendorfer Haussee 41, 42, 43, 106
Wendorf **57**
Wendorfer Meierei 57
Weutschsee 149, 156, 157, 158
Wichmannsdorf 178, 183, 197
Wichmannsdorfer Tanger 138
Wiesenkunkel 142
Wilhelmshayn 72, **76**, 77, 79
Witte, Willi 190
Wittenhagen 22, 23, 49, 52, 58, 60, 65, 66, 114, **116–117**, 125
Woldemar von Brandenburg, Markgraf 69, 171
Wolfsee 65
Wootzensee 4, 116, 120, **125**, 127, 128
Wrechen 23, 26, 61, **62–65**
Wrechener See 61, 62, 64

Wüste Kirche 133
Wuppgarten 140, 183

Zansen 4, 5, 105, 116, 117, 118, **120–121**, 124, 125
Zenshaus 139

Zerwelin 137, 140, 174, **175–178**, 183
Zerweliner Heide 132, 133, 136, 137, 138, 139, 175, 177, 179
Zerwelinsee 178
Zichower Heide 138
Ziestsee **164**, 169

J. Sachverzeichnis

Abgaben und Dienste 21, 25, 40, 42, 46, 58, 70, 71, 79, 111, 114, 116, 124, 126, 132, 146, 152, 155, 169, 171, 175, 178, 183, 184,197

Abwasser, -produkte 8, 9, 29, 35, 42, 55, 56, 62, 99, 102, 104, 108, 125, 130, 135, 174, 196

Abwasserkläranlage 47, 102

Ackerbau 10, 20, 26, 29, 36, 38, 41,46, 47, 56, 60, 66, 71, 72, 74, 77, 79, 80, 81, 84, 85, 91, 105, 111, 115, 118, 119, 124, 125, 127, 129, 130, 131, 132, 133, 134, 136, 137, 138, 142, 146, 152, 153, 154, 161, 164, 166, 167, 169, 170, 171, 172, 177, 179, 184, 185, 187, 197

Ackerwildkrautflur 11, 12, 197

Agrargenossenschaft, -gesellschaft 29, 37, 41, 42, 57, 77, 80, 84, 128, 131, 133, 142, 153, 166, 168, 170, 172, 175, 187

Agrarkrise (14./15. Jh.) 20, 23, 127, 134, 183

Agrarreform (19. Jh.) 21, 72, 132, 138, 152, 160, 170, 171, 179, 183

Algen 8, 11, 38, 44, 55, 56, 67, 81, 82, 102, 108, 118, 128, 129, 135, 137, 145, 147, 154, 156, 173, 174, 196

Alten-, Pflegeheim 98

Alte Straßen und Wege 61, 69, 72, 79, 106, 111, 131, 165, 177

Amphibienfauna 14, 45, 83, 88, 119, 149, 159, 164

Amt 22, 23, 28, 29, 36, 37, 40, 46, 52, 56, 89, 91, 93, 99, 111, 114, 116, 125, 126, 141, 148, 165, 177, 184, 193

Angerdorf 22, 40, 114, 132, 161, 171, 172

Angermünder Endmoränenstaffel 2, 3, 173, 180

Apotheke 73, 185, 193

Archiv 98, 115

Aussichtspunkt 1, 45, 49, 106, 112, 115, 118, 120, 124, 146

Auswanderung, Abwanderung 27, 28

Bad, Badestelle 9, 47, 97, 174, 181

Bäuerlicher Neueinrichter, Wiedereinrichter 29, 47, 60, 66, 74, 80, 81, 83, 112, 127, 131, 169, 170, 172, 175, 179

Barock 188, 189

Bauernlegen 25, 37, 83

Bauern-, Bürgerunruhen 71, 72, 126, 165, 169, 171

Bauindustrie 97, 98, 125, 194

Baumschule 185, 194

Befreiungskrieg 1813 61

Bibliothek 97

Binnenentwässerungsgebiet 4, 87, 138

Biosphärenreservat 30

Biotop 45

Bistum 20, 40, 58, 114, 117, 126

Bodendenkmal 37, 45, 63, 88, 127

Bodenreform 1945 27, 36, 37, 42, 47, 66, 74, 77, 80, 81, 84, 107, 112, 128, 131, 132, 136, 139, 152, 166, 168, 170, 172, 175, 177, 180, 182, 185, 197

Brauerei, Brennerei 72, 80, 184

Braunerde 87

Brennereigenossenschaft 80

Bronzezeit 16, 17, 40, 41, 45, 58, 65, 69, 75, 76, 78, 79, 80, 118, 127, 130, 131, 133, 140, 141, 159, 163, 181

Buchenwald 1, 4, 5, 13, 45, 48, 55, 62, 78, 82, 85, 130, 139, 158, 163, 166, 181

Bungalowsiedlung 65, 69, 115, 116, 120, 127, 142, 161

Burg 9, 20, 23, 37, 48, 49, 51, 62, 69, 89, 91, 100, 111, 123, 125, 133, 134, 182, 183, 184, 187

Burglehn 89

Burgwall 17

Campingplatz 31, 47, 83, 98, 116, 123, 142, 145, 161

Denkmal 74, 93, 95, 98, 114, 163, 187

Deutsch-Französischer Krieg 1870/71 93

Domanium 25, 46, 84

Dreißigjähriger Krieg 21, 22, 23, 26, 37, 38, 40, 47, 58, 63, 70, 79, 85, 91, 111, 112, 114, 137, 140, 141, 148, 152, 160, 169, 171, 179, 183, 184, 189, 190

Düne 163

Eichenmischwald 9, 48, 86

Einzelgrabkultur 16

Eisenbahn 31, 41, 72, 76, 78, 93, 106, 131, 133, 172, 177
Eisenzeit 35, 76
Elsterkaltzeit 2
Endmoräne 1, 2, 3, 4, 9, 10, 11, 48, 49, 51, 60, 67, 78, 81, 82, 84, 85, 87, 100, 104, 105, 108, 116, 117,118, 120, 121, 124, 136, 138, 149, 152, 156, 158, 173, 174, 179, 180, 196
Epidemie 184
Erholungsgebiet, -park 16, 30, 31, 62, 97, 98, 123, 161, 190
Erholungsheim, Gästehaus 28, 61, 83, 120, 161, 163, 187, 188, 194
Erlenbruchwald, Bruchwald 65, 68, 135, 136, 137, 139, 148, 154, 159, 163, 166, 173, 177, 178, 194, 196, 197
Erster Weltkrieg 27, 39, 42, 58, 74, 75, 77, 80, 82, 95, 114, 163, 187
Eschen-Buchen-Wald 48, 77
Eutropher See 5, 7, 11, 38, 44, 62, 67, 78, 82, 102, 108, 117, 120, 122, 128, 129, 145, 147, 154, 157, 167, 168, 174, 180
Export 27

Fachwerk 27, 40, 58, 64, 83, 91, 95, 114, 115, 119, 127, 132, 142, 161, 166, 172, 179, 187, 190
Fähre 1
Feldahorn-Buchen-Steilhangwald 196
Ferienheim, -gut 31, 62, 69, 98, 148, 167, 179
Feuchtwiese 30, 158, 196, 197
Fiederzwenkenrasen 159, 196
Fische 9, 14, 29, 42, 44, 57, 67, 82, 102, 104, 108, 123, 129, 130, 154, 157, 158, 194, 195, 196, 197
Fischereigenossenschaft 29
Fischfang, -wirtschaft 9, 12, 14, 49, 57, 60, 65, 67, 71, 91, 102, 113, 114, 116, 121, 123, 129, 137, 157, 168, 184, 194, 195
Flachmoor 85, 139
Flößerei 10, 21, 140, 185
Forsthaus, Försterei 47, 58, 77, 78, 83, 84, 85, 86, 111, 112, 130, 132, 134, 137, 139, 146, 152, 155, 158, 165, 166, 170, 177, 194
Forstwirtschaft 4, 21, 26, 29, 30, 47, 85, 87, 130, 134, 138, 140, 146, 153, 163, 166, 175, 177, 181, 185
Fremdenverkehr, Tourismus 30, 74

Frühdeutsche Funde 57, 61, 66, 76, 85, 133, 155, 164, 174
Furt 114

Gedenkstätte, -stein 16, 86, 115, 116
Geflügelhaltung 42, 111, 148, 184
Gemüseanbau 41
Germanen, germanische Zeit 17, 40, 66, 131, 167, 174, 178
Gerswalder Endmoränenstaffel 2, 3, 5, 67, 77, 78, 134, 136, 138, 179, 180, 196
Geschützter Landschaftsbestandteil 65
Gesellschaft für Naturrinderhaltung 60
Gestüt 177
Glashütte 21, 26, 47, 48, 58, 65, 80, 85, 106, 124, 129, 140
Gletschertor 81
Gotik 187
Grabkreuz 36, 115, 142, 161, 179
Granit 142
Grauweidengebüsch 65, 136, 154, 159, 178
Günland 11, 12, 26, 44, 56, 59, 60, 74, 80, 84, 85, 124, 125, 127, 133, 142, 152, 166, 175, 185, 195, 197
Grundmoräne 1, 2, 3, 4, 5, 9, 11, 35, 37, 40, 45, 48, 51, 65, 77, 79, 81, 85, 100, 128, 129, 130, 133, 138, 152, 169, 180
Grundwasser 1, 52, 62,135, 149, 195
Gutsarbeiterhaus 36, 42, 47, 59, 60, 66, 83, 117, 166
Gutsdorf 35, 46, 57, 58, 65, 66, 75, 76, 77, 81, 127, 130, 134, 136, 165, 174

Hainbuchen-Ulmen-Wald 48
Halbinsel 58, 62, 67, 88, 99, 115, 121, 123, 148, 155, 158, 178
Halbtrockenrasen 42, 180
Handel 29, 71, 74, 95
Handwerk 21, 27, 60, 72, 80, 83, 91, 93, 95, 106, 111, 114, 116, 126, 132, 141, 152, 160, 161, 170, 171, 175, 178, 179, 184, 185
Haufendorf 40
Heckenhaus, Waldwärterei 21, 132, 161, 163
Heilanstalt 31, 97, 98
Herrenhaus, Gutshaus 25, 28, 36, 42, 57, 59, 60, 65, 66, 107, 117, 124, 130, 131, 167, 168
Hochstaudenflur 102
Hopfenanbau 184

231

Hügelgrab 17, 37, 41, 45, 58, 75, 76, 78, 79, 80, 82, 112, 114, 118, 127, 130, 133, 159, 163, 164, 177, 181

Imkerei 175
Import 17
Insekten 14, 65, 85, 102, 119, 137, 140, 177
Insektenkalamität 10, 85, 177
Insel 5, 9, 17, 62, 67, 78, 88, 99, 112, 113, 116, 121, 123, 146, 148, 160, 187, 189, 190

Jagd, -recht 21, 26, 69, 75, 124, 129, 140, 165, 181, 188
Jugendherberge 97

Kalkbrennerei, -ofen 27, 47, 58, 85
Kanal 56, 58, 100, 102, 108, 140
Kapelle 38, 83, 91, 111, 114, 190
Kiefernforst 4, 10, 30, 77, 78, 85, 86, 139, 140, 153, 154
Kiefernmischwald 9, 86, 155, 177
Kiefern-Sumpfbirken-Moor 151
Kinderferienlager 155
Kindergarten, -tagesstätte 28, 36, 41, 60, 80, 126, 142, 166, 172, 193
Kino 47
Kirche 20, 22, 23, 27, 35, 36, 37, 38, 40, 47, 58, 59, 64, 69, 71, 72, 74, 75, 80, 83, 91, 95, 96, 99, 111, 112, 114, 117, 124, 126, 133, 134, 142, 146, 153, 156, 161, 164, 165, 169, 170, 171, 172, 173, 174, 179, 187, 189, 190
Kirchenorganisation 20, 22, 36, 38, 40, 42, 57, 58, 63, 70, 83, 114, 117, 126, 134, 156, 171, 174
Klarwassersee 11, 147
Klassizismus 65
Klima 4, 9, 11, 48, 55, 56, 87, 100, 118
Kloster 20, 22, 31, 40, 125, 127, 146, 152, 155, 160, 164, 165, 169, 171, 174, 175, 178, 181, 182, 183, 187, 190, 192
Köhlerei 27, 85, 140
Krankenhaus 98
Krebse 14, 38, 44, 56, 65, 81, 108, 116, 121, 122, 145, 155, 164
Kreisbetrieb für Landtechnik 98, 106, 172
Kriechrasen 44
Kriechtiere 14, 45, 65
Kugelamphorenkultur 16
Kulturreliktpflanze 123, 148, 192

Landesausbau, mittelalterlicher 9, 17, 20, 22, 33, 69, 116, 132, 134, 145, 152, 170, 174, 178
Landschaftsschutzgebiet 15, 30, 56
Landwehr 61, 62, 130
Landwirtschaftliche Produktionsgenossenschaft (LPG) 27, 28, 36, 37, 41, 42, 47, 57, 58, 59, 60, 66, 74, 75, 76, 77, 80, 81, 84, 111, 112, 117, 124, 127, 128, 130, 131, 132, 136, 142, 148, 152, 153, 161, 165, 166, 168, 169, 170, 172, 175, 179, 180, 185, 187, 194, 197
Latènekultur 17
Leibeigenschaft 23, 25, 26, 70, 71
Leineweber 72, 75, 91, 114, 126, 170, 171, 185
Lessivé 87
Lokator 20, 22
Lutizen 17, 49

Magerrasen 106, 118, 119
Markgraf 17, 20, 22, 23, 69, 182
Markt, Jahrmarkt 29, 71, 74, 91, 184,187
Marktflecken 93
Maschinenausleihstation 98
Maschinen-Traktoren-Station 98
Mausoleum 36
Megalithgrab 16
Meierei 26, 37, 40, 42, 46, 57, 62, 66, 82, 83, 105, 106, 112, 124, 146, 161, 175
Melioration, -sgenossenschaft 12, 28, 41, 60, 74, 130, 152, 172, 185, 190
Mesotropher See 6, 15, 55, 82, 121, 129, 145, 146, 154, 156, 173
Metallbau 98, 179
Mischfutterwerk 95, 98, 115
Mittelalter 9, 12, 20, 23, 26, 37, 41, 45, 47, 58, 62, 66, 69, 74, 75, 82, 87, 89 100, 111, 112, 114, 116, 117, 126, 127, 129, 132, 133, 134, 137, 138, 141, 142, 145, 152, 155, 158, 160, 161, 163, 164, 169, 170, 174, 178, 182, 190, 195
Molkerei 98, 194
Moor, s. a. Flachmoor, 12, 26, 30, 38, 45, 49, 61, 65, 67, 76, 78, 88, 99, 119, 129, 133, 137, 146, 148, 149, 152, 154, 158, 164, 166, 168, 169, 172, 175, 177, 178, 196
Moorbirken-Moorwald 149
Moorkolk 151
Mühle, s. a. Wassermühle, 95, 128, 164, 165, 183

Münzfund 164
Mundart 32–34
Muscheln 129
Museum, Heimatstube 16, 31, 74, 77, 79, 93, 96, 98, 190

Nadelsumpfsimsenrasen 42
Nationale Volksarmee 28, 31, 187, 188
Nationalpark, Naturpark 15, 16, 30, 83, 84
Naturdenkmal, Flächennaturdenkmal 15, 39, 67, 86, 99, 107, 139
Naturlehrpfad 16, 30, 119
Naturschutzgebiet 10, 15, 16, 30, 44, 45, 48, 86, 87, 106, 107, 118, 119, 121, 146, 151, 154, 155, 158, 179, 194, 196
Neubauern, -gehöft 47, 66, 80, 81, 84, 107, 112, 124, 128, 131, 136, 167, 170, 180
Neugotik 75, 77, 95, 124, 126, 188, 190
Neuromanik 190
Nordischer Krieg 1700-1721 83

Obstbau 120, 184
Oligotropher See 5, 56, 108, 117
Omnibusverkehr 31, 72
Orangerie 189

Park 31, 36, 39, 59, 66, 75, 97, 98, 99, 115, 117, 120, 131, 134, 135, 181, 188, 189, 190, 194
Perlgras-Buchen-Wald 10, 48, 77, 87, 119, 135, 140, 159, 168
Pilze 76, 155
Pleistozän 1, 2, 3, 27, 40, 60, 65, 79, 81, 95, 96, 117
Pollendiagramm, -analyse 9, 48, 49, 149
Polytropher See 11, 135
Postglazial 4, 9
Pottaschesiederei 47

Quelle 43, 52, 100, 142, 146, 148, 194, 196, 197

Raseneisenerz 76
Redarier 17
Reformation 38, 42, 83, 155, 175
Renaissance 187, 188
Reparaturstützpunkt 80, 84, 127, 179
Retschanen 17
Rinderhaltung 36, 60, 74, 80, 91, 106, 111, 117, 124, 128, 130, 131, 153, 161, 167, 169, 172, 175, 179, 184, 187

Ringwall 119
Rittergut 21, 25, 27, 64, 75, 137, 152, 166, 175, 185
Ritterschaft 22, 23, 26
Rittersitz, -hof 42, 63, 75, 116, 125, 134, 165
Röhricht 11, 38, 42, 44, 56, 60, 65, 67, 68, 78, 82, 104, 118, 120, 123, 129, 133, 136, 137, 145, 148, 156, 158, 164, 167, 168, 173, 174, 178, 181, 196
Römische Kaiserzeit 174

Saalekaltzeit 2
Sägewerk, Brettmühle 80, 82, 83, 97, 134, 172, 177
Säugetiere 12, 35, 39, 40, 44, 68, 88, 104, 108, 119, 123, 140, 159
Sander 1, 2, 3, 4, 5, 9, 81, 104, 105, 146, 149, 156
Sandgrube, Kiesgrube 39, 40, 42, 52, 62, 106
Schäferei, Schäfer 29, 39, 40, 60, 63, 64, 74, 75, 77, 83, 91, 105, 106, 111, 112, 114, 117, 127, 137, 141, 153, 165, 170, 175, 184, 187, 194
Schattenblümchen-Buchen-Wald 119, 140
Schattenblümchen-Traubeneichen-Wald 140
Schleuse 5, 173
Schloß 20, 28, 31, 69, 75, 91, 119, 120, 132, 134, 135, 138, 152, 169, 171, 173, 174, 175, 178, 181, 182, 184, 187, 188, 190
Schmelzwasserablagerungen, -rinne 2, 4, 43, 81, 106, 156
Schnecken 15, 44, 48, 49, 88, 104, 106, 108, 116, 119, 145, 149, 159
Schotterwerk 27, 96, 106
Schule 28, 29, 36, 42, 46, 58, 59, 65, 71, 80, 82, 83, 91, 93, 98, 106, 112, 117, 126, 135, 136, 142, 155, 166, 173, 175, 185, 193
Schweinehaltung 41, 57, 81, 83, 84, 106, 128, 131, 133, 136, 140, 153, 168, 175, 184, 187, 194
Seespiegelschwankungen 43, 44
Seggen-Erlen-Sumpf 60
Seidenraupenzucht 114
Siedlungsgesellschaft 27, 75, 76, 77, 106, 128, 130, 166, 167, 169, 177
Silbergrasflur 39

233

Slawen 9, 17, 20, 22, 35, 40, 41, 49, 51, 69, 79, 89, 113, 124, 131, 145, 148, 151, 152, 155, 160, 164, 171, 178
Slawische Funde 37, 57, 58, 66, 76, 88, 99, 116, 123, 133, 168
Soll 12, 17, 41, 45, 57, 81, 105, 169, 172, 190
Sommerlinden-Bergulmen-Buchen-Wald 159
Sozialökonomische Gliederung 20, 21, 23, 25, 26, 27, 35, 37, 40, 42, 46, 47, 58, 63, 66, 70, 71, 72, 74, 77, 79, 80, 82, 83, 91, 106, 114, 116, 119, 124, 126, 127, 130, 134, 137, 138, 141, 142, 148, 152, 155, 160, 161, 163, 165, 166, 169, 170, 171, 174, 175, 177, 178, 179, 180, 197
Stadtbefestigung 70, 71, 72, 73
Steinzeit 16, 35, 45, 58, 62, 67, 69, 75, 76, 99, 127, 131, 141, 155, 159, 181
Stillegungsfläche 29, 36, 74, 136, 167
Straßendorf 22, 37, 46, 79, 116, 141, 152, 155, 159, 161, 178
Süßmosterei 115
Sumpf 60, 61, 87, 119, 128, 158, 159, 168, 173

Teerofen, -schwelerei 21, 27, 65, 82, 85, 140, 165
Teich 36, 49, 137, 164, 166, 172, 173, 196
Teichbodengesellschaft 44
Terrasse 60
Töpferei 16
Torfstich, Torf 5, 26, 45, 76, 85, 137, 149
Toteis 4, 107, 117, 121, 154
Traubeneichen-Buchen-Wald 10, 48, 159
Trichterbecherkultur 16
Trinkwassergewinnung 9, 154
Trockenrasen 11, 29, 30, 39, 61, 180
Trockental 105
Trockenwerk 127
Tudorstil 135
Turmhügel 45, 47, 82

Urstromtal 3, 149

Vereinigung der gegenseitigen Bauernhilfe 185
Völkerwanderungszeit 17, 178
Vogelwelt 13, 14, 35, 41, 42, 44, 45, 48, 49, 56, 57, 61, 68, 75, 76, 78, 79, 82, 84, 87, 88, 104, 106, 116, 119, 121, 123, 127, 133, 137, 140, 151, 159, 174
Volkseigenes Gut 27, 81, 124, 133, 136
Vorrömische Eisenzeit 17, 79, 167
Vorwerk 10, 21, 27, 57, 61, 66, 70, 72, 75, 76, 77, 81, 127, 128, 129, 130, 131, 134, 137, 138, 139, 140, 160, 163, 165, 166, 167, 169, 171, 175, 177, 179, 182, 183, 197

Waldgersten-Buchen-Wald 181
Waldweide 26, 39, 71, 85, 126, 140, 166, 175, 177, 181, 185, 194
Wanderweg 16, 49, 86, 97
Wassermühle 31, 58, 63, 64, 79, 86, 126, 127, 142, 146, 148, 160, 164, 166, 190, 194, 195, 196, 197
Wasserpflanzengesellschaft 7, 12
Wasserscheide 4, 87, 185
Watzkendorfer Endmoränenstaffel 62
Weichselkaltzeit 2, 3, 48, 67, 81, 85, 104, 118, 138, 148, 158, 173
Weiderasen 1, 10, 12, 61, 62, 67, 179, 196
Weidewirtschaft, Weideland 10, 13, 21, 29, 38, 44, 76, 84, 105, 106, 115, 118, 119, 128, 129, 137, 152, 154, 160, 166, 172, 175, 178, 179
Weinberg 184
Wild 12, 21, 61, 68, 85, 88, 124, 140, 159, 163, 177, 194
Windmühle 63, 70, 71, 72, 75, 80, 91, 95, 105, 106, 113, 115, 117, 124, 132, 171
Wohnhausbau 28, 36, 41, 58, 59, 99, 117, 124, 126, 142, 172, 173, 193
Wüstung, wüste Feldmark 20, 21, 23, 35, 42, 57, 61, 63, 66, 75, 77, 79, 80, 81, 82, 85, 87, 111, 114, 116, 118, 123, 127, 129, 132, 134, 137, 138, 141, 146, 152, 155, 158, 165, 169, 171, 174, 175, 177, 178, 179, 183

Zeidlerei 140
Ziegelei 21, 26, 27, 58, 65, 66, 72, 75, 80, 106, 130, 161, 163, 170, 175, 179, 184, 197
Zollhaus 52
Zweiter Weltkrieg 12, 27, 31, 58, 76, 97, 98, 99, 115, 118, 128, 133, 146, 171, 194
Zweizahnflur 44
Zwergbinsenflur 11